冯尔康文集

社会史理论与研究法

冯尔康 著

南开大学历史学院◎编

天津出版传媒集团

天津人民出版社

图书在版编目(CIP)数据

社会史理论与研究法 / 冯尔康著；南开大学历史学院编. --
天津：天津人民出版社，2019.9
（冯尔康文集）
ISBN 978-7-201-15058-1

Ⅰ.①社… Ⅱ.①冯… ②南… Ⅲ.①社会史学－史
学理论－文集②社会史学－研究方法－文集 Ⅳ.①K02-53

中国版本图书馆 CIP 数据核字(2019)第 156755 号

社会史理论与研究法
SHEHUISHI LILUN YU YANJIUFA

出　　版　天津人民出版社
出 版 人　刘　庆
地　　址　天津市和平区西康路 35 号康岳大厦
邮政编码　300051
邮购电话　(022)23332469
网　　址　http://www.tjrmcbs.com
电子信箱　reader@tjrmcbs.com

策划编辑　韩玉霞
责任编辑　杨　轶
装帧设计　明轩文化·王烨

印　　刷　河北鹏润印刷有限公司
经　　销　新华书店
开　　本　710 毫米×1000 毫米　1/16
印　　张　22.5
插　　页　4
字　　数　380 千字
版次印次　2019 年 9 月第 1 版　2019 年 9 月第 1 次印刷
定　　价　210.00 元

学无止境,是我治学的座右铭(自序)

　　"学无止境,是我治学的座右铭。"这是我在 2016 年 6 月 9 日拙作《尝新集·自序》中写的话。"学无止境",激励我习史治史永不停步。如今承蒙天津人民出版社之情,梓刻我的文集,这是在几部专著之外的文章汇编,是我史学研究成果的一种结集,但是我仅仅视它为我的阶段性成果的重要标志,只要身体允许,我将继续从事史学研讨,希望有新成果的产生。这就是我理解的"学无止境",我的座右铭。

　　表达我的治学态度,这是本自序的一方面内容,而更多的篇幅将用于说明文集本身,即所收文章的内容和学术价值,文集表达出的我的历史观,史学研究成绩和缺陷,文集的选编原则,对友人的鸣谢。

一、我的史学研究的关注点、建树与缺憾

　　我于 1955 年考上南开大学历史系,1959 年毕业,留校做助教,到今年从事史学研究整整 60 年,从读本科算起,是习史治史 64 年。我研讨了哪些历史课题,又是用什么态度和方法治史的呢?自我感觉有哪些成绩和遗憾呢?借着出版文集的机会,作了一番思考,不妨陈述如下:

(一)史学研究史的关注点和成绩

　　我在多个史学领域进行耕耘,重点在中国社会史学、清史、中国宗族通史和史料学四个方面,我的研究成果也主要在这些方面。

　　1.明确社会史的研讨方向,并致力于推动社会史的研究

　　什么是社会史,它有怎样的内涵与研究法,对史学研究的意义何在?对此我的认识经历了三个历程:20 世纪 60 年代初至 80 年代初,是不自觉地从事

与社会史有关的课题研讨;80年代前期,探索社会史研究是怎样的学科,写出关于社会史的研究对象、方法、研究价值及其资料的论文,自觉地进入它的领域;从80年代后期起,持续进行社会史研讨,进一步探讨社会史研究的理论问题。

60年代初,在阶级斗争观念的主导下,研习佃农与地主、族人与族长、妻子与丈夫的关系史,即主从关系、压迫与被压迫关系,但并不是将其作为社会经济史、社会结构史来认识的。如我于1962年12月写出的研究生毕业论文《清中叶苏南地租形态与商品经济研究》,是从阶级关系史角度观察的,实际探讨的是社会经济史范畴的内容。1964年4月15日在《天津日报》发表《祠堂——地主阶级压迫、剥削、欺骗农民的工具》,也是使用阶级分析方法为宗族社会属性定性。1963年写出《清代的婚姻制度与妇女的社会地位述论》。那时学术界没有社会史的概念,只有阶级斗争理论,但是我实际做的是社会经济史和社会结构史的研讨。

到了70、80年代之交,国策从以阶级斗争为纲转变为实现四个现代化、提倡思想解放,我感到机械的、教条式的阶级斗争理论下的史学研究,使得历史成为干瘪的、缺少血肉的躯体,历史学成为推行阶级斗争理论的工具,不能这样继续下去了。我研讨的主佃关系、宗族、妇女史,属于社会史、社会经济史的研究范畴,与西方史学界流行的年鉴学派倡导"向下看"的研究法相契合,于是我明确认识到要进行社会史研究,于是在1985年面向南开大学全校学生开设中国社会史课程,同时写出文章《开展社会史的研究》(《百科知识》1986年第1期),这标志着我自觉从事社会史研究的开始。从此我集中精力进行社会史课题的研治,自知一时写不出一部系统的中国古代社会史,乃围绕其应有内容,于1988年写成《古人社会生活琐谈》(1991年)。此书以古人社会生活为范围,叙述古人的婚姻、家庭生活、人口再生产、死亡、丧葬、迁徙和社会救济,社会结构中人们的群体生活、衣饰的规制与风尚,以及文化娱乐;我注意到古人社会生活在不同历史时代的变化,有传承性,也有变异性,变化中有量变和某种程度的质变;我留意于人们社会生活与社会政治、经济的关系,希望认清它们之间的相互作用。我与同事合作编著《中国社会史研究概述》(1988年),述说中国社会史研究对象、研究状况及社会史资料,先秦至近代社会史研究综述,中国社会史研究专著简介和书目,以及中国社会史论文索引。

80年代后期至21世纪初,我甚为关注社会史理论的探究,写出《中国社会史研究的回顾与展望》(1986年)、《三论开展社会史研究》(1989年)、《社会结构理论与中国社会结构史研究》(1993年)、《迈向未来的社会史研究》(1999年)、《社会史研究的探索精神与开放的研究领域》(2000年)、《关于社会史研究"基本建设"的若干思考》(2001年)、《简述文化史与社会史研究的结合》(2001年)等论文。2004年出版《中国社会史概论》,对社会史理论、中国古代社会史历程与史料三方面作出具有一定系统性的说明,成为高等学校教材。

我在进行中国社会史研究的同时,与南开大学历史系同仁一道致力于推动社会史研究在史学界的开展,1986年联合《历史研究》杂志社、天津人民出版社举办(第一届)中国社会史研讨会,我在会上作了题为《开展社会史研究》的主题演讲。此次研讨会被学界视作拉开了中国社会史研究的序幕,自此之后,社会史研究蓬勃开展,每两年举行一次年会,前几届我都参与筹备,并出席研讨会。

总之,在改革开放初期我提出了开展社会史研究的倡议,组织社会史学术研讨会的召开,在复兴社会史研究发轫期起到某种推动作用。

2.清史研究是我的史学研究根基

我的研究生学习方向是明清史,毕业论文又是清史内容的,对清史的研治,为我的史学研究打下了基础,60年来一直在史学领域里摸爬滚打,始终没有离开这一领域。我对清史的探究,涉猎面较为广泛,但在人物传记、史料学之外,没有对清史进行系统的综合研讨,只是在基础性研究中,在某项课题中起到发凡起例的作用,如撰写《清代社会史论纲》(1987年),据以拟出《清人社会生活》一书的纲目,并和常建华教授合作写出(1989年)。专著则有《雍正传》(1985年)、《尝新集——康雍乾三帝与天主教在中国》(2017年)、《清代人物三十题》(2012年),随笔《清人生活漫步》(1999年),合作编著《康熙事典》(2010年)。

3.中国宗族通史和中国古代社会结构史研究

中国宗族通史是我着力研讨的领域,从先秦到近现代,乃至海外华人的宗亲会,都有所关注,著有《中国古代的宗族与祠堂》(1998年;日译本2017年)、《18世纪以来中国家族的现代转向》(2005年)、《中国宗族制度与谱牒编纂》(2011年);主持并纂写《中国宗族社会》(1994年;2009年增订为《中国宗族史》),撰有数十篇论文。在论著中试图理清中国宗族演变史的脉络,提出宗族发展史的三条标准:宗族领导权掌握在何种社会身份集团手中,宗族的内部结构及其成员的民众性,宗族生活中宗法原则的变化。据此认为宗族发生五个阶段的演变,即先秦典型宗族制,秦唐间世族、士族宗族制,宋元间大官僚宗族制,明清绅衿富人宗族制,近现代宗族变异时代,异化为向俱乐部方向发展的宗亲会。宗族制变化的特点是宗法性逐渐削弱和民众化,政治功能减弱、社会功能增强。秦汉以降社会是变异型宗法社会、拟制血亲史的提出、近代移民与宗族、现代社会的宗族组织的研究,都具有原创性的价值。

在进行社会结构理论探讨的同时,从事中国社会结构史的研究,邀约同仁撰著《中国社会结构的演变》(1994 年),我写出将近 20 万字的"绪论",叙述先秦至近代前期(1912 年)的社会结构演变史,就中,探讨了社会结构内部的矛盾斗争和社会变化的原因。

4.史料学研讨

我对史料学的研讨可以说是乐此不疲,写出两部专著《清史史料学》(1993 年;2013 年增订版)、《清代人物传记史料研究》(2000 年)之外,倾心于社会史史料、视觉史料研究,以及对具体史料文献的解读。我的史料学文章除了说明史籍的作者、内容和版本,关照作者的著述态度和史观,更在于:(甲)考辨史料的真伪,如作《〈雍正朝起居注〉〈上谕内阁〉〈清世宗实录〉史料异同——兼论历史档案的史料价值》(1988 年),指明起居注的真实性高于实录。(乙)说明图籍的收藏和利用情况,向读者提供利用的信息,以利运用,就中特别介绍了档案文书的利用方法。(丙)在史料学局部领域的开拓性:社会史史料的系统说明、视觉史料学刍议、人物传记史料来源的扩充——书信、题铭、像传。

从以上的叙述,读者不难明了我的研治历史,即不忘"求新"的要求,立意开拓新方向、新领域的研究。

(二)研究中的缺憾

我有成就感,同时颇有遗憾,深知自己学问上的严重不足,检讨出两个方面的问题。

其一,宏观研究能力的缺乏,主观上努力不够,未能从微观研究升华到宏观研究。

二十几年前,我在《习史治史杂谈》中写道:"我研究历史上的具体问题,作出判断,不擅长提出带有规律性的重大的问题,多年来感到这个缺陷,但理论思辨能力弱,思维已成定式,很难改变。"(《文史知识》1992 年第 11 期)我始终没有做到将实证的观点升华到历史哲学境界。我撰文《"说故事"的历史学和历史知识大众文化化》(《河北学刊》2004年第1期),强调历史学的陈述史实的定位,但是陈述史学与义理史学,即与探讨历史哲学两者是何关系,陈述史学如何提高到义理史学境界,我则缺乏思考,将史学研究的任务基本上停留在陈述方面,这是极大的遗憾。

其二,坚持实证史学的不彻底。

早在80年代末,我已有几部书问世。我自认为《雍正传》将是我的代表作,以后难以写出那样扎实的作品了。那是因为《雍正传》和80年代初期发表的社会经济史论文,皆系多年资料积累之作、潜心研究之作。90年代以后,多少沾染上时代的浮躁病,虽然仍重视证据的搜集,然而不那么丰富就写文章了。本想利用耗费多年心血搜集的嘉庆朝刑科题本土地债务类资料,研讨乾嘉之际民间社会生活状态,并且拟出编写计划,但是在写出几篇文章之后,再没有集中精力去做。

二、历史观的杂糅和"求真"的治史态度

我是在何种观念支配下治史的?又是抱着什么样的治史态度呢?回顾起来,可以说是不拘一格,或者说不宗一家的历史观,没有定格的研究法,强烈的"求真"治史态度,可以概括我的史观和治史态度。

(一)历史观的杂糅与渐进论的史观——从激进论到渐进论

从求学时代,直到改革开放之前任教职的二十多年间,我接受主流思想教育,加之我的老师多是实证史学者,我学的清史,对考据学很容易接受,也成为实证论的追随者。那时阶级斗争观点和历史唯物主义支配我的历史观,强调革命,反对改良。改革开放与思想解放,令我认识到人类的历史并不只是阶级斗争史,改良对社会的破坏性远远小于暴力革命。

强调对古代社会使用等级分析方法进行研究,比阶级分析更能解释历史。提出多层级土地所有制观点,肯定自耕农在历史上的地位,它与庶民地主共同构成农民主体,是主要纳税人,因此认为古代社会存在两种基本对立统一关系:一是农民(纳税人庶民地主、自耕农)与国家对立统一,二是佃农与地主对立统一。不能简单地说农民与地主矛盾关系,因为农民包含特权地主、庶民地主、自耕农、佃农、雇农,佃农不是农民主体,更不能成为农民的同义语、

代名词。

总之,我吸收了唯物史观、年鉴学派和社会学理论,在历史观和方法论方面,不属一家一说,应该说是驳杂的,当然主导意识是实证史学和历史唯物论的。这表现在:从事历史的微观研治,但不忘宏观的追求,也就是说在研讨具体的历史事象时,会兼顾它在整体史中的位置,即以细小题目的研究,说明大的历史问题。

(二)从人民群众是历史发展的真正动力到合力论

一个时期,"人民群众是历史发展的真正动力" 的观点流行于史学界,与之并行的是"历史规律"决定论。其实群众动力论、规律论、英雄史观都有片面性,各个阶级、阶层、群体共同创造历史,"合力论"是反映历史真相的理论。相信人创造历史,并非先验的规律制约人的行为;个人在历史上的作用不因否定英雄史观而被忽视。

(三)形成史观多元化的思想因素

社会史研究的一个方向是面向下层社会,阶级论是颂扬劳动人民,我则契合并杂糅了这两个方面。因此,多元化的思想因素,令我的历史研究法不拘一格。

观念来源的多元化,需要不断地吸收新元素。在信息时代,我就思考并写出《信息时代史学研究法浅谈》(2017 年)。文章发表后,我仍在思考,2019 年4 月 20 日在天津松间书院发表《当代社会史研究与你我》的演讲,提出问题:"智能化将给人类带来什么?是祸是福与如何避祸就福?"我希望这不是杞人忧天的问题。

(四)求真的治史态度

我研治历史,最主要的追求有两个:一是前面说过的求新(新的研究方向、新观点、新材料);另一个是求真,独立思考,追求对历史真相的认知。

独立思考,是人的本能和谋生之必须本领;独立思考,是做任何学问的不易法则,唯有自身的思考,才可能有所发现,才可能提出新学说、新见解,才可能说实话,写出真实的历史;独立思考,坚持论从史出的原则和学风,不能因求用而曲解历史、片面解释历史;独立思考,不以他人之论为准则,若以他人的思考代替自己的思考,至多是鹦鹉学舌,弄不好还是"歪嘴和尚念经",令人齿冷。

我的史学研究态度,追求独立思考治学,虽然没有完全达到此种境界,不过基本态度是:笃信"史学的生命在于说真话,揭示历史真相,温故而知新,知人论世,给读者以智慧的启迪,为社会服务。有为的史学家需要鼓起勇气,敢于说真话,也才能敢于理直气壮从事史学研究"。(《史学的生命在于说真话》,《安徽史学》2011年第2期)

我从中国史学史中发现两种传统:一种是粉饰史学传统,也即哈巴狗史学;另一种是务实史学传统,即争取说实话的史学。史学怎样才能说真话?由社会客观环境和自身条件两种因素来决定。治史者说真话的客观社会环境,是政治开明、言论自由,是社会民主制度允许个人独立思考和发挥创造性。

三、文集选编原则与技术加工原则

写明了我的史观和治史态度、著述的学术价值和缺憾,应当交待文集的选编原则与技术处理事宜。

经过一段时间的商议,2018年6月20日,天津人民出版社韩玉霞编审通过电子邮件告知出版文集的信息,当天日记表示:"收韩玉霞氏文,天津社决定出予文集,得深入思索进入汇编细节,明日复之。"自此时起拟定文集选编原则,分出卷目,汇集文章,与韩女士合作,进行选编工作。

(一)选编原则

将要出版的是文集,并非全集,这就需要对已有著述作出选择,思考并决定专著的内容是否选入,未发表的手稿是否收入,内容重复的、不同题目的文章选不选以及如何选择,如此等等,遂拟定选编原则:

(1)所选文章,系个人独自撰写者,合作之文一律不取;合作之著作中,个人所写部分,依据选编原则,斟酌收入。

(2)已刊发之文与手稿一并收入。多篇手稿编入文集,皆因有的已成文,有的接近成文,容或有一得之愚,酌量收入。

(3)两篇文章重复部分多者,取其一,或合编成一文。

(4)已成专著,处置原则如下:

完全不抽取,保留专著面貌,如《雍正传》《清史史料学》《雍正继位新探》《中国古代的宗族和祠堂》《砥节砺行——寻找品格的磨刀石》。

少量收取,如《尝新集》《中国社会史概论》《去古人的庭院散步》。

大量收取,如《清代人物传记史料研究》《清代人物三十题》《生活在清朝的人们》《乾嘉之际下层社会面貌——以嘉庆朝刑科题本档案史料为例》。

拆散,基本上将原书各篇章分散到文集各卷,如《中国社会史研究》《中国宗族制度与谱牒编纂》《18世纪以来中国家族的现代转向》。

(二)增删原则

许多文章写作于多年前,新资料的发现、新观点的产生,势必影响对原先文章的看法,需要进行某种加工;序言,多没有关于内容的题目,不利于读者阅览。诸如此类的情形,确定了如下加工原则:

保持或基本保持文章原貌;

基本观点完全保留,但作适当改动;

文章中空发的议论和说教,删节其文字,或全部删削;

给原文增添资料或评论;

相关论文引用资料多有重复之处,尽量删削;

对一些文章作了少许文字修饰;

概括序言、演讲稿、开幕词、推荐函的内容,拟出标题;

为强调文章的某种内容,更改其标题。

(三)文末注明出处

为便于读者阅览中理解文意和评论,需要交待写作时间和披露状况,是以在文末注明文章出处或写作日期;有的文章是演讲稿、开幕词,就需要作出题解。

四、分卷设想与各卷内容

我将选入的文章,按其内容区分为十类,每类一个专题,而所说的专题,有的是方向性的,有的则是较为具体的乃至较小范围的。十个专题形成十卷,分别是:《社会史理论与研究法》《古代宗族与社会结构史》《文化史散论》《史料学研究》《清史专题研究》《清代宗族史论》《雍正帝及其时代》《徽学研究》《近现代海内外宗族史研究》《师友述怀·序跋札记》。前四卷属于综合类型,第五至第九卷是专题类的,第十卷是杂类。各卷的主要内容是:

(1)《社会史理论与研究法》。中国历史研究特别是中国社会史研究理论与方法的探讨,涉及到历史学是怎样的一门学科,改革开放新时期开展社会史研究的必要及方法论,关注信息时代的史学研究,关于20世纪史学研讨的回眸,为史学研究新领域的开拓欢呼,检讨自身的习史治史经历。要之,我对历史学及其方法论的认识,对20世纪自身经历的史学研究回顾,对新领域开拓的渴望,我的独立思考写真实历史的态度,虽缺乏系统的总结,却有所表达。

(2)《古代宗族与社会结构史》。在中国古代社会史研讨中,我关注两个方向性课题,即宗族史和社会结构史,而归结起来则是社会形态史这一个大课题。

探讨周秦至清季的中国社会结构及其演变简史,说明中国社会经历封建制、君主专制制度向近代资本主义过渡的演变,社会结构的实质是等级制度及等级意识。

对中国宗族史和谱牒学史的研讨,起始关注的焦点是在宗族政治功能方面,80年代中期起逐渐注意到宗族的社会功能,从正负两方面评论宗族活动的历史影响。由于本文集设有清代及近现代宗族史两个专卷,本卷在综论宗族通史之外,不收清代及近现代宗族史文章。

古代社会结构的主要特征是等级社会,使用等级观点更能够解析历史现象。周代典型分封制破坏以后的秦汉以降中国古代社会,不是封建宗法社会,而是变异型宗法性(具有一些宗法成分)社会。

我写的先秦至明代的论文很少,读书札记则有数十篇,兹选择有关政治经济制度和古人生养死葬习俗的十几篇札记收入本集。

(3)《清代宗族史论》。本卷设有四个栏目:清代宗亲法及其指导思想、总论清代宗族特点、清代宗族载体、清人族谱,论述宗族拥有祠堂、祖坟、义产、族学和族谱,载体完善,实行小宗法,管理人族长多由遴选法产生,所以宗族在宗法性和小团体性之外,更具有互助性、自治性、某种民主性和中介性,适应民众生活需要,对20世纪思想舆论界对宗族的全盘否定论进行反思。宗族修谱,是凝聚族人的手段,在宣扬宗法性教化之外,保存了族人历史。正史极其忽视民众史,而族谱反映民间有史。

(4)《近现代海内外宗族史研究》。本卷由三组文章构成:宗族活动及研究,海外华人、宗亲会与宗族文化,家谱研究。我将宗族史的研究延伸到近现代,关注近现代宗族、宗亲会史,以至进行田野调查,获知改革开放初期宗族活动与现代化的一致性,民众积极参与宗族活动的状况及其原因,认为其活动的正当性不宜贬抑。对民国以来所修家谱的研治,发现谱例改良,反映了宗族活动与修谱突出的文化功能。随着城市化的发展,农村在衰落,以"聚族而居"为前提的宗族将走向何方,需要跟踪研讨。对于当代海外华人传播中华宗族文化,我利用较长时间生活在海外的便利获取资料,倾心关注,撰写出当代海外华人丧葬礼仪对中华宗族文化的传承与反哺。

(5)《清史专题研究》。清史,是我花精力最多的研究领域,研治范围较为广泛,社会史和宗族史是重点所在。论文有综论清史特点和清史研究法,历史事件与人物,女性史,社会经济史,乾嘉之际民间社会生活史,地方史等方面。我将这些方面的部分文章收进本卷。

(6)《雍正帝及其时代》。我致力于雍正帝及其时代史的研讨,著有《雍正传》《雍正帝》《雍正继位新探》,从不同的侧面、角度论说雍正帝及其时代的历史。我写这些书,是在专题研究基础上进行的,我探讨了雍正继位之谜,雍正帝刚毅、刻薄的性格,他的政治变革,雷厉风行的政治作风、用人观念和措施,学术界雍正史研究状况,而后从事综合研讨形成专著。这些专题论文,经过筛选编入本卷。

(7)《徽学研究》。由于大量徽州契约文书被学术界发现,以及明清时期徽商在社会上的重要地位,学术界乃开展专门研究,由此诞生"徽学"。我的介入点主要在名族(宗族)史和女性史方面,认识到构成明清徽州名族的诸种因素,名族的自我建设及其状态,名族参与社区建设、村落建设及其积极作用,纵观宗族通史,发现明清徽州名族是中古士族的遗绪。清代徽州女性史的研讨,令我注意到徽州贤媛的治家和生存术,徽州女史的出色历史见识,徽州才女的文学创作生活及其作品表达的感情世界。对于徽州契约文书,从史料学角度明了它的史料价值,亦为对"徽学"建设略事投入。

(8)《文化史散论》。文化史研讨的涉猎面较为广泛,但零散而不系统。关注点在三个方面:皇帝崇拜文化心态批判;传统文化资源的利用;生命观与社会医疗史;另有满族文化特征、中华文化在朝鲜半岛的传播等专题。我写帝王传记,称赞雍正皇帝为杰出君主,但在观念上绝不是鼓吹帝王崇拜,相反,是批判皇帝崇拜心态,以便克服这种传统的不健康的心态。朝鲜李氏王国,是明清两朝的附属国,受中华文化影响较大,本卷有两篇文章,记叙了中华传统文化东传朝鲜的历史。我对古人的文化生活有所措意,兹选择几篇读史札记,述及南朝王谢家族的文学艺术生活、南朝士大夫与歌舞、古代宫廷谏净戏剧等史事,冠以"古人文学艺术活动"栏目。

(9)《史料学研究》。我著有两部史料学专著,此外写有各种体裁、题材史籍的评论和利用方法的文章,特别是对传记、年谱、日记、书信、文编、方志、碑刻、档案的史料价值的介绍,至于谱牒学更有专论。对一些史籍,我亦致力解读,写出札记。《关于建设中国社会史史料学的思考》《史学著作的图文配合和建构视觉史料学》涉及史料学建设,所以发出刍议。本卷收入了以上这些文论。

(10)《师友述怀·序跋札记》。有关感念师恩、怀念故友、我与学生的真挚情谊、推介学友专著的序言、评论前辈与同侪著述、自著序跋、读书札记、见闻随笔,多系随笔式的文字,都倾注了我的感情。其中对师恩的感激之情,随着时间推移和年事增长越加弥笃,对故友的怀念更其深切,对学生的友情更加珍惜,对学友的友情念念于怀。我不仅"情"在治史,更以"情"投向师友。本卷收有古代、近代读书笔记,介绍古人婚姻种种情状、古人的家庭生活、古人的服饰好尚与等级制度、清人的治学与晚年生活。本卷的"清史札记"一组文字,本拟收入《清史专题研究》卷,然因该卷篇幅较大,移植于此了。本卷的"文化省思"诸文,涉及旅行、旅游业的三篇,勉强可以说是从世界史看中国历史。

五、鸣谢与其他

本文集能够并以现在的面貌问世,我发自内心地感谢天津人民出版社的编辑和诸多友人:出版社诸位女士、先生的建议梓行和勤奋认真的编辑,友人对选编原则的建议及提供电子文档,真是让我感动不已。

首先感谢的是韩玉霞编审。她曾经为我编辑《中国社会史研究》,她的敬业精神我本来熟稔,这一次就感受得极其深切了。出版我的文集,是她认为值得而主动提出来的。对于出书,我的态度基本上是"可遇不可求",一般不主动向出版社提出要求,若出版社有意,就认真对待,不轻易放过。这一次就是韩女士先表示了意向,我遂提交史学研究状况及分卷、卷目的设想,韩女士经与社里讨论,决定为我出书。接下来是细致的编辑业务了。她率领编辑室的杨轶先生和李佩俊女士勤勤恳恳地做起来了。在一年多的密切联系中,就她的编辑业务,我有两点突出感受:一个是她的学术水准高,再一个是她的常人难以做到的勤奋。

我提出的分卷及各卷的目录比较粗疏,她和杨、李二位精心补苴。文集十卷,每卷需有书名,对第一卷,我原拟名"历史学社会史学与历史研究法",经她们提炼为《社会史理论与研究法》。各卷设栏目,开始我做的不多,她们就帮我做。《文化史散论》卷收有叙述中华传统文化传播明清时期李氏朝鲜的两篇文章,她们拟有"中华文化在海外"栏目,我觉得"在海外"不确切,若说"在朝鲜",固然符合历史情况,但是现在朝鲜分为两国,李朝的首都又是在汉城(今首尔),我在电话中与韩女士商议,她脱口而出,用"朝鲜半岛",我赞扬地说"睿智",就这样确定了。我认为秦汉以降的中国社会是"变异型宗法社会",可是行文中有时又用"变态型"来表述,她建议统一概念,于是采取了"变异型"一说,以利论述的严整性。她的勤奋达到令人"瞠目结舌"的程度。原计划文集在南开大学百年校庆的 2019 年 10 月 15 日出版,时间已经非常紧迫,我又因故要求提前一个月,造成编辑工作更加紧张。制作文集使用的 word 文档,我提供约有 150 万字的,另一半 150 万字是扫描形成的文件,这就大大增加了编审的难度,因为扫描原件有繁体字,有表格,横排、竖排不一,还有满文。韩女士审稿不分工作日、节假日、周末、休假日(2018 年 12 月中旬休年假)都在进行,甚至 23 时、凌晨 4 时还在工作,今年 3 月 20 日 20 时后给我语音留言八次,每次一分钟,不断用微信、语音留言商讨疑难文句的处理。

杨轶先生和李佩俊女士都是一样的认真编审,核对引文,发现错误,如我在一篇文章中将成化 22 年事情误作成化 10 年,杨先生核对原书给予纠正;我疏忽大意,将"荣禄大夫"的"禄"字,敲成"录"字,由李女士发现而改正。他们也是经常在工作时间之外,同我商讨文章编审中的疑难问题。对他们的加班加点,我写在这里,绝对不是"鼓励"的意思,我多次提醒韩女士不能如此工作。他们尊重作者的学术观点,在与出版规定的协调中,表现出谦逊态度,与我往复交流后才定稿。

好友常建华教授多方面帮助选编文集,精心搜集文集中文章的 word 文档,第一次提供 41 篇,第二次又给 4 篇,省却我张罗扫描杂事和阅改定稿的许多时间和精力;我又请他联系研究生帮助核实两篇文章的注释;他对前言、序言的写法及第十卷的题名均提出宝贵的建议。他那样帮我搜集那么多 word 文档,我感觉他是把它当做自己的事情了。如果说建华贤弟做的主要是在提供文档方面,杜家骥贤弟则在帮我如何提高文集质量方面作出思考和建议:文集各卷编排都分出栏目,以利读者阅览;前言的内容宜于详略得宜,不必详细;有的小文章不要选入,免得给人芜杂的感觉;他更是细阅文章,帮我纠谬,是为维护我的学人形象。他们还为 10 卷文集各写了 5 篇 "解题",2018 年 2 月 1 日,建华主动为我的《中国古代农民的构成及其变化》一文写了长篇导读,我感到非常贴切,因此请他们二位写文集各卷"解题"。阎爱民、余新忠贤弟和惠清楼女士帮我查找文章发表的书刊,扫描成 word 文档。有一篇文章需要扫描,我告诉韩女士卞利教授可能有书,结果是卞教授请人从合肥特快专递将书送到出版社,对此韩女士"特别感动"。有一部分手稿,多草书,修改凌乱,誊印社工作人员无法录入电脑,学友陈鑫副教授得知这种情形,主动录入三万多字。他要坐班,本身工作很忙,又有研究课题,他是怎样挤出时间敲成文档的,我难以想象。帮助我的各位友人,你们的爱师之情、友谊之情,叫我如何不感动!

天津人民出版社,这次是出版我的著作和我参与编著的第六本书,对三十多年合作者,给我学术研究大力支持,铭感于怀。

文集的出版,得到我所服务的南开大学历史学院的支持,感谢之情油然而生,唯祝愿她保持和发展兴旺状态,教学、科研更上层楼!

最后说明二事:

(1)文集的题名,曾经考虑过《顾真斋文集》。我用"顾真"的笔名,既体现我治史"求真"的态度;又反映我的浓郁乡情——我出生在江苏仪征,这里古名真州,顾真,真州人也。终因在信息时代,为读者查询文集作者方便,还是直接用本名为宜了。

(2)做任何事情都可能有遗憾,选编本文集,我也有一点小小的遗憾,那就是各册、各栏目文章的编排不尽合理。如读史札记,依据内容分在几个册里了,有的不尽合理,留下不尽如人意的憾事。

冯尔康
2019 年 5 月 24 日二稿

前　言

我对史学理论的理解与运用有两个阶段的变化,总起来讲,主导意识是实证史学和历史唯物论的,对此我在"自序"中进行了说明,这里从略。

我研治历史,最主要的想法有两点:一是在主客观条件可能的情形下追求独立思考,讲真实历史,说实话;另一是求新,关注、开辟新的研究领域、新的研究方向。

我们大一统的国家,历来只有一个指导思想,就是罢黜百家独尊儒术之类。史家鼻祖司马迁之后,治史者对本朝的历史多是歌德派,董狐直书越来越罕见。治史者多半就自觉不自觉地限制了自己的思路,在条条框框里打转,这样怎么能成就"发现历史规律"的使命?! 独立思考,就要解放思想,70年代、80年代之交社会上就有这种风气,不必说时时刻刻解放思想,但不要禁锢,思想要开阔,随着客观环境的变化而有相应的认识,这就不能墨守成规。独立思考地治史,发现什么就讲什么,说出真话来,不必要管合不合时宜。理想上如此,不能直书,至少也不必曲学阿世。

任何学问的研究,都要求有创造性的发明,史学论文的普遍要求是有新史料暨新观点。我也有这样的认识,不过更关注新的研究方向和领域,是以在80年代中期提出复兴社会史研究的倡议,写文章,与同人合作召开首届中国社会史学术研讨会,此后不断思考拓宽、深化社会史研究的命题,诸如环境史、身体史的研究,新文化史与生活史是什么关系。因为有创新意识,所以我对学术界出现新的方向性研究,极力表示仰慕和支持,如得知李庆新教授组建广东社会科学院海洋史研究中心后,我就写出文章《大力开展海洋史研究,正当其时!》(2010年),同时为他的专著写序——《"外向视野"区域经济史研究的新篇章——李庆新著〈濒海之地——南海贸易与中外关系史研究〉序》;

余新忠教授撰著《清代江南的瘟疫与社会》(2003 年),我强调该书是中国大陆开展医疗社会史研究的第一部力作;阎崇年教授的《森林帝国》问世,即撰文《建立森林史学开创之作——阎崇年著〈森林帝国〉评介》(2018 年),欢迎他提出"创建森林文化史学——要从森林文化视角解析中国历史,并且给出东北森林文化广被地区从先秦肃慎到清朝满洲的三千年发展简史"。我真诚地为这些学友的史学创新成就鼓与呼。

本卷汇集与前述想法有关的史学理论与历史研究法的文章,无非想表明:历史学、社会史学主要是澄清历史事实并陈述出来,以历史知识给人以智慧的启迪,也就是强调发挥史学的社会功能,而不是政治功能。

(作于 2018 年 10 月 20 日,2019 年 5 月 20 日改定)

编者按

为避免文集各卷内容重复,敬请读者垂注:

一、作者为"冯尔康文集"10 卷本所作的自序《学无止境,是我治学的座右铭》,置于文集的《社会史理论与研究法》之卷首。

二、作者历年著作之总目《冯尔康著作目录》,以及《冯尔康文集总目录》,置于文集的《师友述怀·序跋札记》之卷末。

以上 3 篇内容,不再一一列入文集每卷之中。读者如有需要,可以参阅。不便之处,敬请谅解。

目　录

为史学研究新领域鼓与呼

我的习史治史

附　录

解　题

常建华

在改革开放的新时期,冯尔康先生倡导开展社会史研究,有力地推动了中国社会史学科的发展。冯先生发表了大量论述社会史的论文,同时还就史学观念、历史研究方法发表见解,本卷将上述文章汇为一集。

本卷收入 38 篇文章,冯先生将其分为"历史学研究综论""社会史研究及其方法论""为史学研究新领域鼓与呼""我的习史治史"及附录五个部分。鉴于其中第二部分是本卷的主体,以我的认识,冯先生这些大作也可以大致分为"何谓社会史""如何研究社会史"及"史观与史法"三大部分。为了更好地理解冯先生的这些文章,将其放在写作与发表的时代背景与具体环境中可能是必要的。因此,我在兼顾各部分分类的情况下,尽量按照时间顺序予以介绍,将各篇文章的介绍与相关论述结合,试图呈现出冯先生学术思想的演变与特色。

一、何谓社会史

20 世纪 80 年代,我国实施改革开放,思想得以解放,解除了现实社会生活中的各种禁锢。学术界反思流行了 30 年的历史研究,不满意公式化、教条化地诠释经典理论,以及片面强调阶级斗争的僵化研究方式,史学革新势在必行,社会史研究应运而生。

1986 年初,冯先生在《百科知识》第 1 期上发表了《开展社会史的研究》一文,强调新中国成立以来 30 多年的史学主要研究经济史和政治史,对社会史几乎没有接触。"恢复、开展社会史的研究,已是当今史学界一个刻不容缓的课题","社会史的研究,能够给予历史研究以有血有肉的阐述,真正建立立体的史学、形象化的史学、科学的史学"。

1986 年 10 月，"首届中国社会史研讨会"在南开大学举行，冯先生向会议提交了论文《开展社会史研究》，后发表于《历史研究》1987 年第 1 期。冯先生提出了社会史的定义："中国社会史是研究历史上人们社会生活与生活方式的运动体系"，它"以人们的群体生活与生活方式为研究对象，以社会结构、社会组织、人口、社区、物质与精神生活习俗为研究范畴，揭示它本身在历史上的发展变化及其在历史过程中的作用和地位。"这一看法借鉴了社会学理论，对马克思主义有新的认识。冯先生认为："马克思主义对社会史研究对象、意义作了有价值的部分说明，但远未建立马克思主义社会史体系。"强调"马克思主义的基本原理不能代替社会史研究"，这是从狭义社会史的立场看问题的。关于社会史与社会学的关系，冯先生指出：社会学研究的方法是先有理论，按照观点的要求到实践中调查研究，再归纳到理论，验证自己的理论是否正确；历史学的研究方法不同，它要搜集大量资料，加以归纳，得出结论。社会学的研究目的非常明确，它紧紧抓住现实问题，从现实出发，寻找它未来的规律。但是要认识现象，不免要了解它的过去，因而有历史社会学的出现，去完成追述历史的任务。历史学则从历史出发，回到现实，同社会学（历史社会学）正好相反，历史学的社会史即社会历史学。"历史社会学着眼现实问题，考察的是局部历史现象，它只需要解释被研究的这个问题就可以，而不必统观历史全貌；社会历史学不同，它要把考察的对象放到历史整体中去分析，所以历史社会学与社会历史学互相不能取代，要同时并存，并有某些相同的研究对象把它们联系在一起。"

冯先生对社会史的认识不断完善。1988 年，"第二届中国社会史研讨会"在南京大学举行，先生向会议提交《三论开展社会史研究》一文，翌年发表在《南京大学学报》增刊《社会史专号》。冯先生补充了原来的对社会史的认识："社会史渗透到政治史、经济史、文化史等专史领域，凡是这些专史中属于人们社会关系的内容，也就是社会史的内容"；"社会史不应停留在了解人们社会生活所表现的心理状态和思想意识"；"社会史与其它社会科学的交叉研究，使它成为带有边缘学科性质的史学分支"。

以上三文反映出冯先生倡导社会史研究初期的看法，属于社会史定义的"专史说"，即认为社会史是历史学的分支学科，与政治史、经济史、文化史并立。当时学术界也有其他学者认为社会史属于专史，但论证不大相同。在如何理解社会史的分支属性，以及其与通史的关系、社会史专门化与整体性的关系上,存在较大分歧,形成了表述各异的历史学分支的社会史。更有学者认为社会史不属于专史,而是通史,还有的学者认为社会史方法论的意义更大。

伴随着学术界研究的深入和不同观点之间的讨论,冯先生也在进一步修订、完善自己对社会史的认识。1998 年,第七届社会史讨论会在苏州大学举办,冯先生发表《拓宽、深化、综合、探索——浅论当前的社会史研究》一文,认为探索性与开放性是中外社会史研究的两大特征,作为"社会的历史"(整体史)的社会史日益深入人心。为避免从理论到理论的空泛争论,易于实际操作,他主张社会史是历史学的专门史,但是目标是面向整体史。该文的后半部分题为《迈向未来的社会史研究》,收入唐力行主编的《家庭·社区·大众心态变迁国际学术研讨会论文集》。该文的压缩稿题为《社会史研究的探索精神与开放的研究领域》,收入周积明、宋德金主编的《中国社会史论》。

《社会史研究的探索精神与开放的研究领域》一文修正了冯先生对社会史的界定,强调社会史"是研究历史上社会结构与日常社会生活的运动体系,它以社会群体、社会组织、社会等级、阶级、社区、人口的社会构成,以及上述成分所形成的社会结构及其变动,构成社会结构的人群的日常生活行为及其观念为研究范畴,揭示其在历史上的发展变化及在历史进程中的作用和地位;它是历史学的一门专门史,并将其研究置于整体史范围之内,处理好两者的关系,以便促进历史学全面系统地说明历史进程和发展规律;它与社会学、文化人类学等学科有交叉的研究内容,具有多学科研究的性质与方法",该文还指出群体生活联结了社会结构和日常生活,统领全部研究内容。定义的另一个特点是将社会史置于总体历史范畴之内,进行两者之间既有联系又有区别的研究。社会史的研究包含着物质与精神、政治与文化的内容,与整体史所要研究的政治史、军事史、外交史、经济史、文化史纠缠在一起。"讨论同一事物,可有不同的关注内容、不同的研究角度,用这个角度去观察那个内容,就可以抽象为一种研究方法;角度可以是多样的、变化的,从某种角度审视问题,把它当作方法来用,它就是方法了。"从这一点来看,社会史也是一种研究视角和研究方法。"总而言之,立足于专史,面向整体史,这是我们界定社会史的基本思路。"这个概念并不排斥社会史研究的整体观念,但是把整体史作为广义的社会史理解,提倡作为专史的社会史研究。

文化史是改革开放以后历史学界最先兴起的学术领域,文化史研究的深入引发对社会史的探讨。社会史与文化史具有交叉关系,关于社会史与文化史的关系,早些时的学者强调社会史与文化史二者的区别;冯先生发表《简述文化史与社会史研究的结合》,强调了两者的结合,认为"文化与社会"的互动,可以深化各自领域的研究,促进跨学科研究,推动整体史的研究。

二、如何研究社会史

中国社会史研究初兴,学界争论较大,如何更好地开展研究是大家关心的问题。为此,《历史研究》编辑部组织讨论,冯先生应邀参加,于是写了《深化与拓宽》一文。冯先生首先谈了社会史研究的勃兴与建树,接着指出社会史研究不尽如人意的三个方面,并分析了造成这种局面的原因,最后指出在整体研究上下功夫、继续拓宽研究领域,是克服我国社会史研究前进不足的两个途径。

《关于社会史研究"基本建设"的若干思考》一文,为冯先生应邀组织社会史研究笔谈所写。"基本建设"是指基础性的研究建设,包括教材建设、选编社会史论文集、选译国外社会史研究论文集、组织高质量的社会史专题论文集的写作。[①]此外,冯先生还强调了史料研究与整理,创办、办好社会史研究通讯、学刊,提高研究队伍的素质,研究者与报刊出版部门密切合作。

除了上述冯先生对社会史学科建设的思考外,他特别重视社会结构的研究。《社会结构理论与中国社会结构史研究》一文是提交在沈阳举行的第四届社会史年会的论文,收入会议论文集《中国历史社会发展探奥》。该文首先介绍了社会结构的理论,总结其要点,接着介绍中国结构史研究概况,认为"社会结构理论的探讨与中国传统社会结构史的研究结合起来,对皇权与官僚、绅士集团演变史的分期,社会等级性身份变化和社会进步,历代及近代社会结构类型及阶级、等级与历史演进关系等问题提出看法。成就可观,应当引起我们的高度重视"。在此基础上,冯先生提出社会结构的研究对象、范围和任务:"社会结构是社会组织的组成方式,是具有各种社会身份的人及其群体的

---

① 为此,南开大学中国社会史研究中心设置教育部重大项目"20世纪中国社会史研究的回顾与展望",由常建华主持,于2001年12月立项,完成的专书有:冯尔康著《中国社会史概论》(高等教育出版社2004年),常建华等著《新时期中国社会史研究概述》(天津古籍出版社2009年),张国刚、余新忠主编《新近海外中国社会史论文选译》(天津古籍出版社2010年)。延续性的工作有常建华主编《中国社会史经典精读》(高等教育出版社2014年)。

联结方式,是各社会组织的有序排列,即按其社会地位由低级向高级序排稳定状态,即社会结构模式,社会的分工、生产力水平和生产关系对社会结构形式、状态、性质、转型以决定性影响。"这一定义是在社会学有关观点基础上的概括。并提出中国社会结构史的内容应是:中国历史上社会结构的诸种要素,诸要素的联结方式,社会结构稳定状态下的结构模式,社会结构内部的矛盾和变迁,社会结构及其演变对中国历史进程的影响。最后谈了对社会结构主体的等级与阶级关系的看法。

《审视"定论"与等级分析——以关于封建时代农民、地主的理论为例》专门讨论了阶级与等级的关系问题。强调"用等级分析方法和社会结构理论,深入考察封建时代农民及地主的构成成分,各类地主和自耕农民的社会地位,他们在生产及生产关系中的作用,平民地主、自耕农与封建国家的关系,社会基本矛盾的各个方面"。通过考察有新的发现:农民、佃农不是同义词,只有佃农与地主形成生产关系;地主的构成及其与统治阶级的关系;地主阶级在生产关系中居主导地位;等级观点与等级分析方法。冯先生的讨论对于有关"定论"有所突破,有助于认识"我国封建时代的史事"。

农民家庭史是传统时代社会史的核心问题。2002年8月10日,冯先生在所作《开展家庭史研究 拓展社会史研究视野——"中国家庭史国际学术研讨会"开幕词》中,介绍了南开大学中国社会史研究中心的研究特色:"我们的研究方向基本上集中在三个方面:其一是家庭家族史,这次研讨会以家庭史为主题,就反映了我们的这种研究兴趣;其二是思想与社会的互动关系,企冀透过思想文化活动及观念的研究,对人们的社会生活作出深层次的说明;其三是明清以来(含近当代)华北地区的政治经济社会史,在这方面我们有多年田野调查的研究基础。……我们对中国生态环境史、医疗社会史亦有所接触,并有初步的研究成果问世,在条件成熟的时候,将发展为重点研究方向。"强调了家庭史研究存在的问题:在家族史的研究中,政治批判的阴影并没有完全消失,如何进一步克服政治批判对家族史学术研究的影响,可能仍是值得探讨的事情;历史学的家庭史研究需要全面地弄清人是怎样在家庭中生活的,人从生到死的家庭生活及作用,若仅从家庭形态、结构、功能等方面来了解,显然是不够的。冯先生的看法准确抓住了家庭史研究存在的问题,指出了未来研究的出路。冯先生的另一篇文章《古代农民家庭经济研究法浅谈》,则从方法的角度讨论了古代农民家庭经济研究中需要留意的事项,如区分农民家庭类型,需要关注农业佣工与平民地主;谨慎利用古代政论家遗留的农民家庭经济史资料;弄清家与户、家庭与家族的区别及联系;在档案和家谱中挖掘农民家庭经济史资料,不可忽视小说、戏剧中的形象资料;对农民家庭经济进行静态与动态、常态与变态的综合研究;将农民家庭经济放在社会生产力水平及相关社会制度中进行综合性考察。

冯先生还探讨了中国社会史研究的学术史。《中国社会史研究的回顾与展望》概括了 20 世纪社会史研究的基本脉络,将 1911 年出版的张亮采《中国风俗史》一书作为近代研究中国社会史的开始,认为社会史兴起于 1911 年至 1949 年全国解放前夕的这个时期,新中国成立后的前 30 多年是停顿时期,近年来在新的基础上复兴。《中国社会史研究专著简介和书目》选自冯先生主持的《中国社会史研究概述》,介绍了 17 种专书,其中的评述值得注意,有些反映出冯先生的关注点与见解。如指出张亮采的《中国风俗史》宣传"教忠教孝"是陈旧的;陈东原的《中国妇女生活史》为妇女生活改善而作;杨树达的《汉代婚丧礼俗考》是一部有价值的汉代社会史专著;陶希圣的《婚姻与家族》把生产关系演变与家族、婚姻的变化联系在一起分析,有一定深度;王书奴的《中国娼妓史》将私家女乐视为娼妓,不适当地扩大了妓的范围;邓云特的《中国救荒史》不仅看到人与自然的关系,还探讨人与人的关系;尚秉和《历代社会风俗事物考》的内容详于两汉以前,元明则甚缺略;高达观的《中国家族社会之演变》指出宋代家族社会特点是宗族制度民众化;瞿同祖的《中国法律与中国社会》通过人们的法律生活,说明人们的身份、地位和社会结构,是一部难得的社会史专著。《近年大陆中国社会史(以明清史为主)的研究趋势》一文,发表于台湾中国明史研究会编《明史研究》第 5 期(2002 年),冯先生强调生活史受到重视,文化史与社会史相结合成为趋势;社会史的专题研究主要体现在家族、人口、士人、商人、妇女与性别、民间社会、城市等七方面;标志性成果有周积明、宋德金主编的《中国社会史论》等,举出陈春声、郑振满、夏明方、周天游、罗志田的最新研究成果;最后提出社会史研究趋势,表现为理论与方法的追求,新领域的开拓,学科研究结合的初步开展。《与中国史学共前进——〈历史研究〉创刊 60 周年感言》回顾了先生与《历史研究》编辑部共同开创社会史研究新风气的经过及有关往事。

冯先生也很关注台湾地区的社会史研究。《二十世纪下半叶台湾新史学及其成就》一文指出:50 至 70 年代是台湾新史学的酝酿期,80 年代以来台湾新史学获得长足发展。台湾的新史学研究领域广阔,新方向不断出现,如生态环境史、人群生命史、宗教史、女性史、通俗文化与日常生活史、社会文化史、礼制与礼俗、城市史等即是。新史学的研究特点是:多学科地综合研究生态环境史、人群生命史(医疗社会史)、新文化史,新领域的继续拓展,文化史与社会史的结合,研究细致扎实,理论与方法的探讨。

《"说故事"的历史学和历史知识大众文化化》揭示了社会史与历史学的关系,首先谈到史学是陈述之学,史学要不要讲道理(历史哲学),史学是科学抑或是艺术;从史学之异于其它人文社会科学看其陈述历史(讲故事)的特点,史学需要保持"说故事"的特色,为"说故事"的历史学定位。接着论述从古代传统史学(历史编纂学)、实证史学、民族情感史学、阶级论史学、社会史的史学、呼唤中的以"整体史"("总体史""社会的历史""社会史学")为特征的"新史学"可能出现及其与社会史的关系,指出历史学的发展历程、走向与社会史研究。最后谈了史学功能转换及原因、史学知识大众文化化与条件、史学研究成果大众文化化的表达方式、史学工作者的职业态度与高标准的专业要求、史学新功能得益于社会史研究,论述了历史学应使历史知识大众文化化及其同社会史研究的关系。

三、史观与史法

冯先生首次全面谈自己的治学经验与看法,是在《习史治史杂谈》一文中。先生首先针对治史者的知识结构,指出治史须有多学科知识的要求,并谈到自己的实践:立足于断代史,争取搞懂通史;立足于史学,向边缘学科拓展;杂学旁收。接着谈到了占有史料问题:"用资料说话,成了我的座右铭。"为收集史料,冯先生注意丰富自己的史料学知识和扩大史料来源,把搜集史料的范围与研究的长远目标及近期目的结合起来,统一考虑,以期达到多得史料的效果。还论述了不拘定格的研究法与史料运用:"在研究法上,通常使用归纳法,排比史料,进行归纳分析。同时也注意运用其它研究法","研究历史要靠资料,如何运用史料是关系成功与否的大事"。最后谈到治史要与时代气息相通,认为"史学与其它社会科学一起,是提高民族文化、民族素质的一个手段","历史知识应当民众化"。年近60岁的冯先生已处于学术成熟期,对治史的看法,实为经验之谈。

《杂谈二十世纪中国史学研究的观念与方法》收入冯先生等编辑的《二十世纪社会科学研究与中国社会》（台北：馨园文教基金会 1999 年），从冯先生对学术史的把握，可见他的史学趣向。他认为："一个世纪以来，从承前启后的梁启超新史学，到实证史学，到阶级论史学与实证史学的对立，再到多元文化与多种史学方法的流行，中国史学从传统史学，进入了近代史学、现代史学，本身在进步，而且还在随着社会的变化而更新。事物变化发展没有止境，史学也应当是富有生命力的。"在比较了各派异同之后，冯先生就史学目的与功能发表见解，认为："真与用的结合，是强调致用的前提，基础在求真，但是求真不是目的，史学研究归根到底还是为了致用。"这是针对影射史学、为史学而史学两种观点而发的见解。

冯先生比较认同实证史学，这反映在《拜读郑克晟教授著〈明清史探实〉感言》一文中，他指出，20 世纪有新史学、实证史学、民族情感史学、阶级论史学四大史学流派，世纪末还有尚在潜流中的派别，认为"相信多元文化论，致力于寻求本国文化、本国历史的特质是今后史学发展的必然趋势"。强调史学研究、史学流派都不能割断与古老传统和近代传统的联系，都要从中获得营养；实证史学留下较多的史学遗产。实证史学往往是微观研究，小题大做。《从好奇到认知——宫廷史研究浅谈》一文收入故宫博物院编《明清宫廷史学术研讨会论文集》第 1 辑，文章涉及宫廷史研究法，强调将档案文书与宫廷实物紧密结合研究宫廷史，体现出实证史学的思路。

冯先生主张史学论著要经得起时间的检验，史学家应写传世之作。这虽然是史学界的共识，但先生的论证方式结合了自己的史学研究实践，自有其特色。《光明日报·史学版》编审肖黎主编《我的历史观》，冯先生应邀谈"史学观"，写了《重要的是时间的检验》一文，认为"历史著作、观念的正确与否，不在一时一地的反响，而要经过长时间的社会实践检验。对历史的认识不能赶浪头，追逐时髦的观念，也就是说要讲真话，写真事，著传世之作"。指出历史工作者有着时代的、阶级的、政治的、史料的、知识结构的多方面的局限性，史家如何克服局限性，值得深思，重要的是在史学研究实践中探索，落实到研究中。此后，冯先生又应约写了《自我要求写传世之作——史学论著需要时间的检验》一文，收入《南开学人自述》，重申了自己的史学主张。冯先生指出："历史不能重演，对历史也不可能去做试验，要解释历史，不论具有何种史观，都是要依据史料说话。'有多少材料说多少话'，固然不能谓为定理，然而史料是历史的记录,'复原'历史,除了作者的史识之外,就得靠史料了。"

传世之作往往是求真的产物,冯先生特别强调历史研究要说真话。《史学的生命在于说真话》一文,从史学史的角度观察,认为史学反映不反映历史真相、讲不讲真话有两种传统:一种是粉饰史学传统,另一种是务实史学传统。粉饰史学传统表现在三个方面:一是掩盖帝王过失,抹杀他人建树;二是粉饰虚美;三是颠倒黑白与"曲笔"的并用。务实的史学传统亦有三个方面:其一为部分史官尊重历史,坚持如实写作;二是史学在客观上有监督皇帝的作用,故而皇帝对它有所顾忌;三是有非"正史"史官撰写的比较真实的历史著作,是继承司马迁的传统。史家要能如实撰写史书,应有三点担当:第一是尽职尽责,系应为之事;第二为敢于坚持说真话,系难为之事;第三要有才学识兼备的史家素养,是努力可为之事。

《对人的全面关注与史学家的应有作为》是《史学的生命在于说真话》的续篇,冯先生在文中肯定:"二十世纪历史学从记叙社会上层的历史,迈向全面关注所有的人的历史,尤其是人的生活史、生命史,在研究范畴拓宽方面取得巨大成就,也为整体史的研治奠定坚实的基础。"冯先生认为史学家克服了"注定论",以人为历史与社会的主体,它的内涵是:人在自然的、社会的条件下进行活动的主动性,人的活动的多样性和丰富性,尊重前人及他们的行为,承认所有的人的历史作用。他谈了适应时代发展与改进史学研究法:增强"问题意识",进行创造性研究;研究者的古今中外知识结构在逐渐完善之中;史家应抱持尊重历史的态度;历史是人的历史,人是历史的主体问题仍需进一步加深体认;并提出史学家需要牢固树立求真的态度与勇气,写作真实的历史,贡献于社会,以履行自身的职责。

史学求真,就是要求史家独立思考。2013年10月12日,冯先生在南开大学历史学院研究生班演讲,他以《养成史学研究独立思考意识》为题,借用17、18世纪中西文化交流史(与天主教史有关)中一些误读、误解的事例,说明独立思考是从事史学研究的应有态度。冯先生指出:中国人传统的、强烈的世界中心观念,表现在历法之争、西学中源论诸方面;西方传教士索隐派误读中国上古史;东学西渐中,西方人误读中国文化;后世对传教士的颇多误评;学者从迷信外国文献、耶稣会士文书中走出。冯先生鼓励学生培养独立思考、独立研究的能力,要敢于质疑史学大家的观点、各种权威的所谓"历史定论"和历史观点;审慎对待强势文化、主流文化、流行文化,时刻追求新观点、新领域、新方向;史学工作者独立思考、独立研究的不易法门——详细占有史料,审视史料的真实性,做到论从史出。2014年11月,在安徽大学徽学研究中心研究生班演讲时,冯先生以《浅说独立思考是学术研究的首要准则》为题,强调独立思考的重要性,谈了四个方面的问题:独立思考是人的本能和谋生之必需本领,障碍独立思考的诸种社会因素,独立思考精神对学术研究的价值,个人对独立思考的体会。

针对所处的时代及面向未来,冯先生也有所回应。《信息时代史学研究法浅谈》强调,从社会史的角度看,当前可以关注以下几个研究方向:关注以人为本的历史,关注家庭演变史,关注第三产业大发展形势下人的活动史,关注科技发展与人类现实、未来的关系。

对于新出现的史学尝试,冯先生总是积极响应,予以支持,肯定学术探索精神。如《大力开展海洋史研究,正当其时!》强调,海洋史研究要有"海洋视野"与"整体思维"。《"外向视野"区域经济史研究的新篇章》是为《濒海之地——南海贸易与中外关系史研究》所作的序,该书强调区域社会经济史研究的外向视野,冯先生从三个方面予以评述:中外、古今、区域内外的比照研讨及综合考察,绝不能将考察对象局限在区域经济方面,局限在区域范围之内;外向视野、思维学的文献资料与田野调查双向索取与综合利用;外向视野获取整体史研讨的效果。《医疗社会史研究的一部力作》是为余新忠著《清代江南的瘟疫与社会》所作的序言,该书被评为全国百篇优秀博士论文,冯先生鼓励作者开辟学术新领域。冯先生认为该书"所研究的对象是危害人们健康与生命的瘟疫,并且不仅论述疾病本身,更重要的是说明瘟疫流行的后果和社会对它的控制"。指出该书研究的领域属于"人群生命史"的范畴,具有新方向研究意义。"人群生命史关注生命,关怀人生,自具其特殊价值。"在《建立森林史学开创之作——阎崇年著〈森林帝国〉评介》一文中,冯先生认为,森林史学属于新领域的学术研究方向,是学术建设大业,非常可贵。

"说故事"的历史学和历史知识大众文化化

这个题目很大,涉及什么是历史学、它的功能何在、社会史在史学中的地位和作用等问题,自然要谈的内容也就庞杂、丰富,特别是因为史学同人见解的差异,需要讨论的事情尤其多。不过,笔者在这里仅仅是提纲式地表明观点,似乎也不必要作出过多的申述。从传统史学到近代史学,100 年过去了,笔者亦治史半个世纪,对史学有所感悟,故在这里议论,历史学究竟是什么学问?它经历了怎样的历程?历史知识要不要及如何大众文化化?所述皆系感性的经验之谈,而非理性的真知灼见,说出来聊供同人"喷饭"而已。

一、"说故事"的历史学定位

(一)史学是陈述之学

史学就是讲故事,讲人物、事件、制度,以及产生这些故事的自然生态环境、社会生存环境和人文环境。讲故事的历史,具有五种要素,即时间、地点、人物、情节及环境(前四种要素形成历史故事的社会背景及生存环境)。

讲故事的历史学是传统的。传统的历史编纂学主要是描述人物故事,以人物为主体的事件故事;即便是叙述典章制度,也是讲制度的制定过程及其实行结果,它也不脱离人物故事和人群故事。正是因为讲故事,所以史籍编纂体裁主要是三大类,即纪传体、编年体和纪事本末体。今日之讲故事是传承的,然而又非纯粹传统的,是反映现代人类社会的知识、观念对历史的理解,是新的意义上的讲故事,不过仍然应是陈述之学。

(二)史学要不要讲道理(历史哲学)

说故事的陈述史学不讲道理吗?不讲历史运动、历史发展轨迹吗?只是说一些具体的事情吗?非也。它是讲道理的,有义理的,但在表达方式上有两种差异:一种是寓论于史。作者有历史观点,有揭示历史面貌的愿望,但不采取大量议论的方式,而是选择充分的、较充分的史实表达自己的见解,并希望通过史实让读者自行理解历史,从中获取教益。传统史学采取"史臣曰"的方法表达史家观点;现代史家则多采用夹叙夹议的方法,实证史学家即多如此。做这种学问的人常常被归类为"史料学派"。这种做法,易于明了具体道理(所谓"小道理")和经验,难于揭示大道理(所谓"规律")。要之,实证之作不是不讲道理,而是寓论于史,或小题大做、以小喻大,通过具体的小事阐述大事及其道理。另一种是义理派做法。史实不多,或利用二手、三手材料及他人考订的史料,建构史学模式,去讲论历史哲理、规律,给人以宏观道理的启示,开人心智,但所述是否符合历史实际,要靠继续研究。做这类学问的人往往被视为是"史观学派"。

实证法(实证派)与义理法(义理派)是何种关系呢?笔者之意,实证是义理的基础,义理是实证的升华;没有实证,便没有义理。两者需要结合,实证努力理论化,勿为烦琐考证所累;义理要向实证靠拢,最好要有实证功力。

(三)史学是科学抑或是艺术

所谓科学说,是认为历史学是科学,是社会科学的一个部门;相信史家能够著作"定论历史",反映历史真实,后世史家不能也不必要改动已成为真理的历史著作。此说同时相信史料能够论定历史,故有"史料即史学"之说。此说还相信科学理论的指导作用,历史不过是在特定的理论指导下去验证这种理论的光辉正确。人们有理由希望历史学成为社会科学,故实证史学强调这一点,马克思主义阶级论史学更是如此。

但也有学者对科学说提出质疑:历史不会重复,不能做科学实验,不可复制,此其一。其二,科学应发现规律,历史发展的规律是否完全可以认识,不好说。因为人的知识是有限的,可以做到局部的认知,而全部的通晓,则非常难说了,社会进化论、经济决定论等等理论试图解说,都因有破绽而受到责难。其三,史家之主体意识与科学很难保持一致。谁能保证史家不反映自己的感情、种族、阶层、阶级、文化的倾向性于著述中,史家的价值观能够保证他的历史判断的公正性吗?其四,不仅是不同观念的史家对同一事件有相异的解释,而且随着新史料的发现,史家会对历史产生新的看法,哪里能有定论的历史?其五,历史靠史料来验证和说明,而史料的保存是有限的,即使在我国历史文献学夙称发达、史书汗牛充栋的情况下,运用起来便会发现,许多方面的历史仍然是缺乏记载的,致使史家难于完整地勾勒历史;况且史料有真伪,不易鉴别,这都难于给历史做定论。

能不能认识人类社会总进程、总规律应当存疑,然而根据前人业已探索到的理论,发现局部性规律是可能的。例如,讨论英雄造时势与时势造英雄、民众的历史地位、等级与等级制度等问题,学术界已经有了诸多共识。运用"科学精神"研究历史,使其尽可能地接近历史真实,应当是历史学家的努力方向。

所谓艺术说,是将史学理解为诗歌加哲学,是针对科学说的。其主要论点是史无定论,不同时代的人会对同一的历史作出迥异的解说。既无定论的历史,谈何科学?历史之成为艺术,因为史为实用,史家会赋予时代之理解,不同时代的人会重新认识历史,而且这种认识又同个人的经验相联系、或一致;不同人的不同的经验,给人以不同的历史故事和解释,而且利用活泼的笔法描绘历史,使历史如同艺术,成为美学的一种,令人欣赏,如司马迁的《史记》;还因为如何编排史料,如何讲故事,也是需要讲求艺术的。但是,史学艺术说需要明确的是,它非自由创作之艺术,亦非文学艺术之虚构艺术,而是编纂史书的艺术。

史学家刘节在《论历史》一书中认为:史学研究结论应是科学的,书写的著作应是艺术的,归纳升华到哲学上应是哲学的。他的意见值得参考与尊重。笔者愚见,历史学是科学抑或艺术的问题,似乎不必过分纠缠,各有其是,可以互相调融。令史学在科学、艺术之间,或许更有趣味,更能发挥其功能。笔者服膺钱锺书《管锥编》中的见解:历史学是介于科学同艺术之间的一种学问。看来,史学研究争取科学化,史学作品要求艺术化,也许是个好主意。

(四)从史学之异于其他人文学科看其陈述历史(讲故事)的特点

文学,形象思维之学,得益于想象。

哲学,宏观逻辑思维之学,得益于抽象思维。

经济学、法学、社会学等,是强调规律、理论、模式之学。

史学,重陈述,讲故事,特别看重的是寻求史实及对其描述中的阐述艺术。它不能凭借想象,或抽象思维,或套用公式理论,从根本上有别于其他学科。

史学这种史料和史实所叙述的故事包罗万象,为各种学科提供可选择的史料和观点,这就使得历史学有点人文学、社会科学基础的味道。

(五)史学需要保持"说故事"的特色

史学应保持其特点,在陈述历史的过程中引出固有的道理,而不是一般地讲述宏观义理和规律。如果历史学大讲理论,忽视史实的陈述,史学将失去其特性,不成其为史学。因之,笔者不赞同以义理、新方法之探讨作为史学研究的主流。或谓史学不讲理论,容易为其他科学学科所小觑,不如理论化。然而,史学研究正在与自然科学、社会科学及其他人文学科的研究相结合,有其活跃性,至于其社会地位下降,那是另外一回事(在近代社会,人文学科的传统主流地位为自然科学和工程科学所代替,非仅史学一家也。关于这一点,后面仍有机会涉及)。笔者的这种史学观念是传统的,是固守史学本位,认为惟其如此,才能保持历史学作为一门学科的特色,从而在人文社会科学中留有一席之地。在2002年举行的"中国需要什么样的新史学——梁启超《新史学》发表一百周年学术研讨会"上,有的学者看到"近代以来,随着西方社会科学概念和体系的引入,史学越来越理论化、抽象化,追求宏大叙事,寻求历史规律,历史似乎必须被赋予一些规则才有意义,这样做的后果是使史学还没有找到新的定位就先丧失了传统",因此他们主张恢复历史现场感,认为"叙述和感悟,这也许就是史学守住边界的最根本的方式",当然也应建立历史学自身的一套概念体系。①有这样的同调者,真令人高兴。

二、历史学的发展历程、走向与社会史研究

历史学业已经历的发展过程、当今趋势以及与陈述史学的关系问题,笔者仅将概约化的看法缕述于次:

(一)古代传统史学(历史编纂学)

古代传统史学可视为政治史的历史学,主要是通过历史人物的活动讲述政治史(含军事史、外交史),因而被有的学者称为"帝王史",或讥讽为"断烂朝报"。

《史记》之"本纪",主旨是为尊君,"传""志"本意是在说明"本纪",可知纪传体史书的立意是在写帝王政治史,总结治理经验和治术。当然,所谓政治史,在政治范畴之外也包含经济、文化等主要制度,民族关系、中外关系也在内,但它却是围绕帝王政治这个中心讲述的。20世纪以来,传统史学失去了昔日的光辉,实证史学、阶级论史学迭居史坛的主流地位,整体史的新史学也

---

① 张小也:《中国需要什么样的新史学?》,《中华读书报》2002年9月4日。

在孕育之中。

(二)实证史学

从梁启超提出"新史学",到胡适、傅斯年、顾颉刚、陈寅恪、陈垣等,以及王国维、吕思勉、柳诒徵等所提倡、实践的实证史学,政治史仍然是研究的主要内容,而经济史、文化史、社会史及与科技史有关的数学史、度量衡史等作为专门史或向专门史方向发展,业已开展研究。

实证史学在方法上重视实证,特别讲求材料的发现和搜集,以至认为发现一个字犹如发现一颗行星;尤其要明了的是,他们重视考古发掘,其科学方法的运用在 20 世纪 30 年代为东方之最。而在观念上,他们一开始多信仰进化论,后来多样化了,主要是实验主义、自由主义,强调学术研究要独立思考,学术自由,反对政治干预。

实证史学在中国的出现也是渊源有自,顾炎武的《日知录》、赵翼的《廿二史札记》等的体例为近代史学提供借鉴之资料,乾嘉考据方法亦为后人所袭用。

或谓史学的实证方法是永恒的,若只是强调史料研究的重要性可以作如是观,但作为一种史学范式的实证史学就不会有此殊荣,因为它的指导观念和史学功能论并不是无可非议的。

(三)民族情感史学

民族情感史学,主要以钱穆为代表。他们对中国历史怀有一种温情和敬意,即对中国传统文化有着深厚的民族感情,并予以倡扬,以此与社会思潮之主流的批判论对垒。

(四)阶级论史学

在新中国成立后相当长的时间里,国人主要根据苏联和斯大林的理论解释理解马克思主义、列宁主义,并运用于中国的历史研究,将人类文明社会以来的历史视为阶级斗争史,是一个阶级战胜另一个阶级的历史,出现了五种(或谓六种)社会形态。郭沫若、范文澜、侯外庐、吕振羽、翦伯赞为公认的学术代表,白寿彝则多少别具一格。在具体研究上,实际上将历史分为三大块:政治、经济和文化。政治史主要是研讨阶级斗争史、农民战争史、政治斗争史、中国革命史和国际共产主义运动史。

阶级论史学在观念上强调探索历史发展的科学规律,笃信生产力与生产关系、经济基础与上层建筑的辩证关系及前者决定后者的理论,20 世纪五六十年代,实际上走向了注疏马克思、恩格斯、列宁和毛泽东经典著作的道路(严格地说是作疏解,还够不上作注);在功能方面极其强调为政治服务,反对脱离无产阶级政治、无产阶级专政。

从根本上看,阶级论史学是一种宏观史学,然而它并不排斥微观研究,颇有笃实研究者。在对下层民众史、某些历史运动本质的揭示方面,有着不小的贡献。

(五)社会史的史学

20世纪上半叶,历史学、社会学、经济史学、人类学、民俗学共同开展了对社会史的研究。在大陆,80年代中期以来,史家接受二三十年代社会史研究、阶级论史学对劳动者斗争史研究的成果,并受西方年鉴学运动的影响,自觉或较自觉地进行社会史研究。目前方兴未艾,有成为史学主流之势。在台湾,社会史研究起步比大陆早一点,在研究领域的拓宽和探讨的深度上均有令人瞩目的成就。社会史大大扩展了历史研究的领域,社会结构、日常生活、民间信仰与意识、心态、身体、生态环境都进入了研究范围。

社会史与其他学科有着交叉研究的内容,特别是同社会学、人口学、历史人类学等学科,因而成为历史学与其他学科进行跨学科研究的桥梁。

在研究方法上,归纳法、向下看的视角、历史人类学的田野调查法、社会学的个案研究法、哲学的辩证法等,均被吸收作为研讨的方法。社会史的研究,令史学功能由政治功能向社会文化功能转化。

或谓社会史是一种研究方法,一种观察历史的视角。离开社会史的研究内容,若仅仅是一种方法,社会史研究就难于理解了。经过富有成就的具体研究之后,西方史家从方法论上重新认识社会史,将之视为一种方法,这是事后之论;中国的研究状况尚不宜采取此说,否则对社会史考察富有实际内容的研究不一定有好处。

(六)呼唤中的以"整体史"("总体史""社会的历史""社会史学")为特征的"新史学"可能出现及其与社会史的关系

在西方史学领域,一个走出年鉴运动的"新史学"正在形成。台湾学者在进行社会史研究的同时,就有新史学之愿望,这由《新史学》杂志的命名可知。大陆学者提出,社会史是一种研究范式,认为它将取代兰克史学,新史学基本上或者首先以社会史为表征,就是想将社会史与新史学即整体史连接起来。

整体史的产生有其必要性:历史学、社会史研究领域一再扩大之后以及

6

出现所谓的"历史碎化"现象,特别需要总和、综合。与其他学科的交叉研究,使得历史学成为容纳百川之学,处于跨学科研究的中心地位,需要进行学科整合,而社会史就难于完成这种使命。史学研究在许多方面有回归的现象:早期社会史所排除的政治史被赋予新意的研究,即从个人(帝王、英雄)而到政权史及其有关的符号、象征;他如事件史回归——事件—媒体—公众;叙述史回归——不以发现规律为重点目标,而以公众乐于知道的事件、人物为描述对象;主体回归——以人为主体,将人从决定论观念下释放出来;人物传记回归;社会史研究的妇女史—女权运动史—两性关系史—性别史,其发展变化离不开政治史,等等。所有这些,令人有史学回归之感。当然,历史研究的回归不是复原,而是以研究整体史为使命,为特征,是真正意义上的历史、完整的历史,而不是残缺的历史。

社会史与整体史的关系,由社会史研究的内容、经历、趋向可知一二。社会史经历如下程式的变化,将有可能发展到整体史的阶段:社会结构(政治史的某种延伸及同社会学、经济学的结合)—日常社会生活(社会现象)—心态、意识、信仰(文化层面)—生态环境、身体医疗(关怀生命、社会问题)—向跨学科的整体史发展。社会史可能是从实证史学、阶级论史学向整体史学过渡的中间形态、过渡形态。

不过话又说回来,社会史研究的使命,在中国还远未结束,整体史尚处于愿望阶段,需要创造条件,迎接其到来。

三、历史学应使历史知识大众文化化及其同社会史研究的关系

"说故事"的史学,经历历史编纂学、实证史学、民族情感史学与阶级论史学到社会史史学,是一步步将史学知识传向民众。而今天,知识大众文化化已成为史学发展方向、史学能否发展乃至史学命运的关键性问题,实在是需要大加研讨的事情。20世纪80年代以来,时或出现"史学危机"的讨论,然而都没有认真计议过历史知识大众文化化与历史学的关系,这是不无遗憾的事情。笔者主持或参与过不少研讨会,曾经萌生过参与主办以"史学知识民众化"为主题的研讨会,可惜迄今未见有此类学术会议。这里不妨说一说史学知识大众化的问题。

（一）史学功能转换及原因

传统史学功能是政治性的，即为帝王提供经邦治国的历史经验的"资鉴"功能，对民众（主要是读书人、士人）的教化功能，所以它成为庙堂之学，拥有尊贵的地位，"史"就成为科举考试的重要内容。阶级论史学明确强调史学的政治性，使之成为政治的附庸。实证史学讲究脱离政治。社会史则将史学的政治功能向社会文化功能转化，使史学在有限的政治功能之外，着力于文化知识的传播：用历史知识，给人以智慧的启迪；给予休闲的读物，令人身心愉悦；以人物、故事的典型形象使读者主动思索做人的道理，讲求人生修养、志向与情操。要而言之，令史学成为智慧之学。

史学功能之必须转换，或者说必然转换，基于社会的巨大变化。传统社会基本上是自然经济的社会，发展迟缓，所重视的经世致用之学是经学和史学这样的人文学，鄙视自然科学和技术，视之为匠人之事；近代社会是商品经济高度发达的工业社会，生产技术、物质文明变化迅速，自然科学和工程科学发挥着重大作用，而且它的作用是可视的，于是人文学科不得不降落到被人贱视的境地。从殿堂到平地，这种落差感大约也是中外都产生"史学危机"论的一种原因。

史学功能转换是不可逆转的，历史知识大众文化化是必然趋势，作为史学工作者应该有相应的观念转变，要为史学功能的转换和历史知识大众文化化作出努力。

（二）史学知识大众文化化与条件

何谓大众文化化？史学工作者应以自身的研究成果让大众来分享为目标，即治史是为大众提供历史知识，令历史知识成为大众文化的应有内容；史学书籍应有知识性、故事性和通俗性，以及文字表达方面的可读性。

大众文化化的史学知识，原则上讲是走近古代人的生活世界，贴近今日社会生活的内容，它包括人群结构、人们的生活方式、生产活动、政治活动、社会风俗及其变异、人类社会生活中创造的精神财富和各种经验智慧等。

近代史学研究，为史学知识大众文化化创造了条件。近代以来，史学、人类学、民俗学、社会学等多学科的研究，特别是文化史、社会史的研究所形成的成果，对于下层民众、性别关系、生活风俗、婚嫁丧葬、节日娱乐、民间信仰、民间文化、社会医疗等社会生活历史的研究，其内容多是民众喜闻乐见的。试以笔者在近期史学著作中信手拈来的数例来看，可知笔者所言不爽。如有的学者讲述南宋初年临安大火中，裴姓商人不忙于救火，而是派人赶紧采购建筑材料，灾后居民修盖房屋，他卖材料发了大财。这样的故事表明，商人预测市场、捕捉信息的重要，与司马光砸缸救人的故事一样，予人以智慧的启迪。又如，有的学者利用杜甫的《今夕行》诗句，说明诗圣杜甫在逆旅长夜中赌博，赤祖跣足，大呼小叫，非常投入，反映了作为常人的杜甫，与诗圣的另一面相补充，可以令人全面地认识历史人物。他如，有的学者讲述郑板桥见寺僧的故事：方丈初以他服装平常而冷淡他，及至见他谈吐不俗有所敬重，进而非常尊重，因而让座由起始的"坐"，变为"请坐"，再变作"请上座"，命小和尚的上茶，也有"茶""敬茶""敬香茶"的三变。敬茶待客的习俗反映出社会的等级观念起到的作用，而对出家人如此之势利之讽刺，令人可以从中得到诚敬待客、待人的教益。有了这些研究成果，可以将之转化为大众文化，由大众分享。

史学知识大众文化化，需要向古今民间文学艺术家学习。古代说书艺人、话本、历史演义、现代历史小说、历史剧、历史题材的影视剧都起到传播历史知识的某种作用，并以其知识娱乐受众。当然，文艺家的历史故事中有许多虚构成分，历史学家出于职业责任感有必要去纠正他们的误传，但是不必为他们"占领"史学"地盘"而愤慨，应当检讨的是自家不去努力做史学知识大众化所造成的缺陷。亡羊补牢，犹未为晚。其实，最好是史学界与文学艺术界携手合作，多交朋友，取长补短，史学著作要艺术化，文艺家需要增加史学知识，作品向历史的真实性方向努力。平心而论，史学家和社会应该感谢文艺家对某些历史知识的传播，虽然也需要澄清他们对历史知识制造的混乱。

史学研究成果如果走向大众文化化，史学也会取得大众的信赖，不会被社会抛弃，避免真正的学科"危机"。

(三)史学研究成果大众文化化的表达方式

史学研究成果为大众分享，图籍内容至关重要，而其表达形式的讲求同样不可忽视，至少要留意下述四点：

其一，平铺直叙的写法。史学著作要有大量的证据，会有大段大段的原始材料的引文，会有史料的考证和复杂事件、历史之谜的反复论证。毫无疑问，引文多系古文，如此一来，古文和语体文相杂，使得文气不畅，也令读者一会儿古文、一会儿语体文的来回转换，难于适应，增加阅读难度，减少浏览兴趣。需要舍弃那些史料引文，将它变为语体文，直接表达出来，令文气流畅，读者顺利阅览。当然，引文的做法给同行及少数圈外人士观赏是必须的，只是对大众极不相宜。

其二,要富有文采。这是极其难于做到的,然而是不可忽视的努力目标。

其三,深入浅出。大众文化化的历史读物,不是只讲一些历史故事,而应将研究的客体研究透彻了,俗话说"吃透了吐出来",能综合大量历史现象,分析清楚,尽可能地说明历史现象的连贯性和事情的本质。通俗读物虽说是通俗易懂,但是寓意不可少,必须深入浅出,绝不是儿戏之作。

其四,图文并茂。历史遗迹、遗物的图像、画像、图画、照片、实物照片、素描,等等,与文字说明相配合,可以收到文省事明、一目了然的效果。图文并茂,在古人主要限于客观条件,几乎完全被忽视了,现在学者开始留心了,"老照片"成为可贵资料。值得注意的是,不是所有的史家都给图片以应有的地位,"提请留意",看来仍有必要。由于著作中配图的时间还不长,相应的学术规范尚不完善,或者说还没有建立,常见的现象是对于插图本身的说明欠缺,图、文的内容并不配合。大众化的读物不能不讲究这些。

总之,史学工作者需要将读者感兴趣的历史故事、能够发人深思的历史知识,用富有文采的笔法表现出来,使人将阅读的过程变为一种美的享受和追求,同时增长了知识,提高了生活情趣和生活质量,也启迪了智慧。这也令史学游弋于科学与艺术之间。

(四)史学工作者的职业态度与高标准的专业要求

史家定位。帝王之学的史学高高在上,史学家好为人师,总在教训读者。近代以来,此种积习并未根本改变,似乎作者与读者双方是教育者与被教育者的关系,学者自认为写作是"人类灵魂工程师"的事业,要向民众灌输什么观念,负有提高民众素质的使命,这是在上者对待在下者的态度,早已不合时宜,特别是在史学知识大众文化化之时。作者与读者双方之间,理所当然是平等的,不存在谁要将什么观念加给谁的问题,书籍只是双方对话的工具。人是社会中的人,做人要给自己的社会角色"定位",史学工作者要定好位置,争取成为读者的朋友,而不是在上面的教育者。

专业要求。史学知识大众文化化,对史学工作者的专业要求不是降低了,而是提高了。大众化的深入浅出的要求,首先应有研究性,要全面深入地把握有关知识,具有综合分析能力,还要富有文采地表达出来,此等著作的写作真是谈何容易?设若仅有几分知识,浅学易满之人,哪里能写作得好!普及与提高是一致的,以为普及的读物可以要求得低一些,这不能不说是误解,无益于史学知识的大众文化化,宜予纠正。

(五)史学新功能得益于社会史研究

史学研究内容走近古人社会生活,实现了史学知识的大众文化化和史学功能的转换,端赖社会史、文化史的研究提供相当充分的条件。可以这样认为:社会史研究开辟史学新天地,赋予史学新的生命力。

笔者对于历史学的理解与一些同行的见解可能不一致,甚至很不一致。笔者的看法不过是讨论中的一种意见,自知纰漏甚多,有待于提高认识,随时做出修正。笔者的治学态度是虚心钻研,对历史本身要追求真实,争取接近真实;对同道的观点是极其尊重,认真学习,力求多学到一些,多吸收一些。笔者的态度是建立在这样的认识基础上的:学术上不同流派、观点的争鸣是学术前进的基本条件,各种观点的相互尊重才能创造学术繁荣,历史学的研究也才会继续向前发展。

(原载《河北学刊》2004年第1期)

对人的全面关注与史学家的应有作为

开宗明义,本文表达的主旨是:历史学的全面关注"人",以人为历史的主体,是 20 世纪以来历史研究的巨大成就。史学研治的对象从社会上层扩展到社会下层,到女性史与性别史、弱势群体史,研究对象的社会层面可能已无重大的缺憾;研究的内涵从以政治史为重心到对经济史的高度关注,进而开展文化史、社会史的研讨,深入日常生活史领域,尤其是生态环境史和身体史、心态史取得的成就,甚为可喜。历史以人为主体和人权史的研讨尚属初步开展,史学研究者对人的行为的主动性、人的活动的多样性和丰富性、所有的人(社会上层和社会下层)的历史作用,对人对自由、平等和人权追求的历史进程,尚需提高认识,并能够把它更好地引入研究当中,以期提高学术水准,适应社会和读者的需要。研治历史受社会政治环境的制约,有良知的史学家也难于写作信史,更不必说媚上的史匠了,然而著述信史是史家天职,史家的品质至关重要,绝不能降低对信史的要求。当然了,社会制度允许不允许秉笔直书,是绝对不宜忽视的因素。不过,人们追求完美社会制度,史家不要忘了自己的职责!

回顾 20 世纪以来 100 多年的史学研究,笔者想既应看到它的成就和问题,更需要探索新颖的、富有成效的研治理念和方法。这里略述 20 世纪以来历史学在研究范畴、研究深度方面取得的进展及其意义;如何提高对人为历史主体、对人权的认知并引入史学研究,改进研究法;史学工作者如何适应社会与史学发展的双重需要,独立思考,勇于说真话,写作真实的历史——信史。

一、20 世纪以来史学研究范畴的扩展与对人的关注

20 世纪历史学从记叙社会上层的历史,迈向全面关注所有的人的历史,尤其是人的生活史、生命史,在研究范畴拓宽方面取得巨大成就,也为整体史的研治奠定坚实的基础。

(一)史学研究在 20 世纪以来的发展,是开始进入对身体史、生态环境史进行全面研讨的时代

梁启超在 20 世纪初年呼吁历史书写从帝王史(社会上层史)转变到民众史方面。书写民众史确实成为 20 世纪史学界努力的方向,当然是为社会上层与社会下层历史的结合,全面认识人类历史进程。

20 世纪以来史学研究范畴的扩展,笔者想表现在下述诸方面:

民众运动史。在君主专制的传统社会里农民占人口的大多数,农民的生存状态被史学家、政治家从阶级斗争史的角度进行解读,农民战争史成为五六十年代史学研究的"五朵金花"之一,它关涉农民、地主与政权的关系,改朝换代的出现,以及皇权主义对农民的影响。

社会结构史。比起民众运动史,它全面地涉猎社会群体,诸如等级、阶级、阶层、民族、宗教、宗族、家庭、各种社团。它的任务是弄清社会组织的组成方式、社会构成诸因素及其间的矛盾运动,揭示社会演进。社会结构的产生与变化,是社会经济结构、经济制度、分工与职业诸种因素所起的作用,所以它关联着生产力与生产关系。史学家的社会结构史研究,借鉴社会学家的理论与研究成果,多重在社会各阶层及相互关系的分析,笔者则主编了《中国社会结构的演变》一书。

社会生活史与生活方式史。注重于人们的物质生活与方式,当然也涉及生活中的文化观念。在内容上是人们的衣食住行、婚嫁丧葬、节日、娱乐、社交、两性关系、家庭传承、传统时代都市生活、近现代城市生活、人类自身的生产,等等,将文化人类学、民俗学、风俗史、民族学的一些研讨对象涵盖在内。对如此广泛的生活史内容,史家的论述已经较为深入与具体,断代生活史、婚姻史的研究成果频频出现。近日,学者(如常建华)强调深入对日常生活史的关注,即留意于生活的日常性与重复性,讲生活以"人"为中心,而不是以"物"为中心;还要留意日常生活与历史变动的联系,同时不可忽视日常生活领域的非日常生活(政治、经济、经营管理、公共事务等制度化因素,科学、艺术、哲学精神生活)的发掘。

社会心态史、表象史、大众文化史。心态史研究个人与群体行为的意识,那种不易把握的概念,模糊的思维活动,隐藏的潜意识,这种意识反映人的行为价值体系和思维方式;表象史研治历史上人们自己塑造的形象,研究者通过研究人们的举手投足,对气味、声音等的感觉,找出人们的心理活动,作出

社会的、文化的说明，是心态史的延伸。大众文化内容多种多样，民间信仰、民间宗教、民众意识、民间故事，以至区域文化，也即所谓小传统，是相对于大传统的主流文化、精英文化。集体记忆史关注记忆的社会性，区分出三个层次，即个人记忆、集体记忆和"传统"记忆，以便发掘民族心灵深处的传统遗产和民族认同。这种心灵史、文化史的研讨，可以深层次了解人们的生活面貌和为什么会是那样的——所以至此的心理意识。心态史，台湾学者的研究较有成就。大众文化史，大陆学者多所关注。表象史尚处于待开发的领域。

医疗社会史和身体史。人之一生，不仅需要衣食住行，更离不开生老病死，因此疾病和医疗乃是人类生活必有内容。不仅如此，疾病和医疗并非是单纯的生理和自然主义的科学概念，同时也是社会和文化的建构，疾病及人类的应对——医疗和卫生等，无不承载着丰富的社会文化内涵。对历史上疾病、医疗的关注，不仅是要更为完整全面地了解人类的社会生活和历史经验，而且也是希望借此来呈现不同时空的社会中，疾病和医疗所承载的社会文化意涵及其历史变迁脉络。与此相关，作为疾病和医疗的承担主体——人类的身体，根植于特定的社会文化领域，如性别、政治、劳工、农民、技术、艺术、医学、科学、宗教、时间等之中，极具社会和文化性。20世纪90年代，医疗社会史和身体史的探究引起史家的兴趣，而后的进展颇为迅速。

生态环境史。古人畏天，实质上是敬畏大自然。人、人类社会要面对如何处理好与大自然的关系问题，出现天神、风神、雷神、水神、山神、河神、海神等自然物的崇拜，产生治河、封山育林、禁网护渔等规约及措施。已有的生态环境史的研究，从特定地区的某些物种的消失，认识生态环境的变化，到令人们知道土地制度与环境保护、城市及区域的盛衰与水源、陕西从中国社会中心地区的退出与水土流失、工业化与生态环境的变化等的关系。生态环境关系着人类社会持续健康发展，是亟待大力开展研究的领域。

如果我们概括20世纪史学研究的进程，从史学史的角度来观察的话，是史学研究范畴、内涵的拓展与深化，探索新意境。史学研究的对象从社会上层扩展到社会下层，开阔到女性史与性别史、边缘人群与弱势群体，研究对象的社会层面已无大的缺憾；研究的内涵从以政治史为重心到对经济史的高度关注，进而开展对文化史、社会史的研讨，深入日常生活史领域，尤其是生态环境史和身体史、心态史，而心灵史、人权史的讨论则极为欠缺，需要史家提高自身认识，引入研究当中，以期将史学研究引向新的境界，向整体史研究方向发展。

(二)以人为历史主体的地位的确定

20世纪史学研究的一种发展、一种贡献、一个亟待加强的方面是人的历史主体地位的确定。

人是历史的主体,是史学研究的当然对象,应该是没有异议的事情。林语堂在《吾国与吾民》中说:"研究任何一时代的文学或任何一时代的历史,其最终和最高之努力,往往用于觅取对该时代之'人物'的精详的了解。因为文学创作和历史事迹之幕后,一定有'人物',此等人物及其行事毕竟最使吾人感到兴趣。"①无论是文学还是历史,叙事的最终目标是人物,也即个人,是无异议的。但是在一个时期中,将人的生活和一切行为看作历史规律的必然结果与表现,看成是阶级立场决定的,或者以为是那些制度的力量在起决定性作用,将人的生活和行为视为完全被动性的。人的生活固然受制于客观环境,但却是在那种情况下主动生活的,并非被动性地生活。在此回顾影响史学研究的三种理论,以明了它的前进,以及以人为主体研究对象的必要性。

生产工具决定论。是一种唯生产力论,否认人在社会活动中的主观能动性,忽视了人的历史作用,当然谈不上以人为历史主体了。

经济基础决定论。以经济基础决定上层建筑,决定人的思想意识,忽视社会运行的惯性力量、习俗的作用,以及人的行为的偶然性和随意性。

阶级斗争决定论。是在一个时期内影响最大的不容置疑的理论,以为人类的历史就是阶级斗争史,阶级斗争决定人的思想观念和行动,任何事物、行为无不打上阶级的烙印。可是它怎么能是排除其他理论的唯其科学的呢?试想,无产阶级革命的导师、领导人,不仅不是工人出身,而且是清一色的非无产者,而工人是自在的阶级,只有经过他们灌输革命思想,去鼓动革命,才成为自为阶级,才去革命;革命先锋常常是游民,是社会边缘人物,他们具有破坏性,而革命胜利又不是在资本主义发达的国家,于是造出革命发展不平衡论,但是大半个世纪后即行瓦解。历史证明,这个理论只反映部分的历史真实、社会真实,不是放之四海而皆准的真理。

史学家克服了注定论,以人为历史的主体,以人为社会的主体,它的内涵,笔者以为是:

----

① 林语堂:《吾国与吾民》,香港天地图书有限公司,2005年,第15页。

其一,人在自然的、社会的条件下进行活动的主动性。人的社会活动当然不是绝对的自由行动,要受着自然环境的制约,要视地理条件、气候、生活资源状况的限制;同时受制于人类自身的社会条件,是在既成的社会政治、经济、人文环境中活动。尽管如此,人的行为是主动做出的,也就是说他有主动性;人的行为不是一成不变的、完全按照既定程式进行的,而是具有灵活性,是随着社会情形的变化而变动;人的行为还有随意性,可能是理性的,也可能是非理性的,个人的性格、情绪都可能影响他的行为。所以说在社会的与自然的制约下,人类活动具有主动性、灵活性和随意性,是主动生活,创造社会文明,创造历史。

其二,人的活动的多样性和丰富性。人类的社会生活多种多样、千变万化、丰富多彩,所有的社会生活内容都是历史研究的对象,上一个子目叙述的史学研究已经涉猎的范畴竟是那样的广阔,就是人类社会生活多样性、丰富性的反映,这里不必赘述。但要特别说明两点,一是对人的生命史进行系统的研讨。讲生命,有丰富的内涵,既包括生命现象,又包含人生事业,以及与它伴随而生的人生礼俗和伦理。生命周期有出生与成长、婚姻与家庭、疾病与医疗、死亡等过程。出生有命名礼,一周岁有抓周礼,而后过生日,成年有冠礼;接着是结婚,有婚礼(六礼),成立家庭,生儿育女,产生新的生命(人类自身再生产),婚姻观念的发展变化,出现同性恋和同性恋家庭;年长要做寿;疾病与求医问药(医疗、巫术);死亡,伴之以葬礼,而后的祭祀;自私是生物本性,是人的本能,为生存和谋求好生活所致,"毫不利己专门利人"是思想家的理想;怕死亦是人之本能,不应简单地耻笑,求长生不老,从而求仙,就需要指出其虚妄。人生有事业,生产劳动、政治活动、科学艺术活动都是生命的组成部分。这种生命史的研究,在人口史、家庭史、婚姻史、医疗史多有涉及,需要多学科的交叉研究。二是史学研究注重人的活动,而不是一味寻找什么人类社会外在的东西,所谓必然性的那种所谓历史规律。

其三,尊重前人及他们的行为。以人为主体,令史学家尊重历史上的人及他们的行为,理解他们选择的社会制度、生活方式,认识它们的合理性,说明它们的不合理所在及形成的原因,以利后人前进,而不是责难前人的不文明,苛求前人。须知历史学家的责任是说明人的日常生活方式与文明进化的历史,解释历史现象,找出其内在的发展规律,而不能以历史裁判者自居,否则那就是笑话,令自身成为历史小丑。

其四，承认所有人的历史作用。以人为主体，意味着承认所有人的历史作用。传统的英雄史观只承认英雄人物(大人物、社会上层、社会精英)创造历史，否认群氓(小人物、社会下层)的历史作用；针对英雄史观的"人民是历史主人和发展动力"说则排斥英雄人物的作为，黎澍质疑这一学说，认为历史是人人的历史，所有的人都参加历史的创造，即大人物、小人物共同影响历史的面貌和进程。这应当是人们的共识。历史上人们的生活方式，不是抽象规律的产物，是人为活动的结果，如民族主义的形成，并非民族、语言、领土、风俗等客观条件自然成立的，而是在民族革命、民族战争、民族融合中形成的，是人为形成的。

综上所述，史学研究范畴的不断拓宽与完善，和以人为主体的研究对象的定位，就为历史的整体(总体)研究、多学科的综合性研究、科学的研究，奠定了坚实的基础，从而有可能写出整体史。

二、适应时代发展与改进史学研究法

一百多年来，史学研究在观念与方法方面存在的一些亟待解决的问题，尤其需要继续提升对人的主体性认识。

(一)增强"问题意识"，进行创造性研究

"问题意识"好像是时髦词汇，难于理解。笔者想，它是指研究者对学问长存困惑，积极思维，冥思苦索，发现问题并解决之。此种富有质疑精神，始能推进学术研究。

1933 年杨树达撰著《汉代婚丧礼俗考》，客序者认为杨树达的研究别开生面，表明他怀有"问题意识"。不过，在很长一段时间里，我们的问题意识不强，人云亦云，一窝蜂地进行几乎是同课题的写作，如同向达批评的集中在五个论题方面——"五朵金花"，这不仅是 50 年代的问题，六七十年代不必说了，80 年代以来话题虽然大大增加，仍有不少同一题目的大同小异论文和书籍，而许多历史论题却没有被发现，也就没有人过问，以至外国学者感到遗憾。如美国卫思韩就中国地方史研究状况说：中国学者"对省级规模的研究有较大的兴趣，但现在就我所知，这些研究缺乏问题意识或对省的历史进行综合思考"[①]。

---

① ［美］卫思韩：《偶然的联系：福建、中华帝国与早期现代世界》，载［美］司徒琳主编：《世界时间与东亚时间中的明清变迁》下卷，赵世瑜等译，赵世瑜审校，生活·读书·新知三联书店，2009 年，第210页。

创造性不足还表现在照搬国外研究理论、方法、模式,而未着力进行本土化,未能与中国历史实际结合起来,即使翻译西方史学著作的术语,因为没有参照中国固有词汇加工出来,而令读者费解。

(二)研究者古今中外知识结构不完善状况在逐渐改进之中

笔者对此有深切的感受,深自惭愧于不通外文,缺乏世界史知识。钱理群在《拒绝遗忘——钱理群文选》的"自序"中写道:"作为五六十年代接受小学与大学教育的知识分子,我是在批判'封、资、修'的人文环境中长大的,这就决定了我的知识结构存在着某些先天性的缺陷,例如不懂外语,对二十世纪西方文化的完全隔膜,以及中国古代文化修养的不足,并由此造成的思维与视野等等方面的种种局限。"笔者佩服他的坦率和认识的深刻。就个人而言,知识的缺陷导致不能进行兼顾古今中外综合的、对比的研讨,从而学术水准提升不上去。80 年代以来的大学生,现代信息日益丰富,外语水平提高,比笔者从事研究的条件好得多,非常可喜;然而传统文化知识接受得少,原始史料掌握不多。详细地占有史料,是历史学家应有的素养,是治史的基本要求,否则还能谈得上高深的研讨吗?那才是咄咄怪事哩!真是一个时期有一个时期的问题,一种倾向掩盖另一种倾向。史学事业不能有这样的循环,否则怎么会有大的进步?! 从怪圈中走出来,高水平的史学研究才有可能出现。

知识结构不完善同学科分工过细大有关系,文理分家、文史分家,史学内部的断代史、专门史、地方史、国别史之别,从准确、深入认识各自研究客体来讲是很必要的,但也使得研究者的知识结构不完整。精深了,知识面受到限制,从而难于胜任把握事物全貌的要求。即如运用诗词研究历史(所谓"以诗证史"),不懂诗歌的史家就一筹莫展了,只能赞叹前辈大师陈寅恪撰著的《柳如是别传》,自愧勿能。只有完善知识结构,才可能运用多学科的知识进行深入的综合性的卓有成效的研究。

(三)史家应抱持尊重历史的态度

史家对历史,对历史上的人物、制度、事件,应抱持尊重、理解、宽容的态度。笔者在《广东社会科学》2003 年第 2 期上发表的《略论当代中华文化建设与资源》中认为,20 世纪是思想上的批判时代,是社会制度的实验时代。回思我们经历过的批判运动,诸如知识分子思想改造,批判电影《武训传》,批判胡风文艺理论,批判胡适唯心论,"反右"斗争,批判资产阶级教育,"拔白旗",反

"右倾","文化大革命",反对精神污染,反对资产阶级自由化,等等,对人肆意侮辱,最为可怕的是令人自我作践,贬抑到一无是处。人们将这种风气带到历史研究中来,除了讴歌革命,此外多是批判,践踏历史。钱穆著《国史大纲》,在20世纪上半叶大声疾呼对历史应有敬意,今人不要拿连自身都做不到的事情去责难先人。确实,史学家对先人应有敬意,他们披荆斩棘,创造社会文明、历史文化和历史传统,开辟生存条件和规范社会生活准则,后人难道不应感恩吗? 批判得了吗?! 现在人们提倡理解,以至高呼"理解万岁"。有史家认为史学的功能是:"理解过去,透视现在,指点未来。"①是的,是要理解历史。理解,要弄懂先人及其事业是怎么回事,为什么会是那样子的,为什么会选择那样的生活,是心甘情愿的,还是无奈的,合理性何在,非理性的又是什么,重要的是去说明它,从中获取经验和启示,而不是指责、批判。任何人都不会是完人,任何社会制度都不会是完美无缺的。赞扬其有益于人生、有利于社会进步的积极因素,也需要指明其消极成分,不过无须深恶痛绝地大批判。

三、史学家需要牢固树立求真的态度与勇气

史学著作写人,任务艰巨,就中写出真实历史更是关键所在,为此史家应信守职业道德和有勇气说真话。由于本文集收有《史学的生命在于说真话》一文,兹将本文与其雷同的内容基本删去,仅保留主要观点的文字。

(一)历来统治者顾及史书对己身的记录,史家责任重大

传统上,皇帝不得观看史官写的他本人的起居注,令他可能畏惧失德行为被史书记载而有所检点,可见史官在客观上有政治监督作用。历史上,治人者大约总担心史书对他不良行为的记录,从而图谋影响史官对他言行的记载状况。

(二)秉笔直书的传统及其流变

忠于职守的良史,为后人传颂,如文天祥诗句所云"在齐太史简,在晋董狐笔",他们是史家楷模,形成务实的、秉笔直书的史学传统。不过它没有成为古代史学主流,而粉饰史学,即歪曲历史为统治者歌功颂德的史学占据了主导地位。

---

① 见王曾瑜纪念黎澍文章,《炎黄春秋》2010 年第 8 期。

秉笔直书精神消弱之后,良知未泯的史家往往采取以古喻今、借古讽今的手法,委婉地、也是委屈地表达对当政者的规谏。

(三)史学工作者鼓起勇气忠于职守

是粉饰的史学,还是写实的史学,当代史家在两种史学传统面前,走哪一条路,是由社会客观环境和自身条件两种因素来决定的。治史者说真话的客观社会环境,是政治开明、言论自由,允许个人独立思考和发挥创造性。可是古代社会完全不是这种样子,君主专制,开明者、能够纳谏者,如唐太宗,还要看史官怎样来描写他,其他的帝王更不必说了,拥有至高无上权力的帝王的威严,就不允许史官如实著述,这是客观大环境。

史学家黎澍就"史学危机"与学风讲到史家治史的应有态度:第一要实事求是,写真实的历史;第二历史家要讲史德;第三要给学术研究以自由的空间,不要动辄整人。[1]他还说:"在中国的现实环境中,历史家实在难为;知难为而为之,才是真正的历史家。"[2]能不能、敢不敢写真实历史,是史学的要害问题、社会形象问题,也可以说是史学的生命问题。

史学工作者需要鼓起勇气,敢于说真话,写作真实的历史,贡献于社会,以履行自身的职责。

(本文是《史学的生命在于说真话》的续篇,是在前文成稿之后,于2011年4月28日写出初稿,12月3日修订。本文部分内容用于在南开大学历史学院的演讲)

---

① 唐振常编:《黎澍之路》,香港太平书局,1997年。
② 陈铁健:《历史家的品格——记黎澍师》,《百年潮》1998年第3期。

养成史学研究独立思考意识
——以十七、十八世纪中西文化交流史研究为例①

康熙年间是中西文化交流的一个高潮时期,康熙帝是热心学习西方科学知识的帝王,一度允许天主教自由传教、民间自由信教,并给予他们建立教堂的地基,多方任用西士,乃至用作使臣出使法国、俄罗斯和罗马教廷。我想通过了解当时人、后世人对这一历史课题的认识,从而明了养成史学研究独立思考意识的必要和重要。

一、引言:从庶吉士培养说起

在座的学友是博士生、硕士生,相当于明清时期翰林院的庶吉士,翰林院培养庶吉士,目标是造就精英中的优秀者,研究院应该能培养出思想的独立思考、独立研究者。我曾经撰文《明中叶四位庶吉士的读书生活》,写的是大学士邱濬、刘健、李东阳和尚书刘大夏,以所读经书对人的规范立身行事,均有建树,成为历史名人(见《去古人的庭院散步》《古人社会生活琐谈》)。翰林院庶吉士和研究院研究生,应该在思想方法上是独立思考者,在学问上是独立研究者,在做人上是正直者。

二、十七、十八世纪中西文化交流及后世研究中的一些误读、谬误

康熙年间,是中西文化交流史上一个突出的时期,是中西文化交流一个高潮时期,遗憾的是中断了。下面我们主要从文化观念方面了解这种交流的

---

① 本文为 2013 年 10 月 12 日在南开大学历史学院研究生班演讲稿,是提纲式的,借用十七、十八世纪中西文化交流史(与天主教史有关)上一些误读、误解的事例,说明独立思考是从事史学研究的应有态度。

产生与中断。

(一)中国人传统的、强烈的世界中心观念,表现在历法之争、西学中源论诸方面

1.中国人的世界中心观念导致无法认识、承认其他民族文明

来华传教士强烈感受中国人的世界中心观念。传教士沙守信1701年(康熙四十年)12月30日讲:"我们还知道中国人以世界上最文明最有礼貌的民族自居。"①1703年2月10日,沙守信又说:"中国人,即便是普通人,也对其他所有民族持有轻蔑之心","中国人对自己的国家,自己的习俗和信仰如此着迷,以至无法说服自己承认中国以外的任何东西还值得他们注意"。一些士大夫对天主教士说:"尔等宗教未见载于吾国之书,为外夷之教。四夷之事及天下至理,焉有吾国博学鸿儒不知之理。"耶稣会史研究者、美国人魏若望因此说:"每位汉学家都深知中国人这种排外情绪。"②其时绝大多数中国人以世界文明中心自居,基本上不知天外有天,外国有先进文明,因此错误地对待外国文化,以为不值一顾。

2.中华文明为世界最高文明观念下的"西学中源"说

"历法之争"发生在17世纪60年代,顺治年间颁布的《时宪历》为德国传教士汤若望主持制订,封面注有"依西洋新法"字样,后来出任钦天监监正的杨光先上疏,以此为奉西洋正朔,意即将中国处于西洋附属国地位;又因历书只制出200年年历,杨光先说这是寓意清朝只有200年寿命,是西洋人诅咒大清朝。他从政治角度抨击《时宪历》,朝廷将汤若望下狱,是为"历案""历狱"。康熙帝亲政后为"历狱"平反。

西洋历法比中土历法高明,人们无法否认这个事实,可是又不甘心,不愿承认人家先进之处,遂有"西学中源"说,意思是西洋历法原是从中国学去的,只不过坚持测验,没有什么了不起,这就是康熙帝在《三角形推算法论》中所说的:"论者以古法今法之不同,深不知历。历原出自中国,传及于极西,西人守制不失,测量不已,岁岁增修,所以得其差分支疏密,非有他术也。"③康熙帝

---

① 朱静编译:《洋教士看中国朝廷》,上海人民出版社,1995年,第33页。
② [美]魏若望著:《耶稣会士傅圣泽神甫传:索隐派思想在中国及欧洲》,吴莉苇译,大象出版社,2006年,第135—136页。
③ 《御制文集》第3集卷19,康熙五十三年内府本。

是承认西方文明的,不过仍以中华文明为优胜,倡扬"西学中源"说。大数学家梅文鼎又大肆申述康熙帝之见。①明清之际的大学者皆主"西学中源"之说,嘉道间阮元等人编撰的《畴人传》,仍主此说,可谓一以贯之。此说的盛行,归根结蒂是中国是世界文明中心观念在作怪。明明不如人了,还要阿Q式地嘴上占先。

"西学中源"说理所当然地遭到现代人的非议,以至被当作笑料。比如资中筠表示不相信"西学中源"说:"对于所谓古已有之,西学中源说,这个我们都是不相信的。"②讥笑之文写得"刻薄":"……西方还有很多产品是在我们的理论指导下生产出来的,也就是我们出一个产品的概念和理论后由于没看到眼里,感觉产品不值得生产,西方人却偷窃我们的理论和概念把产品生产出来了,比如我们几千年前就有了'千里眼'和'顺风耳'的概念了,数年前西方人根据这个生产出了电视和手机,根据我们的'雷公电母'的概念发现了实用的电,发明了发电机,根据我们的以'太白金星为代表的二十八星宿'生产出了各类人造卫星。"③清代人那样认真的学说,可是观点竟那么荒唐,就是被世界文明中心观念愚弄的。

(二)索隐派的误读中国上古史

传教士白晋、傅圣泽等人研究《易经》,形成"索隐学派",成为耶稣会中一个小团体。"他们宣称已在中国古代典籍中通过象征式的注释找到了带有基督教传统的痕迹。"④白晋奏称:"臣二人(傅圣泽)日久专究《易》等书奥意,与西土秘学古传相考,故将己所见,以作易稿,无不合于天教。"他著作的《天学本义》"将一些图片、形象和思维方式进行融合而产生一种跨越文化和宗教信仰的,今天被称为'跨文化'的体系。而这一体系向欧洲人和中国人指明了他们各自的和共同的源起"。⑤反对白晋学说者认为他走得太远了,"如果照白晋的理解,中国倒成了天学之源"。索隐派的努力得到了康熙帝的支持,

① 参见吴伯娅:《康雍乾三帝与西学东渐》,宗教文化出版社,2002年,第431—433页;徐海松:《清初士人与西学》,东方出版社,2000年,第198页。
② 《新京报》所载姜妍文章,见互联网。
③ 《所有现代化的工具都有华夏五千年文明的影子!》,凯迪社区·猫眼看人,2013年12月21日。
④ [丹麦]龙伯格著:《清代来华传教士马若瑟研究》,李真、骆洁译,张西平审校,大象出版社,2009年,第5页。
⑤ [德]柯兰霓著:《耶稣会士白晋的生平与著作·序》,李岩译,张西平、雷立柏审校,大象出版社,2009年,第1页。

他希望获得中国人认识的"天"与西方人的"上帝"同为万物之源的共识。他对传教士说："尔天主教徒敬仰天主之言与中国敬天之语虽异，但其意相同。"①康熙帝就万物之源来讲，认为天主教讲天主，与中国儒学讲天，两者是相近的、相通的。白晋既想验证中西文化共源，又在《天学本义·序》中说："秦始皇焚书，大《易》失传，天学尽失。"②以此说明传教士输送西学及传教的合理性。说中国人信仰的天与西方人信仰的上帝是同一的，未免牵强附会，是误读中国上古史。

（三）东学西渐中西方人的误读中国文化

传教士翻译中国儒家典籍四书五经，西洋学者启蒙思想家伏尔泰等有意无意间误解中国文化，并非真懂中国。传教士马若瑟译介元代纪君祥的杂剧《赵氏孤儿》(即被后人改编的《托孤救孤》《八义图》，表达忠义观念)。英人哈察忒、法人伏尔泰均有《中国孤儿》译本，欧洲人对它的理解与中国人不同，"根据自己的文化和想象，重新改写了"，"使其变成了地地道道的欧洲戏剧"。③伏尔泰认为《赵氏孤儿》是一篇宝贵的大作，它使人了解中国精神，有甚于人们对这个大帝国所曾有和将作的一切陈述"，"东方是一切艺术的摇篮，东方给了西方以一切"。他是从法国本身文化需要来说的：借着宣传儒家思想，批评占主导地位的基督教思想，"说明开明的君主制是法国最好的政治选择。这是一种文化间的'借用'和'移植'"④。张西平因而说"这样的文化'误读'几乎是文化间不可避免的事情"。⑤武斌著文《近代欧洲的"中国形象"及其乌托邦价值》，认为西方"启蒙思想家们在自己的文化背景和'意义关联域'中，从自己的需要和认知结构出发来'接受''理解''解释'中国文化和中国思想，实际上是对中国文化一种'误读'"。⑥启蒙思想家的误读，无疑有其客观的历史价值，但从正确理解来要求，误读是不足为训的。西方人介绍后世的中国，国人时或谓某种"说三道四"观点是唱衰中国，表示愤怒；时或对某种"过誉观点"大加赞赏，引以自豪。皆不无误读之嫌。对异域文化的误解，不一定是不能独立思考的问题，但是时刻以独立思考精神要求自身，避免犯误读、误解

---

① 《康熙朝满文朱批奏折全译》，中国社会科学出版社，1996 年，第 424 页。
① 《康熙朝满文朱批奏折全译》，中国社会科学出版社，1996 年，第 424 页。
② 张西平：《耶稣会士白晋的生平与著作》"序"。
③④ 张西平：《清代来华传教士马若瑟研究》，《清史研究》2009 年第 2 期。
⑤ 张西平：《清代来华传教士马若瑟研究》序言。
⑥ 《故宫文物月刊》，2011 年 12 月号，第 345 期，第 82 页。

的误失,是很有必要的。

(四)后世对传教士的颇多误评

十七、十八世纪的中国人,主流观念认为基督教是邪教,诱惑愚民,男女混杂,有伤风化。康熙年间福建、江苏巡抚张伯行批驳天主至上说:"未闻天之外别有所谓'主'者",而且让天主在天之上,"是悖天而灭伦"。①闽浙总督觉罗满保:"(福建)福安县地方僻处海隅,近有西洋人潜住该地,藉称主教名色,以外教煽惑人民,不独农工商贾被其诳骗,即举贡衿监亦一时如醉如痴,不辨邪正,误堕术中,甚至妇女皆皈其教,男女混杂,不顾嫌疑,虽致举国若狂,倾囊倒箧,捐盖堂宇。"②不仅攻讦西洋人,连对传教士宽容、发布容教令的康熙帝,在一些士人心中的地位也降低了,因为孔子是碰不得的。

在20世纪的相当长时期中,十七、十八世纪传教士被认为是纯粹的资本主义侵略先锋,是侵略工具,他们带来的西方科技也不是先进的。学术研究中掺杂了大量的意识形态色彩。

近20年的研究,企图走向真正的学术研究之路,全面评价传教士的所作所为:他们为"主"的献身精神,第一是为传教,以科学为立足手段;痛苦地接受中国生活方式、礼仪;为取得传教支持,向西方虚报在华传教业绩;传来西方科技,目的是为传教;从事慈善事业,目的也是为传教;客观上让西方了解中国,扩大西方对中国的影响。

(五)学者从完全相信外国文献、耶稣会士文书的迷信中走出

传教士信件、著述中有很多错误,被有识之士看破,如耶稣会士张诚说有些传教士的中国记录不可信,1701年10月14日张诚致函巴黎耶稣会郭弼恩神父:"中国传教团的历史,我劝您既不要着急,也不要过于轻信印刷品的叙述,因为这些叙述中有许多错误和谎言。……不少仅仅是道听途说的东西,并未经过考察。"③一个时期,国人将中国史书视为"断烂朝报",谬误百出,遂用外国史书验证中国史书之误,颇有成绩,但不免陷入迷信状态。举例看,雍正年间的苏努案件,传教士文书谓为宗教迫害案,我们尊敬的史学大家陈垣信

---

① 张伯行:《正谊堂文集》卷4《拟请废天主教堂疏》,光绪二年扬烈堂刊本。

② 吴旻、韩琦编校:《欧洲所藏雍正乾隆朝天主教文献汇编》,上海人民出版社,2008年,第24页。

③ [法]伊夫斯·德·托玛斯·德·博西耶尔夫人著:《耶稣会士张诚——路易十四派往中国的五位数学家之一》,辛岩译,陈志雄等审校,大象出版社,2009年,第116页。

之,实际是康熙朝储位之争延续中的政治斗争案件,苏努家族信仰基督教只是加重刑责的一个因素。外国人因不完全懂得中国各种制度而造成的理解之误甚多,稍加留意,即可得到许多事例。1704 年 8 月 20 日,传教士杜德美谈康熙帝过问天主教建教堂事,"1699 年 1 月康熙皇帝答应张诚神父在紫禁城内赐给我们那一大块土地建造教堂。皇帝对于重要的项目都要亲自过问的,这次建造教堂也是如此"①。所说的紫禁城,应为皇城。在赣州的殷弘绪 1707年 7 月 17 日讲述康熙朝第一次废太子事件,谓皇长子允禔是"嫡出"。②康熙帝只有一个嫡出子,即废太子允礽。康熙帝第一次废太子在 1708 年,这里的1707 年把事情的发生提前一年了。传教士利国安在 1714 年说名鹰海东青出产在陕西和蒙古。③海东青出产在黑龙江。等等,不必赘述。

上述事实,反映出中西方人士在认识对方文化、历史、国情上多有隔膜,有误失,有盲点。由于文化背景的迥异,信仰的差异,追求的目标不同,对对方知识的欠缺,产生认识上和行动上的错误,使得康熙朝中西文化交流从高峰走向低谷。就中,耶稣会士在华传教较为明智,能够适应中国文化开展活动;格莱门十一世不尊重、不懂中国而失败;康熙帝对中西文化交流的热心与关注,是中国历代皇帝中罕见的,是中国皇帝中唯一认真学习欧洲天文学、数学、地理学、医学的,大大推动了中西文化交流。而历古相传的世界中心观是国人沉重的思想负担,成为全面理解西方文化的障碍,有碍于中国社会的进步。中西人士对对方的认识往往不准确,有误解,历史上如此,现在仍然,宜于警惕!在中西文化交流中出现的文化冲突,有客观因素,难于避免。历史启示我们:人类应当克服种族的、民族的文化偏见、文化歧视,以利共同发展。学术研究者需要独立思考,准确地反映历史客观实际,给人以有益的经验借鉴。

三、培养独立思考、独立研究能力

首先,敢于质疑史学大家的观点、各种权威的所谓"历史定论"和历史观点。

---

① 朱静编译:《洋教士看中国朝廷》,第 50—52 页。
② 朱静编译:《洋教士看中国朝廷》,第 66 页。
③ 杜文凯编:《清代西人见闻录》,中国人民大学出版社,1985 年,第 84 页。

其次，审慎对待强势文化、主流文化、流行文化。所谓口述史学的畅销书《张学良世纪传奇——口述实录》，据报道，一年多销售6万9千套，获得2002年优秀畅销书奖。口述内容仅占15%，抄袭唐德刚的文章，引起官司。其实张学良为人何足道哉，他当然对丧失东北负有重大责任，有人为了政治需要伪造历史，将他树为英雄，岂止是史书的耻辱，也是国之耻辱。《大国学——季羡林口述历史》，所述内容与大国学不相称。

复次，时刻追求新观点、新领域、新方向。作文章，求新，新史料、新观点，发出前人所未有的见解。研究领域不断扩展，研究前人所未涉猎的领域，如生态环境史、社会医疗史、心态史，即为近二三十年逐渐兴起的史学新领域（诸位幸运在南开史学生态环境中心学习）。新方向，80年代先后出现的文化史、社会史，突破单一的阶级斗争史的史学研究僵化的局面，社会史研究颇有生命力。

再次，史学工作者独立思考、独立研究的不二法门——详细占有史料，审视史料的真实性，做到论从史出。对史料必须鉴别、考证，如刘泽华教授揭示《矛盾论》中的抄袭成分；《文史哲》主编王学典认为"两个小人物"批判俞平伯《红楼梦》研究的文章并没有投稿《文艺报》的事，所谓大人物压制小人物之说无从谈起，是顶级大人物的无根之谈；前述传教士的史实之误，等等。史料批评、史料考证，乃史学研究之根本要求。

（2012年10月7日草，2016年1月20日订补）

浅说独立思考是学术研究的首要准则

一、独立思考是人的本能和谋生之必须本领

1.独立思考是人类生存本能、人的本能品质,是每一个人都有的素养。胎教,就包含谋生能力,婴儿就知道找母奶吮吸,动物也一样,不给奶吃,就哭,就叫,要想你重视他,也是哭叫,是以有"好哭的孩子有奶吃"的俗语,这是本能,是独立思考的,没有人教给他。儿童成长过程中有逆反期,不愿意受家长和幼稚园、中小学老师过时的、过度的约束,表现出自我意识的发展(虽然还不成熟),儿童的能力和愿望,就是要求独立思考,不要干扰他,帮助他,让他形成自己的个性。

2.独立思考是谋生、谋求高品质生活所必须。人为生存,为提高生活水准,独立思考,走与众不同的道路,用与众不同的方法,寻觅生活资源,这是必须具备的本领,也是天生的本领,但是需要后天发展,用心开发智力,独立思考,走向理想。

3.独立思考,是人生权利,与生俱来,所谓自由,就包含独立思考。

4.独立思考,既然是人的本能,既然对人的生活有好处,社会就应当尊重独立思考,鼓励、提倡独立思考,而不是压抑,更不是禁止。

二、障碍独立思考的诸种社会因素

1.政治干扰,亟须解放思想。政治干扰严重,不许独立思考,有人代你思考。在"文化大革命"时期,岂能容你独立思考,结果是不存在个人的独立思考,于是鹦鹉学舌,力求不要歪嘴和尚念经,就阿弥陀佛。解放思想,就要独立思考。

2.迷信学术权威,权威压抑后学。权威观点不许碰,不敢碰;应当尊重权

威而不迷信权威。

3.社会存在的守旧观念、轻视年轻人的观念压抑独立思考。家庭、学校对年轻人的新奇思索，以为是幼稚、荒唐、不可思议，不但不鼓励，反而压制，将独立思考的、创造性的想法扼杀在萌动中。

4.碍于情面，不敢辩论。如对老师、家长、上司，其实"吾爱吾师，吾尤爱真理"，不必害怕，不必不好意思，当然辩论中讲求方式方法，是对长者应有的态度，也是对任何人都应抱持的态度。

5.处理好学与思的辩证关系。学，锲而不舍，坚持不懈积累知识。不过需要明白"学而不思则罔，思而不学则殆"的道理，学习中思考问题，同时学是思的基础，提供思的资源，资源越丰富，思索才能有所得，或大有收获，取得独立思考的效果。

6.勤学中的独立思考需有敢想敢说态度。这是进一步明了学与思的关系。苦学、勤学，成功有大小之别，若能巧学，会成果多一些；敢想，合于逻辑，沿着创造性的方向前进，会出大成果，珍惜突然冒出来的想法，当然，敢想不是胡思乱想、妄想。

7.克服从众心态与习惯，才能独立思考，才有创造发明的可能。从众心态，似乎是民族性，传统的家庭、家族观念，著籍（籍贯）形成的地域观念，是大大小小的集体观念，于是形成随大流习俗，不要成为另类人，免得成为"枪打出头鸟"的对象，设若不警惕，不克服从众心理，就扼杀了独立思考精神和能力。

明了学术研究中影响独立思考的因素，是为有意识地加以克服，不受其干扰。

三、独立思考精神对学术研究的价值

1.唯有具有独立思考精神，才有可能学术创新。即独立思考与勤学结合，并在相应的社会环境下（如社会稳定，拥有图书资料，所在范围的学术环境等）才可能有学术创新。

2.具有独立思考精神，敢于坚持新观点，不怕压抑，不怕打击。

3.具有独立思考精神，避免人云亦云的无所作为；避免小有成就而自我满足，裹足不前。

4.独立思考地进行学术研究，需要处理好与前人研究成果的关系。任何

创造性,都是借鉴前人提供的条件,站在前人肩膀上前进。即使与你观点截然相反,你也获得素材,从另一面去说明你的观点。因此不必轻狂,不要浅薄。二十世纪有大批判特色,否定一切,小人得志就发狂,无大出息;做厚道人,实事求是的人,加上独立思考,可能有所成就,可能大有成就。

四、个人对独立思考的体会

1.独立思考精神一度泯灭与有所恢复。那个有人代你思考的时代,独立思考成了违禁品,是自由主义、个人主义的代名词;改革开放之后,独立思考精神有所恢复,思想有所解放,于是进行并呼吁开展社会史研究。不满意阶级论主导下史学研究的僵化,哈巴狗的处境,就是以史学文章注释经典著作,解说现行政策,曾对已故宁可教授说史学注解新经典,他说够不上注经,是注疏,即注是注解,解释注解,是注疏,是等而下之的注。倡议研究有血有肉的史学,令其复原历史的丰富多彩面貌,接近民众生活,为丰富民众生活提供资源,为民众开发智慧提供素材。

2.强调等级论以及自耕农和庶民地主历史地位。认为古代社会研究,用等级论比阶级分析更能解释历史。提出多层级土地所有制观点,强调自耕农在历史上的地位,它与庶民地主共同构成农民主体,是主要纳税人,因此认为古代社会存在两种基本矛盾,第一是农民(纳税人庶民地主、自耕农)与国家的矛盾,第二是佃农与地主的矛盾,不能简单地说农民与地主的矛盾,因为农民包含庶民地主、自耕农、佃农、雇农,佃农不是农民主体。学术史上批判土地国有制论,是政治目的的要求,并非学术研讨。

3.从宗族史研究角度质疑秦汉以降的社会是封建社会说。近期质疑封建社会说最力的是冯天瑜的《封建考论》。我是从宗族性质提出疑问,认为周代实行分封制与宗法制相结合的制度,是为封建社会,周天子既是国君,又是姬姓宗主,是双重身份,秦汉以降,废除分封制,没有封建的诸侯,宗法制不行,皇帝只是皇族宗主,不是宗法制下的国君、宗主双重身份,所以秦汉以降之社会,是变异型宗法性社会,不是封建宗法社会。

4.思与学方面的体会,以及对苦学与灵感辩证关系之认识。如冥思苦索,得拟制血亲论题,前人似无专论,余之提出,因多年研讨宗族史之故。如雍正继位史研究法,跨越康熙帝死亡当夜的考索范围,扩大到康熙帝在废太子事件后对诸皇子的态度,以及雍正继位后重大政策与前朝关系、与继位关系考察。

5.对独立思考之自我估计。没有到此境界,是半拉子的独立思考,这种状况,真乃先天不足,后天失调,故无大成就,只能是史匠,是为"小打小闹"而已。不过,基本态度是仍在追求,是为研究动力。

(2014 年 10 月 11 日草就,在安徽大学徽学研究中心研究生班演讲稿)

史学的生命在于说真话

　　这个题目很大,不必说写一篇长论文,撰写一部著作亦未为不可,然而限于学识,笔者只能以随笔的形式,谈一点感想。

　　史学家的作伪引起读者的义愤。常有人说"历史应由人民书写",表示出对官方史书不认可态度。我们常常见到文学家质疑史学著作的真实性,说那是为胜利者编造的历史,"历史除了名字是真的,其他都是假的;文学除了名字是假的,其他都是真的","我是一直不大相信白纸黑字的历史,果真百分之百的可信。以今鉴古,便知分晓,时下还活着的那些涂脂抹粉者,大言不惭,谎话连篇地伪造自己的辉煌"。更有人说:"历史是你写还是我写?还是他们来写?历史是一团污泥,历史是一堆废纸。"请不要将这类看法当作耳边风,更不要把它视作行外人的过激言辞,这是作伪的史学著作让人气愤,失去他人的信任。须知史学著作不能揭示历史真相,反而糊弄人,是史学家的失职,令人义愤是必然的。作为史学工作者应当羞愧:你的责任感哪里去了?! 你的良知哪里去了?! 渴求历史真实的读者要你干什么,社会要你干什么?!

　　记得在80年代前期,史学界一些人士有"史学危机"的困惑和相应的讨论,中心内容是觉得史学不受社会重视,没有出路,也即没有出息。为什么会有危机? 延伸到产生的原因,认为"影射史学",随着政策转,一会儿一个说法,南昌起义成为下级军官林彪领导的,据说是他的方向正确,成了代表。其时负责人轮替似走马灯,于是人在台上,一好百好,人一倒台,一生尽坏,故而世人谓史学是哈巴狗,随着主人指挥棒转,主人让你向谁吼你就向谁叫,主人叫你向谁摇尾巴,你就向谁献媚,这种状况怎么不让人鄙视! 史学工作者遂亦不无自卑感。参加这一讨论者的心态,其实是有积极向上因素的,是在为史学谋求出路,就中多少透露出他们的愧疚心理和对职业良知的向往。

　　哈巴狗史学,历来存在,非独"史学危机"时代,它是一种传统。史学反映不反映历史真相,讲不讲真话,就史学史观察,我认为有两种传统:一种是粉饰史学传统,也即哈巴狗史学;另一种是务实史学传统,即争取说实话的史学。在此不妨谈谈自己的见解。

粉饰史学传统。正史，记载皇家那些事，被梁启超讽刺为"断烂朝报"，不关注民众史，诚然是它的一大弱点，但是更主要的是它有歪曲历史、曲解史实的大毛病。歪曲事实，表现在三个方面：一是掩盖帝王过失，抹杀他人建树。以玄武门之变而言，史书告诉人们的是太子李建成谋夺帝位，迫害秦王李世民，淫乱后宫，致使李世民不得不应变，是以咎在李建成，而李建成本是庸碌之辈，死不足惜；然而太原起兵及进军长安过程中，李建成表现优秀，业绩卓著，是建立唐朝的功臣，因玄武门之变的失败，这段历史在正史中被淹没了。二是粉饰虚美。一个王朝的建立，史官总要大肆丑化前朝，美化本朝，以见人主的顺天应人，得天下之正当，坐朝廷统治民人的合法。在这方面，明太祖朱元璋倒有所节制，本来元朝是蒙古人统治，"驱逐鞑虏，恢复中华"的朱明，正可在这方面多做文章，也确实做了不少，诸如大力"去蒙古化"，恢复汉人习俗，不许蒙古人用汉人姓氏，可是过度丑化元朝，朱元璋则行禁止，他对臣下说，"元主中国百年，朕与卿等父母皆赖其生养"，倒有感恩之意，至少是承认原是元朝子民，不必否定这种事实。在这一点上朱元璋不愧为有识之士。在传统社会，改朝换代，制度不变，代代相承，所谓"汉承秦制""清承明制"，本可不必过度丑化前朝，尚且难免恣肆，若社会制度变异，否定前朝，则肆无忌惮了，稍有历史知识的人不难理解。三是颠倒黑白与"曲笔"的并用。作为金朝奸细的秦桧，杀害岳飞，被钉在历史耻辱柱上，自然是罪有应得，我这里要说的是罪魁祸首的宋高宗赵构，决定对金屈辱的是他，下令杀害岳飞的也是他，他的罪过远远胜过秦桧，可是他并没有被造像跪在杭州岳庙的岳飞塑像前面，任人唾骂，而是由秦桧夫妇"代劳"了。史家让人将仇恨记在秦桧身上，卖国求荣、杀害忠良是秦桧的罪恶，是为赵构找了个替罪羊。介于人神之间的君主不会有错，有错必是奸臣所为，至多是君主受蒙蔽而已。有时候"受蒙蔽"都不能说，因为圣君怎么会受蒙蔽！孔子春秋笔法的"天王狩于河阳"，天子竟然被诸侯叫去，岂止是屈尊，而是实际地位下降到小诸侯境地，可是偏偏说他是到地方上巡狩，是牧民，这是为天子粉饰。这还算好的，因为毕竟透露出事实，比不写，比隐瞒还好一点。

务实的史学传统。亦可从三个方面来认知，其一为部分史官尊重历史，坚持如实写作，只是这种执著的人和精神，后世越来越少、越弱。在先秦时代，董狐直书之事屡见不鲜，春秋齐太史简，一家四人，秉笔直书"崔杼弑其君"，三人坚守职责被权贵杀害,第四人依然凛然大义地不屈不挠,坚持不改写,"令乱臣贼子惧",迫使崔杼放下屠刀,终于留下"崔杼弑其君"的记录。其时,即使崔杼不停止屠杀太史简家族,也有另外的史官来直书,史官南史氏听传说,太史简家人尽死,乃刻简书"崔杼弑其君"事,表示继承齐太史事业,可见正直史官杀不绝。但是史家秉笔直书的精神,越往后世越弱,乃因史官地位降低和统治阶层心态的变化。就此转录一位学者的意见:"中国古代确立的史官记事制度,就其初意而言,不仅在于系统记载和保存文献史料,实际上还负有监督最高统治的责任。"先秦时代"统治阶级普遍养成了一种重视史鉴的深沉意识,史官及其专业职能受到朝廷和社会的相当尊重,处于非他人所能随意罢斥或替代的地位"。史官能够做到"直书","不光取决于他们个人作为史官所具备的品德、素养和气节,也是和当时的制度及一般上层社会长期形成的舆论共识制约分不开的"。

二是史学在客观上有监督皇帝的作用,故而皇帝对它有所顾忌。前面转引的文中说到史官以其载笔,有监督君主的作用,是从帝王不能观看有关他的史书讲的,特别是不能调阅本朝的"起居注"。起居注由专人负责,记录君主处理朝政和后宫生活,它发端于先秦时代,汉代初步形成制度,西汉产生《禁中起居注》,东汉出现《明帝起居注》,两晋以降,特设起居令、起居郎、起居舍人等官,编写起居注。他们的成品不让皇帝本人审阅,为的是保证秉笔直书,免得顾忌帝王的意思而曲笔。唐太宗问谏议大夫兼起居注官褚遂良可否观看起居注,褚遂良以"不闻帝王躬自观史"作答,说明起居注是不让皇帝观看的。唐太宗又问:"朕有不善,卿必记之耶"?褚遂良给予肯定的回答:"守道不如守官,臣职当载笔,君举必记。"(《大唐新语》)表明起居注官忠于职守,如实记录君主言行,不作苟且媚君之举。魏谟任职起居舍人,唐文宗索要起居注观看,他拒绝并上奏,说"陛下但为善事,勿冀臣不书;如陛下所行错误,臣不书之,天下之人皆书之",又说"臣以陛下为太宗皇帝,请陛下许臣比职褚遂良"。(《全唐文》)表示自身向褚遂良学习,希望唐文宗以唐太宗为楷模。他坚守职责,可是唐文宗却说,你以前的史臣是让看的。表明起居注官中有尽职和渎职两种人,不过尽职者有其人,使史学事业得以不堕。宋太祖赵匡胤的故事也说明有良史。原来,一天赵匡胤早朝后很不高兴,原因是思及一件事情处理不当,怕史官记录,"早来前殿指挥一事,偶有误失,史官必书之,故不乐也"(《读书镜》)。宋代宫中女史,专事内起居注的写作,时刻不离皇帝,记录其行动,当晚交给史馆。她们的住处外面钉有金字大牌,上书"皇帝过此罚金百两"。这种严格的内起居注制度,自然不是规范帝王性生活的,但在客观上起着某种限制其恣意性的作用。女史的居处皇帝不能随意进入,这是为防止皇帝去篡改历史,从而使他无法掩饰白天在后宫的任意行为,使其生活不能不有所检点。总之,皇帝不得观看史官写的他本人的起居注,是为保障史官正常地履行其职责。这一制度反映出皇帝顾忌史官的载笔,怕他的失德之事被史官记录下来,可见史官有谏诤、监督作用。

三是有非"正史"史家撰写的比较真实的历史著作,是继承司马迁的传统。司马迁在《史记》里以王朝的规格为项羽立"本纪",以诸侯的规制给陈涉作"世家"。后世"正史"史家再不敢给失败的"盗寇"(黄巢、李自成之流)立本纪和世家了,但讲求尊重史实的精神在"野史"里则有迹可寻。野史是相对正史而言,其作者,有官员,有有功名者,有一般读书人,其中自然有在朝廷、在社会上吃得开的人,也有不得意的人;其文体,多种多样,有编年体、纪事本末体等史书,有笔记体而涉及历史的,《四库全书总目》将它们归类为"史部·杂史""子部·杂家""子部·小说家"。私人写史,有与主流意识完全一致的,亦有稍有不同或较大差异的, 然而在专制制度下难于直接而明白地表达出来,往往采用曲折的方式、影射的方式,即后人所说的"以古喻今""借古讽今"。像清朝前期,蒋良骐著作编年体史书《东华录》(俗称"蒋录""六朝东华录"),他任职编修,参加官书《名臣列传》的撰写,私下写出《东华录》,保存了官书所不载、不详的史料。清初大弊政的圈地、逃人等事,有官员论奏而被处分的,官书隐讳不载,蒋良骐则记录之,即为暗砭时政。"烛影斧声"的千古之谜,《宋史》失语,谓赵匡胤正常死亡,而北宋僧人文莹的《续湘山野录》告诉人们,赵匡胤死亡之夜,其弟赵光义(宋太宗)在场,又有令人不解的烛影、斧声现象。这个记录,才给后世史家留下"烛影斧声"千古之谜的研究课题。《续湘山野录》属于笔记体作品,古人笔记给后人留有大量的有价值的史料,烛影斧声不过是一个例子。笔者阅读过一些清朝人写的笔记,知其史料价值,在拙作《清史史料学》中归纳为五点,即能提供社会生产与经济,典章制度,政事及吏治,人物传记,物质、文化生活与社会风气等方面的史料。杂史、野史是后人认识历史的资料宝库,记录着某些历史的真相,治史者离不开它。借古讽今,是史家的无奈,是所谓"在极权统治下要'借古讽今',已经是一种委屈",然而"借古讽今,是有现实意义的"。

粉饰的、务实的两种史学传统,治史者宜于全面观察,不忽视任何一种,粉饰史学令人痛恨,治史者时刻引以为戒,庶几不负世人之期望;同时因有务实传统,不必气馁,更不必不敢治史。不过话说回来,粉饰史学是大传统,务实史学是小传统,前者令伪造历史成为统治者的愚民工具,所以能不能、敢不敢写真实历史,能不能、敢不敢说真话是史学的要害问题、社会功能和社会形象问题,也可以说是生命问题。

史学怎样才能说真话?由社会客观环境和自身条件两种因素来决定。治史者说真话的客观社会环境,是政治开明、言论自由,是社会民主制度允许个人独立思考和发挥创造性。可是古代社会完全不是这种样子,其是人治社会的君主专制,开明者、能够纳谏者,如唐太宗,还要看史官怎样来描写他,其他的帝王更不必说了,人人都要史官把他说成是圣明天纵、洞察一切、造福生民的圣君,若史官如实写出他的过失,不就是给他抹黑吗?自命圣君者怎能接受得了,岂能容忍,不予治罪?!拥有至高无上权力的帝王的威严,就不允许史官如实著述,这是制度性的社会客观大环境。史官是中下级官吏,皇帝、大吏会公开地或暗示地教导史官如何写作,某事作出何种解释,某事又作何种判断。用现代话说是给事情"定调子",史官按着申述即可。仍以清朝的史事来说,朝廷修《明史》,将清朝皇家先人臣服于明朝的历史全部抹去,隐瞒了建州女真人与明朝的隶属关系史。这才符合爱新觉罗皇室的意思,否则《明史》是不可能问世的。历史研究本来应当无禁区,开国前的满洲与明朝关系史就成为禁区,禁止史家涉猎,清朝灭亡之后,社会客观环境变了,它也就不再成为禁区,任由史家驰骋了。可见社会环境之影响,乃至对史官的写作起决定性的作用。

如此之说,是否在给史家推卸责任呢?现在,应该说到治史者自身因素了。史家主观因素是不应回避的,更是不能不面对的。史家要能如实撰写史书,笔者认识到的有三点:第一,是尽职尽责,系应为之事。职责是撰著史书,理所当然是写真实历史,是揭示历史真相。俗话说"卖什么的吆喝什么""在商言商",你吃这碗饭,就要给为你付这碗饭钱的人服务,社会让你写史书,你就要对社会负责——你既然承担了写史的职责,你就要努力写出真实的历史。尽职尽责,是人人都要做到的,否则你就不要承担那个职务。尽职尽责是天经地义的,不必还有别的道理,仅此即可。实话实说,这是最基本的道理,不言而喻之理,不必唱高调,讲什么理想情操,做到尽职尽责就很好,就很不容易。不尽职尽责,为向上爬而主动逢迎统治者的意愿,说违心的话、肉麻的话,去为他歌功颂德,做"歌德派",就不配从事这一职业。那就不是史学家所为,而是史匠之行了。第二,敢于坚持说真话,系难为之事。写真实历史,不听统治者的话,一心一意按照历史的真实去写作,会不会写出有碍统治者圣明形象的文字,会不会因此得罪权贵及他的亲友僚属,会不会受到打击报复,影响到身家性命,砸掉饭碗?史家哪能不顾及社会环境哩!是的,为个人着想,只有知难而退,所以说是"难为之事"。第三,要有才学识兼备的史家素养,是努力可为之事。前述两点是史德问题,现在说的则是史家的研究能力和写作能力,就是唐代史学理论家刘知几讲的才学识,是要求史学工作者能够驾驭史料,产生见解,并能富有文采地表达出来。史学研究者只要肯下功夫,进行钻研,总会做出业绩,虽然努力程度和资质决定其著作品质有优劣高下之别,但总是可以做一点事的。当然了,要做得好,得在史观上圆满解决这样三个方向性问题:史学与现实的关系,是为历史而历史,是为政治服务,还是为……历史可以认知吗?可以复原吗?"一切真历史都是当代史"吗?方法论上,是以什么为指导思想,抑或是实证史学,论从史出?这些问题复杂难解,远非本文所能涉及,以后若有条件和机会再说吧。

　　史学的生命在于说真话,揭示历史真相,温故而知新嘛,知人论世嘛,给读者以智慧的启迪,为社会服务。有为的史学家需要鼓起勇气,敢于说真话,也才能敢于理直气壮从事史学研究。

（2011 年 2 月 27 日成稿,载《安徽史学》2011 年第 2 期）

杂谈二十世纪中国史学研究的观念与方法

　　二十世纪是中国社会的巨变时代：中华民国代替清朝，中华人民共和国成立，实行改革开放的方针政策。这三个大事件，可以说使中国发生天翻地覆的变化，其深刻的程度是中国历史上任何时期都无法比拟的。社会的变迁，带动思想文化学术的活跃与更新，尤其是在上半叶，哲学家张岱年说："民国时期是充满内忧外患的时期，但是当时的学术界确实出现很多有价值的学术著作。"[①]东方出版社编辑这套丛书，在其"编选说明"中更认为："与政治经济衰败不相对称的民国学术大放异彩，传统文化得到进一步继承、整理，西方文化高强度地影响着当时学人的思维和视野，其间著述兴盛，流派纷呈。"一个世纪行将过去，面对如此丰富的学术遗产，应当有所回顾，有所说明，放肆点说，应当有所总结，对下个世纪的学术研究或许会有所裨益。基于这种考虑，对南开大学举办的"彭炳进教授学术讲座"1998—1999年度的讲演设计，我们拟订了"二十世纪社会科学研究与中国社会"的主题，邀请崔清田、宁宗一、刘志琴、刘洪涛、冯承柏、方克立、洪国起七位教授（以讲演先后次序列名），分别讲述二十世纪中国逻辑学、文学史、文化史、科技史、美国史学理论、哲学史、拉美史学研究与中国社会的关系。他们都是卓有成就的专家，将各该门学科一个世纪的研究状况、特点，以及这门学科的研究与中国社会的变动的关系，作出精彩的说明。（方克立教授因繁忙的出国学术活动之故，未能讲演。）我作为主题设计人，也在思考这一问题，惟因限于学识和时间，未能做深入的、系统的思索，现写此《杂谈》，也算是一种参与吧。

一、几个学派及其主导思想与方法

　　中国传统的史学，基本上被认为是历史编纂学，主要是采用各种体例汇

---

①《民国学术经典文库》序，东方出版社，1995年。

38

编历史资料;观念上基本是历史循环论,即孟子所说的"一治一乱"。进入二十世纪,史学的面貌大变样,无论是主导思想、编写方法,还是治史目标,均不相同了。这种变异,首先要从梁启超的《新史学》说起。1902年梁氏撰著《新史学》一书,抨击传统史学的弊病,倡导史学革新。他说:"史界革命不起,则吾国遂不可救。"将史学研究与国运联系起来,企盼史学革新,从而有助于国家的富强。数十年后的"文化大革命"过后,上海学生出版内部刊物《新史学》,不满于流行于一时的影射史学,希望史学从困境中走出来。到了1990年,以"新史学"为刊名的史学杂志在台北问世,这个刊物"发刊词"表示:"不想取代任何形式的'旧史学',而是要以前瞻、开放、尝试态度研究中国历史,要尝试各种方法,拓展各种眼界,以探索历史的真实和意义。"它预言:"二十一世纪的历史家必逐渐超越过去的命题,在更辽阔的天空中遨游。"①从20世纪初到世纪末的三个《新史学》,或强调史学革命,走出传统史学,或关注创新超越,扩充史学研究领域和研究方法,三者又是相通的,都要求史学的创新,它反映在这一个世纪中,人们不断地追求"新史学"。虽然出现了不同的流派,但目标都是更新,都是向前看。

(一)梁启超及二十世纪初年近代史学先行者

梁启超在史学理论方面的著作还有《中国历史研究法》(1922年)及其《中国历史研究法补编》(1933年)。他的主要思想是:历史家的任务是再现历史,因历史是"人类过去活动之遗迹",史家将其"变为活化";"使过去时代之现在相再现于今日";史学家要去主观性,作"纯客观的研究":"为治历史而治历史";史家的目的,在使国民察知古今生活息息相关,可作为活动的鉴戒;治史的出发点是对史料"求备求确",近今史学之进步,在于"史料之整理";历史是进化的,它不体现在物质文明的进步,而是在文化方面,"人类平等及人类一体的观念"和人类共同的文化遗产;历史无因果规律可寻,不能运用自然科学的方法进行研究。②梁氏之史学被人认为是"上世纪欧洲社会科学的余绪"③。应当说他开启近代史学,是新旧史学的承前启后者。与梁氏同时代的曹佐熙于1909年出版他的《史学通论》,将历史及记录它的书籍视为"史",研究历史的学问为"史学"。虽然没有完全把历史客体与历史研究区分清楚,但多少是

---

①③《新史学》创刊号,1990年3月。

② 梁启超:《中国历史研究法》,华东师范大学出版社,1995年,第2、4、44、55、176、182页。

以近代观念看待史学;曹氏讲到史学与其他学科的关系,关注到自然科学和西来之学,所以曹氏的史学已有近代气息。[①]夏曾佑于梁启超《新史学》问世的同年,即1902年著作《最新中学中国历史教科书》(后易名《中国古代史》),是我国近代第一部新型史学著述。19、20世纪之际,梁启超史学理论超迈前人和他的同代人,而夏曾佑则是以较完整的历史著作贡献于世人,他们都是承前启后的史学家,是近代史学的开拓者。

(二)以胡适、傅斯年为代表的实证史学一度成为学界的主流观念和方法,其实证的方法今日仍为许多史家所运用

1962年哲学史家、佛学史家汤用彤自我批判地说:"在五四运动以后……有些资产阶级知识分子,一方面受西洋所谓'史料学'之影响,另一方面继承了乾嘉以来的考据之风,提倡考据之学,脱离实际,脱离政治。……像我们这样一些人把'史料学'就当成史学,认为只须问'材料'是否可靠而不去研究这些材料说明什么问题,不去从史料中引出合乎实际的结论,而往往是材料堆砌,不能真正地解决什么问题。"[②]他所讲的资产阶级知识分子,主要是指胡适、傅斯年,"所谓史料学就是史学",乃是傅斯年的话。1990年,思想史家杨向奎说胡适、傅斯年、顾颉刚"三人建立了一个学派,一个中国古代史及哲学史的学派,这个学派推翻旧的传统史学观,建立了崭新体系的古史学派,他们大胆地怀疑,小心地假设,而引起一场波澜壮观的古史讨论,虽然在这个学派中,胡、傅、顾的理论也各不相同"[③]。汤、杨当初是胡、傅史学理论的实践者,在不同的时代做了相异的回顾与认识。今日来看胡、傅等人的史学,似乎可以归纳出以下几点:

1.将自然科学的研究方法与社会科学的研究结合起来,历史研究要以自然科学方法为工具。胡适说"实验是真理的唯一试金石"。他引进美国杜威的实验主义,即研究学问注意实验方法,把自然科学在实验室做实验的方法运用到社会科学中,"使历史的观念与实验的态度渐渐地变成思想界的风尚与

① 参阅刘泽华主编:《近九十年史学理论要籍提要》,书目文献出版社,1991年,第5页。
② 《汤用彤学术论文集·前言》,中华书局,1983年,第3页。
③ 杨向奎:《回忆傅孟真先生》,载聊城师范学院历史系等编:《傅斯年》,山东人民出版社,1991年,第10页。

习惯"。①傅斯年认为历史研究要"取得日新月异之材料,借自然科学付与之工具而从事之,以期新知识之获得"②。

2.使用"大胆假设,小心求证"的方法。这有二重含义,一是将实验主义具体化,就是观念上要是科学的,要像做科学实验那样,应有假设,然后小心地、细致地求其证明;二是重视考据,强调大处着眼、小处着手,有一分证据说一分话,应取实事求是的态度。胡适论述清代学者的治学方法,以清儒的音韵、训诂、校勘成就为例,说明他们使用例证法、归纳法。笔者以为胡适是以此课题研究为例,阐述他的考证方法。③傅斯年说"近代历史学只是史料学"④,被学者多所指责,然而表明他极端重视考据学。

3.企求认识历史的变化过程,探求历史因果关系。胡适说:"研究历史制度或学说,要明了他发生的原因和后果,从而获知他在历史上占的地位与价值。"⑤傅斯年在《中国古代文学史讲义》中说:"相信文学是一有机体,有产生、发展和衰落的过程。"⑥

4.以社会进化论认识历史,认为历史是进化的、渐进的。胡适在谈到文学、戏剧改良时,批评做文学研究的人,"大多没有历史进化的观念","缺乏文学进化的观念",他说"文学不是三年两载就可以发达完备的,须是从极低微的起源,慢慢的,渐渐的,进化到完全发达的地位"。⑦傅斯年笃信进化论,故云"史学外的达尔文论正是历史方法之大成"⑧。

归结胡适、傅斯年的史学,也许可以用实证史学来概括。实证主义是从19世纪上半叶法国学者"把自然科学方法运用于人和社会研究这一更为普遍的倾向中产生出来",到二十世纪最初几十年,"实证主义已经渗透在历史写作

① 《实验主义》《杜威先生与中国》,载胡明主编:《胡适精品集》第1集,光明日报出版社,1998年,第278、360页。

② 《研究员聘书拟稿》,载王汎森、杜正胜编:《傅斯年文物资料选辑》,台北傅斯年先生百龄纪念筹备会,1995年,第62页。

③ 参阅《清代学者的治学方法》,载胡明主编:《胡适精品集》第1集,第362—389页。

④ 《历史语言研究所工作之旨趣》,北平《国立中央研究院历史语言研究所集刊》第1本第1分第3页,1928年。

⑤ 胡明主编:《胡适精品集》第1集,第360页。

⑥ 王汎森、杜正胜编:《傅斯年文物资料选辑》,第60页。

⑦ 《文学进化观念与戏剧改良》,载胡明主编:《胡适精品集》第1集,第139页。

⑧ 《历史语言研究所工作之旨趣》。

中"。①胡适等人是将杜威实验主义与法国实证史学介绍到中国学术界,特别是历史学界(包括哲学史、文学史、经济史等历史学专门史),形成他们的中国的实证史学,其特征是"大胆假设,小心求证",试图运用自然科学的方法于历史研究,探讨现代历史研究法,相信并运用归纳法,说明历史真相;重史料(包括重视考古发掘的实物材料),要将所研究的课题的所有史料都搜集齐备,用史料反映历史;与此相联系,重考据,不仅要搜求材料,同时要考订其真伪;相信历史的渐进性,一定程度地忽视历史大课题的研究,不同意历史规律说,但认为历史是进化的。(笔者关于实证史学的说法,曾同友人刘泽华教授、崔清田教授讨论过,得到他们的首肯,志此以表谢忱。)

(三)阶级论学派

阶级观点与阶级分析方法的历史观与历史研究法学派产生于20世纪二十、三十年代,1949年以后的几十年中在中国大陆占居史学的支配地位。"历史研究的科学性,就是坚持以马克思主义理论为指导,坚持阶级斗争、阶级分析的观点。"②阶级观点是马克思主义的基本理论,故以此作为马克思主义历史学的特点。20世纪20年代李大钊写出《史学要论》,为马克思主义史学奠基;20年代末郭沫若著作《中国古代社会研究》,成为马克思主义早期史学代表作。与此同时,并延至30年代,学术界展开社会史大论战,相信马克思主义的学者发表大量的历史论文;范文澜在延安时期撰写了《中国通史简编》,几乎全面涉猎了中国历史上的重大问题,写作上又具有较强的可读性。至50年代初有五大马克思主义史家之说,即郭沫若、范文澜、吕振羽、侯外庐和翦伯赞五人,侯外庐以撰著《中国思想通史》而享有盛名,翦伯赞的论著颇具文采。他们的史学影响了几代人,像笔者同年人以及比笔者年轻一些的史学工作者,在史学训练以及入门后的一段时间里,在理论上都是师法于他们的,只是80年代以后情况才有所改变。他们的史学特征,可能有下述几方面:

1.对历史本体,认为是活泼的、变动的、整体的。如李大钊在《史学要论》中说历史记录是死的,历史本体是活的,而活的历史是进展的、行动的东西,"天天在那里翻新",因此它有过去、现在和未来,是一个整体。③

---

① [美]哈多克著:《历史思想导论》,王加丰译,华夏出版社,1989年,第171、186页。
② 刘大年:《范文澜历史论文选集》"序",中国社会科学出版社,1979年,第5页。
③ 参阅李大钊:《史学要论》,载《二十世纪中国史学名著》,河北教育出版社,2000年。

2.历史学可以成为科学,因为历史的变化是有规律的,人们是可以认识的。李大钊在《史学要论》中针对历史学不是科学的观点说:"将史实汇类在一起,而……抽出其普遍的形式,论定其一般的性质,表明普遍的论法,又安见其不能?"郭沫若同样有针对性地说:"只要是一个人体,他的发展,无论是红黄黑白,大体相同。由人所组成的社会也正是一样。"①

3.以马克思主义的辩证唯物主义和历史唯物主义做指导。郭沫若指责胡适的整理国故,说"没有辩证唯物论的观念,连'国故'都不好让你们轻谈"。他明白宣称,他研究中国古代社会,是师法于恩格斯的《家庭、私有制和国家的起源》,"研究方法便是以他为向导",做的是恩格斯的续篇。②1924年蔡和森出版《社会进化史》,颇为推崇摩尔根的《古代社会》一书,但摩尔根不为人所承认,赖有恩格斯在《家庭、私有制和国家的起源》书中,将他和马克思"两人的意见联合一致,至此摩氏不朽之业才发扬光大于世,而历史学亦因此完全建立真实的科学基础"③。表明他是遵循马恩学说和他们支持的摩尔根学说。郭沫若、蔡和森在20年代倡导以马克思主义为历史研究的指南,在社会史大论战中,运用马克思主义理论的人多了起来。侯外庐认为那时"开创"了以马克思主义为指导的中国新史学。④范文澜在40年代初撰著《中国通史简编》,"企图用历史唯物主义的观点和方法给中国古代史画出一个基本的轮廓来"⑤。新中国成立以后,"指导我们思想的理论基础是马克思主义"⑥,中国大陆的史学就成为马克思主义史学了。

4.历史唯物论的几个原理的运用。范文澜在编写《中国通史简编》修订本时,对历史唯物主义原理如何运用做了一些归纳:A.中国历史有发展规律,即古代社会经历了原始公社制社会、奴隶社会和封建社会;B.劳动人民是历史的主人;C.阶级斗争论是研究历史的基本线索;D.在生产斗争中产生科学发明;E.历史上的爱国主义;F.历史上战争的分类;G.明清时期已出现资本主义萌芽,但它远不曾发展到足以破坏封建社会的程度;H.汉族社会发展史的阶

① 《中国古代社会研究·自序》,载《郭沫若全集·历史编》第1卷,人民出版社,1982年,第6页。
② 《郭沫若全集·历史编》第1卷,第9页。
③ 参阅蔡和森:《社会进化史》,东方出版社,1996年,第2页。
④ 参阅侯外庐:《韧的追求》,生活·读书·新知三联书店,1985年,第223页。
⑤ 范文澜:《中国通史简编》修订本第1编"再版说明",人民出版社,1955年。
⑥ 《毛泽东选集》第5卷,人民出版社,1977年,第133页。

段划分;J.汉族封建社会的分期,等等。①他所关注的问题,是相当多的人长期投入讨论的,故50年代中期有"五朵金花"之说——汉民族的形成、中国古代分期、农民战争、资本主义萌芽和中国封建土地所有制形式。就中,郭沫若提出历史"人民本位"说,认为人民是历史的主人,历史家应当歌颂人民,憎恶人民的敌人,评价历史人物要看他有没有人民思想。他说他写作《甲申三百年祭》的原因,"就是因为我同情了农民革命的领导者李自成,特别是以仕宦子弟的举人而参加并组织了革命的李岩"②。

其时史学研究以人民为本位,讴歌人民的反抗斗争,而中国新民主主义革命实质上是农民革命,所以农民战争史就成为"五朵金花"之一。在1949—1966年的17年中,出现的文章近3000篇、论著和数据集100余种,内容是学习马克思主义关于农民战争理论的体会,对在农民战争问题上资产阶级观点的批判;至于农民战争史本身内容的研究,开始是对农民战争的起因、过程、失败原因、历史作用、领袖评价等问题做出叙述,后来讨论农民战争的性质、农民的思想武器、农民政权性质、社会动力等问题。③研究农民战争,同时是贯彻以阶级斗争为认识论,以阶级分析为方法论,来认识历史和它的发展线索。这个主导思想运用到极致,就是在"文化大革命"末期,高等学校人们议论中的历史只有四门课,即农民战争史、中共党史(党内两条路线斗争史)、帝国主义侵华史、国际共产主义运动史,可以总名之曰阶级斗争史。

5.服务于革命政治目标的史学功能。如果说李大钊在《史学要论》中所讲的史学作用,是指对个人修养的意义,是学习历史,建立"乐天努进的人生观",而到了郭沫若及其以后的史家那里,史学已变成改造旧社会、建设新社会,即革命的工具了。如同刘大年所说:"马克思主义的历史科学,要求研究者忠诚于无产阶级革命事业,满腔热情和敢于坚持真理。"④郭沫若说他"对于未来社会的期待逼迫着我们不能不生出清算过往社会的要求"⑤,这才进行他的古史研究。历史学要清算过往社会,指明那个社会是什么性质的,未来的社会

---

① 参阅范文澜:《中国通史简编》修订本第1编"再版说明"。
② 《历史人物·序》,载《郭沫若全集·历史编》第4卷,第3—6页。
③ 参考陈梧桐:《农民战争研究的种种争论》,载《历史研究》编辑部编:《建国以来史学理论问题讨论举要》,齐鲁书社,1983年,第203页。
④ 刘大年:《范文澜历史论文选集》"序"。
⑤ 《中国古代社会研究·自序》,载《郭沫若全集·历史编》第1卷。

将是什么走向。30 年代的社会史大论战,涉及马克思主义的基本理论和方法论,如关于生产方式的理论、中国历史上有无奴隶制、封建社会的断限与特征、商业资本主义社会、半殖民地半封建社会。阶级斗争的史学,向其他学派挑战,尤其以实证史学为目标。郭沫若的史学成名作《中国古代社会研究》向胡适宣战,谓其《中国哲学史大纲》"对于中国古代的实际情形,几曾摸着了一些儿边际?……所以我们对于他所'整理'过的一些过程,全部都有从新'批判的必要'"①。抗战时期,有人主张"复兴礼学",马克思主义哲学史家杜国庠撰文《略论礼乐起源及中国礼学的发展》予以批评,说那是"要开倒车,硬拉中国走上复古的道路"②。侯外庐为《杜国庠文集》作序,盛赞杜氏的这篇文章,"从历史唯物主义的观点阐明了中国古代礼乐的起源、发展以及将来新时代礼乐的前途之后,批判了国民党反动官方的《三民主义半月刊》《文化先锋》等刊物的反动说教,指斥这一小撮文化匪徒是封建思想的复古主义,是为蒋介石没落王朝'制礼作乐'的专制主义"。③用历史批判现实,采取以古喻今的手法,如范文澜的《汉奸刽子手曾国藩的一生》、陈伯达的《窃国大盗袁世凯》《人民公敌蒋介石》等。新中国成立以后这种批判在继续,即从史学批判"封、资、修"。

6.对马克思主义理论从理解到迷信。崇信阶级斗争理论的史学家,开始对理论抱着学习、理解的态度,并运用到中国历史研究中,同时也要审视理论在中国历史的适用度,即有着审慎态度。如郭沫若在《海涛集·跨着东海》中说:"我主要是想运用辩证唯物论来研究中国思想的发展,中国社会的发展。自然也就是中国历史的发展。反过来说,我也正是想就中国的思想,中国的社会,中国的历史,来考验辩证唯物论的适应度。"④后来,他的审慎态度似乎变化了,有点唯经典、唯上是从了。1972 年他在《奴隶制时代·中国古代史的分期问题(代序)》中说他的研究,"是毛主席的著作给了我一把钥匙,使我开动了我的脑筋,也使我怀着信心去打开中国古代社会的这个关键"。在引了毛主席语录后说:"毛主席早就把解决问题的一般方法和解决具体问题(在这儿是古代

---

① 《中国古代社会研究·自序》,载《郭沫若全集·历史编》第 1 卷。

② 《杜国庠文集》,人民出版社,1962 年,第 295 页。

③ 侯外庐:《杜国庠文集》"序",第 8 页。

④ 《郭沫若全集·文学编》第 13 卷,人民文学出版社,1984 年,第 331 页。

史分期问题)的途限明白地指示了出来。我们以前没有照着毛主席的指示去做,所以走了不少弯路。"①

(四)"文化大革命"结束以后,改革开放,思想解放,历史学界与其他学科一样,呈现出某种活跃气氛

自然科学的方法、西方史学方法不断地被介绍过来,有控制论、系统论、信息论的"三论",又有"新三论",计量史学、心理史学、口述史学、心态史学等方法,文化人类学、社会学的田野调查法,个案研究法等都被应用到史学研究中。

文化史、社会史应运而生,乃至生态环境史、医疗社会史、老年社会史、两性关系史、性别史的出现,新方向有随时产生的可能。

人类社会是多元文化的社会,相应的历史研究也应当是多种观点和多种方法的,因此各种史学研究法的出现应属正常现象。

近二十年来中国史坛的状况:马克思主义的影响依然是巨大的,同时各种史学研究法被不同程度地采用,可谓多种观念和多种方法纷呈,虽然还很难说形成了什么新流派,但确乎不是一统天下了。

一个世纪以来,从承前启后的梁启超新史学,到实证史学,到阶级论史学与实证史学的对立,再到多元文化与多种史学方法的流行,中国史学从传统史学,进入了近代史学、现代史学,本身在进步,而且还在随着社会的变化而更新。事物变化发展没有止境,史学也应当是富有生命力的。

二、观念与方法论中的几个问题

本世纪的史学,不论是哪个流派,有一些相同的表现,或较为接近的观点,当然有基本的差异,这里拟抽出几个问题,看各派的异同。

关于考据。考据学主要是讲详细占有史料,并考订史料的真伪。除了一部分阶级论的史学家大肆批判考据学,大多数史家对考据学怀有感情。人们评论一部史学著作,基本上有两条标准,一是有没有新观点,二是有没有新材料的发现,这第二点就是讲考据。当然,提倡考据,胡适不遗余力,故其自云有"考据癖",认为发现一个新资料,如同发现一颗行星那样有价值。为了新材

① 《郭沫若全集·历史编》第3卷,第4页。

料,他们促成安阳殷墟考古发掘,并将最优秀的考古学家李济、梁思永、董作宾、裴文中等人聘至所内。傅斯年在他设计的历史语言研究所,下设八个组:史料学组、汉语组、文籍校订组、民间文艺组、汉字组、考古学组、人类学民物组和敦煌材料研究组。20世纪前期有四大学术发现,即内阁大库明清档案、殷墟甲骨、敦煌经卷、战国秦汉竹简,对此史语所颇致力于其发现和运用。1928年,傅斯年写作史语所第一期报告书,将购置明清档案、殷墟发掘都列入研究所的大计划中。就在这一年,史语所第一次进行殷墟发掘,次年又连续两次发掘,但受到某种地方主义的干扰,傅斯年设法克服。1931年进行第四次发掘。1935年的第11次发掘,据石璋如说"是殷墟发掘以来规模最大的一次,也是中国的考古工作在国际间最煊赫的时期"。法国伯希和说:"这是近年来全亚洲最重大的考古发掘,中国学者一下子获得了公元前一千年中国历史的大量可靠材料。"[1]在历次发掘中,傅斯年多次前往现场,帮助解决发掘、运输、保管问题。内阁大库明清档案被发现后,运途多舛,天津李盛铎收藏一部分,于1928年议论卖给日本满铁公司。傅斯年得知这个信息,急电中央研究院院长蔡元培筹钱购买,终使这部分档案归国家所有。1930年在额济纳河流域发现的居延汉简,次年运至北平,藏于北平图书馆。1933年经由胡适、傅斯年等人协调,汉简移至北京大学文科研究所,从速整理。傅斯年对几大发现中的文物、档案的保护、保存与开发利用,有着不可磨灭的功绩。他之所以如此重视这些文化宝藏,一个原因,可能在于他相信史料即史学,从史学研究出发,要保存史料,便于考据,对历史做出解释。

阶级论的史家中,有的人在50年代后期发动批判考据学的运动,当然在50年代中期的批判胡适运动中也以考据学为一个箭靶子,所批判的是考据学为历史而历史,钻进故纸堆里(所谓"象牙之塔"),脱离无产阶级政治,实际为资产阶级服务。但是,阶级论的史家中不乏重视史料者,他们富有考证功力,郭沫若、范文澜堪为楷模。郭沫若对某些历史问题的不能论定,常常为材料不足而遗憾,他是相当重视材料的占有和考证的。他在《古代研究的自我批判》文中特别讲到文献的处理问题,他说:"无论作任何研究,材料的鉴别是最必要的基础阶段。……研究中国古代,大家所最感到棘手的是仅有的一些材料却都是真伪难分,时代浑沌,不能作为真正的科学研究的素材。关于文献上的

---

① 均转见王汎森、杜正胜编:《傅斯年文物资料选辑》,第77页。

辨伪工作，自前清的乾嘉学派以至最近的《古史辨》派，做得虽然相当透彻，但也不能说已经做到了毫无问题的止境。"①他因此而不满足。他对从事资料整理的人大加表彰，如说罗振玉、王国维"在中国的文化史上实际做了一番整理功夫"，"罗振玉的功劳即在为我们提供出了无数的真实的史料。他的殷代甲骨的搜集、保藏、流传、考释，实在是中国近30年来文化史上所应该大书特书的一项事件"。②范文澜强调掌握资料，认为历史研究必须理论与材料二者兼备："理论联系实际是马克思主义的定理，理论与材料二者缺一不可。做史学工作必须掌握大量的历史数据，没有大量数据，理论怎样来联系实际呢？"要把握材料，"搜集、整理和考证史料，实在是一件十分重大迫切的事情"。他说在作文章时，"常用数据的文字解释，如未做过切实的校勘、考据功夫，切勿随便改动原来的文字和词句"。③字里行间无不透露出他重视资料和考据的态度。但是他同实证史学论者有所差异，即他同时强调理论，史学、考据有为说明理论之嫌。

本世纪的考据学是对乾嘉考据学的继承，更是发展。因为，第一，它同现代科学结合起来，利用了现代自然科学知识和方法进行史料发现，如在考古发掘上；第二，在史料鉴别上使用现代观念，认识比清朝人深刻；第三，由于现代自然科学、社会科学的发展，研究者所具备的综合分析能力，是前人所不能比的，将之用于史料考据上，自然比前人显得高明。"四大"学术发现，给学术研究开辟了新纪元，也是考据学的新纪元。史料学即是历史学的说法，强调了史料的巨大意义，而且实证史学对现代考据学的贡献，对史料的高度重视，应当说为二十世纪各种历史学流派之首。不过就史料即史学而言，不如说"史料学是历史学的基础，没有史料，便没有史学；研究历史，要用材料说话，否则便是不着边际的空论"。

社会进化论。十九世纪末、二十世纪前期的几十年，进化论风靡于中国学术界，梁启超信仰，实证史学派相信，前已说到，不必赘叙。阶级论派不相信，但其中有的人在不知不觉中，对某些历史问题的分析使用了进化论的观点，比如家族消亡论的论点中就有进化论的成分。消亡论谓家族产生于自然经济

① 《郭沫若全集·历史编》第2卷，第3页。
② 《郭沫若全集·历史编》第1卷，第9页。
③ 参阅《范文澜历史论文选集》，第213页。

社会,具有宗法性和农耕性,根据人类社会进化的法则,社会的团体,由最初的血缘群体,发展为地缘团体,而后是业缘组织,所以血缘家族越来越失去其存在的必要性和社会条件,会在生产力和社会经济的高度发展中消亡。此说不是从家族本身的历史、状况做出科学的分析,而是从社会进化的概念出发,去认定它的消亡。其实,家族究竟有怎样的历史命运,是要看未来的历史实践才能去认识的,进化论哪能决定它的历史走向?!

历史研究领域的拓宽和辅助学科的发展。传统史学的记录和研究对象,主要是政治史、军事史、与赋役制度有关的经济史、帝王和大臣的传记,基本上可以用政治史来概括。二十世纪的史学研究领域大大扩展了,而且随着时间的推移,还在不断地扩大。现在的研究范畴,除了传统领域以外,是全面的经济史与社会经济史,中外关系史(外交史与中外关系史、中外经济文化交流史),民族史(国内民族关系史和多民族国家的统一与巩固),制度史(各种社会内容的典章制度),文化史(一般所说的文化,如哲学和各种学术、文学、艺术、宗教,还有民间意识、信仰、秘密宗教和文化),民俗史(同文化史、社会史有密切联系)。另外还有社会史,它是史学中的新兴领域,为传统史学所忽视的历史内容,主体是社会结构史、关于衣食住行的生活方式史、民众日常生活史,其次是区域社会史、民众运动史、历史上的社会问题。这个史学分支仍在不停地发展,新近出现了生态环境史、医疗社会史、老年社会史,至于妇女史暨两性关系史则发展得相当迅速。科技史、军事史、医学史等专门史,领域之广、范围之大,为上个世纪之前所不可想象。范围广阔的一个特点是民众进入历史殿堂。民众本来是人类社会主体之一,可是传统史学视之为群氓,不足以影响历史的进程,故将其排斥在历史研究对象之外。二十世纪的史学,自梁启超开始,就表示要改变这一状况,及至社会史的出现,更以研究民众社会生活为重要任务,并在史学研究实践上给予民众史以较多的关注,使得社会上层与社会下层的历史同时得到应有的重视。

历史学辅助学科的建设,从另外的侧面反映史学研究领域的开拓。以今天的史学辅助学科的要求来看,传统史学尚无辅助学科,但有某种辅助学科的萌芽,如宋代以降产生金石学,而这是考古学的前身。二十世纪历史学出现许多辅助学科,如考古学、史料学、印章学、指纹学、钱币学、目录学、年代学、历史地理学等,有的本身是独立学科,但历史学将之视为辅助学科,利用它们的研究成果和方法,有助于历史研究领域的扩大和历史问题的说明。

历史认识向深度发展。人们能不能全面地、科学地认识历史的发展进程，自然是个讨论的问题，但向这个方向努力，自然会在认识上取得一些进展，则是无疑的。社会进化史观比历史循环论进步，民众史观的出现比只用英雄史观分析历史现象要全面得多。马克思主义的生产方式与社会形态、阶级及阶级斗争、劳动人民在历史上的作用等理论，在一定程度上推动了历史认识论的前进，使得史家对纷繁复杂的历史现象多少理出一些头绪，对历史主导面有所理解，可惜的是人们将它绝对化了，反过来倒限制认识的深化。

史学目的论与功能论。人们为什么要研究历史？有人说"为史学而史学"，似乎研究本身就是目的，别无其他意图，因而被某些人视为脱离实际，不讲史学功用。其实这个观点的提出，是要求史学工作者在研究过程中不要带有社会功能的目标，以免影响研究成果的准确性。在二十世纪上半叶，这个观点的提出与信仰学术自由有关，即主张者认为学术与政治无关，"为史学而史学"就可以避免将政治色彩带到史学研究中来，从而避免因政治观念而导致研究成果的失真，所以这种理念并非没有道理。只是它为了避免政治性，而没有对史学功能做出正面的说明，成为缺憾。影射史学，可以说是中国史学的一种传统，不过在"四人帮"时代达到登峰造极的地步，其恶劣影响，我们作为过来人是深有体会的。大约也正因此，在80年代又有学者重新提出"为史学而史学"的问题，希望历史学不要再走影射史学的邪路和在二十世纪成为新的注"经"（非儒家经典）学派（"以论代史"），其良苦用心是过来人能够体会得到的。

不满足于为历史而历史的史家，总想在史学功能问题上有所探索，提出求真与求用相结合的观点，如历史学家郑天挺讲："学习历史的目的在于：一求真，二求用，三真用结合。"①希望做历史研究既要符合历史真实，而其课题研究又对现实社会有参考价值，从而使历史研究有其功用。或者提出"致用寓于求真之中"②，即在求得历史真相之中，包含给人们可以借鉴的东西。或者认为史学致用有其限度，不要任意致用，它的"用"有两个层次，一是有意识致用，二是无意识致用，要使"真"与"用"互相促进。③笔者认为"以求真为前提，

---

① 郑天挺：《漫谈治史》，《文史知识》1981年第3期。

② 王学典：《历史研究的致用寓于求真之中》，载《成长中的新一代史学——1991年全国青年史学工作者学术会议论文集》（上下），陕西人民教育出版社，1995年。

③ 刘家和：《史学的求真与致用问题》，《学术月刊》1997年第1期。注释②、③的王、刘二文，系常建华教授提供的信息，特志谢意。

以求用为归宿"①,这也是讲"真"与"用"的结合,是强调致用的前提、基础在求真,但是求真不是目的,史学研究归根到底还是为了致用,是"针对影射史学""为史学而史学"两种观点而发的。这些求真、致用关系的探讨,都要求真、用结合,这是共识,差异的地方并非有多少矛盾,不过是各讲道理的某个方面,倘能深入研究下去,可能会取得更多的共识,对史学功能的问题会有某种建树。

二十世纪之初,文史不分家,史学与其他人文学科也多有界限不明的地方,而后来学科分得越来越厉害,许多专门史与历史学分离,归属于其他学科,致使历史学经历了一个被割裂的过程。现在又出现历史学与其他学科结合的交叉学科,像生态环境史,就是农学、林学、气象学、物理学、化学、医学、生物学、海洋学、地理学与历史学综合研究的产物,这是多学科的综合研究,非一个学科所能单独完成的。这真是天下学科,"合久必分,分久必合"。不过二十世纪历史学发展史上出现的专门史分离与边缘学科的建立,不是分、合的循环,而是在新基础上的结合,是史学研究的前进。瞻望下个世纪的史学,很可能是与其他学科进行交叉研究的情况有较多的出现,从而使历史学得到一个新的发展。

本论文集的出版,一如前两辑,系彭炳进教授义举;文集书名题字为陈捷先教授墨宝;文集的结集,由常建华教授和我进行。值此二十一世纪行将来临之际,谨向彭炳进教授、陈捷先教授以及为文集赐文的崔清田、宁宗一、刘志琴、刘洪涛、冯承柏、洪国起6位教授表示崇高的敬意,并希望这个文集能对迎接二十一世纪史学的发展有小小的作用。

(1999年9月22日书于顾真斋,系《二十世纪社会科学研究与中国社会》代序言,该书于2000年在台北印行)

_____

① 《从学琐记》,载冯尔康、郑克晟编:《郑天挺学记》,生活·读书·新知三联书店,1991年,第302页。

拜读郑克晟教授著《明清史探实》感言

　　克晟兄宏著《明清史探实》问世,尔康欣喜异常,为克晟兄贺,也为史学界喜。克晟兄是恩师郑毅生天挺先生哲嗣,1955 年毕业于北京大学历史学系之时,尔康始就读于南开大学历史学系,对于他的宏著,焉敢置喙。时俗的序跋书评,多系溢美之词,所作评论并不真正到位,至于“瑕不掩瑜”的话,更是欺世之谈。似此应酬文字为克晟兄所厌恶,尔康亦不敢写。这里仅从 20 世纪史学思潮来观察克晟兄宏著,说一点感想。

　　20 世纪的史学研究,尔康以为出现四大流派及一个尚处于潜流中的派别,这些就是:

　　世纪初期的承前启后的以梁启超为代表的新史学。倡议史学革命,以挽救国运;意图打破传统的帝王家谱的史学,将民众请进史学领域;相信进化史观,研究和汲取人类共同的文化遗产。他们的具体史学成果虽然不能说非常丰富,但向中国史坛吹进一股新风,注入了活力。

　　胡适、傅斯年等人倡导的实证史学。将美国杜威试验主义和法国实证史学、德国兰克史学介绍到中国学术界,提倡科学方法研究历史,即将自然科学的研究方法与人文社会科学的研究结合起来;与此相适应,重视考古的科学发掘及其新资料的价值,并继承清代乾嘉考据学传统,强调文献资料的搜集和利用;主张认识历史的变化过程,探求历史因果关系;信仰进化论,认为历史是进化的,然而是渐进的;据在中央研究院历史语言研究所和一些大学历史学系的讲席,创造了很多研究成果,在 20 世纪上半叶成为史坛的主要流派,到下半叶的前半期,其代表人物虽遭到批判,但其治学方法的影响仍然是巨大的。

　　以陈寅恪、钱穆为代表的极富民族情感的史学(或勉强名之曰“民族本位论”史学)。他们博采中外学术思想和研究方法,笃信“独立之精神”“自由之思想”,不盲从外国学术思潮,吸收外来的观念,融会贯通而不露痕迹;对于中国传统文化有着深厚的感情,扬弃之际,绝不泼脏水也把孩子扔掉;他们讲究义理,写作上精雕细刻,更多地采取传统史学的"寓论于史"方法;因着浓厚的民族感情,尚气节,研究的史学内容与自身的践履是惊人的一致。当然细论起来,陈氏、钱氏的治史方法和观念亦多有不同,这里仅就他们的民族情感而言置于一个学派之内。

由郭沫若、范文澜等人为代表的阶级论史学。以马克思主义为史学研究的指导思想,观念极其明确,且长期坚持。由于马克思主义以阶级观点和阶级分析方法为核心,认为人类社会的历史是一部阶级斗争史,故可名之曰阶级论史学;形成于三四十年代,50年代以来大发展,成为主导史学,然近十余年受到某种新史学观念的挑战;认为历史学是一门科学,研究和认识人类社会历史的发展规律,着力探究5种社会形态在中国历史上的演变、土地所有制性质、资本主义萌芽等关涉社会变革的重大问题;突出阶级斗争史的研究,致使历史学在一个时期内只研究农民战争史、工人运动史、党史及党内两条路线斗争史、国际共产主义运动史的"四史";对马克思主义的理论,初始注重理解的运用,后来教条化,致使不少论著变成解经的文字,既不宏观,也不微观,套话连篇;重视文献材料和考古发现,同时利用考据的方法;力倡服务于革命政治目标的史学功能;将马克思主义引入历史学,就生产方式与社会形态、阶级与阶级斗争、劳动人民在历史上的作用等重大问题的讨论,对宏观把握历史发展起到某种积极作用。

20世纪末出现的可能成为新史学流派的史学研究力量。改革开放以来,人们厌恶影射史学,谋求走出"史学危机"的处境,一面探讨史学理论问题,一面开展文化史和社会史的研究,有的学者说社会史就是以叛逆者的面貌出现的,容或是这样的,但关键是在谋求历史学的新发展。在观念和方法论上,"三论""新三论"最先被引进史学殿堂,西方的各种史学思想和方法纷至沓来,年鉴派史学、新文化史观、后现代主义史学为其大端,就中年鉴派又较为盛行。究其原因,可能是年鉴派与马克思本人的理论有所合作,它又强调对下层民众的研究,这样,在中国阶级论语境下生活的、不同流派的史家接受起来就比较方便,感情上也易于融洽。在这种对外来文化有点饥不择食之中,自然令人产生某些不快之感,好在殖民主义解体后,现代世界学术思潮中多元文化观念兴起,本土化的意识日益深入人心,探求本国文化的愿望有增无减,在我国学术界、史学界也是如此,"本土化"不时地为史家所道及,愿为此而努力。本土化的提出是针对西方中心论的,不过仍有西方中心的影子。看来,相信多元文化论,致力于寻求本国文化、本国历史的特质是今后史学发展的必然趋势,新史学流派在不远的将来或许会诞生。

世纪过后回味史学研究及其流派,似乎有一点启示。尔康想到两点:

史学研究、史学流派都不能割断与古老传统和近代传统的联系,都要从中获得营养。实证史学、民族情感史学、阶级论史学无不重视历史资料的掌握与运用,无不从古代史学的史料及其研究法的考据学中汲取养料,而且都有"实证"的成分,谁忽视了这一点,鄙弃史料搜集、史料考据和实证,到头来,真正是史坛的过客,没有给后来者留下可供参考的东西。20世纪形成的史学传统,不论是哪一个流派的,也不能弃之如敝屣,哪怕它是在20世纪下半叶出现的。吸收外来文化是势所必然的,尤其是在这全球化的时代,狭隘的民族主义的孤芳自赏已难于立足,问题是应有一个正确的态度,即建立在以本国文化为基准的基础上,吸收外来文化的有益因素。

实证史学留下了较多的史学遗产。以义理见长或以实证见长的史学,均有各自的贡献,史学辅助学科的建树更不必说了,无所优长的史著显然要逊一筹,这大约是史学界的共识吧? 比较而言,富有传世价值的、足资后世参考的,还是那些实证史学的著述:它的内容实在,观点正确与否可以讨论,充实的内容则是新研究的基础,怎能忽略它哩?! 不论哪个学派,凡是实证性的著作,人们不会忘记它。不讲实证、忽略史实,就失去了历史学的特征,哪里还成其为史学著作! 实证的史学,往往是微观的研究,意在小题大做、以小见大,最忌讳的是既不宏观、也不微观的"鸡肋"之作。

上面一番话似乎与克晟兄近著了无关系,就此打住吧,让我们回到克晟兄的著述上。尔康以为,《明清史探实》是实证史学的著作,继承了实证史学的基本传统,又吸收了阶级论史学的辩证分析方法,将它们融会于一炉。如前所述,克晟兄外而出身于北京大学历史学系,这原来是实证史学的大本营呀;内而家学渊源有自,乃祖叔忱公为清朝翰林、京师大学堂(北大前身)教务提调(教务长),父毅生先生为北大历史系教授、文科研究所副所长、秘书长,西南联大总务长,南开大学历史系教授、系主任、副校长,是著名的历史学家和教育家,早期实证史学派的重要成员。这内外的学术环境,给予克晟兄丰富的实证史学的素养,铸造了他的实证史学品格。别的不说,单从毅生师和克晟兄专著的命名来看:毅生师的宏著名曰《清史探微》《探微集》,克晟兄的大作,早先的一部叫作《明代政争史探源》,如今的称为《明清史探实》。读者诸君请留意,一个"探"字,一个"微"字,乃是学术观点、为人品格的表征。"微"者,似乎所研讨的问题是微末小事,不足称道;"探"者,系探讨、探索、探求的意思,所发表的意见是作者的初步看法,仅供学术界讨论,不敢以定论自居也。这"探"字和"微"字,不是给我们传递这样的信息吗:以谦虚谨慎的治学态度探讨史学问题,实事求是,不误解古人,也不强加己意于今日的学术同行。实证史学一般不乱讲因果关系,小题大做、以小见大,毅生师和克晟兄的著作,让我们看到了这种史学的样本。实证史学能够传世,毅生师、克晟兄的宏著为同行必备的参考书,尔康以为,这是没有疑义的吧。

南开大学也是重视实证史学的,尔康受学术氛围和毅生师的影响,一向注重微观研究,对史学理论和当代史学史缺乏素养,今不揣浅陋,讲什么史学流派及其某种得失,可能是些无知妄言,不过意在说明克晟兄的实证史学成就罢了,不知克晟兄是否允许尔康这样说?数十年来,我们师兄弟间进行学术探讨,特别是在共同出席国内外学术会议之时,利用学术环境,更是交流不辍。今敢请克晟兄不弃,继往开来,有以教我。

克晟兄的阅历既广,而记忆力更是惊人,深为尔康所叹服。每与克晟兄谈讲学林轶事,尔康均从中获得教益,屡次建言于克晟兄,何妨将胸中的学林故实倒出来,写出专著,嘉惠于学术界。兹于此再次进言,克晟兄意下如何?

（2001 年 6 月 30 日敬书,载郑克晟《明清史探实》,中国社会科学出版社,2001 年）

开展社会史研究

一、中国社会史研究的对象、范畴与作用

中国社会史的定义,愚意用一句话来表达:中国社会史是研究历史上人们社会生活的运动体系。多说几句则是:中国社会史以人们的群体生活与生活方式为研究对象,以社会结构、社会组织、人口、社区、物质与精神生活习俗为研究范畴,揭示它本身在历史上的发展变化及其在历史进程中的作用和地位,它是历史学的一门专史,可以开拓历史研究领域,促进历史学全面系统地说明历史进程和发展规律,它与社会学、民俗学、民族学、人口学等学科有交叉的内容,具有边缘学科的性质。

这个定义包含了中国社会史的研究对象、范畴、任务、功能,以及他与历史学其他专史、其他学科的关系。这其中最重要的是对社会史研究对象与范畴的确定,如果没有自身的特定的研究内容,那就不是一种专门学问,也就没有存在的意义了。

中国社会史的研究对象是中国历史上的人们的群体生活和生活方式。群体生活和生活方式,应包括原始社会的氏族,进入阶级社会后的等级、阶级、阶层、宗族、家庭、民族、宗教、人口及其结构、职业结构及就业、衣食住行的习尚、婚丧、娱乐、社交、时令风俗等方面的社会生活。这每一个方面又都包含着丰富的社会内容。以等级来说,有特权等级,可分皇室、贵族、官僚、绅衿等不同层次;平民等级,由无身份的地主、大商人、自耕农、手工业者、宋元以降的佃农组成;贱民等级,有官私奴婢、倡优,还有半贱民的部曲、徒附、番户、杂户、驱口、雇工人。另有按民族和地域把人分成不同等级的,如元代的蒙古人、色目人、汉人、南人四等。宗族也有丰富复杂的历史内容:包括宗族结构、宗族组织、宗族经济、宗族教育、宗族武装、宗族与政权的关系、不同宗族之间的关系等。家庭与宗族相联系,同样有家庭结构、家庭经济、家庭教育、家庭社会关

系、家长与家属关系等问题。家庭又同婚姻不可分离,这又涉及大量的社会现象:婚姻原则与媒介、恋爱、婚姻形式、夫妻婚后生活、生育、离异与卖妻、再婚与守节、政府的旌表贞节、妻妾制度、童养媳制度等。婚姻的一方是妇女,女子又有自身的生活史与社会地位问题。人口问题的内容也很多:人口结构、不同层次人口的社会需求、就业与社会救济、生老病死问题(如溺婴、丧葬)等。社区社会生活,有城镇与乡村、东西南北方的差异。生活方式中包括衣食住行制度及变化与崇尚,以及多种多样的娱乐生活,如音乐、歌舞、戏剧、曲艺、杂技、体育、棋类、书画、牌类等,另外还有非正当的娱乐生活如赌博、嫖妓等。

社会史研究范畴如此广泛,它们之间有无内在联系?是什么因素把它们联系在一起的?为此我们应该了解社会史研究范畴的特点。

(一)社会史研究的内容,含有物质与精神两个方面,涉及政治、经济与文化各个领域,它同历史学其他专史的区别在于它是研究社会生活的

社会史研究生活方式,自然涉及衣食住行等物质方面,但它与物质文化史、科技史不同,它不研究生产力水平、生产过程、生产工具、生产技术及产品,它研究物品是怎样被人们使用的及在人们生活中的作用。比如:物质文化史要研究服装的缝纫制作等,而社会史却注重了解服饰制度及人们对衣饰的追求与好尚。某项科技发明于社会史并不重要,但发明的推广及在人们生活中的作用,则是社会史所留意的。

娱乐是精神文化生活,社会史与文化史都研究它,但角度不同。如戏剧史要研究作者与剧本、表演艺术、戏剧理论,社会史却要考察戏剧与观众的关系,观众怎样欣赏剧情与表演艺术,以及对其生活的影响,即留心演出的社会效果,了解其他情况都是为此目的而进行的。宗教是一种意识形态,社会史不研究宗教史中的教义、宗教哲学,而瞩目信徒的宗教生活方式。政治史研究政治制度、政治斗争、阶级斗争、对外关系等内容。社会史也涉及这些问题,它考察等级、宗族、家庭,都同法律制度发生联系;研究民众组织如秘密结社等,又属于阶级斗争的范畴;它关心的中外人口的迁移及由此而产生的华侨、侨民,中国人与外国人生活方式的交流等问题,又与对外关系史有联系。总之,社会史不以政治史的研究对象为对象,但涉及它的一些内容。社会史研究中包含大量的社会经济现象,与经济史也有交叉点。经济史研究生产力与生产关系的关系,社会史在其研究的社会结构、社会组织中,包含了生产者与生产组织者相互间的关系,如近代工商业中的东伙关系,古代手工业中的官私奴隶生

产关系,农业中的主佃关系,自耕农与国家关系等。社会史不全面研究生产力与生产关系,而是研究人们的经济生活和社会关系、社会地位,这就是社会史与经济史的区别与联系。总之,社会史与政治史、经济史、文化史及物质文化史、文艺史、对外关系史、法律史、部门经济史等,都有着交叉的内容,交叉点是在社会生活上,这正是社会史研究对象的特点。

(二)社会史研究的诸客体,在其内部,是以社会性联系起来的,因而能够统一在一起

人们因经济利害、血缘关系、婚姻关系、地缘关系、政治观念、意识形态、生活习惯等分成不同的等级、民族、宗族、政治派别、信仰派别,也就出现一个个社会群体,这些群体又相互联系着,群体成员不是孤立的个人,不是自然的人,而是社会的人,是社会结构、社会组织这样的社会性把人们分别联系起来。以生活方式而言,固然各个人的习惯有所不同,但人们是在既定的物质条件下,在社会群体中生活的,他要遵守本团体的生活习俗,所以人们生活习俗上的差异是细微的, 而相同是主要的, 生活方式本身就是社会性的。等级、阶级、阶层、原始氏族、宗族、家庭、城市社会、乡村社会、社会流动、人口结构、社会就业、社会救济、文化娱乐、节日生活、衣饰发型、食物崇尚、住宅与交通制度,人们都共同在这些社会制度和习俗下生活,这就是社会性生活。

(三)人际关系贯穿在全部社会生活之中

社会组织、社会结构是由人构成的,因此在一个组织、结构内部有人与人的关系,一个组织、结构中的人与另一个组织、结构中的人也有关系。人际关系在社会群体里无处不在、无处不有,由于内容的不同,有许多形式,如上古的氏族关系、等级关系、阶级关系、阶层关系、主仆关系、主佃关系、东伙关系、主从关系、良贱关系、同事关系、同行关系、地域关系、邻里关系、宗族关系、姻亲关系、家庭关系、男女关系、师生关系、朋友关系、宗教关系、朋党关系、党派关系、会党关系、民族关系、社交关系等。这还是就大方面说的,若细微地分析,人际关系更多、更复杂。生活方式中也处处有人际关系,古代皇帝出行,先清街,老百姓回避,这一规定在交通上处理了君民关系;近现代城市按前进方向分出上下行道,也是处理交通中的人际关系的。

至于定义中的揭示社会生活"在历史进程中的作用和地位",是想说明社会生活现象在全部人类社会历史现象中所处的地位及它对历史进程的作用。

我们现在从下述诸方面加以考虑：

1.社会下层的历史及其对全部历史的影响

社会史研究对象包括各社会阶层的成员，但侧重在社会下层。人类历史的发展变化是由各种力量造成的，社会上层与社会下层，统治者与被统治者，剥削者与被剥削者，压迫者与被压迫者，这一民族与那一民族，这个国家与那个国家，各种社会力量都要求历史按照自己的愿望发生变化，各种力量相互作用形成一种合力，历史就依照合力方向发展变化。在这历史的动力里，不可忽视的是社会下层的意愿和活动，历史的前进体现了它的作用，社会史的研究正是反映社会下层的历史地位和作用的。

2.重要的社会制度与中国君主社会的缓慢进程

中国长期是宗法社会，宗族制度是最重要的社会制度之一，宗族是最普遍的社会组织。宗族制度派生出一系列的国家制度和其他社会制度：宗族族长制和父家长制扩延为君主制，并实行父死子继继承制，宗法制产生分封制，而分封制自周朝至清代时显时隐，引起过多次战争和政变，即使在不列土临民的宗室封爵制下，宗室也起着干预政治的作用；北魏政府实行宗主督护制，清朝一度实行族正制，确认族长统辖族众的权力；历朝政府实行孝廉方正制，吸收宗族人才，政府实行表彰模范宗族和孝子顺孙的政策，从精神上控制宗族民众；政府实行保护宗族公共财产(如祠堂、赡田、义庄)的政策，从经济上维护宗族制度；政府在法律上肯定宗法关系，维护族长、父家长的权力；宗族尊长建立宗族武装，或自卫，或参加统治者的战争；宗族内部，确认现行生产关系，在贫富分化中，保护富人利益，宗族率领族人迁徙；宗族可能在地方上形成势力，影响地方官施政；宗族之间发生纠纷，甚至产生械斗，影响地方治安；宗祠设有私刑，造成"国法不如家法"的局面，具有较强的制驭族人的权力；宗族以其公共经济，实行某种互助，甚或长期同居共食；宗族实行宗族教育，乃至开办学塾；宗族有自己的历史，遗留下玉牒、家谱等文献。凡此种种，说明宗族生活存在于政治、经济、文化生活的许多领域，宗族制度在历史进程中留下了重重痕迹。

家庭制度、婚姻制度也有重要性，它们体现出男尊女卑的伦理道德，妇女社会地位低下。由此产生许多社会问题：如男女政治上不平等，法律明定夫为妻纲，女子不得读书出仕，女子基本上没有财产继承权，甚至妻子被当作财产出卖、出典，寡妇与政府旌表贞节，妇女与社会救济，缠足，等等。

总之,宗族、家庭、婚姻制度,起着维护、稳定封建生产关系、经济结构和政治制度的作用,是造成中国君主专制社会长期处于缓慢发展状态的重要因素。我国学术界多年来讨论中国古代社会发展缓慢的原因,我们认为从社会史角度研究社会结构、社会组织是解决问题的一个重要途径。

3.生活方式对历史演变的影响

衣食住行、娱乐的规制与实践,也在极大地影响历史的进程,如果不进行社会史研究,很可能认识不到这一点。

历史上少数民族的汉化或非汉化,生活方式是其重要内容之一。如魏孝文帝的汉化政策:令鲜卑人改着汉装,用汉姓,说汉语,与汉人通婚,死后葬洛阳,禁用鲜卑服饰、语言、姓氏,都是生活方式的内容。汉人生活方式的变化也往往引起巨大的社会反响,如赵武灵王的胡服骑射,西汉初年叔孙通的制礼作乐等。

生活方式的冲突,大到可以影响社会主要矛盾的变化。中国历史上少数民族入主中原,在一个时期内,民族矛盾上升为社会主要矛盾,规定或影响其他社会矛盾,而造成民族矛盾尖锐的原因,往往主要是民族间生活方式的差异。如清入关后的第一年,中止实行剃发易服的命令,不强迫汉人穿满式服装和梳满式发型,统一战争进行很快,一年内消灭李自成大顺政权和南明弘光政权,清朝紧接着实行剃发易服令,激起汉人的强烈反抗,乃有江阴抗清、嘉定三屠等著名历史事件的发生,清军的推进因而迟滞了,用了十六七年的时间才消灭永历政权,统一大陆。清朝同台湾郑氏集团洽谈统一,以剃发、上岸为条件,始终未能谈妥,最后还是以武力统一的,不过已到入关后四十年的时间了。由于剃发易服令的实行,一度使民族矛盾上升为社会主要矛盾,推迟了清朝统一的进程,可见生活方式的变化对历史的巨大影响。在汉族与少数民族关系中,服饰、发型的生活方式问题被看得特别重要,所以民族关系中生活方式领域里的矛盾始终存在着,有时还很尖锐。生活方式影响历史进程,实在是不可忽视的事实。

4.社会生活影响中国人的精神面貌。愚昧迷信、墨守成规思想严重,不利于推动历史的迅速发展

人们生活中,不仅政治上有等级,宗族、家庭中也有等级,族长、家长与族众、家属,男子与妇女,都有等级差异。衣食住行也有等级规则,臣民住房的高度、台阶的级数,官员马车的引马数、坐褥质地都有规定。无处不在的现实等

级产生了强烈的等级观念,这种观念令人一切按本分行事,所以古代中国老百姓很懂得安分守己。

古代中国人在生活、人际交往中,特别讲究礼法,家庭中晨昏定省,宗祠中依时祭祖,官员、官民间均相见以礼,亲友交往也要尽礼。礼是政治、法律、思想、道德的总规范,明定了君臣、父子、夫妻、主仆、主佃等关系准则。礼又非常繁多,人们被搞得缩手缩脚、谨小慎微。

崇拜神灵,是古人社会生活的重要成分,古人信天地,信祖宗,信菩萨,信道君,信自然神,信百物神,信鬼魅,什么都信仰,而宗教哲学却不发展,说明是愚昧迷信。

安分守己、繁文缛礼、愚昧迷信的精神面貌,严重束缚了中国古人的创造力,决定了中国古代社会不能急速发展。

综上所述,社会史研究的社会现象,是最常见、最大量、最生动、最富变化、最具人情、最具群众性的;它又包含了一些重要的社会制度,且同社会其他基本制度——政治、经济制度有着密不可分的内在联系。社会史是全部社会历史的组成部分,是在全部历史上侧重于社会下层的社会生活及一些基础制度的部分,它又严重影响着社会历史其他部分的发展演变,与其他部分构成历史的有机整体。

对于上述社会史的定义,笔者并不满意,并不认为它将社会史表述得完善而科学,这是因为说它的研究对象是人们的群体生活和生活方式,其内涵不是那么明确,对这些概念本身学术界理解得也不一致。至于"社会生活"一词,人们可以有各自的理解,比如宫廷政治也可以说是社会生活,农民战争也同样可以说是社会生活,这究竟与笔者说的社会生活有何区别,笔者说的社会生活是否能成为用以概括的那些社会现象的确切概念,尚有待于深入研究。前苏联社会学家 B.Π.罗任在其所著《马克思主义社会学导论》一书中,把全部社会生活分为"社会的物质生活""社会的社会生活""社会的经济生活"和"社会的精神生活"四方面,"社会的社会生活"内容是"阶级和阶级斗争""氏族部落关系和民族关系""战争""家庭关系"。① 可否把他的"社会的社会生活"这一社会学的概念移植到历史学的社会史方面来呢?笔者考虑有两种不便,一是内涵不同,像阶级斗争、战争等巨大的社会冲突,笔者认为不是一般

---

① [苏]B.Π.罗任著:《马克思主义社会学导论》,李广泉、王书坤译,华中工学院出版社,1982年。

的社会生活现象,属于政治生活的范畴。二是从总体考虑,设若借用"社会的社会生活"概念,其他三种概念也必须借用,这样必将造成一些混乱,如娱乐、时令节日的风俗,笔者认为应为社会史的内容,若按罗任分类法,则可列入"社会的精神生活"中去,就把它从社会史中抹掉了。要之,笔者所讲的社会生活,包括政治生活、物质生活、精神生活的一部分,只用"社会的社会生活"是概括不了的。

二、社会史与其他学科、与马克思主义的关系

前述社会史定义,有社会史同社会学、民俗学及民族学等学科的关系内容,现在对此略作考究。

社会学的研究方法,先有理论,按照观点的要求做调查研究,再归纳到理论,验证自己的理论是否正确。这种方式可以用这样的公式表述:理论—实际—理论。历史学的研究法不同,它要先搜集大量资料,加以归纳,得出结论。历史是不能重新实践的,历史资料是记录它的轨迹的,对历史资料进行去伪存真的处理,是可以反映历史的,所以搜集与研究历史记载,就如同历史实践。这种研究方法可概括为实际—理论的公式。不用说,社会学与历史学的研究方法不同。

社会学的研究目的非常明确,它紧紧地抓住现实问题,从现实出发,寻找它未来的规律,但是要认识现实,不免要了解它的过去,因而有历史社会学的出现,去完成追究历史的任务。这个公式是:现实—历史。历史学,特别是我国有着悠久传统的历史学,向以知古鉴今为目标,即从历史出发,回到现实,同社会学(历史社会学)正好相反:历史—现实。

以上是历史学与社会学的不同,但不难发现两者都有研究历史问题的共同点,历史社会学把两个学科联系起来了,既然如此,是否还需要历史学的社会史,即社会历史学呢?回答是肯定的。历史社会学着眼现实问题,考察的是局部历史现象,它只需要解释被研究的这个问题就可以,而不必统观历史的全貌;社会历史学不同,它要把考察的对象放到历史整体中去分析,同时要考察社会史的全部内涵,而不是零星的局部问题。所以历史学中的社会历史学与社会学中的历史社会学互相不能取代,要同时共存,并有某些相同研究对象把它们联系在一起。

社会史与社会学两者内在联系的不可分割性要求双方紧密合作、互相吸收，做好本学科的建设。一些社会学家、历史学家对此有深刻认识，他们从事这一结合工作，并呼吁学者们参与这一事业。印度学者普拉卡什在《历史与政治的展望》一书中说："历史学越是变得具有社会学的性质，这对两者就越有利。让我们使两者的边界广为开放，成为双向的交道线。"①台湾学者高承恕认为，近几年来在欧美一种将历史研究与社会学研究相结合的努力正在不断地扩展之中。②社会学与历史学在做相向的运动，你吸收我，我吸收你，你中有我，我中有你，这对双方的发展都有好处，而对历史学尤有益处，历史学更要从社会学中吸取养料，开展社会史研究。

民俗学经历了两个大的发展阶段，19世纪下半叶英国汤姆斯开创之初，研究古代民俗；20世纪20年代以来，则强调研究当代民俗。我国学者在20世纪上半叶接受汤姆斯学派的理论，重视古代民俗的分析。民俗学的研究对象是：劳动组织、村社组织、家庭制度、社交、节日、民众娱乐、民间文艺、民间宗教信仰。③它同社会史有许多相同的研究内容。它们都注意社会下层历史，这个内容把社会史与民俗学有机地联系起来了。在一定意义上说，初期的民俗学，特别是早期中国的民俗学，就是历史学的一个分支，就是社会史的一部分，所不同的是它还研讨民间文学、神话、传说，但是这些同样可以被史学家用去解释历史。

但是民俗学与历史学始终有一个不同点，就是研究方法相异。民俗学与社会学一样，采取实际调查的方法，回溯历史，用实际检验它的理论。民俗学的发展，因研究现实民俗的特点而与历史学的距离拉远了。所以说民俗学与社会史也是不能互相取代的，双方以沟通为好，以有一部分共同的研究客体而相得益彰，即双方用不同的方法，从不同的角度，研究某些相同的东西，会得出符合于历史实际的结论，推进双方的发展。尤可称述的是，中国早期民俗学的研究成果，足资中国社会史工作者利用，甚至可以把其中的一部分当作社会史著作，作为今日社会史研究基石的组成要素。

---

① ［印度］普拉卡什著：《历史理论体系和历史展望问题》，薛刚译，《现代外国哲学社会科学文摘》1986年第2期，第20页。

② 见《布劳岱与韦伯：历史对社会学理论与方法的意义》，载黄俊杰编：《史学方法论丛》，台湾学习书局，1984年增订3版。

③ 钟敬文：《民俗学与古典文学》，《文史知识》1985年第10期。

民族学研究现代民族的生活与文化。它的方法也是实地调查,它属于现代学,而不是历史学。但是我们发现,它同社会学一样,也要追溯历史,研究民族的来源、演变,即古代民族史,于是有历史民族学的出现。民族学在研究历史问题上,就同历史学有某些共同的内容了。历史学与民族学交叉的内容,相当一部分是属于社会史的,民族的生活方式、民族间的关系,正是社会史研究范畴内的事物。在二十四史中,记录少数民族历史的资料,除了关于少数民族政权史的以外,就是有关社会组织和生活方式的内容。少数民族社会史大有研究前途,中国社会史与民族学的结合大有可为。

人口学研究人口的数量、质量、人口生育、人口结构、人口婚姻、人口就业与社会救济,同经济学、社会学、社会心理学有交叉的内容,已为学术界所公认。其实人口学与历史学也有关系,人口学的研究对象与社会史有交叉。而且人口学研究还有一个特点,即把人口放在一定的时间和空间里来进行研究,要研究人口史,这方面的成果很可为社会史利用。

历史学,或者具体地说社会史,与社会学(历史社会学)、民俗学、民族学(历史民族学)、人口学的关系可以概述为:在研究对象上有交叉的内容,也有共同性;它们的研究方法各异,其他学科的方法足资社会史吸取提炼,以适合本学科的需要。

社会史是一个边缘学科,它以其研究对象,将历史学、社会学、民俗学、民族学、人口学结合起来,它综合这些学科中历史的社会生活的内容,可以说是这几个学科边缘部分的结合部。

社会史与马克思主义是什么关系呢?也就是说我们在开展社会史研究中,对马克思主义采取什么态度,马克思主义将起怎样的作用呢?

马克思主义对历史上的民众生活是高度注意的。列宁曾指出,马克思主义的唯物史观对历史学的特殊意义之一是说明人民群众的活动:"过去的历史理论恰恰没有说明人民群众的活动,只有历史唯物主义才第一次使我们能以自然史的精确性去考察群众生活的社会条件以及这些条件的变更。"[1]马克思主义提出生产力与生产关系的原理,认为阶级斗争是历史发展的动力。这些马克思主义的基本原理对社会史来说,笔者认为:

---

① 《列宁选集》第 2 卷,人民出版社,1972 年,第 586 页。

（一）有助于社会史考察对象的明确

马克思主义高度重视社会结构及其内部冲突问题,强调生产力与生产关系的矛盾。阶级社会的生产关系包含剥削者与被剥削者两方面,要把这种关系弄清,就不能不考察双方,尤其不能不注意被剥削者一方。所以马克思主义史学历来重视对劳动群众历史的研究,探讨人民群众在历史上的作用。我国马克思主义史学自诞生以来就重视劳动群众的历史,新中国成立后,史学界非常重视阶级斗争史和生产关系史,集中研究的一个问题就是农民战争,意图揭示封建社会中占人口多数的农民群众的历史地位和作用。但是这些研究仅仅是与社会史有关联,而不能说就是社会史本身。这是因为:第一,马克思主义研究生产关系讲到群众生活的条件及变化,是在生产关系的范畴里注意群众生活,这里涉及的主要是下层群众的经济、政治生活的一部分,而对他们的宗族、家庭、民族、宗教、娱乐生活及生活方式就不可能深入研究了,所以马克思主义并没有强调研究下层社会的全部生活。马克思主义创始人的著作如《资本论》《家庭、私有制和国家的起源》《英国工人阶级状况》,论述了有关社会史内容的问题,但是马克思主义经典作家并没有对社会史的研究对象、范畴、地位、作用作理论的、系统的论述。因此,笔者认为马克思主义对社会史研究对象、意义作了有价值的部分说明,但远未建立马克思主义社会史体系。第二,新中国成立以来,史学界对马克思主义的阶级斗争理论作了片面的教条式的理解,如对阶级斗争史,只研究采取外部斗争形式的战争状态,不注意长时期的、通常的阶级状况,所以把斗争史(关系史)变成了战争史、起义史。古代社会的阶级是以等级的形式表现出来的,不研究等级就不可能揭示阶级状况,可是在一段时间里,史学界不敢研究等级,害怕"不讲阶级和阶级斗争"的罪名。对生产关系、阶级斗争理解得简单化,不可能懂得深入研究人们社会生活史的必要和意义。正是这些原因,使得建立社会史学成为摆在我们面前的重要任务。

（二）启示作用

马克思主义的生产力与生产关系的理论,对社会史研究具有重大启示意义。前面说过,社会史研究范畴的一个特点是人际关系贯穿于人们的社会生活之中,而人际关系又是多种多样的,但是不管有多少种人际关系,重要的是人们之间的生产关系。生产关系讲生产资料所有制的形式和占有状况、人与人在生产中所处的地位、生产物的分配形式,由此决定人们的社会经济、政治地位,决定人的阶级地位与属性,从而影响人的世界观、立场、精神生活和生活方式,影响人的婚姻、家庭生活与社交生活。生产关系反映人际关系的本质,运用这一理论,有助于开展社会史研究。

三、开展社会史研究的意义

开展社会史研究有着重要的学术价值和现实意义。

运用综合分析方法,考察历史整体,完善史学体系——这是进行社会史研究的第一个意义。

社会史研究扩大了史学研究的领域,原来历史研究不甚注意的等级制度史、宗教史、家庭史、婚姻史、妇女社会史、丧祭史、服饰制度及习尚史,等等,都成为历史学的重要课题。社会史由于同一些学科有交叉内容,而那些学科又较社会史发展为早,社会史可以从那里学习、引进课题、方法等。如社会学研究社区社会,民俗学特别强调地域性,历史学原来有地方史,但并不重视它,受社会学与民俗学的启示,历史学极宜大力加强地方史、尤其是地方社会史的研究。民族学开展的民族社会调查,使历史学认识到民族社会史研究的重要性。人口学的发展,特别是人口社会学的出现,促使历史学考虑人口社会史的课题。这些都说明,社会史随着相关学科的发展,将逐渐认识自身的研究对象,扩大其范畴。社会史研究对象的加入,大大丰富了历史研究的内容,弥补了历史学原来范畴的不足或空白。

社会史的研究不仅把自身引进历史整体中,还把从历史学科分离出去的历史成分收回来。如文娱史现在归语言文学学科,其实历史学应该研治文娱社会史;又如科技史现在隶属于自然科学部门,历史学也应该产生科技社会史研讨。历史学要通过社会史研究把历史学散失出去的一部分研究对象收回来,才能成为历史整体。

社会史恢复历史研究对象的完整性,从而促使历史研究真正采用全面综合分析方法,这样始可对历史作出整体判断。缺少社会史,与它相关联的历史现象就难以说明,历史整体就无从清理明白。比如不讲女子的历史,古代一家一户的小农经济是很难透彻了解的,甚至有些政治史也分析得不深透。唐初的武韦政治,女性掌权,人们从士庶斗争去剖析,当然有一定道理,不过不能令人满意,有的研究者从当时女子社会地位与社会风尚去考察,认为武韦上台有社会基础和历史必然性，就把问题的研究引向深入。有研究者说："原有史料或史实的重新安排，产生新的意义、概念或理论。例如把祖先崇拜、宗教制度、封建政治当作一个社会体系去研究，就可能对了解中国社会结构有些新的成就感，就可能发现是它们间的内聚力，使中国社会稳定于农业的经济基础上，垂几千年。"①综合考察历史诸现象，自会对历史的整体和分体有新的认识。历史研究的主要方法就是归纳法，即综合分析法，只有社会史的加盟，才可能做到真正使用这种方法。社会史加入后的历史归纳法，笔者想是否可以做到：社会下层与社会上层社会活动与作用的统一分析，对人们的政治、经济、文化、精神生活诸方面的全面综合分析，人们的日常生活与冲突时期生活的统一观察。这样，历史的面貌才能揭示无误。

社会史的研究，还能给予历史学有血有肉的阐述。古代社会等级斗争是社会历史主干的观点，好似构筑了历史的骨架，所有的生产关系、政治斗争的史实是构造骨架的成分。但如果只有这些，历史学就单调、干瘪、不形象、不生动。社会史研究的对象，如前所述，是最常见、最大量、最生动、最富变化、最具人情的社会现象，把它与其他的政治、经济、文化现象联系起来，历史就丰满了，就形象化了，就丰富多彩了。

要而言之，历史学有了社会史，才能使历史真正成为立体式的、形象化的，才可能全面地恢复其原貌，从而使历史学臻于完善，成为不断发展的真正的科学。

社会史研究的第二个意义在于能为移风易俗与现代化建设做出贡献。

历史现象异常复杂，究竟如何研究呢？全面的研究是不可忽略的，重点研究、新问题研究尤当重视。历史学要学习社会学、民俗学紧密联系现实的精神，除了研究总的历史发展线索外，应当紧密从实际出发，多研究些有利于解决现实社会问题的历史问题。比如，当今世界老年人增多，成了社会问题，我国某些大城市也开始出现这个问题，可是历史学从来没有研究过它。我国现在有了独生子女问题，历史上似乎没有，但对与此相关的溺婴、多子女、赘婿等问题，历史学也应该认真研究。举个例子来看研究这些问题的重要性。早在70年前，德国缪勒利尔著《婚姻进化史》，特别讲了婚姻与优生的问题，认为未

---

① 《社会学理论与方法研讨会论文集》，台湾民族学研究所，1982年，第138页。

来的进步的婚姻是建立在"把优生观念认作未来性道德的最重要的部分"①的认识之上，预见人类性道德的提高，不仅在于生育体魄健全的后代，且需给子女以优裕的后天生活条件，只管生育，不管抚养好坏，都是性道德的不高尚。这样的认识是何等深刻、何等高明啊！我国社会史研究如果能有类似的东西奉献给读者，必会有助于提高我们民族的道德水平。社会史的研究，就是要总结出历史上社会生活领域发展变化的具体规律，指明其演变方向，供现代人参考，提高对生活方式的判断选择能力。

从现实出发，社会史研究方向的选择，似乎应同批判古代宗法性社会思想残余相联系、相结合。宗法性思想意识、习惯在政府机关作风中，在群众生活方式中，至今散发着它的腐臭，影响我们社会肌体的健康，妨碍我国现代化建设的发展。比如家长制遗风、一言堂现象、买卖婚姻、生育中重男轻女、虐待妇女、大办丧事，等等。开展中国社会史的研究，使我们上上下下的人对中国传统制度、风俗、习惯有一个正确的认识，有利于今天移风易俗，加速现代社会新的伦理道德建设。

开展社会史研究也有利于社会精神文明建设。香港建了个"宋城"，内地有的城市在建设"唐城"，以增添人们的生活情趣。建设所谓古城，就要了解那个时代的风尚，时兴什么样的衣饰，爱看何种文艺表演，茶馆酒楼是怎样的，人们交往的礼仪是什么，民风又如何，统治者如何管理市镇，居民结构如何，只有把这些问题研究清楚，才可能恢复时代的风貌。而要理清这方方面面，就必须进行社会史的研究。我国古代留传下来的节日很多，如清明节、端午节、中秋节等，这些节日大大丰富了今天人们的生活，社会史进行这方面的研究，必定会给今人过好这些节日做出贡献。文娱社会史的研究，还可能改变我们民族的一些性格，使我们变得活泼起来。宋元以来汉人不能歌舞，其实古人不是这样，刘邦和沛县父老民众唱《大风歌》，南北朝时王、谢两大士族的很多成员高兴了就跳起舞来，都是明证。我们为什么不可以利用社会史的研究，恢复与发扬我们民族的活力，使我们民族以富于文彩、性格开朗出现于世界民族之林呢？

开展社会史研究是历史学走向繁荣的途径和走向新阶段的起点，这是进

---

① [德]缪勒利尔著：《婚姻进化史》，叶启芳译，商务印书馆，1936年，第244页。

行社会史研究的另一个意义。现在有些历史学工作者认为史学处在危机中，不被人重视，因而思考史学的功能与出路问题。中国史学的传统功能是史鉴，这是一门帝王之学，它没有以群众为主要服务对象。过往的应该总结，更重要的问题是在我国建设现代化社会的新形势下历史学如何做出贡献。全面考察这个问题非本文的任务，从开展社会史研究的角度来谈则是绝对必要的。社会史的研究对象决定了群众必然欢迎它，家庭、婚姻、娱乐、节日、老年、青少年、社交等社会史研究的问题，与人们的现实生活紧密相关。民众需要与他们切身生活相关的历史知识，社会史恰能充当此任，为他们提供生活方式等方面的历史知识，供他们赏心悦目。

只要社会史能为移风易俗、现代化建设服务，能给人们以启迪，丰富人民精神生活，就证明历史学能适应时代的需要，具有生命力。而社会史既作为历史学的一门专史，又是历史学在现代走向繁荣的新途径，也促进了史学与民众的联系。

社会史作为一门边缘学科，可能会成为历史学发展的突破点。学术发展史表明，有的边缘学科，带动了有关学科的发展，使老学科变得富有生气。社会史与社会学、民俗学、人口学等学科有交叉内容，从别的学科吸收研究方法和新的研究方向，容易发展，把这种新鲜因素带进历史学中，自然会促使历史学有突破性的发展。国内外许多学者指出了边缘学科对于老学科发展的意义，美国沙费尔在《历史方法手册》一书中认为："各门学科间的联合会促进历史学繁荣，此外别无他途。"①开展社会史研究的实践，会证明社会史带动史学突破性发展的积极作用。

基于以上原因，可以预计，随着社会史研究的开展，历史学将进入一个新阶段，将出现繁荣局面。

后记：本文在写作之前，笔者曾就论述中的一些问题，与张国刚、常建华、白新良等同人做过讨论，特此致谢。

（本文草成于 1986 年 9 月，载《历史研究》1987 年第 1 期）

---

① 《现代外国哲学社会科学文摘》1986 年第 1 期。

中国社会史研究的回顾与展望

什么是社会史？学术界理解不一，不明确它的研究对象和范畴，就无法说明它的研究史。二三十年代有过社会史大论战，侧重讨论中国历史上生产方式的运动，这同我们所理解的社会史有关系，但不是一回事。笔者认为社会史是研究人们的群体生活和生活方式的，它以等级、阶层、阶级、宗族、家庭、民族、宗教、人口、生活方式、婚嫁丧葬、社交、娱乐、时令风俗等为研究范围。凡是涉及这些历史内容的著作，就是回顾社会史研究的资料。

1911 年张亮采写出《中国风俗史》专著，标志现代学者研究中国社会史的开始。自兹以来的 70 多年间，社会史的研究经历了兴起、停顿、复兴的酝酿与准备三个演变阶段。每个时期有其特点，也有其形成的原因。

一、1911 年至 1949 年的兴起阶段

一些历史学家认为社会史的研究开辟历史学的新方向、新道路，有益于史学的发展，因而对它倾注研究的热情。杨树达治理两汉史，"颇留意于当世风俗"，做了一些读书札记，及在清华大学讲授《汉书》，学生对汉代风俗很有兴趣，频频质疑，杨树达乃将札记整理成《汉代婚丧礼俗考》一书，于 1933 年问世，其友人就此称赞他"为史学辟一新径途"（引文见该书《自序》）。在北京香山慈幼院教学的贾伸觉得过去历史是帝王家谱，缺少妇女的生活，因此想研究女子历史，于 1925 年写出《中华妇女缠足考》一书。杨树达、贾伸的研究表明一部分史学家开展并重视社会史研究。

社会学家在工作中感到研讨社会史内容的必要，遂从社会学需要出发，写出有关著作，成为中国社会史书林的一种重要来源。如陈顾远认为社会学研究的那些现象，并非自今日始，是千百年递变的结果，"所以想用社会学研究解决现有的问题，倘不明白这问题的起源和历史，便难寻出他的演进的原理，和自身存在的所以然，也就无从下手了"（引文见《中国古代婚姻史》"序

言"），因此撰写了《中国古代婚姻史》专著。

民俗学的发展也给社会史提供了一批成果。民俗学家、文学家、史学家多有从民俗学角度研究社会史的，郑振铎、闻一多等有专题论文，尚秉和为明了社会情况、风俗变迁，特著《历代社会风俗事物考》一书。

这个时期社会史研究的成果，表现在一批社会史专著和大量的论文中，瞿同祖的《中国法律与中国社会》、邓云特的《中国救荒史》，可以说是代表作。此外，一些中国通史，如邓之诚的《中华二千年史》，一些断代史，如吕思勉的《隋唐五代史》，都辟有社会史的专章或专节，还有社会史资料汇编，如瞿宣颖的《中国社会史料丛钞》。

这个时期的研究多是专题式的，大多数作品是整理某一种社会现象的部分历史资料，加以排比，做粗线条的说明，尚未能将各种现象联系起来统一观察，更没有把社会史研究对象与历史学其他专史的对象作综合的分析，找出它们之间的内在联系，揭示社会史的地位和历史运动的线索，这是这个时期研究的不足之处。

总起来说，1949 年以前的社会史研究是兴起时期，由于得到社会学、民俗学的客观上的助力，有爆发之势，论著较多，足资后人利用。但由于是新学问，无所师承，未能在研究深度上取得进展，这是草创期难免的现象，后来者是应当理解的。

二、1949 年至 1977 年的停顿阶段

新中国成立后近 30 年间社会史的研究基本上处于停顿状态。所谓"基本上"，是说社会史的研究不是完全没有进行，只是太少了。论文有一些，如吴晗的《古人的坐跪拜》《宋元以来老百姓的称呼》，阴法鲁的《唐代西藏马球戏传入长安》等。专著也有几部，如董家遵的《中国收继婚姻之史的研究》，李剑农的《魏晋南北朝民户大流徙》等。但总的讲成果不多。当时，"社会史"一词已从历史学中消失了，乃至今日说起来，史学界不乏茫然之感。

社会史研究的中断，似有两方面的原因：

其一，社会学、文化人类学被取消的影响。1949 年以后，社会学、文化人类学、政治学被取消了，民俗学变成了民间文学，也在很大程度上被取消了。社会史与它们有交叉的内容，它的研究自然与上述相关学科遭到同样的命

运。所以新中国成立后写的多种中国通史、断代史都没有社会史内容,通史参考资料也不辑录关于人们社会生活的原始记载。不但不写,对前人的有关研究还做了批判。

其二,对阶级观点的片面和教条式理解。马克思主义史学强调阶级斗争史,这本来同社会史有密切联系,但是把阶级斗争理解得太片面、太绝对化了,于是历史研究只注意政治、经济两方面,其中又侧重阶级斗争和生产关系。即使如此,各等级、团体、阶级的生活方式本是应当考察的,却被遗忘了。若讲社会生活史,就会遭到"宣扬剥削阶级生活方式"的棍棒的可能情况下,社会史自然销声匿迹了。不过,这个时期阶级斗争史的研究,为社会史进行社会结构问题的探讨准备了一些条件,是有价值的。

三、近年来社会史研究在新的基础上的恢复与开展趋势

最近几年的史学论著中,包含社会史内容的,能够见到一些了,朱瑞熙的《宋代社会史研究》、叶显恩的《明清徽州农村社会与佃仆制》、王玉波的《历史上的家长制》、林剑鸣等的《秦汉社会文明》、杨宽的《中国古代陵寝制度史研究》等书,是社会史或接近社会史的专著。《婚姻立法资料选编》《闽台关系族谱资料选编》等有关社会史资料的汇集也相继问世。

近年社会史研究的恢复,还表现在 1986 年 10 月中旬"中国社会史学术研讨会"的召开。该会由南开大学历史系、《历史研究》杂志社、天津人民出版社联合发起,史学、社会学、哲学、文学、民俗学、文化人类学、经济学等学科 80 余名学者参加,讨论了社会史的研究对象、范畴、任务和功能,社会史的研究法,社会史的研究史,以及具体的社会史问题。通过讨论,与会者提高了对社会史研究的认识。天津人民出版社决定出版《社会史丛书》,并邀请研究者成立了丛书工作小组。与会者还建议成立社会史研究者联络处。这一切表明人们对开展社会史研究的巨大热情。

今天恢复社会史的研究,有其必然性,因为十一届三中全会以来,"双百"方针在逐渐贯彻,思想解放,突破禁区,社会学、人类学研究的恢复,民俗学、民族学研究的有所成就,都促使史学工作者反思,认识过往史学研究中的问题,放开眼界,开辟新领域。在这种情况下,进行社会史研究,自然地被提出来了。

回顾中国社会史的研究进程，其主要轨迹可以概括为下述公式：起步—停顿—恢复、发展的趋势。就研究成就讲，它至今还处在起步阶段，说明建设社会史任务繁重，要有人为它呐喊、扶植，更要有人去做艰苦的开拓工作。建立中国社会史专门史，任重而道远，有志者携起手来，辛勤耕耘，一定要把这片处女地开发好！

瞻望前途，理应充满信心，这就是史学界研究社会史的趋向，这就是与社会史相关的哲学社会科学研究的进展，这就是当代开展交叉学科研究的趋势，这就是众心渴望与努力实现"双百"方针。社会史研究走过的道路说明，它必将得到发展，取得它在史学、在社会科学领域的应有地位，发挥它在现代化建设中的应有作用。

（原载《中国历史学年鉴 1986》，人民出版社，1986 年）

中国社会史研究专著简介和书目

一、中国社会史研究专著简介

中国社会史专著,或虽非专著,但含有大量社会史内容的社会学、民俗学、文化史、政治史、民族史的著作,约有数百种,我们编选了要目,也有二百数十种,其中自然又有重要的著作,就我们所接触的,绍述十余种于下。

《中国风俗史》,张亮采著,商务印书馆初版于 1911 年,后有几个版本。中国古人向有将风俗与政治优劣联系观察的传统,作者宿有改良风俗之意,因考察风俗史,以备当政者采摘运用。作者认为风俗应包含的内容是饮食、婚娶、丧葬、忠义、名节、风节、廉耻、诗歌、乡评、清议、淫祀、巫觋、氏族、游侠、佛道、美术、游宴、学风、士习、语言诸方面,相当广阔。作者将风俗变异划为四个时代,即春秋以前的浑朴时代,春秋至两汉的杂驳时代,魏晋至五代的浮靡时代,宋明以降的由浮靡而趋敦朴时代,并以此分四编叙述。作者在叙述风俗事实的同时,提出一些观点,如认为饮食重事,是民俗要端,太古时代的歌舞是歌颂帝王解决饮食问题。认为战国时代所以说客之多,是因竞争剧烈,亟须用人。作者就两汉成年男子的析居,表示赞成小家庭,以利子弟之生计。认为南北朝时民族混杂,衣冠之族为标异,政府为选举,故重视谱牒。这些表现了作者的识见,不过是些零星观点。作者由于是在清朝灭亡前夕写的书,许多看法是陈旧的,如宣传"教忠教孝"。

《中国妇女生活史》,陈东原作,商务印书馆 1928 年出版。作者看到当时妇女希望有新生活,但不知如何获得的状况,因此研究妇女生活史,"把回头的路,现在的路,将来的路,系统的、深切的、明白指出"(《自序》),使向上者得到勇进的力量,守旧者得以认清旧道德的虚伪性。所以作者为妇女生活改善而作的目的很明确。全书分十章,第一章"绪论",以下按朝代分章节,叙述女子婚姻、家庭、社会诸方面的生活。作者本着略古详今的原则,重视清朝以来的妇女生活史，最后三章，分别是清代的、维新时代的、近代的妇女生活，几乎占了全书的一半篇幅。作者希望读者在阅读"绪论"后，就看后三章，其余部分有时间再看，表示他为今日妇女作书的强烈愿望。作者说："三千年的妇女生活，早被宗法的组织排挤到社会以外了，妇女才是畸零者！"（《自叙》）指出女子处于被排出正常人社会以外的畸零人的卑贱地位，其原因是宗法制度。作者统观几千年妇女生活史，认为清代妇女的非人生活到了登峰造极、蔑以加矣的地步，到维新变法时期始有变动的希望。作者就被男子指责的女性"妒"加以分析，认为那是女子反对男子娶妾的反应，是合理的。作者还就明朝给贞妇节妇免役的事实，说明宗族提倡贞节的原因，就是把它作为宗族的光荣。这些认识是相当深刻的。

《中国宗法制度小史》《中国婚姻制度小史》，吕思勉著，中山书局 1929 年出版，1936 年上海龙虎书店收入《史学丛书》再次问世，1985 年上海教育出版社收入《中国制度史》一书。作者在《先秦史》《秦汉史》《两晋南北朝史》和《隋唐五代史》中，均讲到宗族、婚姻史，这两种专著对这两个社会问题加以疏通，作梗概说明，内容并不多。在婚姻方面，作者对婚姻的结合、离异、婚龄、婚仪、妻妾、夫妻关系，分别考订了事实、法规，澄清事实，并发表自己的见解。如认为夫妻之间本来是平等的，后来夫尊妻卑，是因为阶级分化，男子有权，遂蓄妾弃妻；由宗族制度决定，血系随男子，故男权张大；男子主生计，掌握财权。作者反对包办婚姻，但认为仅此不够，若没有离婚自由，夫妻关系不协调问题仍不能解决。作者特别反对指腹婚，斥责它是"几于全不顾其子女之利害"。在贞操观方面，历来舆论多要求女子，作者认为这是自然的事，因"义务固多偏责于弱者耳"。作者还认为："吾国学说，男尊女卑及男女并重之义，可谓同时并存。苟能善用后一义而发扬之，女权之盛昌，固计日可待矣。"主张发扬历史的积极因素，促进社会的合理化。讲到宗族制度，作者认为宗与族不同，族是有血统关系的人组成的，无主从之别，宗是在宗族中奉一人为主，并有人继承他的地位。作者对宗族的标志姓氏作了说明：上古姓表示母系，氏表示男系，男子权力上升后，姓亦成为男系的了。他如大小宗法、立嗣、异姓为后、共居同财、谱牒等关于宗族制度的问题，都有所说明，并对具体问题发表评论，以利后世之进步。但所论多就事论事，无系统性，表明作者的研究尚欠深入。

《汉代婚丧礼俗考》，杨树达著，商务印书馆 1933 年梓行。全书分两章，计十余万言。第一章为两汉婚姻，叙述议婚、婚仪、婚年、重婚、绝婚、改嫁、妾媵等七个方面的制度和习俗。第二章为两汉丧葬,述及从死亡到上坟的丧仪全过程,包括:沐浴饮食、衣衾、棺椁、发丧受吊、送葬、从葬之物、葬期、坟墓、归葬、合葬、祔葬、改葬、赗赠、护丧、丧期、居丧之礼、上冢等方面。作者的写法是先将反映同一现象的文献资料概括成一个绪论,然后实以原始资料,如第一章第一节"议婚",起始就是"欲为婚,夫家或介者先请于女家,或得请"的概述,下面就是抄录三条有关史料,接着是作者的话,"或不得请",又实以数条史料。除了这些开头语,章节之末均无论述。所以该书对两汉的婚丧制度与习俗并无惊世见地,但把有关史料作了搜集与归纳,且史料翔实,归类细微,便于读者明了两汉婚嫁丧葬的基本情况,是一部有价值的汉代社会史专著。

《婚姻与家族》,陶希圣著,商务印书馆 1934 年初版,1968 年、1980 年台湾商务先后重刊。全书五章,第一章宗法以前及宗法,第二章宗法之下婚姻、妇女及父子,第三章大家族制之形成,第四章大家族制之分解,第五章大家族制没落。作者认为家族制度渊源于宗法制度而非宗法制本身,故首先论述何谓家族制及其演变过程。他说西周以前没有完整的宗法,西周到春秋是宗法的时代,而宗法乃是封建贵族的亲属组织,从战国到五代,亲属组织以族居制度为特征,自此以后,"族居制渐变为家长制之家族制度。近三十年,则家族制渐次分解,而进于夫妇制之家制"。作者就古籍婚姻合二姓之好的记载,指出宗法制下,婚姻是两族的事,不是两人的事,族长、家长起支配作用,而不顾及青年男女的爱情。此书篇幅不大,但把生产关系演变与家族、婚姻的变化联系一起分析,有一定深度。

《中国娼妓史》,王书奴作,上海生活书店 1934 年印行,次年再版。大人先生们嫖妓,但若研究娼妓社会问题,则又为人视为下流,作者冲破这种舆论限制,为与废除娼妓制度配合,写作此书。作者把娼妓史分为五个阶段:巫娼时代(殷商),奴隶娼及官娼发生时代(周秦汉),家妓及奴隶娼妓并进时代(魏晋南北朝),官妓鼎盛时代(隋至明代),私人经营娼妓时代(清以降)。全书六章,除第一章引论外,余五章分别叙述这五个时代的娼妓史。作者对娼妓史的若干问题提出自己的见解:认为娼妓起源与音乐有关,故后世音乐舞蹈仍为娼的主要技术,优娼不分,男女不分。战国时代废除媵制,致使娼业发达。同时商业发展与井田制破坏,有有钱者,还有失业者,遂使娼业大行。认为教坊乐户是奴隶娼妓的变相,是帝王用此官妓令臣下沉湎于酒色,以不危害帝业。认为两晋南北朝声妓发达，是因处于动乱时代，人图眼前之乐，且北朝实行官僚一妻制，势必以声妓为补充。作者依据古代"宗教卖淫"的共同现象，认为殷的巫是娼，然未提出证据。另外，作者将私家女乐视为娼妓，不适当地扩大了妓的范围。

《中国救荒史》，邓云特（邓拓）著，1937年商务印书馆第1版，1944年上海书店收入《中国文化史丛书》中重印。作者开宗明义，在序言中讲救荒史的定义、范畴与研究意义。作者说的灾荒"乃以人与人社会关系之失调为基调，而引起人对于自然条件控制之失败所招致之物质生活上之损害与破坏也"。因此，救荒史"乃历代人对自然控制关系发展之具体事实，乃防止、挽救国民等关系破裂所生之灾害之一切思想与政策之历史也"。它的研究范围与意义是："非仅限于历代灾荒之实况与救治理论及政策等之叙述，并需及于历代社会经济结构形态与性质之演变及其对于灾荒关系之说明。换言之，救荒史非仅为叙述一般事实之历史，且应为一社会病态史及社会病源学史。其任务即在于揭发历史上各阶段灾荒之一般性及特殊性，分析其具体原因，藉以探求社会学之治疗原则与途径。"作者批评认为灾荒是"基于天然原因而致食粮供给之失败"的观点，认为其是仅及于表面而未反映客观事实的全部。可知作者研究救荒史，不仅看到人与自然的关系，更重要的是探讨人与人的关系，社会经济结构及其矛盾变化，即找出社会的原因，才可能对救荒有实际的意义。作者洞悉事物真髓的见解，是极其正确的。全书主体部分分为三编，第一编"历代灾荒史实之分析"，叙说历朝灾荒事实、成因和影响；第二编"历代救荒思想之发展"，介绍天命主义之禳解论，消极之救济论，积极之预防论；第三编"历代救荒政策之实施"，讲巫术救荒，历代消极与积极的救荒政策。第二、第三编将救荒思想与救荒政策分别叙述，虽然清楚，但有重复之病。

《历代社会风俗事物考》，尚秉和作，商务印书馆1938年出版。作者痛恨儒家礼教及因此形成的陋俗，故考竟其源，以便杜绝。全书分四十四卷，涉及历史上人们衣食住行、城乡市肆、婚娶丧葬、交谊礼节、等级贵贱、岁时伏腊、家庭状况等方面的生活。作者的写法是，选录一段古籍资料，加以说明。在叙述了某一类事物后，指出它在各个历史时代的特点。该书对社会风习分类细微，如卷四"首部"，讲冠帽，在"三代之冠"目内又有子目，为：大礼冠状况，冕之表里颜色及其高低，常礼冠状况，弁之物质及其形状之颜色，燕居冠服论况，春秋时视冠极重，去冠则失礼以为大耻，古制冠有模至求之于外国以为冠法,春秋吊用白冠,冠若非法可致杀身,春秋战国时冠样可随意制,有獬豸冠,有鸡冠,有鹖冠,其固冠之法则有纽武贯之以笄而以纵约其发,然取冠亦有不用笄贯者,但不围以组,而系冠之法缨以为重,缨上有饰。这些子目讲了两个内容,一是冠制,即其形式、质量、服法,一是风尚及与冠服有关的刑法。此书内容详于两汉以前,元明则甚缺略。

《中国家族社会之演变》,高达观著,正中书局1944年初版,1978年台北九思出版社再样。全书五个部分,一是绪论;二是家族社会之特性;三是古代与现今家族社会之比较,内含周代、宋代、清季家族社会,中国家族社会之批判;四是战后(指抗日战争以后)中国家族社会演变之趋势;五是结论。作者采取社会学的抽样调查方法,选取周、宋、清末三个不同时期进行研究,分析中国家族社会的演变。作者认为家族社会的特性,"以孝弟贞顺之说,铸成宗法理论;以同居共财,构成其形式;其所以维持此种理论与形式绵延久远者,又必须尊嫡立嗣,且欲讲求家族社会内部之安宁秩序,故严尊卑男女之名分;奉家长如严君焉,俾家人慑服于家长之权威;虽家族构成之人员庞杂,亦须相仿为安,而冠婚丧祭之礼,不厌其繁,以进行家族之仪式焉"。认为周代在政治上以伦理维护家族社会,以法律维护家族内长幼之序、男女之别。宋代家族社会的特点是宗族制度民众化。清末,民众为谋自身生存,不仅顾不了家族,连家也难顾及,因而宗族观念淡薄。作者分析家族制度的优点和弱点,好处在养老、育婴和家庭教育诸方面,坏处是阻止工商业必需的进取精神的培养,人们依赖家族思想重,政治团结力薄弱。

《中国法律与中国社会》,瞿同祖著,1947年商务印书馆印行,1981年中华书局重椠。作者认为"法律反映某一时期、某一社会的社会结构","中国古代法律的主要特征表现在家族主义和阶级观念上"。(1981年版导论)故用四章篇幅叙述家族、婚姻、阶级问题,另外两章是巫术与宗教、儒家思想与法家思想。作者对法律所反映的家族制度作了较全面的说明,指出法律所承认的父权,包括体罚以至生杀权、婚姻支配权、以子作为财产的权力。亲属间的犯罪,作者就清代的多种案例,指出因尊卑不同而有增减刑法的情况:"尊长愈亲者,愈有权力督责卑幼,因之杀伤卑幼的责任也就愈轻。"亲属间的盗窃罪,"关系愈亲则罪刑愈轻,关系愈疏则罪刑愈重"。在婚姻问题上,论述了婚姻禁忌、缔结和解除,妻的地位、夫家、妾等问题,与陶希圣一样认为古代婚姻不是个人的事情,但说得更明确:"婚姻的目的只在于宗族的延续及祖先的祭祀,完全是以家族为中心的,不是个人的,也不是社会的。"夫妻关系,"法律上夫的地位如尊长,而妻的地位如卑幼"。关于婚配原则,针对法律规定与社会实践不协调的事实,作者就此认为法律迁就社会事实。作者从衣食住行的生活方式、婚姻、丧葬、祭祀及贵族、民族、良贱的法律与习俗论述社会阶级,指出生活方式的差异与社会秩序有极密切的关系,所以法律和伦理极力维护这种差异。此书25万字,资料丰富,论述清晰深刻,通过人们的法律生活,说明身份、地位和社会结构,是一部难得的社会史专著。

《明清两代嘉兴的望族》,潘光旦著,此书成于抗日战争全面爆发的前夕,至1947年由商务印书馆剞劂。作者的目的是为研究家谱与人才,所以该书写了两个问题,一是宗谱资料的评论与用法,二是对嘉兴望族的说明。作者认为族谱资料价值高,要叙述四种事实:氏族由来,世代蝉联,人物事迹,族际婚姻。作者用血系分图、血缘网络图、世泽流衍图三种图表介绍嘉兴的望族。

《明清时代商人及商业资本》,傅衣凌著,1956年人民出版社印行。作者对明代徽州、江苏洞庭、陕西商人和福建海商,清代前期东南洋铜商、厦门洋行等地方商人作了专门的研究。作者通过对大量的历史资料的分析,得出明清时代的商人是中国资产阶级前身的结论。论到徽州商人,作者认为其经营肇端于宋代,始盛于明代中期,其成员是盐商、粮商、米商、海商、典当商、仓库旅馆商、墨商、书商、布商、丝商、茶商、陶商等,其中以盐商最出名,散布在淮扬及其它产盐地。至于整个徽商,出没于全国各重要商业区。作者还从社会经济史的角度观察徽商在商业史上的地位及商业资本的类型。指出徽商资本多是宗族合伙,或乞贷于大户。商人获利,投资于土地,与封建地主阶级有千丝万缕的联系。徽商资本的出路,一是个人的挥霍浪费,二是救济乡族,维护地方利益。作者研究了明代松江袜子的生产过程,已出现三种人:出原料的商人,市肆经纪人,接受原料加工的家庭手工业妇女,三者间具有资本主义生产关系萌芽的因素。清朝铸造铜币,需要大量的铜做原料,而国内开采不敷应用,遂向外国购买,于是在东南各省形成洋银商集团,成为东南主要商业资本集团之一。他们按政府规定采办洋铜,积累巨量财富,"参加海外贸易,承办国内军需业务,而活跃于清代前期的中国经济界里"。作者的精深研究,对商业资本的性质与出路作了很有意义的说明:"中国商业资本的增殖方法,多不由正当的途径,而率利用封建的独占方式,以巧取豪夺致富。自然,这赋予中国商业资本极富于游离的性质,缺乏坚实的基础。同时,使他们也必须与政治结着不解之缘,且常成为国家财政的尾闾……他们也因和官僚政治太过于密切了,常不能独立地长久维持其经济上的活动,每随政治的变动,而起变化;辄与王朝的兴衰,同其终始。"

《封建贵族大地主的典型——孔府研究》,何龄修、刘重日、郭松义、胡一雅、钟遵化、张兆麟著,中国社科出版社1981年椠梓。作者们去曲阜孔府作实地调查,并抄录4000多件档案,在深入研究的基础上,分工写成此书。全书42万余字,分八章:

第一章　孔氏贵族大地主的形成和贵族地主政权

第二章　田产

第三章　地租剥削

第四章　各种人户

第五章　商业、高利贷和屯、义集行税剥削

第六章　寄生性消费和农业再生产

第七章　孔氏宗族和族权统治

第八章　庙、佃户的反抗斗争

孔府是中国唯一的世袭大贵族,本书就它在明清时代的状况,从政治、经济、思想、宗教各方面作了概括,指出孔府作为大贵族地主的基本情况,拥有衍圣公的世爵;孔府有一个中央政府承认的下属机构,管理孔府及家相事务;孔府子孙有优免徭役的特权;有赐田,多至万顷;有佃户,众达数万。书中分析了受孔府奴役的各种人户,有佃户、庙户、船户、仆役和匠役等,细分则有巡山户、洒扫户、林户、猪户、羊户、牛户、乐户、嚎丧户、扁担户、割草户、窑户、喇叭户、荆炭户、掐豆芽户、浆糊户、祭酒户、菜户、萝卜户、笤帚户、花炮户、放炮户、鸭蛋户、杏行、梨行、核桃行、看庄佃户、船户。研究封建社会结构中的贵族等级,此书提供了大量可信资料和有价值的分析,值得参考。

《中国古代地主阶级研究论集》,南开大学历史系中国古代史教研室编,南开大学出版社1984年梓行。1983年,《历史研究》杂志社、云南大学历史系和南开大学历史系联合主办中国封建地主阶级学术讨论会,这本书汇编了那次讨论会上的部分论文,计11篇,可区分为两大类型:一是纵论中国古代地主阶级的一些特点,有刘泽华的《论封建地主产生与再生道路及其生态特点》,汪茂和的《政治支配形态下的封建国家地主与贵族官绅地主》。另一类论述一个特定朝代或时期的地主阶级状况,有朱凤瀚的《由西周农业劳役的性质看西周贵族的阶级属性》,王兰仲的《春秋时代卿大夫封建领主性质简论》,李瑞兰的《略论战国封建地主的构成、来历及特征》,傅玫的《豪族大地主所有制与士族门阀》,张国刚、叶振华的《关于唐代地主阶级的几个问题》,郑克晟的《明初江南地主与朱明政权》,来新夏的《关于清代前期地主阶级结构的变化问题》,夏家骏的《清代黑龙江地主阶级的构成与特点》,冯尔康的《清代地主阶级述论》。这些文章对所研究的对象都提出了独到的见解。这本书还是第一部专门研究地主阶级的著述。该书还收有孙立群的《建国以来关于封建地主阶级研究的综述》、傅玫的《三十年来日本史学界对中国古代地主阶级的研究概况》两篇综述,为了解我国和日本史学界对中国古代地主阶级研究的情况提供了方便。

《中国古代陵寝制度史研究》,杨宽著,1985年上海古籍出版社印行。这是丧葬问题中陵寝制度史的专著,作者企图对陵寝史作系统的探研,摸清它的发展变化线索。全书分三编,上编讲中国皇帝陵的起源与变迁,中编为关于古代陵寝若干问题的探讨,下编是古代陵寝和陵园布局的研究。作者认为陵寝制度创始于战国至两汉,确定于东汉,唐宋明清是扩张、改革时期。作者从坟墓的高低、形制、墓前神道两旁的石刻群来看死者的等级身份。指出"历代帝王的陵寝制度,既是为了推崇至高无上的皇权,更是为了维护封建的等级制的需要,用来作为巩固封建统治的一种手段"。如汉代有坟墓高度的等级差别的规定,还有超过制度处罚的规则。又如唐朝规定,一品官坟高一丈八尺,以下每降一品级,坟低二尺,六品以下高八尺,庶人坟高四尺。从坟的高低,就可以知道人的等级身份。

《秦汉社会文明》,林剑鸣、余华青、周天游、黄留珠著,1985年西北大学出版社出版。全书31万字,共十二章:

第一章　绪论

第二章　秦汉文明大厦的基础——农业

第三章　灿烂的秦汉手工业文明

第四章　秦汉时代的城市风貌

第五章　式样繁多的服饰

第六章　传统饮食结构的确立

第七章　居住条件的变化

第八章　全国水陆交通网的形成

第九章　具有浓厚迷信色彩的信仰

第十章　频繁的祭祀活动

第十一章　婚丧习俗

第十二章　精神风貌

作者们认为文明"包括人类所创造的物质和精神两个方面的成果"。秦汉文明发展的特点是：多样化的统一,大规模地吸收和远距离地传播,在对抗中的进步。作者们讲的文明史与社会史不同,但从章目可见双方有相当多的相同内容,从第三章起至最后一章都是研究生活方式和风俗习尚的,这就是社会史的研究范畴,正是从这个意义上看,该书也是社会史的专著。如"城市风貌"一章,除讲城市人口、商业外,特设"城市社会生活"一节,叙述城市的物资供应、文化生活、环境和卫生、治安管理,反映城市居民的生活状况。

二、中国社会史主要书目

说明：

1.本书目收录的社会史专著,有的虽非社会史专著,但含有大量社会史内容的著作,或系社会史的资料汇集,一并著录；有的著作虽标明"社会史",但与我们理解的社会史内涵不同,即不著录。

2.30 年来台湾、香港出版的社会史专著,我们能见到的甚少,有的只知其信息而未寓目。我们本着尽量给读者提供方便的原则加以著录,倘有可能,再行补充与纠正因未目睹而出现的著录错误。

3.本书目排列以出版先后为序。

《中国风俗史》张亮采 商务印书馆 1911 年

《明堂庙寝通考》王国维 上虞罗氏雪堂丛刻本 1915 年

《古胡服考》王国维 上虞罗氏雪堂丛刻本 1915 年

《宋儒与佛教》林科棠 商务印书馆 1923 年

《帝王春秋》易白沙 中华书局 1924 年

《中国古代婚姻史》陈顾远 商务印书馆 1925 年

《中华妇女缠足考》贾伸 北平香山慈幼院 1925 年

《中国之旅行家》[法]沙畹著 冯承钧译 商务印书馆 1926 年

《清代妇女文学史》梁乙真 中华书局 1927 年

《中国妇女生活史》陈东原 商务印书馆 1928 年

《南洋华侨殖民伟人传》伍连德 暨南大学南洋文化事业部 1928 年

《汉代风俗制度史前编》瞿宣颖 北平广业书社 1928 年

《教会源流考》陶成章 中山大学历史语言研究所 1928 年

《华侨志》[美]密亨利著 岑德彰译 商务印书馆 1928 年

《中国婚姻制度小史》吕思勉 中山书局 1929 年

《中国宗族制度小史》吕思勉 中山书局 1929 年

《中国女性的文学生活》谭正璧 光明书局 1929 年

《南洋华侨史》李长傅 暨南大学南洋文化事业部 1929 年

《南洋华侨通史》温雄飞 上海东方印刷馆 1929 年

《华侨革命史》陈文图 陈新政遗集本 1929 年

《中国社会史研究》熊得山 上海昆仑书店 1929 年

《中国社会之史的分析》陶希圣 上海新生命书局 1929 年

《中国封建社会史》陶希圣 上海南强书局 1930 年

《中国古代社会研究》郭沫若 联合书店 1930 年

《中国社会之结构》周谷城 上海新生命书局 1930 年

《九品中正与六朝门阀》杨筠如 商务印书馆 1930 年

《南洋华侨革命史略》陈宗山 暨南大学南洋美洲文化事业部 1930 年

《仪礼与礼记之社会学的研究》李安宅 商务印书馆 1931 年

《辩士与游侠》陶希圣 商务印书馆 1931 年

《唐代女诗人》陆晶清 神州国光社 1931 年

《云南罗罗族的巫师及其经典》杨成志 中山大学文史研究所 1931 年

《春秋时代之世族》孙曜编 中华书局 1931 年

《中国民族与外族历代关系史》曾克光 广州萃经堂 1932 年

《唐代底劳动文艺》孙俍工 上海亚东图书馆 1932 年

《中国妇女文学史纲》梁乙真 开明书店 1932 年

《元代蒙汉色目待遇考》[日]箭内亘著 陈捷、陈清泉译 商务印书馆 1932 年

《唐代长安与西域文明》向达 哈佛燕京学社 1933 年

《汉代婚丧礼俗考》杨树达 商务印书馆 1933 年

《中国近代社会史剖析》朱其华 上海新新出版社 1933 年

《三国时代薄葬考》於世琦 青岛听涛楼 1933 年

《元代奴隶考》[日]有高岩著 贺扬灵译述 上海光华书局 1933 年

《古中国的跳舞与神秘故事》[法]格拉勒著 李璜译述 中华书局 1933 年

《南洋与创立民国》张永福 中华书局 1933 年

《中国的早年旅行家》伍连德编著 上海寰球中国学生会 1933 年

《婚姻与家族》陶希圣 商务印书馆 1934 年

《元西域人华化考》陈垣 励耕书屋丛刻本 1934 年

《元朝薛怯及斡耳朵考》[日]箭内亘著 陈捷等译 商务印书馆 1934 年

《中国娼妓史》王书奴 上海生活书店 1934 年

《明清之际党社运动考》谢国桢 商务印书馆 1934 年

《外族音乐流传中国史》孔德 商务印书馆 1934 年

《中国民俗文学史略》洪亮 上海群众图书公司 1934 年

《欧化东渐史》张星烺 商务印书馆 1934 年

《中华民族拓殖南洋史》刘继宣、来世瀓 商务印书馆 1934 年

《中国行会制度史》全汉升 上海新生命书局 1934 年

《唐代社会概略》黄现璠 商务印书馆 1935 年

《中国宗族制度小史》吕诚之(吕思勉) 上海龙虎书店 1935 年

《中国秘密社会史》[日]平山周 商务印书馆 1935 年

《近代秘密社会史料》[日]萧一山辑 北平研究院 1935 年

《洪门革命史》黄三德 1935 年

《中国古代旅行之研究》江绍源 商务印书馆 1935 年

《粤江流域人民史》徐松石 中华书局 1935 年

《海外华侨发展史概论》刘伯周编 上海华侨图书印刷公司 1935 年

《东汉党锢》周振甫 开明书店 1935 年

《中国古代姓氏制度研究》袁业裕 商务印书馆 1936 年

《宋代太学生救国运动》黄现璠 商务印书馆 1936 年

《魏晋之清谈》范寿康 商务印书馆 1936 年

《殷周时代的中国社会》吕振羽 南京文心印刷社 1936 年

《女红传征略》朱启钤 神州国光社美术丛书本 1936 年

《中国社会经济史》[日]森谷克己著 孙怀仁译 中华书局 1936 年

《清代伶官传》王芷章 中华书局 1936 年

《中国社会史料丛钞》瞿宣颖纂辑 商务印书馆 1937 年

《中国救荒史》邓云特 商务印书馆 1937 年

《唐代日人来往长安考》张鹏一 西安秦风周报社 1937 年

《欧风东渐史》蒋廷黻 上海普益书店 1937 年

《燕都名伶传》张江裁 北平松筠图书店 清代燕都梨园史料续编本 1937 年

《明末民族艺人传》傅抱石编译 商务印书馆 1937 年

《历代社会风俗事物考》尚秉和 商务印书馆 1938 年

《元代社会阶级制度》蒙思明 哈佛燕京学社 1938 年

《隋唐时代西域人华化考》何健民 中华书局 1939 年

《礼经制度与汉代宫室》劳干 昆明 1940 年

《天地会研究》[荷]施列格著 薛澄清译 长沙商务印书馆 1940 年

《中国民族女英雄传记》严济宽 长沙商务印书馆 1940 年

《庐山黑苗的生活》吴泽霖 贵阳大夏大学社会研究部 1940 年

《中国文化与中国的兵》雷海宗 长沙商务印书馆 1940 年

《中国帮会三百年革命史》刘联珂 澳门留园出版社 1941 年

《中西文化之交流》[日]石田干之助著 张宏英译 董云霆校对 长沙商务印书馆 1941 年

《宋代社会中心南迁史》张家驹 商务印书馆 1942 年

《三大宗教传入中国》黄玉笙编 民众书店 1942 年

《五朝门第》王伊同 成都金陵大学中国文化研究所 1943 年

《中国隐士与中国文化》蒋星煜 中华书局 1943 年

《马来亚华侨史纲要》姚楠 重庆商务印书馆 1943 年

《中国家族社会之演变》高达观 正中书局 1944 年

《中国社会史》陶希圣 文风书局 1944 年

《福建佃农经济史丛考》傅衣凌 福建协和大学中国文化研究会 1944 年

《明季社党研究》朱倓 重庆商务印书馆 1945 年

《西力东渐史》冯承钧 北京新民印书馆 1945 年

《中南半岛华侨史纲》姚楠 重庆商务印书馆 1945 年

《华侨革命史话》冯自由 重庆海外出版社 1945 年

《陶渊明之思想与清谈之关系》陈寅恪 燕京大学哈佛燕京社 1945 年

《中国历代人口变迁之研究》陈彩章 重庆商务印书馆 1946 年

《中国海外移民史》陈里特 中华书局 1946 年

《魏晋清谈思想初论》贺昌群 商务印书馆 1946 年

《中国法律与中国社会》瞿同祖 商务印书馆 1947 年

《明清两代嘉兴的望族》潘光旦 商务印书馆 1947 年

《中国古代社会史》姜蕴刚 商务印书馆 1947 年

《中国妇女史话》李雪荔 新妇女社 1947 年

《文成公主与金城公主》黄次书编著 中华书局 1947 年

《洪门志》朱琳 中华书局 1947 年

《洪门史》戴魏光编著 和平出版社 1947 年

《东印度与华侨经济发展史》丘守愚 正中书店 1947 年

《中国古代家族移植史论》刘节 正中书店 1948 年

《清初流人开发东北史》谢国桢 开明书店 1948 年

《中国古代社会史》侯外庐 三联书店 1949 年

《皇权与绅权》吴晗等 上海观察社 1949 年

《中国收继婚之史的研究》董家遵 岭南大学西南社会经济研究所 1950 年

《中古文人生活》王瑶 棠棣出版社 1951 年

《魏晋南北朝民户大流徙》李剑农 武汉大学编译委员会 1951 年

《中朝人民的友谊关系与文化交流》周一良编撰 开明书店 1951 年

《中国古代社会史》李宗侗 台北中华文化出版事业委员会 1954 年

《中国政治社会史》梁园东 群众出版社 1954 年

《唐代政教史》刘伯骥 台北 1954 年

《火药的发明和西传》冯家升 华东人民出版社 1954 年

《杨妙真和唐赛儿》赵俪生 山东人民出版社 1954 年

《地理环境、人口和社会发展的关系》 王振德 新知识出版社 1955 年

《殷代社会生活》李亚农 上海人民出版社 1955 年

《中国古代社会史试论》王承祒 学习生活出版社 1955 年

《秦汉的方士与儒生》顾颉刚 群联出版社 1955 年

《中国绅士研究》张仲礼 美国西雅图 1955 年

《缅甸华侨史话》张正藩 台湾海外文库出版社 1955 年

《甲骨文所见氏族及其制度》丁山 科学出版社 1956 年

《明清时代商人及商业资本》傅衣凌 人民出版社 1956 年

《中国和印度尼西亚人民的友谊关系和文化生活》朱偰 中国青年出版社 1956 年

《两宋经济重心的南移》张家驹 湖北人民出版社 1957 年

《清代社会经济形态的研究》中国人民大学中国历史教研室 上海人民出版社 1957 年

《明代江南市民经济试探》傅衣凌 上海人民出版社 1957 年

《十三、十四世纪中国民间数学》李户 科学出版社 1957 年

《中印人民友谊史话》金克木 中国青年出版社 1957 年

《中越两国人民的友谊关系和文化交流》陈修和 中国青年出版社 1957 年

《古巴华侨史话》宋锡人 台北海外文库出版社 1957 年

《北朝胡姓考》姚薇元 科学出版社 1958 年

《我国少数民族的宗教和风俗》(上册) 黄少槐 民族出版社 1958 年

《中国印刷术的发明及其影响》张秀民 人民出版社 1958 年

《中国和阿拉伯人民的友好关系》南开大学历史系 河北人民出版社 1958 年

《清代山东经营地主底社会性质》景苏、罗仑 山东人民出版社 1959 年

《中国古代科学家》中国科学院中国自然科学史研究室编 科学出版社 1959 年

《黄道婆和上海棉纺织业》张家驹 上海人民出版社 1959 年

《明清农村社会经济》傅衣凌 三联书店 1960 年

《汉代服饰参考资料》张末元编著 人民美术出版社 1960 年

《中国印刷术的发明和它的西传》[美]卡特著 吴泽炎译 商务印书馆 1957 年

《中国古代宗教与神话考》丁山 科学出版社 1961 年

《大词人李清照》余雪曼 香港雪曼艺文院 1961 年

《唐代民歌考释及变文考论》杨公骥 吉林人民出版社 1962 年

《中国古代地理学家及旅行家》瞿忠义编著 山东人民出版社 1962 年

《中国古代社会与古代思想研究》(上下) 杨向奎 上海人民出版社 1962、1964 年

《明清社会史论》何炳棣 美国哥伦比亚大学 1962 年

《中国人性论史(先秦篇)》徐复观 台中东海大学 1963 年

《汉代服装图样资料》张来元 香港太平书局 1963 年

《契丹社会经济史稿》陈述 三联书店 1963 年

《中国古代戏剧家》韧庵 香港上海书局 1963 年

《十六世纪之菲律宾华侨》陈荆和 香港新亚研究所东南亚研究室 1963 年

《华侨与中国革命》黄珍吾 台北 1963 年

《禅宗丛林制度与中国社会》南怀瑾著 黄复英译 台北南怀瑾 1964 年

《永嘉乱后北方的豪族》金发根 台北中国学术著作奖助委员会 1964 年

《中国的社会与文学》劳干 台北文星书店 1964 年

《上海的故事》(1-6) 上海人民出版社 1964 年

《中国古代音乐家》东方明 香港上海书局 1965 年

《宋代太学与太学生》王建秋 台北中国学术著作奖助委员会 1965 年

《洪门帮会制》朱琳 台北文星书店 1965 年

《中国古代礼教史》周林根 台湾海洋书院 1966 年

《〈诗经〉与周代社会研究》孙作云 中华书局 1966 年

《冕服服章之研究》王宇清 台北中华丛书编审委员会 1966 年

《两晋南北朝士族政治之研究》(上、下) 毛汉光 台北中国学术著作奖助委员会 1966 年

《中日民族文化交流史》宋越伦 台湾正中书局 1966 年

《西汉迄五代入居中国之蕃人氏族研究——两汉至五代蕃姓录》苏庆彬 香港新亚研究所 1967 年

《中国服装史纲》王宇清 台湾中华大典编印会 1967 年

《台湾高山族的人口变迁》王人英 台湾民族研究所 1967 年

《中国亲属法溯源》徐朝阳 台湾商务印书馆 1968 年

《中华全国风俗志》(上、下) 胡朴安 台湾启新书局 1968 年

《帝王生活》王家域 台湾学生书局 1968 年

《东林与复社》台湾银行经济研究室 台湾银行 1968 年

《〈清明上河图〉之综合研究》刘渊临 台湾艺文印书馆 1969 年

《汉画与汉代社会生活》何浩天 台北中华丛书编委会 1969 年

《民俗学论丛》罗香林 台湾文量书店 1966 年

《行会研究》郭立诚 台北中华丛书编委会 1969 年

《造纸的传播及古纸的发现》李书华 台湾大陆杂志社 1969 年

《中国农业社会史论》余精一 台湾进学书局 1970 年

《道家与神仙》周绍贤 台湾中华书局 1970 年

《宋代灾荒的救济政策》王德毅 台北中国学术著作奖助委员会 1970 年

《明清社会经济史论丛》吴缉华 台湾学生书局 1970 年

《士昏礼服饰考、先秦丧服制度考》陈瑞庚、辛景明 台湾中华书局 1971 年

《唐代寺院经济的研究》黄敏枝 台湾大学文学院 1971 年

《进士科与唐代的文学社会》罗龙治 台湾大学文学院 1971 年

《宋代政教史》(上、下) 刘伯骥 台湾中华书局 1971 年

《清代幕府人事制度》缪全吉 台湾中国人事行政月刊社 1971 年

《唐代宦官权势之研究》王寿南 台湾正中书局 1972 年

《中国之科学与文明》(1—6) [英]李约瑟著 陈立夫主译 台湾商务印书馆 1972—1975 年

《中国礼俗研究》何联奎 台湾中华书局 1973 年

《佛门人物志》褚柏思 台湾传记文学出版社 1973 年

《宋代两京市民生活》庞德新 香港龙门书店 1974 年

《中国民间信仰论集》刘枝万 台湾民族研究所 1974 年

《封建社会的一面镜子——〈红楼梦〉》冯尔康 中华书局 1974 年

《华侨海外拓殖史话》何灌梁 台湾内外出版社 1974 年

《中国社会史》卫聚贤 台北石宝出版公司 1975 年

《中国古代奴婢制度史：自殷代至两晋南北朝》刘伟民 香港龙门书店 1975 年

《历代妇女服袍考实》王宗清 台湾中国旗袍研究会 1975 年

《元代社会经济史论集》周康燮主编 香港崇文书店 1975 年

《明代社会经济史论集》(1—5) 周康燮主编 香港崇文书店 1975 年

《宦官秘史》[日]三田村泰助著 王家成译 台北新理想出版社 1975 年

《魏晋思想与谈风》何启民 台湾学生书局 1976 年

《论唐明律对官人之优通》劳政武 台北著者 1976 年

《大汉女英豪》(《中国奇女子列传》四) 毕珍 台北 1976 年

《清代越南的华侨》郑瑞明 台北嘉新水泥公司文化基金会 1976 年

《美国华侨史》刘伯骥 台北黎明文化事业公司 1976 年

《婚姻与家庭》林菊桂 正中书局 1976 年

《元代户计制度研究》黄清连 台湾大学文学院 1977 年

《中国古代女性伦理论——以先秦两汉为中心》宋昌基 台北撰者印行 1977年

《近代中国——知识分子与自强运动》李恩涵等 台湾食货出版社 1977年

《史学方法论丛》黄俊杰 台湾学习书局 1977年

《中国古代戏剧家》韧庵 香港上海书局 1977年

《李清照研究》何广棪 台湾九思出版社 1977年

《中古门第论集》何启民 台湾学生书局 1978年

《帝王生活》王家核 台湾学生书局 1978年

《帝王师友论》王景佑等 台北石室出版社 1978年

《中国的风俗习惯》吴奚真等 台湾正中书局 1978年

《中国历代名女列传》余振邦 台北联亚出版社 1978年

《丰镐—长安—西安》马正林 陕西人民出版社 1978年

《唐代的后妃与外戚》罗龙治 台北四季桂冠联合发行部 1978年

《陶渊明之思想与清谈关系》李唐 台湾河洛图书出版社 1978年

《晚宋朝臣对国是的争议——理宗时代的和战、边防与流民》黄宽重 台湾大学文学部 1978年

《中国社会经济史概说》[日]加滕繁著 杜正胜译 台北华世出版社 1978年

《中国古代探险家与旅行家》王轩成编著 香港上海书局 1978年

《倾国名花——中国名女人的故事》台湾河洛图书出版社 1978年

《神州女子新史(正续编)》徐天啸 台湾食货出版社 1978年

《唐代留华外国人生活考述》谢海平 台湾商务印书馆 1978年

《历史学的新领域》张玉洁 台湾联经出版事业公司 1978年

《中国古代的探险家》《远流百科全书》编辑委员会 台北远流出版社 1978年

《一代佳人杨贵妃(719—756)》台湾河洛图书出版社 1978年

《古代中国文化与中国知识分子》胡秋原 台湾学术出版社 1978年

《我国古代都城之研究及评价》李正庸 台北市撰者 1978年

《中国封建社会史论》侯外庐 人民出版社 1978年

《中国封建社会形态研究》胡如雷 三联书店 1979年

《中国上古图腾制度探迹》毕长朴 台北著者 1979年

《中国妇女史论集》鲍家麟编著 台北牧童出版社 1979年

《匈奴汗国的末日——战争与和亲》张端仕 台北星光出版社 1979 年

《春秋时期的步兵》蓝永蔚 中华书局 1979 年

《肠断西风李清照》范纯甫 台北庄严出版社 1979 年

《秋风秋雨愁煞人——秋瑾传》周素珊 台北近代中国出版社 1979 年

《武则天传》林语堂 台北远景出版社 1979 年

《东汉士风及其转变》张蓓蓓 台北著者 1979 年

《中国买办资产阶级的发生》聂宝璋 中国社会科学出版社 1979 年

《汉代婚姻制度》刘增贵 台北华世出版社 1980 年

《军功爵制试探》朱绍侯 上海人民出版社 1980 年

《循历史轨迹论中国妇女袍服之研究》谌怡宁 台北润生书局 1980 年

《中国之孝道》[日]桑原骘藏著 宋念慈译 台港中华书局 1980 年

《中国民俗学》[日]直江广治著 林怀卿译 台南庄家出版社 1980 年

《台湾民俗学》[日]同分直一著 林怀卿译 台南庄家出版社 1980 年

《永宁纳西族的阿注婚姻和母系家庭》詹承绪等 上海人民出版社 1980 年

《中国知识阶层史论(古代篇)》余英时 台湾联经出版事业公司 1980 年

《周代社会辨析》赵光贤 人民出版社 1980 年

《宋代开封府研究》郑寿彭 中华丛书编审会 1980 年

《旧上海人口变迁的研究》邹依仁 上海人民出版社 1980 年

《日中两千年——人物往来与文化交流》[日]中村新太郎著 张伯震译 吉林人民出版社 1980 年

《史学方法论选集》杜维运等 台北华氏出版社 1980 年

《冼夫人》(《中国历史小丛书》) 万绳楠 中华书局 1980 年

《彝族社会历史调查研究文集》刘尧汉 民族出版社 1980 年

《中国历代名医评介》杨文儒、李宝华编著 陕西科学技术出版社 1980 年

《满族的历史与生活——三家子屯调查报告》金启宗 黑龙江人民出版社 1981 年

《我国婚俗研究》马之骕 台北经世书局 1981 年

《中国古代服饰研究》沈从文 台湾商务印书馆 1981 年

《中国的民族社会与文化——芮逸夫教授八秩寿庆论文集》李亦园等编 台北食货出版社 1981 年

《社会学与中国研究》蔡文辉 台北大东图书公司 1981 年

《封建贵族大地主的典型——孔府研究》何龄修等 中国社会科学出版社 1981 年

《传教士与近代中国》顾长声 上海人民出版社 1981 年

《清代奴婢制度》韦庆远等编著 中国人民大学出版社 1982 年

《族谱与香港地方史研究》萧国钧、萧国健 香港显朝书室 1982 年

《晚清宫廷生活见闻》全国政协文史资料研究委员会编 文史资料出版社 1982 年

《年节趣话》马宏智编 陕西人民出版社 1982 年

《宋代社会研究》朱瑞熙 中州书画社 1983 年

《明清徽州农村社会与佃仆制》叶显恩 安徽人民出版社 1983 年

《民族与民族学》杨堃 四川民族出版社 1983 年

《论清末民初的中国社会》蔡尚思等 复旦大学出版社 1983 年

《民俗趣谈》沈琨、张茂华 中州书画社 1983 年

《侗乡风情录》杨通山等编 四川民族出版社 1983 年

《中国杂技》傅起凤、傅腾龙 天津科学技术出版社 1983 年

《云南彝族礼俗研究文集》马学良 四川民族出版社 1983 年

《四川汉代画像砖与汉代社会》刘志远等编著 文物出版社 1983 年

《古代礼制风俗漫谈》《文史知识》编辑部 中华书局 1983 年

《中国年节》罗启荣、阳仁煊编 科学普及出版社 1983 年

《云南少数民族婚俗志》杨知勇等编 云南民族出版社 1983 年

《中国古代劳动人民创物志》张舜徽 华中工学院出版社 1984 年

《满族在岫岩》张其卓编著 辽宁人民出版社 1984 年

《华侨史研究论集》(一) 吴泽主编 华东师大出版社 1984 年

《太监史话》袁闾琨等 河南人民出版社 1984 年

《闽台关系族谱资料选编》庄为玑、王连茂编 福建人民出版社 1984 年

《中国古代体育史简编》李秀芳等主编 人民体育出版社 1984 年

《中国旅馆史话》王仁兴 中国旅游出版社 1984 年

《中国古代地主阶级研究论集》南开大学历史系中国古代史教研室编 南开大学出版社 1984 年

《历史上的家长制》王玉波 人民出版社 1984 年

《中国制度史》吕思勉 上海教育出版社 1985 年

《秦汉社会文明》林剑鸣等 西北大学出版社 1985 年

《中国古代陵寝制度史研究》杨宽 上海古籍出版社 1985 年

《中国民俗学》乌丙安 辽宁大学出版社 1985 年

《一五五〇年前的中国基督教史》[英]阿·克·穆尔著 郝镇华译 中华书局 1985 年

《走向世界——近代中国知识分子考察西方的历史》钟叔河 中华书局 1985 年

《中国移民史略》田方 陈一筠 知识出版社 1985 年

《海外赤子——华侨》郑民等编著 人民出版社 1985 年

《秦汉土地制度与阶级关系》朱绍侯 中州古籍出版社 1985 年

《清代的奴婢》戴玄之 台湾《政治大学学报》第 51 期 1985 年

《知识分子与中国历史的发展》湖南历史学会编 湖南人民出版社 1985 年

《清代留学生运动史》董守义 辽宁人民出版社 1985 年

《漫话后妃》王宗虞、任崇岳 河南人民出版社 1985 年

《晋剧百年史话》王永年等编著 山西人民出版社 1985 年

《城市发展史》张承安编著 武汉大学出版社 1985 年

《贵姓何来》徐俊元等 河北科学技术出版社 1985 年

《古今中外节日大全》梁全智、梁黎 山西人民出版社 1985 年

《中国会党史论著汇要》魏建猷主编 南开大学出版社 1985 年

《古今中外婚姻漫话》李绍连 河南人民出版社 1985 年

《唐代音乐与敦煌曲谱释读》叶栋《人文杂志》丛刊第十辑 1985 年

《江苏岁时风俗谈》王骧 江苏古籍出版社 1985 年

《民族风情》徐佩印、施桂英 河南人民出版社 1985 年

《中国少数民族节日与传统》李竹青编著 北京旅游出版社 1985 年

《中国少数民族婚姻家庭》严汝娴主编 中国妇女出版社 1986 年

《中国婚俗》吴存浩 山东人民出版社 1986 年

《清代八旗王公贵族兴衰史》杨学琛、周远廉 辽宁人民出版社 1986 年

《清代租佃制研究》周远廉、谢肇华 辽宁人民出版社 1986 年

《唐代奴婢制度》李季平 上海人民出版社 1986 年

《中国民俗与民俗学》张紫晨 浙江人民出版社 1986 年

《义和团运动时期的山西传教士》[英] 爱德华兹著 李喜所等译 冯承柏校 南开大学出版社 1986 年

（原载冯尔康等编著《中国社会史研究概述》，天津教育出版社，1988 年）

三论开展社会史研究

业已为史学工作者瞩目的中国社会史,为什么会引起人们的兴趣,它与历史学是什么关系,怎样才能使它的研究正常进行并促进史学的发展,是笔者时常思索而又困惑的问题。笔者前曾撰写《开展社会史的研究》①和《开展社会史研究》②两篇小文,今有一点新的想法,要对前文做些补充,故不揣谫陋,发此三论,求教于学术界同人。

一、史学反省与社会史复兴

中国社会史的研究近几年被学者正式提出来,并被一些学者认为是当前史学改革中出现的新学科、新气象之一,是史学反思或者说是克服史学危机的产物和表现。是的,当前社会史研究的兴起,是在史学反省和史学革新中产生的,有它出现的深刻的社会原因。不仅如此,由于我国实行对外开放政策,史学反思又同当代世界史学思潮相结合,深受世界社会史研究的影响,从而更有它勃兴的外部原因。

"文化大革命"之后,我国实行现代化的方针,推行改革开放政策,人们有必要也有可能回顾近三十年来各项事业的得与失,特别是我国经济发展落后于世界的现状与原因。在史学界,最初的反应是整理史料,搞考证,以为那样既有永久的学术价值,又有政治上的保险,这种"避世"的、为史学而史学的研究,在 18 世纪的乾嘉时代尚可, 绝不会为 20 世纪 80 年代的史学所普遍接受。史学界的有识之士很快开展了对封建主义的研究和批判、对历史动力问题的讨论,这些问题的澄清很重要,但还不是解决史学问题的根本所在,因而在五六年前,学术界倡导开展文化史研究,以加强史学建设和发挥其社会功

---

① 《百科知识》1986 年第 1 期。
② 《历史研究》1987 年第 1 期。

能。与此同时,青年史学工作者发起关于史学危机的讨论:有说史学存在严重危机,有说只在"文化大革命"中出现过这个问题,有说应当有危机感,有说在史学内部是繁荣而外部才是危机,有说历史研究空前繁盛但在史学发展"范式"上存在危机,有说不是危机而是反省。争论至今,没有结论。事情不在于有无定论,危机论反映了史学工作者对史学研究现状的强烈不满和进行史学更新的愿望。

回顾三十多年的史学研究,对中国政治史、社会经济形态史和阶级斗争史的研究,取得不少成绩,但是存在的问题更多。笔者与危机论、反省论的同行有许多共同的认识,这就是:

1.以教条主义态度对待马克思主义的阶级理论,造成历史研究领域的狭小和观点的僵化。

2.史学的社会功能衰微,为大众所冷落。

3.史学工作者知识结构不理想,难以胜任新时期史学的要求。

史学研究中的问题确实很严重,它要克服教条主义,才能从长期的"左"的思想倾向中走出来;扩展研究领域,才能摆脱狭隘范畴的束缚;与社会改革的步伐相一致,才能结束受社会冷落的局面;提高史学工作者素质(业务水准),才能胜任史学的崇高使命。这些是史学的根本性、方向性问题,是史学能否成为真正的人文学科的问题。从这个角度讲,史学是处在危机中,不解决这些问题,它就不可能前进。

但是只说史学危机,也没有概括目前史学界的全面情况。在史学危机这些内容存在的同时,还有着不满现状、要求改革并付诸行动的力量。讨论史学危机本身,就是追求史学变革的一种反映。还有一些事实,也表现出这种追求,讨论史学理论,如亚细亚生产方式问题,马克思主义有无人民群众是历史创造者的观点;开辟带有方向性的史学领域,如文化史以高速度走进史学殿堂;探讨史学方法论,学者们把自然科学的一些方法,如系统论、控制论、突变论("三论")和耗散结构论、协调理论、突变论("新三论"),尝试性地应用于历史学的研究,与此同时,学者们还饶有趣味地将西方史学理论和方法论介绍给国内同行。这一切说明人们正在进行史学反省,寻求新的出路和摆脱困境的方法,这说明史学有生机,有希望。笔者充分注意到这一事实,认为当前史学的状况是危机和生机并存,处于转变的阶段。

史学反省,是社会史研究出现的国内条件。20 世纪 80 年代,世界文化是沟通的,当我们封闭的国门打开之后,当代世界史学思潮和社会史研究动向像一股热浪涌进中国,人们贪婪地呼吸着,来不及辨味,就进了肺腑,这是社会史研究兴起的又一种社会条件。

西方的史学家经常说到史学危机,他们总有危机感,不断提出新的研究方向和研究方法,因而新的学派不断出现,诸如法国的年鉴学派、英国的马克思主义史学、美国的新社会史,以及心理史学、结构主义史学、计量史学、比较史学、口述史学、新经济史学等。每一个史学派别的出现都有一个过程,而且其本身也有变化,如年鉴学派从 20 世纪 20 年代末出现,至少经历了三个发展阶段。西方史学的屡屡变化,表明它不满足于已取得的成绩,在探索中前进,这是有活力的表现。

当代世界史学的潮流,是历史学与其他社会科学的结合。英国史学家杰弗里·巴勒克拉夫在《当代史学主要趋势》一书中指出:"当前趋势的主要特征""是历史学与社会科学的结合","历史学中的新趋势是对新的研究技术和方法的反映","这些方法主要借鉴于社会学、经济学和人类学"。[1]1985 年参加第十六届国际历史科学大会的中国学者张椿年等人以亲身的感受,认为"历史科学各分支之间以及历史科学与自然科学和工程技术之间的互相渗透,已成为一种具有普遍性的现象"[2]。中国学者冯承柏也持有相同看法,他提交给 1986 年召开的中国社会史首届研讨会的论文《西方史学与社会科学》,标题就反映了他认为西方史学与社会科学相结合的观点。

西方社会史作为本世纪出现的史学的一个分支,其研究对象、范畴也在不断变化、发展,而其趋势也是从史学的一隅而扩展领域,并与史学整体融合在一起。英国史学家 E.J.霍布斯鲍姆于 1971 年写的《从社会史到社会的历史》一文,就社会史内容的演变,指出社会科学的发展为社会史铺路,使它成为研究人类社会的历史学的组成部分。[3]素享盛名的波兰历史学的"社会史整体化是六十年代以来一个非常强烈的趋向"[4]。看来,当代社会史的研究趋势与历

① [英]杰弗里·巴勒克拉夫著:《当代史学主要趋势》,杨豫译,上海译文出版社,1987 年,第 67、69 页。

② 张椿年:《开拓新领域 研究新问题——出席第十六届国际历史科学大会有感》,《世界历史》1986 年第 1 期。

③ [英]E.J.霍布斯鲍姆著:《从社会史到社会的历史》,载吉尔伯特、格劳巴德编:《当代史学研究》,李丰斌译,台湾明文书局,1981 年,第 28—29 页。

④ 陈洪进:《当今国外史学思潮》,《世界历史》1986 年第 11 期。

史学一样,是建设整体史学,并使历史学与其他社会科学结合。

社会史的研究,当前在世界范围内为史家所重视。E.J.霍布斯鲍姆说的好:"目前社会史正盛行","要成为一个社会史家,此正是其时"。①当代世界史学的状况,令我们产生两个鲜明的印象:一是史学与其他社会科学结合;二是社会史研究正在发展,并为史学整体化做出努力。这种世界史学潮流冲击着我国的史学,我们的史学反省、史学更新正在受其影响。

早在二三十年代,中国已出现社会史的研究,产生了一些著作,被学术界认作是"为史学辟一新径途"②。50 年代至 70 年代,中国基本上中断了社会史研究。这样说是否武断呢?因为马克思主义与社会史有密切关系,西方社会史就受着马克思主义的影响,何况中国是以马克思主义为指导思想的,难道历史学就不用马克思主义原理进行社会史的研究?是的,有这样的现象,史学以主要力量研究阶级斗争史,涉及了阶级结构、生产方式、阶级矛盾中的某些问题,特别是大量研究了租佃关系和地租形态,这些是社会史直接或间接研究的内容,怎么能说基本没有进行社会史研究呢?笔者的理由有三:一是涉及的这些内容,不是从社会史研究角度提出来的,是从阶级斗争着眼的,这时与社会史相邻的社会学、人类学已被作为反动学科取消了,社会史概念也跟着消失了。二是社会史的内容只是被零星注意了,不是作为历史学分支学科的研究。比如关于租佃关系的论文不少,焦点是在剥削方式和剥削的残酷性,而对主佃双方的生活方式缺少研究,又不涉及主佃双方的家庭、家族、社团关系,不同于社会史研究,所以那些论题的研究是表象,不是社会史研究发展的论据。三是笔者说基本上中断,而没有说完全中断,就是考虑到还有那些研究的存在,即对这种研究做了承认。因此从名与实的角度全面考察,说新中国成立前三十年社会史研究处于基本停顿状态。尽管如此,从 20 世纪以来中国就有了社会史,时至 80 年代,重开社会史的研究,不是无源之水、无本之木,多少也有对前代史学的继承。正是考虑到大半个世纪以来社会史研究的历史,笔者认为它今天的兴起是一种复兴,是在前代基础上的继续发展,但是也认为社会史研究的历史遗产极其微薄,今日的兴起也可以说是肇兴,具有一定的开创性。

---

① 吉尔伯特、格劳巴德编:《当代史学研究》,第 23、55 页。
② 杨树达:《汉代婚丧礼俗考·自序》,商务印书馆,1933 年。

综上所述,中国社会史研究的复兴,是在中国改革开放的社会前提下,受史学危机的刺激和史学反省的推动,接受中国社会史原有的微弱基础,并在当代世界史学与其他社会科学兴盛的外界条件影响下,自然地、符合逻辑地出现的。它作为历史学的一个分支学科,是史学研究发展过程中的产物,是历史认识论、方法论发展的表现。

二、社会史的研究对象、任务及与历史学、其他社会科学的沟通

如前所述,中国社会史的研究受西方社会科学和社会史的影响,因此我们在讨论中国社会史的研究对象、任务之前,了解西方社会史的相关问题将是有益的。

西方史学家对社会史有着不同的理解,认识也在变化,也有一个发展的趋向。一种观点认为,社会史是政治史以外的历史,早期英国社会史家 G.M.屈威廉的《英国社会史》给这门学问下的定义是:"排除了政治的人民的历史。"[1]他用排除法,把政治范畴以外的历史视作社会史的研究内容。一种意见认为社会史"是历史的社会学,它所研究的对象包括权力、意识形态、信仰、结构、内聚力、对国家的忠诚、誓言和保持一致,以及改革、持不同政见"[2]。再一种看法,社会史是下层群众的历史,研究贫穷和底层群众的历史,特别是他们的反抗运动史。还有的学者认为,社会史是泛指一些描述难于加以分类的人类活动的历史著作,即反映风俗习惯和日常生活的历史。另一种主张认为,社会史是"社会的历史",霍布斯鲍姆说"社会的历史乃是社会结构与变迁之一般模式与特定的实际发生之现象丛之间的相互交流"。[3]就现在人们的认识水平,社会史的内容包罗万象,很难抽象概括,一般人不愿给其下定义以约束研究的开展,于是各行其是,意见纷呈,难于统一。诸派观点虽不一,但自 50 年代中期以来,社会史研究的内容,如霍布斯鲍姆在《从社会史到社会的历史》中所归纳的:①人口学和家族关系,②史学范围以内的都市的研究,③阶级与社会群体,④"心态"或集体意识的历史及人类学意义底下的"文化"的历史,⑤

---

① ② [英]J.布雷维里等撰:《何谓社会史?》,肖朗译,《国外社会科学》1986 年第 5 期。
③ 吉尔伯特、格劳巴德编:《当代史学研究》,第 36—37 页。

社会的变革(例如"现代化"或"工业化"),⑥社会运动及社会抗议的现象。①

西方社会史研究有个特点,就是它与历史的整体研究结合起来,社会史家认为"社会史具有严密的思想性和可靠的系统性,它提供了最好的机会撰写总体历史,而这种总体历史是我们最终应追求的目标"②。J.布雷维里指出:"社会史不是一种特殊的历史,只是在每一种历史中都存在着的一个方面。"③上述内容说明社会史的研究,是将其内容渗透到历史领域的各个方面,从社会史角度考察历史,通过社会史使历史研究整体化。

西方社会史还是历史学与其他社会科学联系的桥梁,是史学向其他学科吸取养料的传送器。社会史把社会学、文化人类学等学科的社会结构及演变理论,婚姻和家庭、生活方式及演化等内容,以及相应的研究方法引入历史学,大大丰富了史学内容和研究法。

笔者在拙文《开展社会史研究》中讲到这门学科的对象和任务:"中国社会史是研究历史上人们社会生活的运动体系",它"以人们的群体生活与生活方式为研究对象,以社会结构、社会组织、人口、社区、物质与精神生活习俗为研究范畴。揭示它本身在历史上的发展变化及其在历史过程中的作用和地位"。笔者也注意到我国学者给社会史下的若干定义,如说社会史的学科对象是生活方式的演变过程与具体规律,社会史就是社会生活史;又如认为社会史的研究对象是以人为主体的社会的社会生活方面的历史变迁;再如认为社会史学是把社会学研究的理论与方法应用于历史学研究的学科;还有的说社会史是以社会构成、社会生活、社会职能为研究对象,等等。笔者经过学习、比较中外学者关于社会史的说明,基本上坚持原来的观点,但也有一点变动和对原来认识的补充,这就是:

1.社会史以社会组织、社会结构、人口社会、社会生活方式与风尚为主要研究对象,兼及其他直接表现社会关系的社会生活。这是接受了西方正在形成的社会史是"社会的历史"的概念,扩大了社会史研究的内涵。笔者原来认为社会史与政治史、经济史、文化史有联系,今天进一步认为社会史渗透到政治史、经济史、文化史等专史领域,凡是这些专史中属于人们社会关系的内容,也就是社会史的内容,如租赁关系、债务关系、剥削关系、党派关系、教派

---

① 吉尔伯特、格劳巴德编:《当代史学研究》,第41页。
②③ [英]J.布雷维里等撰:《何谓社会史?》,肖朗译,《国外社会科学》1986年第5期。

关系等。当今学术研究已经形成了多种专门社会史,如社会经济史、政治社会史、军事社会史、家庭社会史、人口社会史、文化社会史、艺术社会史、科学社会史、医学社会史、宗教社会史等。同时我们知道,政治史、经济史、文化史、军事史、科学史的全部内容,并非都是社会史的研究对象,比如赋役制度、郡县乡里的编制、职官制度、商业贸易、交通运输、教育制度就不是社会史所能涵盖的,它们纯粹是政治史、经济史、教育史的研究内容。对社会史范畴的理解放大了,但不能是无边际的,而且应当认定它的主要研究内容,就是上述的社会组织、社会结构、人口社会和社会生活方式,这样社会史才能有它的专史领域和专史特点。

2.社会史不应停留在了解人们社会生活的现象上,还需要深一层研究人们社会生活所表现的心理状态和思想意识。人们的宗教、文娱、节日等方面的生活,是文化生活,也是精神生活,这就要从文化上、精神上去做分析,人们为什么去追求那种生活方式,为什么要参加社会组织,对人口社会种种问题是怎样看待的。只有把人们的思想意识、心理状态分析透彻了,才能揭示人们社会生活的状况和演变规律。

3.社会史具有边缘史学的性质。社会史是历史学的一门专史,它与多种学科在研究内容上有局部的重叠。社会科学各学科普遍地涉猎该学科研究对象中的历史成分,如文化人类学、民族学、社会学研究社会组织、社会结构和社会生活方式的全部或局部内容。这种学科"历史化"现象,正在分割着历史学,而社会史也研究这些内容,它与其他学科之间相同部分的研究,对历史学来讲是一种收回"失地"——失去的领域,同时也是与其他学科的联系点,因此可以说社会史是历史学与其他社会科学的联系媒介。社会史与其他社会科学的交叉研究,使它成为带有边缘学科性质的史学分支。所谓边缘学科,是两个或两个以上成熟了的学科之间才能产生的,它们之间要能够给予对方以养料和影响。以世界范围讲,历史学与社会学、民族学、文化人类学都是发展成熟了的,可以滋补和影响对方。历史学从社会学、文化人类学、民族学引进学科的某些原理、课题和研究方法,所以学者总是强调"社会学教导史学家对旧史料及旧史实提出新问题"[①]。而社会学、民族学、文化人类学的"历史化"现象本身表明它们也接受了历史学的一些理论和概念。历史学与其他社会科学的

① 黄俊杰编:《史学方法论丛》,台湾学生书局,1984 年增订 3 版,第 12 页。

互相补充与促进,常常通过社会史来进行,那么社会史不仅对其他社会科学发展有益,而对历史学尤有大的功用,即开阔史家的视野、扩充史学研究的领域和研究方法,并与其他学科紧紧联系起来,共同发展。

三、社会史研究与历史研究法

社会史作为历史学的分支学科,它有没有与众不同的一些研究方法?它的研究会给史学研究法带来什么影响?经过初步分析,笔者认识到社会史的研究与史学研究法有三个方面的关联。

(一)社会史借用其他学科的研究法,并把它引入历史学,促进史学研究法的多样化

社会史的研究,离不开传统的史学方法,归纳法、演绎法、严格的时间观念,社会史家仍然要运用它们。但是如果不以求新的态度去探索新的方法,只采用史学固有研究法,即用旧方法研究新内容,对史学发展不能说毫无意义,恐怕也不会有太多的成果,社会史本身也难于得到长足的发展。

社会史作为带有边缘性的分支学科,对研究法的采用需要充分考虑这一性质,要采用跨学科的方法,即从与它相邻的学科中吸取通用的方法。如前所述,社会史与社会学、文化人类学、民族学、经济学有相同的或接近的研究内容,这种相邻的“血缘”关系,就使它从这些学科接受研究法有了可能。吸取新方法,有两个方面,一是思维方法,二是具体方法,后者容易理解,前者易于忽视,所以需要特别留意。每一个学科都有它的方法论,有其思维方式、理论构架、基本原理,还有它的基本方法和研究技术。社会学、文化人类学的结构论、模式论、群体观、系统分析法、社会调查法、个案法、区位法、计量法等,能为社会史研究所接受,在西方已为社会史家所普遍采用。西方社会结构学说认为“结构是对集合体总体的描述,而不是对它的组成要素的描述”①。马克思主义认为社会是“阶级、阶层和社会群体的相对稳定结构的分析,这个结构包括这些基本部分的总和及其相互关系的特性”②。社会结构研究的不仅是结构的各

---

① [美]约翰·威尔逊:《结构社会学概述》,《外国社会科学》1987 年第 3 期译文。
② 民主德国《马克思列宁主义社会学辞典》1984 年修订版,赖志全译,《外国社会科学》1987 年第 2 期。

个组成要素,更重要的是讲它们之间的相互关系,所形成的总体状况。社会学认为,社会组织中的群体是人们通过直接的社会联系和心理沟通所结成的社会共同体,因血缘、地缘、种族、民族、职业、志趣等因素而形成性质和大小不同的类型,"群体意识不是个体成员的算术总和,而是一个社会系统。是新的总体特质"①。社会学的社会结构、社会组织的理论、概念和研究法,对于社会史研究社会阶级、阶层,以及组织(社团、宗教、宗族、家庭)所构成的总的社会图案,是结构总体、群体总体,而不是结构中的某一方面、群体中的某一组成要素,对于社会史研究来说,有助于克服单单注意阶级结构的内容,虽然它是社会结构的主要方面。社会史吸收其他学科的概念和方法为自身的研究法,同时也就成为历史研究法,其演进程序是:其他学科的方法—社会史研究法—史学研究法。当今世界科学的进步多注重边缘学科的研究,以此为突破点,带动老学科的发展,具有活力的社会史研究进入史学,正是史学发展的突破口。

社会史研究接受相邻学科的方法,应当有创新,结合历史学的内容加以改进,使之适合学科的应用,完全照搬并不是好的方法。对于中国社会史来讲,在吸收其他学科方法的同时,要继承史学传统中的至今仍是新鲜活泼的有益因素。西方社会史以排除政治史而起家,以研究社会经济史而有生命力,但现时比较注重第三层次的心态研究,有忽视经济的倾向,因此马克思主义关于政治、经济方面的原理,对于社会史的理论与方法的意义更为重要。

(二)社会史研究本身对于史学讲就是贡献了一种史学研究法

认识论也是方法论。史学家发掘社会史的研究对象和任务,是史学认识的重大成就,也可以把这种认识作为方法,有意识地进行这方面的研究。过往史学对社会史的内容只做零星的接触,没有当作一种分支学科去研究,也就是说史学不仅缺少社会史,还没有认识它的方法。社会史研究提出后,史家把它的研究范畴、任务纳入自身的研究,社会史的课题就是历史研究的课题,社会史的研究任务之一,就是把对社会史的认识论变成史学的方法论。

(三)社会史研究为史学的综合研究法的实现创造了有利条件

科学的历史研究法,应同它的研究客体相结合、相一致,才有可能揭示历

① [苏]安季平娃撰:《小群体研究的系统方法》,卢朝峰译,李国海校,《现代外国哲学社会科学文摘》1988 年第 4 期。

史面貌。历史本身包罗万象,同时又变化多端。因此历史研究要与历史实际相结合,就得遵循史学研究的领域同历史实际的领域相一致的原则,遵循史学研究法同与历史有关的各门学科研究法相结合的原则。这就是史学的综合研究法。

社会史对史学综合研究法的实现贡献良多。社会史被纳入历史研究,大大丰富了历史研究内容的同时,使历史研究的内涵结构符合历史自身的结构,这样就可以进行历史整体性的研究,了解历史的全貌,所以社会史内容的研究不是改变对历史的局部看法,而是总体看法。社会史引进其他学科的理论和方法,使历史研究在新的基础上前进,提高宏观认识能力,实现高层次的综合研究。

社会史促进历史学的综合研究法的实现,其结果是提高史学的理论思维,加强分析性、说理性、论证性,克服罗列事实的单纯陈述或公式化的论述,提高史学的研究水平。

总之,作为史学一门专史的社会史研究的开展,它给予史学的不只是过去史学不注意的一些研究领域,更重要的是以其研究观点和角度实现整体史学研究,促使史学研究水平有个质的飞跃,从而使史学社会功能得到良好的发挥,使史学研究从低谷走向繁荣。

(本文系提交 1988 年在南京大学召开的第二届社会史研讨会论文,刊载于 1989 年《南京大学学报·社会史专号》)

深化与拓宽

如果说近年史学研究开出两朵奇葩的话,文化史是其一,另一支就是社会史了。社会史研究有一种勃然而兴的势态:有关论著相继问世,学术研讨会已开了四届,专业学会——中国社会史研究会业已成立,几所高等院校、社会科学院成立了社会史研究中心,等等。社会史研究的成就还表现在学术建树上,它拓宽了历史研究的范围:出现了身份、地位集团史,妇女、婚姻、家庭和家族史,民间宗教、秘密结社和社会团体史,衣食住行、文化娱乐风俗史,社会问题史,断代、近代社会史,等等。学者们对社会史学科理论也做了一些探讨,并开始注意吸收社会学、文化人类学等相关学科的研究法,如个案法的运用等。

社会史研究似乎也存在着不尽如人意的地方:其一,研究内容显得琐碎、重复,孤立地叙述某些社会现象,对与它相关联的社会事象缺乏了解和说明,也就是说,没有对社会历史做整体的研究,这样不仅很难深入说清被研究的单项内容,更不能说明全部历史的变化,因此理论性较差。其二,虽已吸收其他学科的一些研究方法,但仅是开始,想运用新研究方法,实际上不易做到,还需要一个过程。其三,研究内容尚需进一步拓展,如宗教、文艺、科技、少数民族等方面的有关社会生活史内容的研究较少,关于科技发明、作家作品、宗教哲学等与民众生活方式的关系尚无专著样行。

我国社会史研究当前出现的问题,是这一学科处于发展阶段、不成熟时代的必然现象,不足为怪。西方社会史从 20 年代末发生,到七八十年代才为全球史家所接受,它同样面临不少问题。1992 年出版的彼得·伯克编《历史学的新展望》一书对社会史议论说:①有关课题本身界定不明确,研究范围、对象、基本概念模糊不清;②对历史的解释与传统史学有何不同并不清楚,因为社会史家 "无法否定物质和自然环境在人类历史长时期发展中所扮演的角色";③"整合上的困难",即如何综合各个历史学分支学科的研究成果及"调和新旧史学之间的对立局面"的难度巨大。①在美国,1978年社会史论文是思想史的两倍,1988年美国历史年会约有三分之一场次的主题直接标明以阶级、种族或两性关系为范围。社会史成为显学。但在这种情况下,有人提出批评,1987年,G.希尔法布著《新史学与旧史学》一书指出,社会史只重视社会大众的历史,忽视精英分子的作用。②几年前一位美国学者也谈到,美国社会史研究遇到的难题,是研究事情琐屑,把历史分割得太细,不能说明重大问题。事实表明,中外社会史研究有相同的难题和不足,这是世界史学发展必须解决的障碍。

要克服我国社会史研究前进中的不足,笔者想有两个途径,其一是在整体研究上下功夫,其二是继续拓宽研究领域。社会史作为历史学的分支学科,是历史学与文化人类学、社会学、民俗学等学科的中介桥梁,既有它的专门研究内容,又是史学整体中的一个方面,把它放在整体内研究,才可能既了解其分体本身,并从它与史学内部、与相关学科的联系中认识历史整体。做到这一点,对史学工作者来讲,至少要有合理的知识结构,要掌握历史学及与社会史相关的多学科知识,因而需要补课,以便驾驭这种研究。拓宽研究领域就是向史家不了解的或了解甚少的方面进军。史料不集中,可以借鉴的成果几乎是零,这从头做起的事情当然是困难重重,因此需要踏踏实实地工作,以良好的学风去进行学科建设。时贤说得好:一门学科成为显学,将不知失去多少真理!我想这是从事社会史研究的同人值得警惕的。社会史研究不能停留在拓宽的表面上,但是综合探入的整体研究又是建立在广阔层面研究的基础之上的。深化与拓宽,是当前社会史研究进展的两个方面,有机地结合起来为最好。而欲达此目的,良好的学风、埋头苦干、不尚虚荣,大约是先决条件之一。

(原载《历史研究》1993年第2期)

---

① [美]彼得·伯克编:《历史学的新展望》,美国宾州帕尔克大学出版社。见林士富介绍该书的文章,《新史学》第3卷第2期,1992年6月。

② [美]G.希米尔法布:《新史学与旧史学》,见周梁楷:《旧史学向新史学的反扑》,《新史学》第1卷第2期,1990年6月。

迈向未来的社会史研究

一、社会史学巨大的成就与面临的难题

纵观年鉴学派出现 70 年以来的社会史、新社会史的研究历程,它的研究对象范畴、研究方法与理论,让我们感到它的活力、它的耀眼的成绩,也意识到它在前进路上的障碍。

社会史、新社会史研究的杰出成就,可以归纳为以下 7 个方面:

第一,大大拓宽了史学研究领域,并在继续扩展。比起传统史学的主要是政治史的研究范畴,现在的"社会的历史"的研讨领域,将(狭义概念的)社会、政治、经济、文化各个方面都包容进来,领域之广阔,是先前的史学家所不能想象的,是先前的历史研究所不能比拟的。问题不仅是大概念的政、经、文范畴的历史的融入,而且在不断地深入其内部,诸如同性恋、育儿、单亲家庭、两性关系、消费、广告等,它们从来没有被提到一个大问题上研究过,现在为社会史家所注意了,诸如此类的问题还很多,还会有新的课题被发现而予以学术研讨。

第二,与研究范畴的扩大相一致,从传统史学的社会上层史研究,走向包括社会各阶层的人群历史的研究。历史本来是社会所有的人群共同创造的,可是传统史学仅仅以社会上层为历史的主体,对社会下层连历史配角的地位亦吝啬地不乐于给予。在研究初期,社会史有限度地排斥政治史,提倡"自下向上看"的方法,开展日常生活史的研讨,将社会下层作为历史研究的重要对象,描绘他们的种种生活、向往、苦难、欢乐和社会运动,这不仅是研究范围的变革,更是史观的巨大进步。被治理的下层民众,原来无权关心自己的历史,因而对历史亦较为冷漠,社会史关怀他们,无疑提高了他们对历史的兴趣,20世纪 70 年代美国出现的寻根热,与研究日常生活史的提倡同时出现,大约不是偶然的现象,而是社会下层史研究的一种反映。

第三，历史学与其他学科的密切联系，推动了历史科学的发展。社会史研究的跨学科状况，使历史学同地理学、经济学、人类学、社会学、语言学、心理学、人口学、哲学、法学、医学、生物学、植物学、气象学等社会科学及自然科学、工程科学联系起来，从历史学来讲是借用其他学科的理论、方法和有关历史研究的成果，深化史学研究，所以产生许多新课题，有新的跨学科研究成果，如生态环境史、人群生命史、社会结构史等均是综合多学科成果的产物。反过来说，没有跨学科的研究，就不会有生态环境史的出现。因为"环境史的长期方法学目标必须是，针对每一个探讨的问题，就其需要有系统地结合自然科学与社会科学的方法。处理这个观念和分析上的异质性是环境史学术兴趣主要部分的来源，也是它最难之处"①。难就难在研究者要有多学科的知识，对此，我们只要了解一下《积渐所至：中国环境史论文集》一书中各篇文章的作者的研究学科就能清楚地明白了。作者中包括了(狭义)历史学家以外的历史地理学家、农业学家、林业学家、生物学家、考古学家、经济史家、哲学史家、水力学家、历史人口学家，有自然科学家或具有专门自然科学知识的社会科学学者，这才能胜任生态环境史的研究，拿出像样的成果。历史学因社会史研究走出孤芳自赏的状态，向其他学科求援，通过跨学科的研究，迈出了坚实的一步，非常可喜。历史学需要其他学科的知识和合作，与此同时，其他学科的历史化倾向亦已表现出来，许多学科在进行学科史的回顾，需要同历史学发生联系。跨学科研究正是在这种条件下得以初步开展的，并通过社会史的研究而得到实现。

第四，研究理论与研究方法的不断创新。长时段理论、整体史论、"自下向上看"方法、心态史学等理论和方法的接连出现，标志着社会史学在探索，在寻求科学说明历史的理论和方法，而不满足于已有的理论观念、模式、架构、方法。事实上一种理论、方法只能说明某几个、某个方面的历史现象，或者仅仅说明某种现象的某个侧面，超出那个范围，它就无能为力了。历史学上恐怕还没有永恒的、万能的理论与方法，这就要不停地进行探索。年鉴学派第一代使用心态史研究法，第二代的主将布罗代尔却将它搁置起来，第三代又大力地把它拾起来，发扬光大，这就是学者们在理论与方法上的探索的显例。社会

---

① 刘翠溶、[英]伊懋可主编：《积渐所至：中国环境史论文集》"导论"，台湾经济研究所，1995年，第10页。

史研究理论与方法的不断出现,证明方法适用的范围有限,因此需要再创造,更证明社会史研究有活力,允许新发明的出现。

第五,新资料不断被发掘。有什么样的研究内容,就需要有那方面的史料,社会史新开辟的许许多多的研究领域,既然是过去史家所忽略的,现在做起来,必然特别缺乏材料,民众史、日常生活史尤其如此,这就迫使史学家去寻求新的资料来源,于是到现实生活中去调查,产生了口述史学。史学家们又另辟蹊径,采用所谓"视觉材料",这是将电影、电视影片、戏剧表演、图像、绘画、雕塑品、相片、留声机、唱片、建筑物、生产工具等艺术品和实物,即文学性、艺术性的作品和实用性的物品经过某种史学专业的处理而用作史料。

第六,走出欧洲中心论。近代以来欧洲中心论盛行,而在当代它遭到摈弃,原因是多方面的,世界政治格局的变化,即民族解放运动和殖民主义破产起了主要作用;社会史研究的发展,使它在史学领域内亦为人所遗弃。学者通过对殖民地史的研究发现世界文化是多元的,并不是欧洲一元;过去历史学研究殖民地史,重在宗主国与殖民地的关系,在这关系史之外,社会史研究使得对殖民地内部的历史研究加强了,也就是说殖民地有本身的历史,有它内在的发展因素,欧洲中心论不再被人们信奉了。这是世界性的史学观念的革新和前进。

第七,社会史研究促进了中国史学的发展。中国史学与社会史的关系,在大陆大体上说是中国历史学从传统历史编纂学经历近代史学,转向马克思主义史学与社会史相结合的方向;在台湾则是近代史学与新史学的相继发展。回顾 20 世纪的史学史,在中国出现两个《新史学》,一个是 1902 年史学大师梁启超著作的《新史学》一书,要求突破传统历史编纂学,倡导史学革命,希望旧史学由叙述帝王、个人的历史,转而注意人群进化的现象,为民众树立理想。另一个是台湾史学家出版的《新史学》杂志,提倡新社会史的研究,不断开辟史学研究领域,是新社会史的园地。这两个名称相同的《新史学》的出现,怎能是偶然的呢?!它标志着我国史学家富有创新的意识,在不同的时代,根据不同的史学研究状况做出迈向新目标的努力,以便将史学研究推向前方。大陆史学界的情况要比台湾复杂一些,50 年代以后马克思主义史学在大陆史学界奠定主导地位,运用历史唯物主义理论观察历史,在中国古代史、近当代史、专门史、考古学与先秦史等领域,都取得了可观的成绩,但是"以论代史"观点的一度流行及其潜在的巨大影响,或者说以历史验证理论的观念成为史学研究的出发点,严重削弱了史学研究的学术性和可信性。正是在这种情形下,80年代学术界出现了研究文化史与社会史的热情,以纠正史学研究僵化的弊病,使史学研究产生新的活力。

要而言之,社会史、新社会史对世界各国历史学的影响,借用彼得·伯克讲法国史坛的"史学革命"的评价——是它促使了世界性的史学革命,或者如满云龙所说,社会史"推动了史学的革命性发展"①。历史学的面貌大大改观了,开始由平面的形象逐渐树立起立体的形象,有骨骼和血肉凝为一体的丰满的形象;它亲近社会下层民众,由社会上层的历史走向全体社会成员的历史,无疑使其本身受到了社会的欢迎,从而增强了活力。当然,它的整体史的研究方向有待于实践,但努力目标是没有错的。

内容与方法的不断扩展、变化,使社会史研究出现一些不易解决的难题,因此不时有学者发出社会史面临困境的警告。究竟存在哪些问题呢?这里想借助勒高夫、霍布斯鲍姆、彼得·伯克、勃里格斯等人的研究,综述于次:

社会史定义不明,或者说无法界定。"社会"一词的含义不清,就令人不清楚社会史究竟要研究什么,它的研究范畴、研究对象是什么?因为界定不清,使人无所适从,因此社会史是历史学里的专史呢,还是就是历史学的另一个名称呢?学者间认识不一。就此问题,勒高夫在1978年探讨新史学的前途时,想到有三种可能:一是史学继续向其他人文科学投资,尽量吸收它们的成分而使自身变成一个泛历史,实即整体史;二是历史学与人类学、社会学溶化为一个混合体,即"历史性人类学";三是停止向其他学科开放,把研究领域固定下来,而寻找认识上的突破,这就是我们所理解的社会史专史吧。②20年过去了,这个问题依然如旧,只是相信整体史的人多了起来,但是整体史也正有问题等待着它的解决哩!

整体史整合不出来。新史学提出整体史的学科方向,但是并没有公认的标志性的著作问世,即使霍布斯鲍姆赞扬布洛克的《封建社会》一书,亦未把它当作整体史的典范。有主张而未能实践,这归于社会史的主体理论和研究者的多学科知识结构两方面原因。新史学固然提出长时段理论、运用结构论,

---

① 中国留美历史学会编:《当代欧美史学评析——中国留美历史学者论文集》,人民出版社,1990年,第98页。

② [法]勒高夫著:《新历史》,梁其姿译,《食货》复刊第12卷第10、11期。

这些理论有助于局部历史问题的处理,但还不能驾驭全部历史;又从马克思主义学习了社会形态和社会演变模式,也未形成更新的理论。所以霍布斯鲍姆寻找整体史的经典之作,并未有满意的答案,因而不得不遗憾地说:"想要把广涵之社会史转变成一通俗性之综合体的企图在我看来则没那么成功——抑或是说,它虽然具有许多大优点(有些也可算是一种刺激的力量),但是仍然是计划性、试探性的工作。社会之历史仍有待我们去构筑。"①试想,社会史所研究的大多是小课题,课题之间缺少综合理论把它们联系起来作出整体的说明,不能不让人感到课题飞舞、眼花缭乱,觉得社会史研究杂乱无章,从而对这种研究发动攻击,认为新史学将历史学自身的身份、独立地位丢失了,它被溶化在各个相邻的学科里,被分散在支离破碎的各个分支层面、领域、问题里。②1988 年美国史学年会上撰著《新史学与旧史学》的 G. 希米尔法布公开指责年鉴史家、新马克思主义史家、大众日常生活史家、工人阶级史家、结构主义史家,批评心态史学和量化史学过分约化历史的复杂现象,犯了简单化、机械化、决定论的错误,认为新社会史家宣称研究全部历史,实际上忽略了历史本身的复杂多样,尤其忽视了政府、法律及政治组织才是社会控制的主要形式。③批评不完全符合实际,但新史学缺乏综合性的能力,实为反对者提供了口实。

研究资料的相对不足,在某些研究领域尤其如此。社会史要进行整体史研究,领域广阔,有的部门向来为史家所忽视,史料尤为缺乏。社会史家尽管着力开辟材料来源,如进行田野调查,增加口述史料,或者开发视觉材料,但不论哪种资料都有其自身的局限性,令社会史研究时有捉襟见肘之感,难于成功地达到整体史研究的目的。勃里格斯的《英国社会史》是照着整体史的观念写作的,然而他自己并不满意,原因就在于史料不足,他说:"根本不可能有一部标准的权威性英国社会史,不管采取数人合著的方式还是个人专著。历史要想站得住脚,靠的是论据,而社会史对我以及大部分社会史学家来说,研

---

① [英]E.J.霍布斯鲍姆:《从社会史到社会的历史》,载吉尔伯特、格劳巴德编:《当代史学研究》,李丰斌译,台湾明文书局,1982 年,第 55 页。

② 参阅陈启能:《八十年代的西方史学》,载《史学理论丛书》编辑部编:《八十年代的西方史学》,中国社会科学出版社,1990 年,第 76 页。

③ 参阅周梁楷:《旧史学向新史学的反扑》,《新史学》第 1 卷第 2 期,1990 年 6 月。

究的主要不是事件而是发展过程,社会史往往很难用图表来列示,更不用说解释了。"①在他看来,写不出标志性成果,主要是史料欠缺的缘故。

新史学还存在忽视历史人物和历史事件的问题,强调社会经济对历史发展作用的同时如何认识政治的作用问题,表述方法上的图表形式与叙述方法的关系问题,恢复研究政治史是否会与旧史学合流的问题,等等。

提出新史学困难的学者,其中除少数反对新史学外,大多数都是试图寻觅克服障碍的途径,使新史学顺利前进,这是为新史学补台,而不是拆台,是积极的态度。在这些问题中,如何整合出像样的整体史,也即如何能发现整体史的综合理论,是社会史前进路上的关键之所在。至于社会史的界定不明,当然是它是什么性质的学问的大事,是其不成熟的标志,但是如果将整体史做好了,这个问题也就迎刃而解了。事实上还是要在史学理论上下功夫。当然,创造理论不是脱离历史实际制造非科学的理论,而是从研究历史事实中引出固有的结论,将其升华为历史理论。这是社会史研究要承担的重要任务。

二、专史·拓宽·综合研究之我见

前面评介社会史、新社会史的研究内容、理论、方法及其实践,所取得的成绩和面临的问题,至此,可以在这个基础上谈谈笔者对社会史的界定,以及如何深入开展研究的粗浅意见。在未具体论述之前,仅就社会史研究的实践说明笔者的两点态度:一是尊重事实,在社会史是专史还是整体史的两种对立观点中,尽管我只支持一种见解,但尊重另一种意见,尽量从中吸收有益成分,完善笔者所支持的观点;二是各种观点都是探索性的,笔者亦持此态度,之所以还要略抒己意,实在是因教学工作和编写教材的需要,否则不如做点具体研究更好。

(一)社会史是历史学专史及其定义②

关于社会史的界定,我想它是研究历史上社会结构与日常社会生活的运动体系,它以社会群体、社会组织、社会等级、阶级、社区、人口的社会构成,以

---

① [英]阿萨·勃里格斯著:《英国社会史》,陈叔平等译,中国人民大学出版社,1991年,第3页。
② 本卷的《开展社会史研究》一文,论述了社会史研究的定义和研究对象,本文又来谈论同一课题,多有重复之处,然此处较前文之论有所补充,不便删去,敬祈读者谅宥。

及上述成分所形成的社会结构及其变动,构成社会结构的人群的日常生活行为及其观念为研究范畴,揭示其在历史上的发展变化及在历史进程中的作用和地位;它是历史学的一门专史,并将其研究置于整体史范围之内,处理好两者关系,以便促进历史学全面系统地说明历史进程和发展规律;它与社会学、文化人类学等学科有交叉的研究内容,具有多学科研究的性质与方法。

这个定义包含了社会史的研究范围、任务、功能、与相关学科的关系,其中最重要的是对社会史研究对象的确定, 如果没有自身的特定的研究内容,那就不是一种专门学问,也就失去存在的意义了。

中国社会史研究的社会结构与社会生活,应包括原始社会的氏族和人群的日常生活,社会的等级、阶级、阶层、民族、宗族、家庭、宗教及各种社团的组织和人群活动,人口的社会构成与就业,人群衣食住行的物质形式与风尚,人们婚姻、丧葬、社交、娱乐、节日的形式与崇尚。在这每一个方面中又都包含着丰富的社会内容,比如:

等级:等级的形成,等级的构成,等级之间及等级内部的关系,等级的演变与等级成员的社会流动,等级与政治、经济,等级与社会生活,等级观念及其影响。

宗族:宗族结构,宗族伦理,祖先崇拜与祠堂,宗族经济,宗族教育,宗族武装,宗族与政权,宗族与社会,宗族与社区,宗族功能,宗族的变迁,宗族的历史与谱牒,拟制血亲,宗族观念及其影响。

家庭:家庭结构与类型,家庭经济,家庭教育,家庭功能,家庭构成与人伦关系、人际关系,家庭与婚姻,家庭与社会,家政与家风,住宅与家庭陈设,财产继承,单亲家庭,家庭观念及其影响。

婚姻:婚配原则与媒介,恋爱婚姻与包办婚姻,婚姻形态,婚姻与家庭、家族,婚姻、女性与妇女在家庭的地位,妻妾制度,夫妻生活,生育,离异与卖妻,再婚与守节,同性婚姻与家庭,旌表贞节。

宗教:合法宗教及其类别,非法宗教及其类别,宗教内部组织与信徒构成,宗教仪式与观念,教规,宗教与政治,宗教与社会,宗教与文化,宗教与民俗,原始宗教。

人口社会:人口的社会构成,人口的社会需求、就业,社会保障与慈善机构,人群的疾病与医疗,育儿,溺婴,老龄社会,两性关系,对老年人的强制死亡,安乐死,丧葬,社会人口观念。

社区:社区的形成,社区群体,社区生活方式,社区文化,社区社会风貌,社区民俗。

节日生活:节日的种类,节日的形式与用品,节日与信仰,节日与娱乐,节日与庙会,节日与社交,节日与商业活动。

娱乐生活:娱乐的种类与方式,娱乐中的人群关系,休闲方式,非正当的娱乐,娱乐中的习俗与观念。

民族:民族种类与构成,民族间的"等级"关系,各民族的生活方式、差异、排斥与交融,民族通婚,统治民族与被统治民族,汉族气节与华夷之辨。

这个定义的一个特点是以群体关系统领全部研究内容。定义里研究对象中的社会结构及其演变,读者从前面的叙述中可能已有深刻印象:不论对社会史界定持有怎样的态度,它都是研究内容的重要成分。笔者这里遵循学术界已有的共识将它作为研究对象之一,不过要再次强调,社会结构是关于社会构成的理论,它是广义的社会组织的组成方式,是具有各种社会身份的人及其群体的联结方式,这种方式是各种社会组织的有序排列,呈现相对稳定状态即形成社会结构的模式;社会结构要素间的冲突,使其内部产生变化的动力, 并最终造成社会结构的变迁。因此研究社会结构史要包括以下内容:(1)社会结构的诸种要素,(2)诸要素的联结方式,(3)社会结构稳定状态下的结构模式,(4)社会结构内部的矛盾与变迁,(5)社会结构及其演变对整个历史进程的影响。定义中的另一个研究对象是日常社会生活,在社会生活之前加上"日常"的定语,是因为社会生活概念有广狭之分,它可以与社会政治、社会经济、社会文化并列,是为广义的概念,将社会结构包容进去亦何尝不可;用"日常"的形容词来限制它,使其成为狭义的,即人群在生产、政治活动之外的物质与文化生活,这样使社会结构与日常社会生活两大部分都突出了。定义中的两大组成部分(社会结构和日常社会生活)是什么关系呢?笔者以为靠群体关系来联结,换句话说,群体关系渗透在两大部分所包含的所有的研究内容之中。群体关系,或者说人群关系,表达的是这一部分人与那一部分人的社会联系。任何一个生活在社会里的人,都不是自然的人,是社会的人。人们因经济利害、血缘关系、婚姻关系、地缘关系、政治观念、生活习俗、意识形态、信仰关系等分成不同的民族、阶级、等级、宗族、家庭、与生活相联系的社团、政治派别、宗教派别等,即一个个有形的或无形的社会群体。在群体内部和群体之间发生错综复杂的联系, 这种联系的性质可以归结为冲突与协调的关系,影响到社会结构与日常社会生活的变动。研究社会史,抓住群体关系,可以起到提纲挈领的作用。

定义的另一个特点是将社会史置于总体历史范畴之内进行两者之间既有联系又有区别的研究。社会史的研究包含着物质与精神、政治与文化的内容,与整体史所要研究的政治史、军事史、外交史、经济史、文化史(思想史、科技史、宗教史、文学艺术史等)纠缠在一起,如日常社会生活中的娱乐就涉及物质文化史和文学艺术史,以社会史考察的戏剧欣赏生活来说,戏剧表演要用服装、道具、灯光,要有演出场所——剧场,这些属于物质文化史与艺术文化史的共同研究范畴;戏剧的剧本及其作者、表演艺术、戏剧理论,属于艺术史的范围;戏剧与观众的关系,观众怎样欣赏剧情与表演艺术,对其生活有何影响,剧作家、演员、观众的社会身份,则是社会史研究的任务。因此,社会史、物质文化史、文学艺术史三方面研究戏剧,角度不同,而戏剧史则是一致的,即此一例可见社会史与其他专史有着交叉的研究内容。再如民间秘密宗教,是社会史所研究的群体问题;宗教本身有教旨和信仰、宗教仪式、内部构成与信徒、宗教经济、与教外群众的联系等宗教学和宗教史研究的问题;秘密宗教可能会有反政府的行为,是非法组织,往往为政府所取缔、镇压,这是政治史所讨论的内容。所以秘密宗教史是宗教史、政治史、社会史共同关心的课题,只是关注的重心不同而已。讨论同一事物,有着不同的关注内容、不同的欣赏角度,从这个角度去观察那个内容,就可以抽象为一种研究方法;角度可以是多样的、变化的,从某种角度审视问题,把它当作方法来用,它就成为方法了。定义中社会史研究内容的庞杂,甚至超出社会结构和日常社会生活的范围,是不得已而为之。因为社会政治、经济、文化与社会史研究的范畴交织在一起,无法斩断它们之间的内在联系;而社会史研究又要置于整体史之内,不得不从主观上争取与其他专史的融会贯通。内在的与主观的两方面的要求,就必然导致观察有着共同联系点的事物的方法的产生,也即观察视觉、角度被共认为研究方法。笔者这里所讲的角度,与霍布斯鲍姆、常宗虎、赵世瑜诸位所强调的角度立脚点不同,但作为研究方法来看是一致的,笔者是受了他们的启发才作这样的思考的。

定义的另一个要点是主张对社会史进行动态的研讨。前面在讲到社会结构时一再说明对社会变迁的注意,这是深知研究社会变动才能达到研究的目的。构成历史的元素是时间、地点、人物和事件,社会结构史不强调事件而重视群体关系,这四种元素在不停地发生变化:时间永不停息地运动,人物是历史的过客,总在更新,群体关系亦然,地域的变动不那么显著,但同样有变更。历史的客观实际是如此,所以考察历史必须持有变化发展的观念,作动态的研究。即使作静态的观察,寻找社会模式,也是为了认识历史的变化,而不是满足于模式的获取。正是考虑及此,所以定义讲研究社会结构和日常社会生活的"运动体系",表示对研究对象作动态的考察,了解社会结构和日常生活的发展变化,惟其如此,才有可能寻求历史运动的规律。

定义还反映出社会史具有的跨学科研究的特点,主要是与文化人类学及社会学的联系,并从这两个学科汲取营养——某些研究内容和研究方法。

约而言之,立足于专史、面向整体史,这就是笔者的社会史界定的基本思想。

(二)为什么选择社会史专史说

选择专史说,既有理论上的考虑,又有实际操作上的原因,现缕述于此:

非专史不能深入研究。历史学的研究范畴那么广泛复杂、千变万化,是很难作整体的研究的,所以才有那些专史出现。专史的研讨就是为深入进行,以便考察得深透一些、准确一些。社会史的研究对象原来并不为史家所看重,至今才提出几十年,研究状况远没有达到可以结束学科使命的程度,因此作为专史的社会史还应当继续进行自身的研究。如果不作这样的处理,很可能造成社会史研究工作的杂乱无章,李学勤就有这种担忧:"如果把社会生活史的界定说得太宽泛,可能导致具体研究中的混乱。"①杜正胜虽然主张整体史说,却赞成先作专题探讨:"历史研究总有入手处,或立足点,就像说书的先生一张嘴不能同时讲两件事,总须先讲一件。我们所谓整体与联系的历史研究就是要从立足点串联其他各重要部分,构成一个有机的网络。"②这都是面对学科的实际情况,作出的符合实际的处理意见。所以常建华说:"一个时代有一个时代的学术潮流,专史说可能更反映了新时期社会史研究的特征。"③

专史的研究内容已然庞杂,真正研讨好已属不易,求全就更难了。如果将专史的社会史研究对象检查一下,不难发现就中也有宽、狭二义之别,中国社

① 浦斯:《中国古代社会生活史讨论会简记》,《中国史研究动态》1987 年第 12 期。
② 杜正胜:《什么是新社会史》,《新史学》第 3 卷第 4 期,1992 年 12 月。
③ 常建华:《中国社会史研究十年》,《历史研究》1997 年第 1 期。

会科学院历史研究所的 10 卷本《中国古代社会生活史》，以狭义的社会生活为范围，算是研究面较窄的，其他如乔志强、龚书铎主编的书，周晓虹、孟彦弘的主张，以及笔者这里所作的界定，均超出狭义社会生活史的范围。不论是狭义的或广义的社会史专史，研究内容着实不少，做好了难度就很大，所以对学科的要求不妨适可而止，何况社会史研究的内容还会拓宽。

再看拓宽的问题。生活史的研究领域在不停地开拓，新的研究对象不断地被发现，社会下层史、生态环境史、人群生命史、心态史等领域一个一个地被挖掘出来，还会有什么新对象被发掘出来，真说不准，似乎是没有止境的。上述这些领域的研究有的处于初步发展的阶段，有的才刚刚提出来，要想取得像样的成绩，尚需时日。像人群生命史，处于试着做的状态，往哪里做，怎么做，都还在摸索之中，如郑志敏总结隋唐五代医学史的研究状况，建议对敦煌医学史料进行社会文化史的研究，他说如何将"敦煌医书融入唐人生活中，探讨其社会文化史上的意义，让这项隋唐五代史得天独厚的医史宝库，发挥其最大功能，应是此后隋唐五代医学史研究的一大重点"[1]。这一类的问题可以说太多了，随着新资料的发现和研究的深入，会被不断地提出来。日常社会生活史的题目，现在研究的尚属有限，那么多的节日，有的还没有认真的接触。有的课题似乎并不新，但若一研究就会把课题范围拓宽了，如宗族史、家庭史已有不少成果，然而拟制血亲的问题未被注意；家庭史主要探讨了家庭类型、功能、与社会的关系，但是如果按所谓"人口学的家庭史""法学的家庭史""经济学的家庭史""社会学的家庭史""心理和行为科学的家庭史"五种家庭史来考虑，所要增加的研究事项就太多了，对此请参阅杨豫《西方家庭史研究的发展现状和未来趋势》一文的内容。[2]再如奴隶、半奴隶、贱民、准贱民研究中，对其中许多人知之甚少，如果不深入研讨，怎能知道家生奴婢与外买奴婢的不同呢?! 各个时代的"官户"有天壤之别，就是研究后得知的学识，然而也还不是那么太清楚。越研究范围就越广阔，社会史的研究现状表明，仍然有着拓宽领域的任务。

殊途同归的因素。选择专史，丰富历史的血肉，同时将它放在整体史中考

---

① 郑志敏：《略论民国以来台湾与大陆隋唐五代医学史的研究》，《新史学》第 9 卷第 1 期，1998 年 3 月。

② 杨豫：《西方家庭史研究的发展现状和未来趋势》，《新史学》第 1 卷第 3 期，1990 年 9 月。

117

察,目的是达到对历史作出丰满的、整体的说明,这与整体史的目标是一致的。常建华在《中国社会史研究十年》一文中也谈到了这一点:"专史说不过是强调在社会形态骨架外研究其'血肉',而通史(指整体史)说则要把专史的'血肉'填在通史的骨架中,殊途而同归,均强调的是'血肉',只是摆放的位置有所区别。"①

整体史的研究极难达到目的。中外社会史研究的事实就是如此,毋庸多说。但是我们不妨从科学史的角度,再次认识这个问题。现代学科分工越来越细,近几十年来物理、化学、生物出现了多少分支学科和交叉学科?老话"文史不分家",文、史不但分家了,而且各自内部又分出许多专门部门。现代自然科学和社会科学发展的趋势,一方面是延续分支学科的发展,另一方面是产生交叉学科,分化与综合同时并进,但分化势头强,综合趋势尚不显著。只有自然科学与社会科学交叉学科产生多了,研究达到一定的水平,整体史的研究才能得到预期的效果,而现时这种条件尚未成熟。笔者并不是主张消极等待,将专史置于整体史中研究,就是争取条件的一种方式。

总之,选择专史说,是根据当前社会史研究的状况,需要拓宽社会史的研究内容,以便从一个侧面强化整体史的研究。"拓宽"仍然是我国大陆社会史学界的重要任务,从某种意义上说是首要任务。

(三)辨证几个问题

1.专史与整体史是否有层次之别

从研讨对象的内涵讲确有不同,一个全面,一个局部,如果说这是层次的差别亦未为不可;一个难度更大,一个相对小一点,也不可不谓为层次之异。但是重要的是不必轻视专史研究,以为专史层次低,落后于潮流,不够档次,只有整体史研究才够水平。其实,"难者亦易也,易者亦难矣"。各有其难处,各有其存在的价值,将专史研究好并非易事,尊重专史研究,才有利于专史事业的发展,从而有益于整体史研究的进行,这才能处理好专史与整体史的辩证关系。

无论是整体史,还是专史,当前都面临着深入研究的任务,著述不能停留于表面现象的罗列,更不可受书商支配以抛售某些畅销书为满足,而需要以有研究深度的著作取胜,这才是真正的层次问题。

---

① 常建华:《中国社会史研究十年》,《历史研究》1997 年第 1 期。

笔者特别强调综合研究，整体史是综合考察各个分支学科的研究内容，使它们有机地融为一体，达到对全部历史的科学说明；专史的综合，既包含对本身的各种研究内容的判断，还要综观专史与整体史的关系，恰如其分地说明专史在整体史中的地位。这两种综合有着不同的内容，我们讲的是专史的综合。现在专史的研究，受着开展时间短和方法较传统的制约，尤其是浮躁世风的不良影响，因此研究水平的提高不明显，粗制滥造的成品不少。如婚姻史有好多部，彭卫的《汉代婚姻形态》(三秦出版社，1988 年)受到普遍的好评，如若同类书也能有此效果，那就是我们社会史学界的福音了。这就表明社会史需要的是深入的探讨，故而许多学者呼吁"深化研究"。"深化"，一般理解是对社会史本身的，容易忽略也适用于社会史专史与整体史的关系方面，所以笔者认为需要进一步提倡综合分析，庶几对专史与整体史的关系产生深刻的认识，真正把研究推向深入。

2.西方与我国学界对整体史认识来源的差异

西方学者不满于政治史的独霸史坛，提出社会史的研究，并发展为以整体史为目标的新史学(新社会史)，这中间受到马克思主义的巨大影响，但从根本上看，它是从西方社会固有思想体系逻辑地产生出来的。在我国大陆，几乎在 80 年代复兴社会史研究的同时，整体史观和专史的全局观就出现了，它多少受到西方新社会史的影响，但更重要的来源是马克思主义。因为我国学者长期受马克思主义教育，史学家研讨任何史事，都要放到社会大背景下，考虑政治、经济、文化的相互关系和影响，很少孤立地观察问题，及至探讨社会史，很自然地将它放置于全部历史范围之内进行考察。以笔者来讲，将社会史定位为专史，但自始就注意于它同全部历史的关系，如在《清人社会生活·前言》中说："清代社会史的研究任务，是要说明社会生活自身的发展演变及其规律，说明社会生活与政治、经济、文化社会的关系及其在总体社会中的地位与作用，即要搞清清代社会生活与历史发展的关系。"①学术界讨论南北朝时期社会史时多同当时的民族关系、士族制度联系起来，研讨唐代社会史往往同唐朝的对外开放政治联系在一起。有鉴于此，彭卫在《近五十年中国古代社会生活史研究述评》中指出："虽然中国古代社会生活史研究的广泛开展只是近十年的事情，但由于长期以来，中国古代史的研究者们一直注重从宏观

---

① 冯尔康、常建华：《清人社会生活·前言》，天津人民出版社，1990 年，第 2 页。

上去把握'历史脉络''历史进程',从而为晚起的社会生活史的研究提供了能从总体上进行思考的有益的学术背景,这也使得社会生活史研究具有了某些特点:不同历史时代的社会生活状况研究,大都注意到相应时代的社会特点。"①

中西整体史的思想来源不同,这个差异应当充分注意到,不能绝对强求一致。包括社会史在内的中国史学研究受到西方的影响,这是事实,是学术交流的正常现象,是促进学术研究发展的好事。但是也要看到中国业已形成的传统,即中国本来就是强调对历史作总体研究的,不待新社会史学的传入,故而我国的社会史研究可以按照自身的路子走下去,专史与整体史并行不悖。

3.灵魂的追求:社会史与文化史的关系

杜正胜在《中国社会史的探索——特从理论、方法与资料、课题论》一文中说:"以前所做的古代社会史研究,只重建了骨骼,还缺少血肉、情感、精神和灵魂。"②要求社会史在骨骼、血肉之外,要见情感、精神和灵魂。彭卫在前述《近五十年中国古代社会生活史研究述评》中写道:"中国古代社会生活史研究不仅应当使历史'有血有肉',而且也应该使历史具有'灵魂',即反映出一个民族深层的历史存在状态。"③同样提出"灵魂"问题,并指出它是民族深层的历史存在状态。杜、彭二氏的意思是研究社会史,不仅要写出社会结构和社会生活的表面现象,还要说明人类社会为什么会出现这种社会结构和社会生活,还要揭示人群的精神旨趣何在。

要成功地解决这种研究,至少要处理好社会史与文化史的关系。这两种专史的交叉产物是社会文化史。什么是社会文化史?李长莉在《社会文化史·历史研究的新角度》一文中所表达的观点给了笔者很大的启发,并部分地接受了。她将文化史区分为三个层次,即物质文化史、社会文化史、精神文化史,她认为社会文化史的研究对象社会组织、制度、教育、法律、风俗习惯、文化传播方式、娱乐消闲方式等,与社会史是重合的,不过社会史主要是揭示历史上人类社会的客观面貌,而社会文化史则侧重研究人们的社会生活方式与思想

---

① 彭卫:《近五十年中国古代社会生活史研究述评》,日本《中国史学》第6卷,1996年12月,第74页。

② 杜正胜:《中国社会史的探索——特从理论、方法与资料、课题论》,载台中中兴大学历史系编:《第三届史学史国际研讨会论文集》,台湾青峰出版社,1991年,第54页。

③ 日本《中国史学》第6卷,第79页。

观念之间的相互关系,"关注的是隐蔽在人们社会行为后面的精神因素……揭示社会的精神面貌"①。社会史与社会文化史有重叠的研究内容,使双方有了共性,至于揭示社会客观面貌与社会精神面貌的差异,在实践上往往难于做这样的划分,社会史在说明社会生活是什么样子的同时,也在探究它为什么会是那种样子的,也即在寻找精神面貌、社会风貌。社会史的研究现实是业已深入社会文化史的领域,即精神文明的领域,这正是社会史深入发展的标志。

4.科学与实践要求探索精神

社会史的界定、研究对象与范畴、理论、与其他学科关系诸问题,无论在外国还是在中国,都是众说纷纭、莫衷一是,不仅现时难于有定论,即使再过一段较长的时间,恐怕亦不会有成说给人们方便地采用,既然如此,我们就不必要求公认的定义。而且不管研究对象也好,研究方法也好,纵有界定,也是模糊一点好,不过起个供人参考的作用而已。其实,社会史与文化史、社会学、文化人类学等学科的关系,哪里就界定清楚了?既然如此,学术研究最好的态度是尊重他人的研究和成果,一切莫过于"悉听尊便""各行其是",各人按照自身的理解,进行自己的研究,做出成绩,就会促进社会史研究的发展,这就是贡献。当然,在互相尊重的前提下,开展不同学术观点的讨论还是必要的。

科学的研究必须提倡自由思考,重视探索的精神,不进行探索、创新,哪里有科学研究可言?那必然导致研究的踏步不前和衰亡。科学的探索除了要求独立思考的精神,还要有相应的学术修养。社会史的研究者若要胜任工作,在我国当前的情况下,笔者想至少要具备下述四个基本条件:

第一是良好的学风,以严肃的治学态度、严谨的治学作风,去开展创造性的研究,切忌浮躁,避免粗制滥造的毛病,切忌搞"运动"的作风,众人都作一种课题,发表大同小异的议论,做于己于人于学术皆无益的事情。

第二是改善知识结构,适应社会史的交叉学科研究的要求。现在进行社会史研究的学者,从前多半作的是其他史学领域的研讨,这就需要作社会史方面的学养补充。社会史研究至少要具备文化人类学、社会学、心理学、民俗学等学科的知识,至于其他自然科学、社会科学、应用科学的知识,根据研究课题的需要,也是必不可少的,这些知识也都要补课才能得到。如若不进行这

① 李长莉:《社会文化史:历史研究的新角度》,载赵清主编:《社会问题的历史考察》,成都出版社,1992年,第387页。

两方面的知识补充,将会大大限制研究水准的提高。要补课,则需向有关方面的专家学习,所以要主动与各方面专家加强联系,如果能同他们合作研究,那是最为理想的事情了。

第三是重视史料的发掘与整理。社会史的资料同政治史的相比,既缺少,又零散不集中,所以需要发掘,做田野调查,重视口述历史和视觉材料是必不可少的;文献资料的搜集,在正史之外,要到笔记、文集、谱牒、档案、礼书、律书、方志、类书以及外国人的有关中国著作里寻觅,对此笔者在《中国社会史研究概述·代序言》里特辟"中国社会史的资料载籍"予以说明。①杜正胜在《什么是新社会史》②《中国古代社会史重建之省思》③等文中,对发掘史料亦多所论及。社会史资料散碎,更需要对它们加以搜集、整理、汇编和出版,这项工作,需求甚为迫切。20世纪30年代问世的瞿宣颖纂辑的《中国社会史料丛钞》,至80年代的重版,颇受欢迎,此书质量难于说是上乘,由此可见学术界急需资料汇编的读物。

第四是创办专门的社会史刊物,作为社会史的园地,必将促进社会史研究的发展。法国年鉴学派的出现就是首先创办期刊,其他国家也有专业杂志。我国社会史论文的披露,虽然《历史研究》《史学理论研究》《中国史研究》等杂志给予相当的热情,但因非专业刊物终属有限,无期刊的状态,不能不说有碍于社会史的长足进步。令人抱有希望的是,中国社会科学院历史研究所社会史研究室于1996年创办了《社会史研究通讯》,现在该室与中国社会史学会合作主办这份《通讯》,并将争取出版社会史研究的学报,盼望着在各方面努力之下能够稍如人意。

本文拉杂写来,归结为一句话:当前我国的社会史研究,可否立足于专史,向往于整体史,继续扩大视野,开发研究课题,在深化与综合两方面下功夫,以期提高研究水平和理论的层次,让社会史读物受到读者的欢迎。

（原载唐力行主编《家庭·社区·大众心态变迁国际学术研讨会论文集》,黄山书社,1999年）

---

① 冯尔康等编著:《中国社会史研究概述》,天津教育出版社,1988年。
② 杜正胜:《什么是新社会史》,《新史学》第3卷第4期,1992年12月。
③ 杜正胜:《中国古代社会史重建之省思》,《大陆杂志》82卷1期,1991年。

社会结构理论与中国社会结构史研究

运用社会结构的基本理论,研究中国社会结构的历史变迁,有益于从建构结构的诸要素中及要素间的相互关联中了解中国传统社会发展的奥秘,有益于了解中国历史发展的特点。

一、关于社会结构的理论

为理解社会结构理论应把握的要点,现将各家学说先行罗列于下:

前苏联出版的《应用社会学辞典》认为:"社会结构是社会系统各组合部分之间的相对稳定联系的总和。"①这个界定又分为经济、政治、文化等社会生活和狭义的社会集团和各集团之间相对稳定联系的总和。

1984年民主德国出版的《马克思列宁主义社会学辞典》(修订版)写道:"马克思主义社会学专门注意对社会结构,即阶级、阶层和社会群体的相对稳定结构的分析。"②

美国学者约翰·威尔逊在《结构社会学概述》中说:"结构是要素的有序排列。各部分之间的关系比结构的各个部分更重要。"又说:"结构是对集合体总体的描述,而不是对它的组成要素的描述。"③

美国学者亚历克斯·英克尔斯的《社会学是什么?》中说:"社会结构分为分析的和具体的两种,所谓具体结构,指的是我们大家都熟悉的制度——家庭、法庭、工厂等。所谓分析结构,指的是在许多具体结构上社会方式总合,社会依靠这些方式来实现货物的生产和分配,力量的控制和其他机能的需要。"④

---

① 苏联《应用社会学辞典》,刘成彬译文,《外国社会科学》1987年第2期。
② 民主德国《马克思列宁主义社会学辞典》1984年修订版,赖志全译,《外国社会科学》1987年第2期。
③ [美]约翰·威尔逊著:《结构社会学概述》,《外国社会科学》1987年第3期译文。
④ [美]亚历克斯·英克尔斯著:《社会学是什么?——对这门学科和知识的介绍》,陈观胜、李培莱译,中国社会科学出版社,1981年,第100页。

我国学者王康主编的《社会学辞典》中对社会结构的定义是:"社会诸要素的关系及其构成方式""实际上是社会的主体——人及其生存活动——社会活动和社会关系的存在方式"。①

《当代中国社会结构的变迁》一文指出:"社会结构是社会系统中诸要素的联结方式或互动关系,它体现了一定的社会规范并由相应的社会制度来维系。简言之,社会结构就是社会关系网络。"②

吴忠民在 1990 年成都第三届中国社会史研讨会的论文——《试论中西传统社会结构与现代化模式》中写道:"所谓社会结构,是指社会要素具体的、稳定的构成方式。有关社会结构的研究只是要回答社会'如何构成',而不是'由何构成'。"

上述 7 家社会学界观点,我理解出下述要点:

1.与社会结构关联词汇的意义。①社会要素:构成人类社会生活的基本元素,如群体、组织、社区。说得具体些,就是家庭、宗教、政党、民族团体等。②社会系统或社会体系,是指社会要素的组合状态。③社会地位:个人、社会群体、集团在社会结构中相互关联的状况,在社会关系体系中所处的位置。④社会身份:人们法定的和社会公认的社会地位。

2.社会结构的不同说法。有所谓的广义与狭义两种社会结构,或者分为具体结构、分析结构。

3.两个层次的社会结构,或者说两类社会结构。一类是社会要素的内部结构及其相关制度,如家庭,其内部的构成,家内人际关系及其规范、家庭与同其有联系的社会要素的关系。另一类是诸种社会要素的有序排列,形成稳定的联系,即各种社会要素依其相互间关系进行联接,形成社会结构模式。

4.重视社会结构各成分之间的关系。研究社会结构,不是只了解社会要素是什么,重要的是认识要素联结方式和互动关系。

5.社会结构与职业关系。职业规定并影响人们的社会身份,决定个人、群体、集团在社会结构中的位置。职业划分与社会分工、生产力和生产关系相关联。

---

① 王康主编:《社会学词典》,山东人民出版社,1988 年,第 248 页。
② "社会发展"课题组:《当代中国社会结构的变迁》,《管理世界》1991 年第 1 期。

6.社会结构的核心,在阶级社会是阶级结构,而在古代社会是等级结构。

7.社会结构的变迁。生产力与生产关系不断发生变革,决定社会结构及其变迁,社会结构内部的冲突、社会要素量的增减和质的转换,突破社会结构整合的稳定性,为另一种社会结构替代。

8.社会结构最能反映社会系统的本质特征,反映社会分工和协作的方式及生产力与生产关系的发展水平。

总之,研究中国社会结构及其演变历史,有助于认识中国社会发展变化的奥秘。

二、中国社会结构史研究概况

外国学者对中国社会结构史有局部的研究,日本、韩国、美国学者对我国明代以来绅士集团的研究很有成绩,前苏联学者对中国社会结构的演变做过勾勒。我国学者对社会结构的研究所涉及的社会内容比较广泛,在阶级、等级方面的论述较多,论宗族史、家庭史的也有一些,党社、社区方面少一些;具体结构的研究相对多一点,而总体通论中国社会结构及其变迁的极少。其中一些论文和专著相当精彩,如熊德基的《魏晋南北朝阶级结构研究中的几个问题》[1],蒙思明的《元代社会阶级制度》[2],经君健的《试论清代等级制度》[3],宁可的《述"社邑"》[4],杨向奎的《宗周社会与礼乐文明》[5],田余庆的《东晋门阀政治》[6],潘光旦的《明清两代嘉兴的望族》[7],何龄修等的《封建贵族大地主的典型——孔府研究》[8],戴玄之的《中国秘密宗教与秘密社会》[9],喻松青的《明清

---

① 熊德基:《魏晋南北朝阶级结构研究中的几个问题》, 载中国社科院历史研究所魏晋南北朝隋唐史研究室编:《魏晋隋唐史论集》第 1 辑,中国社会科学出版社,1981 年。

② 蒙思明:《元代社会阶级制度》,《燕京学报》专号之 16,1938 年。

③ 经君健:《试论清代等级制度》,《中国社会科学》1980 年第 6 期。

④ 宁可:《述"社邑"》,《北京师范学院学报》(社会科学版)1985 年第 1 期。

⑤ 杨向奎:《宗周社会与礼乐文明》,人民出版社,1992 年。

⑥ 田余庆:《东晋门阀政治》,北京大学出版社,1989 年。

⑦ 潘光旦:《明清两代嘉兴的望族》,商务印书馆,1947 年。

⑧ 何龄修等:《封建贵族大地主的典型——孔府研究》,中国社会科学出版社,1981 年。

⑨ 戴玄之:《中国秘密宗教与秘密社会》,台湾商务印书馆,1987 年。

白莲教研究》①,等等。有些社会结构专著和专文下面作具体的说明。

周谷城著《中国社会史论》,1988 年由齐鲁书社出版。早在 30 年代由新生命书局就印行了周谷城的《中国社会之结构》《中国社会之变化》《中国社会之现状》三书,80 年代略作修订,汇为一书,分为三篇。作者纵论中国社会结构史及其演变。《结构篇》分五章,"结构之始""统治阶级""被压迫的民众""知识分子"和"社会结构与新形势",侧重古代社会结构研究;《变化篇》分四章,"帝国主义与产业革命""都市的发展""农村的崩溃"及"都市发展与农村崩溃中的军阀"。作者重视结构要素的互动关系,因而颇能说明问题,但对结构要素中的社会群体、社会组织、社区缺少必要的分析。周氏之作是我国早期社会结构史研究的代表作。

《皇权与绅权》,1949 年由上海观察社出版,1988 年由天津人民出版社重梓。该书由吴晗、费孝通、袁方、全慰天、胡庆钧、史靖等围绕中国社会结构撰文探讨,将传统中国社会权力分层为皇权、绅权、邦权和民权,在评述中还涉及农民、商人在社会结构中的地位,重点是讨论皇权、绅权结构及其互动关系。"了解中国传统结构中这两种权力怎样合作和冲突?它们的性质如何?它们的演变如何?"②对社会结构、对中国历史作出不少有见地的说明。指出"传统中国社会结构里,皇权是一个基本的权力","从王到皇帝,我国传统社会结构有一个空前的变化"。③"秦以前是贵族专政,秦以后是皇帝独裁,最近几十年是军阀独裁。"④并指出"中国社会中家族团体是各种制度搭配的中心。无论经济、宗教、政治、教育等制度,均以家族团体为主而结合在一起"⑤。又论皇权的帮手绅权及历史衍化,"绅士是士,官僚是大夫。士大夫联成了中国传统社会结构中一个重要的层次,就是到现在还是如此"⑥。"士大夫的政治在历史上的变化,大体上可以分三个时期,即第一时期从秦到唐,第二时期从五代到宋,第三时期从元到清。"⑦由论商人地位到探究古代社会财富、权力的获得:

---

① 喻松青:《明清白莲教研究》,四川人民出版社,1987 年。

② 吴晗等:《皇权与绅权》,天津人民出版社,1988 年,第 150 页。

③ 吴晗等:《皇权与绅权》,第 71 页。

④ 吴晗等:《皇权与绅权》,第 40 页。

⑤ 吴晗等:《皇权与绅权》,第 107 页。

⑥ 吴晗等:《皇权与绅权》,第 9 页。

⑦ 吴晗等:《皇权与绅权》,第 51 页。

"绝对的皇权,贵贱的分层,贱商与商贱,也许是其中最为基本最为主要的一个原因。财富在权力之下,谈什么保障,发展更不容易。"①

费孝通撰著《乡土中国》,1947 年由上海观察社梓刻,1985 年三联书店再版。作者在 40 年代进行农村社会调查,研究家族、村社、社区和行政结构,提出"差序格局"社会结构理论。所谓"差序格局",就是以"私"即个人为中心形成的社会关系网络。"好像把一块石头丢在水面上所发生的一圈圈推出去的波纹,每个人都是他社会影响所推出去的圈子的中心。被圈子的波纹推及的就发生联系。"②"社会关系是逐渐从一个一个人推出去的,是私人联系的增加,社会范围是一根据私人联系所构成的网络。因之,我们传统社会所有的社会道德也只在私人联系中发生意义。"③作者认为"差序格局"是"中国社会结构的基本特性"。

李树青著《蜕变中的中国社会》,香港罗盘出版社梓行,写作于 40 年代,全书六大部分,讲到社会阶梯、家族、士大夫、妓女,并论述自我主义、家族主义、乡士主义、社会身份理论。作者由社会身份论到社会结构和社会变迁的动力,指出身份有多种特质,有变换性,即人在不同人际关系中有不同的身份地位;有残存性,即人的社会身份虽然变化,但先前身份仍影响其社会地位;有等级性,即社会身份与社会地位是一回事,只是从不同角度来区分,就个人方面讲叫社会身份,从社会方面叫作社会地位。所谓社会结构,"即系统社会地位的总体而言,即亦是称个人社会身份的总体而言"。作者重视社会身份的等级差别,指出:"因为社会身份具有这种特质,才构成了社会移动的基本动力,才可能得有进步。"④

李桂海著《中国封建结构探要》,辽宁大学出版社 1987 年印行。作者对阶级、民族、各集团结构及结构内部的斗争进行了考察。作者使用了社会结构的某些理论,所以在当时的大陆学者中认识深化了。作者把封建结构分为活力型与封闭型两类,权力垄断与开放程度结构类型,指出封建结构型的发展趋势,是堕性因素渐增而活力因素减少,原因是结构内部斗争的解决手段失灵。

---

① 吴晗等:《皇权与绅权》,第 94 页。
② 费孝通:《乡土中国》,生活·读书·新知三联书店,1985 年,第 23 页。
③ 费孝通:《乡土中国》,第 28 页。
④ 李树青:《蜕变中的中国社会》,罗盘出版社,第 76—78 页。

沈大德和吴廷嘉撰《中国传统社会结构探析》一文(载《社会科学研究》1992年第1期)。作者认为"中国传统社会结构的基础是宗法家族制",相关的是分封制、嫡长子继承制等。作者认为古代社会组织源于经济结构,小农经济决定了社会的封闭性,"中国封建社会政治结构方面的基本特征,是以政治权力为社会行政组织和管理体系的核心,这就必然要以官本位制作为国家的基础与支柱"。同时,"它具有极大的流动性和极强的互补性,因而自我调节机制和能力都很强"。

上述诸位作者将对社会结构理论的探讨与中国传统社会结构史的研究结合起来,对皇权与官僚、绅士集团演变史的分期,社会等级性身份变化和社会进步,对从古代至近代社会结构类型及阶级、等级与历史演进关系等问题提出看法。成就可观,应当引起我们的高度重视。

三、社会结构的研究对象、范围和任务

社会结构是社会组织的组成方式,是具有各种社会身份的人及其群体的联结方式,是各社会组织的有序排列,即按其社会地位由低级向高级序排稳定状态,形成社会结构模式,社会的分工、生产力水平和生产关系对社会结构的形式、状态、性质、转型起到决定性影响。

广义社会组织,由人物、时间、地点和人际关系四元素组成,包括群体、组织、阶级、等级、社区等。社会结构的社会要素有:家庭、宗族等初级社会群体;四邻结社、诗文社、行会、宗教、政权等社会组织;阶级与等级结构;社区结构;民族结构;人口结构等。

社会要素由人和人之间的互相关系结成,是人们的集合体。这个集合体内有同一和矛盾的关系。社会要素的组合核心是家族,个人不能成为中心,如果父家长是中心,他代表的家族是社会要素的核心,就全部社会要素和社会结构讲,皇帝是中心。父家长、皇帝以及各种组织首脑是社会要素的重要成分,值得注意。

诸种社会要素的联接方式,就比每一个社会要素的内部构成方式来得复杂和重要。诸种社会要素各有其社会地位,占据一个社会空间位置,与其"左邻右舍"发生联系,既有位置的协调性,又有矛盾的联系,与所在地的其他社会组织(四邻结社)、社会成分(如绅士阶层)发生关系,它要取得政府和地方

社会势力的承认,又要向政府和其他社区组织承担义务,这中间常常因利害关系发生纠纷,出现矛盾。如宗族有中介组织作用,它是个人活动的基本单位,又是个人与社会(政府、其他社会组织)联系的中介,协调诸方面关系。总之,作为个人与社会联系的组织,宗族起着中介组织的作用,协调或发展社会矛盾,整合或分化社会,促成社会进步。

需在社会经济中寻找社会结构产生与变化的原因,是社会经济结构、经济制度、分工与职业诸因素起着作用。古代社会的农业经济结构和农业生产方式,与相应的政府重农抑末政策,使得家庭成为社会细胞,宗族成为社会核心组织,民间社团组织处于不发达的封闭状态;随着商品经济的发展,反映工商业者愿望的团体出现,如公所、行会及会馆。经济制度对社会阶级结构有着规定性的作用。实行领主制遂有领主和农奴不同的社会集团,它们分别处于特权等级与贱民等级地位。地主制有地主和佃农社会集团,但地主已不一定是等级结构中的特权者,佃农则是等级结构中的半贱民或平民,并逐渐成为平民中的重要成分。经济制度还影响着政府结构——是分封制下的君主专制,还是中央集权的绝对君主专制。近代工业社会的经济结构和生产方式,产生了资产阶级和工人阶级,等级制消失,政权结构也发生变化。

依据对社会结构的多方面理解而认知的中国社会结构史内容似乎应是:

1.中国历史上社会结构的诸种要素;

2.诸要素的联接方式;

3.社会结构稳定状态下的结构模式;

4.社会结构内部的冲突和变迁;

5.社会结构及其演变对中国历史进程的影响。

四、社会结构主体的等级与阶级关系

一般来说,在阶级社会,阶级结构是社会结构的主体,阶级斗争的学说是分析阶级社会历史的基本观点。但是在古代和中世纪普遍存在的是等级的划分,正如马克思、恩格斯所说:"在过去的各个历史时代,我们几乎到处都可以看到社会完全划分为各个不同的等级,看到由各种社会地位构成的多级的阶梯。在古罗马,有贵族、骑士、平民、奴隶,在中世纪,有封建领主、陪臣、行会师傅、帮工、农奴。"①等级划分与阶级区分都是普遍的,两者有何关系呢？列宁讲:"等级是以社会划分为阶级为前提的,等级是阶级差别的一种形式。"②又说:"奴隶社会和封建社会中,阶级的差别也是用居民的等级划分而固定下来的,同时还为每个阶级确定了在国家中的特殊法律地位。所以奴隶社会和封建社会(以及农奴制社会)的阶级,同时也是些特别的等级。"③上古和中世纪等级划分是阶级差别的表现形式,等级划分给以法律确定。研究等级结构及其作用,可以体现阶级结构及其作用。等级结构复杂的社会,用两大对立的阶级观点分析社会,对有的社会问题难于剖析清楚。如对农民战争仅用阶级观点分析,令人总有不透彻之感。有些地主文人参加造反队伍,不好解释,其实他们是绅衿下层,属特权等级的最低层,易于同平民等级的农民联合。至于农民,以等级观念看,非特权等级的地主是农民,自耕农是农民,佃农是农民,取得自由身份的农业雇工也是农民,所以农民从生产关系上看很复杂,从等级上讲有平民、准良人。用等级观点分析,参加农民战争的复杂成分很好解释,若用阶级观点说一部分地主反对一部分地主并不容易使人清晰明了。当然,等级划分体现阶级划分的一面,但两者不能完全重合,如地主在阶级划分中是一个阶级,而在等级划分中是贵族、官僚、绅衿、平民四个等级,前三种是特权等级,后一种为非特权等级。张正明认为等级"是以门第和职业为依据,从而与阶级的分界并不完全吻合,同一等级的人未必属于同一阶级,反之,同一阶级的人也可分属于不同等级"④。诚然如此。

(原载张炳武主编《中国历史社会发展探奥》,辽宁人民出版社,1994年)

---

① 《共产党宣言》中译本,人民出版社,1971年,第24页。
② 《列宁全集》第2卷,人民出版社,1959年,第404页。
③ 《列宁全集》第6卷,人民出版社,1959年,第98页注。
④ 张正明:《契丹史略》,中华书局,1979年,第99页。

审视"定论"与等级分析
——以关于封建时代农民、地主的理论为例

每一位史学研究者都会从前辈那里学到很多知识,接受许多理论、概念、历史问题的结论和研究方法。毫无疑问,其中不乏颠扑不破的真理,也会有似是而非的东西,它们与历史事实不相符合,特别是一些流行的"定论",常常经不起推敲。

有一个时期,在阶级观点和阶级分析方法主导史学研究的情形下,讲到我国封建时代的史事,下述观点几乎成了定论:农民就是佃农(或者说佃农即农民),农民与地主形成生产关系,他们间的矛盾是社会主要矛盾,地主阶级是统治阶级,农民战争是推动历史发展的唯一动力,阶级斗争的理论是分析封建社会历史的唯一武器,等等。毫无疑问,这些说法都有合理成分,但是能够全面说明史事的复杂情形和反映事物的本质吗?近 20 年来,学术界对此已有所议论,如果我们再用等级分析方法和社会结构理论,深入考察封建时代农民及地主的构成成分,各类地主和自耕农的社会地位,他们在生产及生产关系中的作用,平民地主、自耕农与封建国家的关系,社会基本矛盾的各个方面,就不难发现这些"定论"的某些误失。因此对它展开讨论,或将有益于史学研究的前进。

一、农民、佃农不是同义词,只有佃农与地主形成生产关系

讲到封建社会的基本生产关系,人们通常的理解是地主与农民的关系,农民就是与地主构成矛盾统一体的佃农,于是农民、佃农成了同义词,不加区分,随意使用。然而我国历史事实并非如此,农民与地主根本不构成一组生产关系,"农民""佃农"的概念反映不同的人群。要明了这个问题,说来很简单,只要弄清农民的构成成分和什么是生产关系就可以了。

以生产关系、社会地位和经济状况诸种元素分析农民,就会发现它是由多种社会成分组成的:

131

自耕农。自身拥有耕地,通常可以自种自食,身份上是良人,属于平民范畴,国家的主要纳税人。古文献中的农、农人、农夫、农户,大多指的是他们。

半自耕农。社会属性基本同于自耕农,惟自有田地少,不够耕作,需要租佃一些耕地,或者家内有人要出卖劳动力,才能维持家庭生活。古代文书中的"下户",常指的是他们。

佃农。自家没有或基本没有田产,租佃他人土地耕作,向田主交纳地租,就是汉代董仲舒所说的"耕豪民之田,见税什五"的农人。佃耕者的身份,在整个封建社会中多有变化,趋势是租种平民地主土地的,基本上属于良人范畴,为平民佃户。

佃仆。也是租佃耕种,但因主家身份高,人身上依附田主,除交纳农产物外,要到地主家从事无偿的卑贱劳役(如充当吹鼓手、轿夫),甚至妻女也受凌辱,因而成为农奴。中古的"佃客",宋元的"旁户""随田佃客",即属于这一类。

国家佃农。租种官府土地的农民,即屯田户、营田户、屯军,人身上受国家的严格控制,不得离开田庄和戍地,不许逃亡,社会地位介于平民佃农与佃仆之间,而与前者靠近。

农业佣工。没有土地、受雇于农业经营者的人,是农村中的赤贫者。因在主家做工时间的差异,区分为长工、月工、短工、忙工等类型。在身份上与佃农有类似的情形,有平民与非平民之别。受雇于平民主人的,多系平民雇工,反之则否。

雇工人。主人身份高,雇工平时与主家以主仆相称,不敢同坐共食,法律称谓为"雇工人",地位低于仕宦和有功名的雇主,是半奴隶身份。

农业奴隶。以奴隶身份从事农业生产,其主人大多是贵族官僚。在封建制前期,此种人较多,如东汉政论家仲长统所说:"豪人之室,连栋数百,膏田满野,奴婢千群,徒附万计。"明清时代的"投充人",亦属于这一类型。

富裕农民。自家生产,犹有余田,雇工经营,或者将余田出租,向政府承担赋役,是平民身份,财力上比自耕农富裕一些,经济收入主要靠自家劳动,属于劳动者行列。他们是典籍中的"上农",平民佣工的雇主之一。

《汉书·食货志》说四民中的农民特征是"辟地殖谷",《唐六典》则云"肆力耕桑者为农",可知在古人的观念里,农民是耕田种地的人。前述九种人,与《汉书》《唐六典》所说相同,都是农业生产者,都在农民之列,是他们共同构成农民。实际上农民成员还不止于此,因为古代社会分工不精细,那时将捕鱼、打猎、采薪也视作农业,于是渔夫、猎手、樵夫也是农民,只是可以名之为从事农副业劳作的农民。种田人家兼营商业或手工业,而以农业收入为主的,就不能将他们排除在农民之外,这是兼营工商业的农民。

是否还有他人?生活在农村的地主和小土地出租者在封建社会里算不算农民?依照今天阶级分析方法,地主不下地生产劳动,是剥削者,当然与农民无涉,所以这个问题似乎提得怪。但是,古代政府将民人区分为士、农、工、商四大类,把平民地主与小土地出租者编入农户,登记户口,征收赋税和徭役。客观事实是,政府承认他们是以农业为职业的农民。笔者也持有这样的看法,并将政府的观点作为第一条依据;第二条是古人将平民地主视为前述"上农"的一分子,并谓为"税自农出,租自佃交"中的"农",即他们向政府交纳的税粮,是从佃户收的地租中的一部分,关于地主与国家的地租再分配一事可以不去管它,不过这里是把交税的地主看作农民的;第三条是这些人没有功名,系平民身份,与自耕农相同;第四条则因他们居住在农村,与农业有关系。在这四条理由之中,以第一条为主,第二、三、四条为辅。

如此说来,农民由上述 12 种成分的人构成,又可以区分为 6 种类型:自耕农(含自耕农、半自耕农、富裕农民),基本上是自种自食的劳动者;佃农(含平民佃农、佃仆、国家佃农),是受剥削的劳动者;农业雇工(含平民佣工、雇工人),系劳动力出卖者;农业奴隶,奴隶制残余形态下的生产劳动者;以农业为主的其他行业兼营者(含农副业劳动者、兼营工商业者);平民地主,勉强算作农民。

在这 12 种人里,自耕农、半自耕农、富裕农民、农业佣工等哪一种人都不能代表全部农民,哪一种人的称谓都不能作为"农民"的代称,"佃农"又怎么能是"农民"的同义词呢?以为封建社会的农民就是佃农,佃农就是农民,并不符合历史事实,不过是人们长期以来形成的误解罢了。

农民是多种成分的集合体,有没有主体成分呢?从历史实况的考察中得知,在中国封建社会里,自耕农和佃农始终是构成农民的主要成分,在这二者之中,自耕农之多,出乎 20 世纪相当多的研究者的印象之外。因为佃农就是农民(农民即佃农)的错觉,遂将自耕农的客观存在排除在意识之外。从战国到明清时期,每一个王朝的前期,几乎都是自耕农占农户的多数,王朝中后期土地兼并,自耕农逐渐丧失垦田,沦为佃户,使佃农成为农户的多数。唐宋间的土地所有制变化——私人地主土地所有制的发展,土地兼并激烈,造成自耕农的减少和佃农的增多,使得佃农有占农户主体成分的可能。看来自耕农和佃农是农民的主要成分,不能简单地以其中的一种人表示农民全体。

"农民与地主的生产关系"云云,也是不准确的说法。佃农与地主构成一组生产关系,即地主出租耕地给佃农,在生产过程中支配佃农的行动,并攫取佃农的部分劳动果实。没有地主就没有佃农,没有佃农也就没有地主,两者并存于对立矛盾统一体中。自耕农并不租赁地主田地,自然不存在交租的事情,地主虽然可以兼并自耕农垦田,但也有因破产而降为自耕农的,自耕农亦可能因田产的增多上升为地主,两者的这种社会流动领域的联系,并不能形成一种生产关系。面对自耕农的大量存在,怎么能笼统地说农民与地主的对立哩?!

要之,把握农民的诸种构成成分,认识自耕农的重要地位,在讲到农村生产关系和阶级关系时,明确地主仅仅与佃农形成对立统一体,而与佃农以外的农民并不构成生产关系,因此不宜简单地说地主与农民如何如何。

二、地主的构成及其与统治阶级的关系

有个时期在学者的观念里,说到封建社会的统治阶级,地主就与它画上了等号。事情果真是这样的吗? 看来值得探究,不妨从等级关系的考察入手。

古代社会盛行等级制度。这种制度是法律规定的,社会习俗认可的,它把各种人群纳入相应的等级里。地主在生产关系中是一个阶级,但在等级制度中,它的各个成分分在不同的等级里,不是一个等级所能容纳的,与生产关系的情形大异。

皇家地主。所谓拥有天下臣民、土地的皇帝,除了"溥天之下,莫非王土"的名义上的最大最高田主身份,还自家直接经营土地,即由少府、内庄宅使、内府、内务府管理的庄田(皇庄、皇后庄、太子庄、诸王公主庄),收入归皇家成员享用。因此说皇帝也是大地主。

贵族官僚地主。他们有两种土地,一是皇帝赏赐的公田(禄田、职田),不许买卖,只准许经营取利;二是自置(购买兼强夺)的私田,"求田问舍"乃是他们的嗜好,因此有的人被称为有"地癖"。国家根据他们的爵位高低和官职大小,减免他们私田应承担的赋税和徭役,公田当然是没有任何负担的。

绅衿地主。退职的官僚和有功名的读书人,享受一定的免纳赋税和徭役

的权利,此外,则须按章纳税和应役,当然,事实上他们往往将负担转移到平民地主及自耕农等税民身上。

平民地主。出赁耕田给佃农,收取地租,对国家承担赋役,与自耕农一起,是国家编户齐民的主体成分,同时与自耕农共同成为赋役的主要承担者。平民地主中的少数人雇工生产,承受赔赚的风险,赢利不多,所以经营地主难于得到发展。社会上有一种"豪民",颇有社会势力,甚或能称霸一方,但是没有法定的特权,常常是政府的打击目标,历代的移民实京师、陵寝,就是实施这种政策。他们中的一些人是地主分子,应属于平民地主范围之内。平民地主还是政府的依靠对象,充当乡里组织的首领(保正、里长、粮长),负责督催纳粮应役和包赔钱粮欠额,往往破产,以至出嫁祖田、析产分家,以减低户等,不应职役。

贱民地主。奴隶、贱民身份上很卑微,但其中极少数人较为富有,买田出租,交纳赋税。"豪奴"即为其中的一分子。

绅衿以上的地主,是有身份的,享有不同程度的法定的特权,是特权地主,或者是一些学者所说的身份性地主;平民地主是非身份性地主,也即庶民地主,有纳赋应役的义务,受国家保护的土地所有权和收租权,而无任何政治上的特权。特权地主、平民地主、贱民地主的不同身份,表明各种名分的地主不在一个等级之内,他们也不构成一个等级。

在我国封建社会里,等级的划分大体是:第一等级是皇帝,拥有至高无上的权力,不过在人们的意识里皇帝高贵到在等级制度之外,其实是在等级之内的;第二等级是贵族、大官僚,地位高,特权多,在内执掌朝纲,在外为封疆大吏,古代刑律中有名的"八议"就是为他们设立的,他们有权接受赐田、公田和恩荫子弟的官学读书权、出仕权、优免权;第三等级是中下级官员和缙绅(退职的官僚),拥有处理政事或参议政事的权力,享受国家俸禄(或部分俸禄)、减免赋役待遇;第四等级是衿士,即中古的弟子员,科举制下的未仕举人、贡生和没有资格出仕的秀才、监生,享有不出席法庭的权力(以家人代表)、有功名在身不受审判的权力、部分赋役优免权;第五等级是平民,即法律上的"良人",包括平民地主、富裕农民、自耕农、半自耕农、手工业者、商人、平民佃户、平民佣工、医、卜、乞丐、合法宗教职业者,以及所谓的豪民,他们的私有财产受国家保护,人身既受国家保护又受国家控制,有向国家纳税服役的义务;第六等级是半奴隶、半贱民,即下层宾客、佃仆、雇工人、军户、头下户、二税户、怯怜户等,系由平民沦落下来,或从放良户升上来的,受国家或主人的严格控制和剥削,基本上没有人身的权力;第七等级是奴隶、贱民,即隶臣妾、铁官徒、徒附、部曲、奴婢、官户、驱户、苍头、家人、长随、皂隶、杂户、乐户、世仆、伴当等,从事苦力劳动和卑贱职业,没有人格,是国家或主人的财产,不仅受国家或主人奴役,还受良人社会的歧视或役使,惟主家不得杀害他们。这七个等级,可以归并为三大等级:特权等级,由衿士以上的四个等级组成,全都拥有法定的政治和经济的特权,他们在同其他等级的纠纷中享有被特别保护的权力;平民等级,法律上的良人,可以读书出仕,向上流社会流动,有对国家的义务和受保护的权利,在良贱关系上有优于贱民的法律地位;奴隶、贱民等级(含半奴隶、半贱民),处于被损害、被侮辱的地位,无任何权力。由各个等级的状况可知,特权等级属于社会统治阶级,发号施令,治理百姓,享受执行公务中的特权和其他政治、经济生活上的权利。特权等级中的身份性地主是统治阶级,这是没有疑义的。没有特权的平民等级,接受特权等级的治理,是被统治者,当然不可能进入统治阶级范围;平民地主属于平民等级,显然与统治阶级无缘,他们要想挤进统治阶级的队伍,只有家庭成员取得功名利禄,而那样的话,本身就变成特权等级,已不是平民等级了。至于贱民地主就更谈不上统治阶级的地位问题。总之,就地主阶级而言,特权地主是统治者,平民地主、贱民地主则进入不了统治者的行列。

平民地主在地主构成中,因其人数众多,而有不可忽视的地位。他与自耕农一起是国家的主要赋役承担者,即为国家经济基础的重要组成部分。从赋役方面讲,他与自耕农一起同国家发生联系,形成对立统一关系。当赋役沉重到超过他及自耕农承担能力时,就会对政府进行抗争,隐匿人口、田产,逃避赋役,乃至揭竿而起,发动武装起义,这就是农民暴动、农民战争中为什么会有平民地主和平民读书人参加的原因。看不到他们同政府关系的矛盾方面,以为凡是地主就是政治上的统治阶级,是忽视了地主分属于不同的等级,因而会有相异的政治态度。显而易见,地主阶级与统治阶级不是同一概念,更不能画等号。

三、地主阶级在生产关系中占居主导地位

前已提到地主与佃农的生产关系。生产关系是讲人们在生产过程中形成

的相互之间的关系,包括生产资料所有制的形式、人们在生产中的地位,以及生产物的分配形式。封建生产关系,就是地主占有土地,出租给佃农耕种,并在生产中支配佃农,以及向佃农收取生产品,即地租。

佃农租到耕地,种植什么作物,如何耕作,在原则上要取得地主的同意。设若佃农抛荒良田,在水田上播种旱田作物,将经济作物田改作粮田,且不说佃农不会这么做,更重要的是地主绝不允许,这就是生产中的地主支配地位。对于平民佃农来说,虽与平民地主同处于良人等级,但在生产关系上受到地主一定程度的控制。

封建地租形态,大体上经历劳役地租、生产物地租(实物地租)、货币地租三种形式的演变。在中国历史上长期出现的是实物地租,其中又有分成制与定额制之别。地主采取何种地租形式,取决于如何能刺激佃农的生产热情,提高产量,以便增加地租的绝对量。比如分成制下,佃农增加产量,要按分成比例多给地主交纳粮食,这就影响他们的生产积极性;如若定额制,将地租总量固定了,佃农增产部分不再多交租,就愿意积极生产了。改为定额制对地主也有好处,因为分成制要依年成好坏确定地租额,年成差就收得少,而定额制无论年景多么不济,地租按定额收取,地主不受影响,故而乐于将分成制改为定额制。在实物租制下,有的地方的地主还要收取附加地租,即让佃农在正额地租之外,交纳一些鸡、鱼农副产品,或到地主家做若干时日的无偿劳动。附加地租引起佃农的不满,地主于是改变做法,不再向佃农要实物和服役,而改收银钱。实物地租的后期,地主出租土地,先向佃农索取押租,否则不予租地;收了押金,就不怕佃农赖租和逃亡,就是用经济手段控制佃农。但是出了押金的佃农,不仅取得土地的租佃权,同时获得田面权(佃种权的转让权),地主对此不能干涉,实际上造成他的土地所有权的不完整,因而实行押租制的地主是有得有失。地租形态的变化,沿着地主放松对佃农人身控制、增强佃农生产积极性的方向前进,同时地租绝对量的增大,使地主在经济收入上获得实效。显然这种办法对主佃双方都有好处。

三种地租形式的递变,是社会的进步,是主佃双方斗争、协调的产物,但不是一方屈从于另一方,各有所得,用现代的话说是"双赢"。不过在这一对矛盾中,占主导地位的是地主,事物的性质及其变动,往往取决于他的动向。

四、等级观点与等级分析方法

"农民与地主的生产关系""农民与地主阶级的矛盾"等提法,是以佃农即农民的观念为前提的,倘若我们承认农民中有不可忽视的自耕农等成分的存在,就不能不认为上述概念缺乏科学性。

"地主阶级即封建统治阶级"之说,忽略了地主构成里包含的庶民地主,如果将命题改为"特权地主是封建统治阶级"就确切了。

"劳动人民创造世界""农民战争推动历史发展"的观点,强调劳动人民的历史地位和贡献,有其道理,特别是在英雄史观盛行的时代。但是历史的进化乃是沿着矛盾斗争双方的合力方向前进的,统治者与被统治者、剥削者与被剥削者都对历史的演进起着积极的作用,比如以实物租取代劳役租,就是历史的进步,如前所述,这是主佃双方斗争、协调的产物,即共同认可的。

在上述诸种说法中,所着力强调的是阶级斗争,所使用的是阶级分析方法。不过,封建社会里的人群划分为各个不同的等级,因此等级观点和等级分析方法是研究等级社会历史所应把握的。例如在讨论封建社会矛盾问题时,利用阶级观点认识佃农与地主是一对矛盾统一体;使用等级分析方法,不难发现作为赋役主要承担者的平民地主、自耕农有共同利害,同封建国家形成一组矛盾关系,而这是在主佃矛盾之外的又一种社会基本矛盾,于是在社会上存在着地主与佃农、"税民"与国家两种基本矛盾。由此认识封建社会所出现的户口制度、赋役制度、政治改革与政治斗争,或许会清晰一些。国家的户口政策,无论是编制户籍,惩治脱漏户口,刮户,以户口多寡考核官吏,都是国家为了控制以自耕农、平民地主为主要成分的税民,以便顺利征收赋税和征发徭役。杨炎"两税法"、王安石变法、张居正"一条鞭法"、康熙帝的"滋生人丁永不加赋"、雍正帝的摊丁入亩等赋役改革,无不是调整国家与税民的关系。如若我们能成功地使用等级观点和等级分析方法,相信有些历史问题会得到符合实际的说明。

(原载《东方文化》1998 年第 5 期)

社会史研究的探索精神与开放的研究领域

一、社会史研究进程及其所表现出的探索精神

1989 年,台湾学者梁其姿等编辑出版了《年鉴史学论文集》一书,选编年鉴学派三代史家的 8 篇代表性论文,意在反映年鉴史学的进程和特点。

年鉴学派第三代代表人物之一的何威在这部具有代表性的《年鉴史学论文集》的"导言"中说,年鉴学派创始人费弗尔与第三代重要人物勒高夫、阿里鄂斯"在相隔 30 年的时间内,各用不同的方式来探索今天法国称为'心态历史'的领域",又说年鉴学派活动的"真正的丰盛之处:多样性、开放性和包涵性……它一直不断增加研究的对象、方式、步骤,直到今天提出一个探讨群体行为与表象的历史人类学的蓝图"。①他强调了年鉴学派的探索精神,即不停地拓宽研究领域,采用新的研究方法。作为一个学派,不固步自封,不局限于初始的学科设计和固有方法,而是敞开门扉,不断吸收其他学派的长处,将其研究内容和方法经消化而吸纳为自身的,这就是该学派探索精神的表现。

社会史由法国年鉴学派兴起,各国深受其影响,所以要了解社会史的发展史及其探索精神,对年鉴学派的历史必须予以充分的注意,同时也不能忽视其他流派在各国的发展;此外,我们还知道社会史的研究受到马克思主义的巨大影响,这一点亦需列入考察之中。社会史研究史的分期,不少学者做过或涉及,如彼得·伯克的《法国的史学革命》、霍布斯鲍姆的《从社会史到社会的历史》、勒高夫的《新史学》、美国纽约大学夏伯嘉的《战后欧美史学发展趋势》、梁其姿的《心态历史》等著述,笔者在这里吸收了诸家的研究成果,然因他们总结的时间较早,后来社会史研究又发展了,致使有些现象必须重新来

---

① 何威:"导言",载梁其姿等编:《年鉴史学论文集》,台湾远流出版公司,1989 年,第 1—6 页。

看,所以结论不会完全相同。

就世界范围而言,社会史自 1929 年布洛赫、费弗尔创办《经济与社会史年鉴》至今 70 余年间,似可区分为两个大的发展阶段,即 20 年代末至 60 年代的兴起期和 70 年代以来的兴盛期。前后两个时期又可各自划分为两个小的阶段。而后期往往被称为"新社会史",或称作"新史学",各个国家的称呼虽然不一,但基本上还是社会史,它反映着社会史研究在探索中前进的历程。

第一,在形成期,社会史更多地与社会经济史纠缠在一起。兴起期的第一个阶段可视为"形成期",由《年鉴》诞生至 1946 年改变名称(即《经济·社会·文明年鉴》);自此至 60 年代为第二个小阶段,如果细分的话也可以定在 1968 年,因为这一年年鉴学派在法国取得了决定性的胜利,可视为"初步发展期"。兴起期的社会史,以向传统史学挑战的姿态出现,研究新问题。霍布斯鲍姆认为社会史中的经济史作品"乃是社会史当中最优秀的著作,其余的社会史著作皆无法与之相比"。为什么会这样呢?因为社会史家"所感到兴趣的是经济体系的演变,他们之所以对此感到兴趣是因为它能够促使我们去了解社会结构与变迁,尤其是各种社会阶层与社会群体之间的关系"[①]。霍布斯鲍姆看到了当时社会经济史研究活跃的原因。在我国,社会史的研究最初也是同社会经济史纠缠在一起的。1936 年创办的《食货》杂志,在抗战前所刊载的 300 余篇文章中,其关于中国史的"多集中在身份、人口、家族、土地制度和田赋租税等方面,其次是农村、耕作、货币、市场、都市、贸易、寺院经济,也有一些关于婚姻、妇女和动乱的"[②]。可见社会经济史研究在当时占有多么大的分量。

第二,反对以政治史为历史主体。倡导撇开政治史,这在当时的社会史研究中是非常流行的观点之一。年鉴学派创始人费弗尔宣称:他所为之而奋斗的历史学是针对政治史、外交史的。[③]年鉴学派并没有摒弃政治史,只是反对历史以政治史为主体,所以格奥尔格·伊格尔斯在《20 世纪的历史科学——国际背景述评》中说年鉴学派的著作:"国家就连经济都包括在一种内容广泛的

---

① [英]E.J.霍布斯鲍姆:《从社会史到社会的历史》,载吉尔伯特、格劳巴德编:《当代史学研究》,李丰斌译,台湾明文书局,1981 年,第 25 页。

② 杜正胜:《中国社会史研究的探索——特从理论、方法与资料、课题论》,载台中中兴大学历史系编:《第三届史学史国际讨论会论文集》,台湾青峰出版社,1991 年,第 30、32 页。

③ 参见《历史的奋斗》,载[法]勒高夫著:《新历史》,梁其姿译,《食货》复刊第 12 卷第 10、11 期。

社会思考之中。这并不意味着政治因素遭到了忽视。"①

第三，年鉴学派创始人代表作问世，社会史学说奠立。布洛克于1939年出版了《封建社会》，费弗尔在1942年出版了《16世纪的不信教问题——拉布雷的宗教》，这两部书是年鉴学派的经典之作，"为后来历史作出纲领"。前一部书从中古欧洲人的生活条件入手，谈及他们与大自然的直接接触、通行语言、宗教气氛及社会阶层的社会生活，从而在内容上超越了法律制度史。后一部书"发掘了'16世纪宗教生命'的深处，肯定了思想、感情、信仰的长久持续时间"②。"力图说明拉布雷时代法国人的思维工具，及在拉布雷以前和以后的长时期内曾左右着生活方式、思想方式和信仰方式的一系列概念。"③

第四，布罗代尔长时段理论的提出。年鉴学派第二代代表人物布罗代尔于1958年出版了《历史和社会科学：长时段》一书。他把历史区分为长、中、短三个时段。所谓短时段，是指历史事件，像火光一样，一闪而过；中时段是指社会群体及社会运动态势，如结构曲线、人口增长、工资运动、利率波动等；长时段是指上百年、甚至几个世纪的时间。布罗代尔在《日常生活的结构》中指出：长时段包括三个层次的结构，即日常生活结构、社会结构和社会心态结构，后一结构决定前两个结构。布罗代尔说长时段的概念最重要，历史学家接受了它，就"意味着改变作风、立场和思想方法，用新的观念去认识社会"④。"长时段"作为年鉴学派的理论，它企图通过对长时期历史的观察，去发现社会的运动规律。

第五，深受马克思主义的影响。布罗代尔提出的长时段理论就受到了马克思的社会发展形态模式的启发，他说："马克思的天才，马克思的影响经久不衰的秘密，正是他首先从历史长时段出发，制造了真正的社会模式。"⑤勒高夫讲述新史学的历史，特地分析它同马克思主义之间的"重要汇同及可能的

---

① [美]格奥尔格·G.伊格尔斯著：《二十世纪的历史科学——国际背景评述》（续二），王燕生译，《史学理论研究》1995年第3期。

② [法]勒高夫：《新历史》，梁其姿译，《食货》复刊第12卷第10、11期。

③ [法]布罗代尔：《历史和社会科学：长时段》，载蔡少卿主编：《再现过去：社会史的理论视野》，浙江人民出版社，1988年，第55页。

④《历史和社会科学：长时段》，载蔡少卿主编：《再现过去：社会史的理论视野》，第57页；载庞卓恒主编：《西方新史学述评》，高等教育出版社，1992年，第70页。

⑤《历史和社会科学：长时段》，载蔡少卿主编：《再现过去：社会史的理论视野》，第76页。

分歧",他说:"从很多角度来看,马克思不愧是新历史的大师之一:他写的历史是问题性的,是综合各学科的知识的,是处于长久持续时间内的,同时是整体历史的尝试。马克思及马克思主义之分期法(从奴隶制到封建制再到资本主义)虽然不能以这个形式被接受,但不失为一个长久持续时间的理论。虽然他提出的下层建筑、上层建筑等想法似乎不能阐明不同层次的历史真实之间的关系的复杂性,但不可否认,这些想法都诉诸'结构'这个概念,这正是新历史的一个主要趋向。马克思主义把群众在历史中所扮演的角色放在首位,与新历史之对日常的、身在社会中的人的关心亦有相通之处。"①他基本上说明了马克思主义与新史学的相通之处:社会形态的演变与长时段,经济基础与上层建筑关系的理论与结构的理论,劳动群众的历史作用与对下层群众历史的关心。正是由于有着这些相通的方面,所以马克思主义部分地为新史学史家所接受和运用,马克思本人也被誉为新史学的大师。

新史学在七八十年代处于蓬勃发展时期,至 80 年代末势头还未衰减。这个时期具有如下特点:

第一,众多国家的学术界开展了新史学研究,新史学在有的国家还成为了史学的主流。

林富士通过阅览前述《历史学的新展望》,认为"新史学在最近二三十年来已蔚为西方史学的主流"②。下面分述有关国家的研究情况。

英国史家的新史学研究较为成功,霍布斯鲍姆除了在 1971 年发表了《从社会史到社会的历史》和在 1969 年出版了《盗匪》外,还著有《革命时代1789—1848》《资本时代 1848—1875》《帝国时代 1875—1914》等书;汤普森继1963 年出版了《英国工人阶级的形成》之后,1984 年又出版了《宪章运动》;珀金于 1981 年出版了《组织起来的人群》;1983 年勃里格斯的《英国社会史》问世,等等。当时的苏联学者兹韦耶列娃等人认为:"在当代英国,'新史学'越来越决定着非马克思主义史学的面貌和发展的主导趋向。"③

德国古典历史主义史学非常发达,而社会经济史学的产生也不晚,在法

---

① [法]勒高夫:《新史学》,梁其姿译,《食货》复刊第 13 卷第 1、2 期。
② 《新史学》第 3 卷第 2 期,1992 年 6 月。
③ [苏]兹韦耶列娃:《英国的社会史和"新史学"》,《世界史研究动态》1989 年第 2 期。

国年鉴杂志出现以前,德国的《经济与社会历史》季刊就问世了。第二次世界大战后,人们从日常生活反思纳粹罪行及其出现的原因,到 70 年代使社会史学发展的新方向获得了坚实的制度上的基础,古典历史主义在大学中的垄断地位被打破。1989 年美国学者杰弗·埃利著文说:"在过去的 10 年中,西德史学领域中最重要的新发展当属日常社会史的起步。70 年代中期,日常社会史这一提法获得广泛传播,被越来越多的社会历史学家所采用,并很快成为活跃展开的地方性讨论和研究中的口号。"①

意大利史坛出版了《历史季刊》,史家研究"小历史",写细小的历史课题和下层人物,其代表作是金兹伯格的《奶酪与蛆虫》,此书对英美史学的发展产生了很大的影响。②

在苏联,除了进行马克思主义阶级斗争史的研究外,还出现了研究西方新史学的著作,如 1971 年出版的古列维奇的《中世纪人们的世界构图》。他们还关注年鉴史学,于 1973 年出版了布洛赫的《历史学家的技艺》俄译本。

波兰的新史学甚受世界同行的称赞,勒高夫说:"波兰极成功的史学派产生了当今最优秀、最创新的人物如布罗尼斯罗·格里梅克,他那本关于 14 世纪巴黎的《边缘人》的书,实在脍炙人口。"又如维陀德·古拉的《措施与人》的论文,"说明了社会斗争的历史怎样影响了日常生活的策略"③。

美国的新社会史的发展令人瞩目。它兴起于 60 年代,很快取代了第二次世界大战后独领风骚近 20 年的"和谐史学"流派的地位。新社会史家提出了结构主义理论,以及"自下向上观察历史"的观点和方法,侧重研究劳工史、妇女史、种族史和移民史。"社会史课题还随着对社会行为其他方面的历史研究而增加,例如健康社会史和死亡史明显地成为正在崛起的领域",这些研究虽然受到了学者们有关论述琐碎、缺乏概括之类的非议,但是"至今历 30 年而不衰,而且在今后相当长的时间里还必将继续左右美国的史坛"。④

---

① 《劳工史、社会史、日常社会史:日常经历、文化与政治,西德社会史发展的新方向?》,载《史学理论丛书》编辑部编:《八十年代的西方史学》,中国社会科学出版社,1990 年,第 138 页。

② 参见夏伯嘉:《战后欧美史学发展趋势》,《新史学》第 3 卷第 2 期,1992 年 6 月;参见王汎森评介《奶酪与蛆虫》的文章,《新史学》第 6 卷第 3 期,1995 年 6 月。

③ [法]勒高夫:《新历史》,梁其姿译文,《食货》复刊第 12 卷第 12 期。

④ 参见王新扬:《美国新社会史的兴起及其走向》,《新史学》第 6 卷第 3 期,1995 年 9 月;斯特恩:《拓宽视野:美国社会史以及它的趋势》,载蔡少卿主编:《再现过去:社会史的理论视野》,第 41 页。

第二,研究内容的不断扩展。

70年代后期,勒高夫在《新历史》一书中预见性地提出人群生命史(或曰身体史)的研究即将开展,他写道:"最有前途的发展可能就是人文科学(首先是历史学)与生命的科学间藩篱之降低甚至摧毁。新历史追求重建一个完整的人的历史,他们要把人的身体生理放进一个社会性的时间之中……"①他从人文科学与生物学双方需要结合,来说明人群生命史必有前途。事情被他言中了,1992年出版的《历史学的新展望》中已收有《身体的历史》专文,论述身体史的研究情形。据林富士转述,这种历史不同于医学史、医疗史,它所讨论的主题有三:其一为宗教、道德、社会价值系统与"身体"的关系,二为对"身体"的若干基本认定,三是社会对性、两性关系的看法及其演变。具体的课题有人类对生命、性爱和死亡的态度,人类对其身体各个部位的认知和态度,人类对肉体与灵魂或精神之间的关系的解释,性别和两性关系,身体与政治权力之间的关系,身体与人类文明的关系。②这些新课题的开拓,是新史学探索精神的反映。

特别值得一提的是,受文化人类学、文化史影响甚大的日常生活史研究的开展。美国耶鲁大学萧凤霞对此有所说明:"80年代在学术上是令人振奋的10年,不管是中国还是西方,学术研究的结构和思想都有了空前的变化……当时全世界的历史学已经历了从重视政治史到重视经济史和社会史的转变过程,文化的意义在历史运动中的角色日益受到重视;与此同时,人类学也摆脱了共时性的结构主义和功能主义的分析模式,转而关心在日常生活中不断重现的文化意义,这种新的研究范畴的核心,在于历史感。"③这时德国的史学研究,"重点已从结构与过程转移到了文化与生活方式上面来";不仅德国如此,美国、法国、意大利、英国亦然,"社会史也日益从结构转向人们的生活世界"。④此外,生态环境史的研究亦有发展,不过为我国学者所注意,似乎是90年代初期的事情。笔者在1993年始有所闻,次年收到美国印第安纳州立大学历史系教授邓海伦寄来的由她编辑的《中国生态环境历史研究通讯》第1期

① 《食货》复刊第13卷第1、2期。
② 参见《新史学》第3卷第2期,1992年6月。
③ 《汤明檖文集·汤明檖传略》,广东人民出版社,1997年,第325页。
④ [美]格奥尔格·G.伊格尔斯:《二十世纪的历史科学——国际背景评述》(续三),王燕生译,《史学理论研究》1995年第4期。

(1994年4月),从而获知美国、澳大利亚等国学者和我国台湾学者研究中国生态环境史的一些具体情况。《通讯·编者的话》认为生态环境史是"正在扩充领域的学术",刊物的宗旨是在"促进历史学者、生态专家及对中国生态环境历史有兴趣的人员对这方面的消息、看法、思想及知识的交流"。该刊的首要对象是历史学家、生态专家、人类学家、经济学家和其他有关人士,而其传播的范围为欧洲五国、日本、澳大利亚、新西兰、美国和中国大陆及台湾、香港地区。有那么多的外国学者关心中国的生态环境史,说明它是世界各国所共同关注的学术事业。此外,心态史学再度引起学者的关注,无疑社会史的研究领域被大大拓宽了。

第三,整体史的观念被强调而凸显出来。

社会史是"社会的历史"的观念,以及年鉴派出现之初就进行的整体史研究,到70年代以后,越来越受到人们的重视,差不多成为铁定的概念。这一问题,将在下面进行专门探讨。

二、社会史的研究领域

要了解社会史的研究对象和范畴,涉猎面较广阔的社会史专著应当是可靠的依据,学者根据社会史的著述所作的概括也应该是一种参考意见,学者专门为这个问题所作的设计或构想同样有参考价值,故而笔者从这三个方面作一些考察。

(一)学者概述西方社会史的研究内容

西方社会史研究一些什么内容,已有学者作了某种概括,最被人们注意的是霍布斯鲍姆在《从社会史到社会的历史》一文中所说明的:"我认为,在过去10年或15年当中,社会史当中之主要之富有趣味的研究工作乃是围绕在下列之主题或问题丛上,此即:(1)人口学与宗族关系;(2)史学范围以内的都市之研究;(3)阶级与社会群众;(4)'心态'或集体意识之历史及人类学意义底下的'文化'历史;(5)社会之变革(例如'现代化'或'工业化');(6)社会运动及社会抗议之现象。"①他的概括包括6个方面的研究内容。

---

① 吉尔伯特、格劳巴德编:《当代史学研究》,李丰斌译,台湾明文书局,1982年,第41页。

前苏联学者兹韦耶列娃等转述 P.伯克的概括,系 7 个方面:(1)社会关系史;(2)社会结构史;(3)日常生活史;(4)私生活史;(5)社会公共和社会冲突史;(6)社会阶级史;(7)社会集团史。而她本人则谈到了新社会史的社会集团史研究及其具体内容:"新社会史的典型特征就在于重视研究组成社会的各社会集团和阶层,它们在例如出身、教育、成分(贵族名流乡绅、'资本主义化'的商人阶层、手工业者、农民)等方面又各具特征。由此,'新'史学家更加重视各社会集团的行为、群众意识的内容、'人民文化'、社会反抗运动、宗教信仰、'普通人'的社会信念以及他们在周围世界中的自我意识。"①兹韦耶列娃的概括包括了社会结构、社会生活、社会文化诸多内容。

(二)中外社会史专著的实际内容

学者的叙述是否准确,不妨看一看下述专著中都写了些什么。前面提到过的阿萨·勃里格斯撰著《英国社会史》,自称包括了如下 6 个特点:专注于人们的经济,这经济既包括个人的,也包括集体的;研究语言、文学、美术、音乐与研究社会科学并重;不局限于伦敦地区,而是系统地运用其他地方史志材料;英格兰与苏格兰等地历史不同,故专门作英格兰史;作跨越时间的前后比较研究;不囿于书斋,勇于探索。他把自己的书看作"从石器时代一直写到撒切尔时代的书",是一部从古至今的英国通史,并且是按照"社会的历史"观点写作的。他认为"社会史可不是那种充斥了细微末节、繁琐小事的历史。它是社会的历史,'社会'这个字眼本身就值得仔细研究"。又认为"说到社会史中的政治因素,我认为是决不应该剔除的,而人们应当理解,把政治因素包括进去是很重要的"②。因此,他在书中叙述了政治制度、事件、人物、经济生产和人们的生活、家庭、宗教、人口、生育、营养、衣着、交通、教育等生活方面,且常常用诗歌予以描绘。

中国大陆学者通叙古来社会史的专著同样显示出著作者的社会史观念。由龚书铎总主编,曹文柱、朱汉国副总主编的 8 卷本的《中国社会通史》的内容分为三大部分,即社会结构、社会运行、社会变迁,③很明显受到了社会学的浓厚影响。

---

① [苏]兹韦耶列娃:《英国的社会史和"新史学"》,《世界史研究动态》1989 年第 2 期。

② "序言""译者的话",载[英]阿萨·勃里格斯著:《英国社会史》,陈叔平等译,中国人民大学出版社,1991 年。

③ 龚书铎总主编,曹文柱、朱汉国副总主编:《中国社会通史》,山西教育出版社,1996 年。

乔志强主编的《中国近代社会史》一书,将社会史的内容区分为三大部分,即社会构成,含人口、家庭、宗族、社区、民族及社会变动;社会生活,含物质生活(衣食住行及用具)、精神生活(信仰、娱乐、礼俗、节日)、人际关系;社会功能,含教养功能、控制功能(权力控制、规范控制、社会问题和治理)。这是在理论上不"包罗政治、经济、文化等在内的所有社会现象的历史,而是研究人类有史以来赖以生存并必然结成的社会本身的历史"①。

笔者和常建华合著的《清人社会生活》包括五个部分,即社会群体和社会结构(等级、社团、宗族、家庭)、生活方式及其演变(衣食住行、婚姻、丧葬、祭祀、娱乐)、人口社会(人口、妇女、儿童、老人、社会救济)、少数民族社会生活、社会生活史在清代全部历史中的作用与地位。②该书将生产关系史、阶级斗争史、政治制度史、思想史排除在叙述之外,当然它并未忽视社会生活史与政治史、与社会历史发展之间的关系。

张静如、刘志强主编的《北洋军阀统治时期中国社会之变迁》,是根据张氏"社会史的研究对象,应该是社会整体发展的全过程"的认识来写作的,全书分为八大部分,即社会经济(经济政策、工商业、农业与手工业、交通运输、财政与金融、近代城市)、政治(大总统、内阁、国会、地方制度、外交)、教育与文化、社会阶级与阶层(地主、军阀、官僚与买办、工人、农民和民族资本家、其他社会阶层)、社会组织(职业组织、其他社会组织)、家庭、社会习俗(日常生活习俗、婚丧礼俗、时令节日习俗)、社会意识(社会心理、意识形态)。③

中国台湾学者黄宽重、柳立言认为"社会组织的形态与结构的变化,对中国历史文化的发展,更有多方面而深刻的影响,因此从社会的角度去掌握历史的发展与变化的现象,同样具有重要的意义"。他们在《中国社会史》一书中,涉及家族、科举出仕、妇女与婚姻、社会冲突与协调、娱乐与赌博、宗教与民间信仰等内容,"反映基层社会及联系政治与社会关系的几个重要面相。虽由于篇幅的限制,未能全面涵盖社会史所涉的领域,但希望反映近来研究的新趋势"④。

---

① 乔志强主编:《中国近代社会史》,人民出版社,1992年,第2页。
② 冯尔康、常建华:《清人社会生活》,天津人民出版社,1990年。
③ 张静如、刘志强主编:《北洋军阀统治时期中国社会之变迁》,中国人民大学出版社,1992年。
④ 黄宽重、柳立言:《中国社会史》,台湾空中大学出版社,1996年。

(三)学者对社会史研究范围的设计和设想

在进行了理论概括和个案介绍之后,我们可以再来看看学者对社会史研究内容的构想。哈罗德·珀金在《社会史》一文中,以社会史学家如何理解自己的研究对象为话由,谈了他的看法。他的研究重心在社会结构方面,但并没有忽视物质与精神、政治与法律方面的内容,他写道:历史学家"应当试图把生活看成一个具有结构、功能和环境的、具有自我延续、自我反映能力的社会,要考虑其地理环境和宇宙空间环境,它必须包括国家的自然史,从生态学、解剖学、心理学、病理学角度对它进行研究。由于国家不仅仅存在于物质层面,还必须从心理学角度对它进行研究:研究它对自身的认识、它的目标、规范及理想"。他说从生态学的角度考虑社会结构,要注意到"包括每个社会成员所生存的已给定的'社会要素',社会的规模和形态,亦即人口及人口的地理分布,其职业、年龄、社会地位;社会制度的形式,从婚姻或财产继承习俗到封建效忠、庇荫或者雇佣契约;以及社会团体的复合体——家庭、教会、犯罪、骑士制、学校、医院、济贫院、俱乐部、工会、职业团体,甚至工厂、政治党派,或者政府机构,个人必然要加入这些团体,或者在其外围活动,并且具有自己的特性"。对于生产,他指出社会史家应有的视觉:"……农业、工业和商业,不是因为对它们本身感兴趣,但是不以它们为参考,就不能对社会功能作出任何解释。"他还说:"社会史学家不能忽视政治、法律和政府的社会内涵。"①

中国香港学者罗炳绵构思中国近代社会史的要点为五个部分:第一总论;第二社会组织,含社会结构变化、乡村社会、都市社会、社会流动的阶梯;第三社会制度与风尚,包括礼法制度、学馆和科举、社会福利制度、家庭制度、会馆制度、风俗;第四社会经济,含经济政策、货币制度、土地制度、厘金制度、内债与外债、劳工制度与劳工阶级、典当;第五社会改革运动和社会思想,如康有为、梁启超的社会思想、五四新文化运动、孙中山社会思想、新生活运动。②他的社会史,没有撇开经济和文化。

杜正胜在《什么是新社会史》一文中对社会史的范畴与对象作了直截了当的说明,他认为可以分为 3 个层面(范畴):物质的、社会的、精神的,"这三者皆脱离不了人群,亦即是个人与社会,新社会史就是要对这三者做整体的

---

① 本段引文参见蔡少卿主编:《再现过去:社会史的理论视野》,第131—135页。
② 参见《中国近代社会史研究途径的探索》,《食货》复刊第6卷第8期。

探讨"。他以生活礼俗史作为重心,拟定了一个研究提纲,基本上反映了新社会史的内涵。提纲分为12个部分,即(1)生态资源:山林(含野生动物)、川泽海滨(水产动植物)、平地田野(农)、草原谷地(牧)、矿产;(2)产业经营:农、渔、牧、工商业;(3)日用生活:饮食、衣着、建筑、行旅;(4)亲族人伦:血亲构成与伦理、姻亲构成与伦理、谱牒、门风、家族经济、祖先崇拜;(5)身份角色:亲族、婚姻、妇女、非齐民人口;(6)社群聚落:聚落形态、社群之构成、社群公共事务、慈善救助;(7)生活方式(品位):产业经营与生活方式、作息时间、官吏、士大夫、僧道隐逸;(8)艺文娱乐:品目、地点、场合;(9)生活礼仪:生命礼仪、社群礼节;(10)信仰与宜忌:本土信仰、教派信仰、行业信仰、宜忌;(11)生命的体认:身体、医疗(含本草)、命运、生命限度的突破;(12)生命的追求:人格风范、职业追求、人生意义、人与天地万物、今生与来世。杜氏的三大类十二目中似乎没有政治类项,他就此说道:"这是不是意味着不含政治史的历史就是社会史呢?其实任何人群皆离不开政治……舍弃政治,实在没有多少社会史可言。但现在我们只是不特别将过去政治史的课题,如变幻的政治斗争或固定的行政制度作为新社会史研究的直接对象而已。政治史旧课题姑且不说它对新社会史研究具有背景的意义,就某种层次而言,二者也是非常贴近的。"①

下面介绍最近的,亦即孟彦弘在1998年发表的观点,他说:"社会史研究的对象与范畴包括:一、群体结构,其中分作甲、人口、行业、家庭、家族,乙、社会群体,丙、社会组织;二、社会生活;三、社会心态(含教化、信仰、迷信、价值观、社会思潮等);四、社会运行(含社会问题、自然灾变、社会保障与救济等);五、区域社会。其中一、二、三、四等四个方面是社会史研究的基础与核心。"与杜正胜一样,这段文字中没有政治史的内容,其实作者并非忽略,因为他已经说到社会史与法制史有交叉之处。②

由上述诸家作品本身和学者的概括,以及各家的设想,不难发现学术界对社会史研究的对象、范畴的见解不同,一种意见是将人类社会生活的自然环境和资源、社会生产和社会经济、政治制度和人们的政治生活、社会组织和

---

① 《新史学》第3卷第4期,1992年12月。
② 参见孟彦弘:《社会史研究刍议》,《史学理论研究》1998年第2期。

社会群体、人们的社会生活和文化生活、人类自身的生产和社会医疗,无论是物质的还是精神的,都囊括在研究范围之内,对人类社会生活的方方面面几乎无所不包;另一类学者的研究面远没有那么广阔,他们不主张将政治史和经济史、文化史的所有内容都包括进来。这两种观点关系到社会史是历史学中的专史,还是就是全部的历史(整体史、总体史、"社会的历史""社会史学")的分歧问题。下面就这个问题作一些阐述。

三、整体史的观念

(一)以社会结构及其演变为重心的总体历史的概念

"社会的历史",或者说整体史、总体史,它的含义是什么?我们从研究著述和学者的议论中不难发现有两种内涵,其一是指全社会的、几乎是无所不包的研究内容,其二是在承认它的多方面内容之外,更重要的是指研究方法和视角。何威讲的"绝对以群体现象为主,以复杂性为要,并同时采用几个解释系统"[①],或许能作为这种社会史内涵的概括。但是在我国,学术界对"社会的历史"还有"是专史但要放在整体史中进行研究"的观点。这里我们只谈第一种含义。

年鉴派的创始人布洛赫、费弗尔及第二代代表人物布罗代尔的社会史研究,都充分地利用了地理学、经济史的知识,作为学科的研讨,虽然在内容上或侧重社会经济方面,或侧重其他方面,但都力求对历史作出全面的解释,以把握历史的整体性,所以勒高夫指出:"凡新历史都是整体历史的尝试。"他说新历史"要肯定整体历史和要求整体历史天地的更新,新历史的先驱作品虽然大都只处于某个历史领域内,但都表现出它们力求超越专业化的雄心壮志。它们——包括古卑尔和华士刁的作品——都是整体历史的尝试,它们所研究和介绍的是一个社会的全部"[②]。所谓新史学就是整体的历史,用霍布斯鲍姆的话说是"社会的历史",勃里格斯也说是"社会的历史"。姜芃总述英国

---

① 何威:"导言",载梁其姿等编:《年鉴史学论文集》,第7页。
② [法]勒高夫著:《新历史》,梁其姿译,《食货》复刊第12卷第10、11期。

新社会史的特点,第一条就是"以研究整个社会为目标,其方向是建立一种总体的'社会的历史',强调把社会作为一个有机的整体的历史来研究"①。伊格尔斯就 80 年代末出版《德国社会史》的作者乌尔利希·韦勒的社会史研究,指出:"我们当然必须要考虑到,韦勒的工作——也类似于布罗代尔的一样——应该看作是宏大的包罗万象的提纲,而不是经验性的工作,是社会史学,而不是社会史。"②他把整体史的社会史说成"社会史学",而不是"社会史",一字之别,差异悬殊。葛志毅观察近几十年外国新史学的发展,认为可以断言"社会史研究在很大程度上为史学发展的宗旨找到方向,亦即史学应以整个社会作为自己研究对象的宗旨开始得到实现"③。他们众口一词:社会史即整体历史、全部社会的历史,即"社会的历史""社会史学",而不是一般所说的"社会史"。这些看法主要是从西方社会史的研究实践中总结出来的。

乌尔利希·韦勒的社会史学,"在广义上被理解为是社会的、政治的、经济的,但也是社会文化的和精神现象的历史。其主题则是对社会变化的进程和结构的研究和表述"。用他自己的话说:"这样看来,社会史就是大幅度的社会结构史。"④社会的历史被理解为社会结构及其演变与社会作用的历史,或者说以此为历史的主体。这种说法为许多学者所认同,如霍布斯鲍姆在《从社会史到社会的历史》中写道:"社会之历史乃是社会结构与变迁之一般模式与特定的实际发生之现象丛之间的相互交流。不论我们的研究所涉及之地理与时间之范围为何,这一点乃是永远真确的。"⑤前面说过哈罗德·珀金认为历史学家应该将社会看作具有结构、功能的社会,正因为如此,他才围绕结构谈了四个方面的研究内容和方法。

中国学者亦有持与整体史说相同观点的,如杜正胜说:"'社会史'实等于'历史'。"⑥又说:"历史本来就是整体的,这话不少人说过,所谓社会史并不是从历史割裂出来的一部分,而是从社会的观点出发去看全部的历史,所以社

① 姜芃:《中国社会史的发展与英国新社会史研究:若干比较与思考》,《史学理论研究》1994 年第 1 期。
② 何兆武等译,《史学理论研究》1995 年第 3 期。
③ 葛志毅:《由社会史研究引发的史学思考——论史学发展中的科学化与大众化问题》,《求是学刊》1997 年第 5 期。
④ 何兆武等译,《史学理论研究》1995 年第 3 期。
⑤ 吉尔伯特、格劳巴德编:《当代史学研究》,李丰斌译,台湾明文书局,1982 年,第 36 页。
⑥ 台中中兴大学历史系编:《第三届史学史国际讨论会论文集》,第 25 页。

会史也是整体的。"①陈旭麓认为："社会史是社会变迁史,是社会纵深变化动态的过程。"②张静如说："社会史是一门综合性学科,是历史学中层次最高的部分,是立于各类专史之上的学科。"③又说："研究社会史,也就是研究社会生活各方面之史的演化和变革。"④蔡少卿、孙江在讲到社会史的广义和狭义定义时肯定了社会结构在社会史研究中的意义,他们说："社会史的定义可以从社会结构—功能及其运行机制的静态和动态两方面展开,其广义定义是'再现'人类社会过去的历史,其狭义定义可以是研究社会结构变迁时普通人的经历。"⑤基本上是持"社会的历史"说的。

(二)我国一些学者所讲的"整体史"的旨趣和专史说

包括笔者在内的一些社会史研究者也讲"整体史",但是与前述整体史大异其趣,需要分辨清楚,否则会令人产生整体史已经一统天下的误解。

乔志强说社会史最基本的特征之一"是它体现的那种'全面的''整体的'历史。这一学科特征决定了社会史研究一方面应当从'社会'整体角度探讨历史发展变迁及其规律性,探索历史社会机制及其发展变迁"。他的整体史是什么内涵,从文章中讲到的社会结构、社会生活、社会功能、社会区域、社会心理等五个方面的研究内容看,反映出乔氏重视社会结构史研究的思想,但这五个方面里基本上没有政治制度和政治史的内容,所以这个"整体史"与霍布斯鲍姆等人所说的并不一致。他只是要求把微观研究放到总体中考察,即局部研究不要忘记总体研究的目标,正如他所说的:"微观研究应当从整体社会史的角度进行,即把微观研究的对象放在总体社会史中进行考察,在系统社会史的知识体系中明确专题研究的位置。"⑥

笔者在 1989 年发表的《三论开展社会史研究》一文中说："社会史以社会组织、社会结构、人口社会、社会生活方式与风尚为主要研究对象,兼及其他直接表现社会关系的社会生活。这是接受了西方正在形成的社会史是'社会的历史'的概念,扩大了社会史研究的内涵。"同时认为:"社会史渗透到政治

① 《什么是新社会史》,《新史学》第 3 卷第 4 期,1992 年 12 月。
② 陈旭麓:《关于社会史的讲话》,《南京大学学报·社会史专号》(1989 年)。
③ 张静如:《以社会史为基础深化党史研究》,《历史研究》1991 年第 1 期。
④ 张静如、刘志强主编:《北洋军阀统治时期中国社会之变迁·自序》,第 1 页。
⑤ 《回顾与前瞻——关于社会史研究的几个问题》,载《南京大学学报·社会史专号》(1989 年)。
⑥ 乔志强:《深化中国社会史研究》,《历史研究》1993 年第 2 期。

史、经济史、文化史等专史领域，凡是这些专史中属于人们社会关系的内容，也就是社会史的内容。"①从中可以看出笔者对社会结构史的重视。正是基于这一认识，笔者主编并主撰了《中国社会结构的演变》②一书，笔者虽接受"社会的历史"，但是有自己的理解，即以狭义的社会史为基准，将人际关系史深入政治史、经济史、文化史中去。1987年笔者发表的《开展社会史研究》一文就说到了这一点，并指出了它们之间的差异，文中写道："社会史研究的内容，含有物质与精神两个方面，涉及政治、经济与文化各个领域，它同历史学其他专史的区别在于它是研究社会生活的。社会史研究生活方式，自然涉及衣食住行等物质方面，但它与物质文化史、科技史不同，它不研究生产力水平、生产过程、生产工具、生产技术及产品，它研究物品是怎样被人们使用的及在人们生活中的作用。比如物质文化史要研究服装的缝纫制作等，而社会史却注重了解服饰制度以及人们对服饰的追求与好尚。某项科技发明于社会史并不重要，但发明的推广，在人们生活中的作用，则是社会史所留意的。娱乐是精神文化生活，社会史与文化史都研究它，但角度不同。……政治史研究政治制度、政治斗争、阶级斗争、对外关系等内容，社会史也涉及这些问题，它考察等级、宗族、家庭，都同法律制度发生联系；研究民众组织如秘密结社等，又属于阶级斗争的范畴。"③笔者笔拙，不知道该怎样把社会史与文化史，以及与政治史、经济史之间的关系明确地表达出来。但是笔者深知不能孤立地研究社会史，必须将它置于历史的整体中去观察，以此部分地接受整体史观念。其实笔者的观点与霍布斯鲍姆等人的概念并不一致，而与乔志强的观点属于相同类型。还须指出，有些只讲社会史为专史的中国学者，虽然没有强调把社会史放在整体史中研究，但是实际上有了这个观念，因为绝大多数研究者都具有宏观史观的素养，对历史的主干不会忘记，一般的情况下，不会在研究专门问题时，仅仅注意那个研究对象，而不同与其有联系的事物作综合性的考察。

总之，存在着对整体史的两种理解，一是"社会的历史"、全面的历史、整体史，另一为被置于全部历史中进行考察的社会史专史。当然，从公开发表的观点来看，前一种理解为更多的学者所认同。

---

① 冯尔康：《三论开展社会史研究》，《南京大学学报·社会史专号》（1989 年）。
② 冯尔康主编：《中国社会结构的演变》，河南人民出版社，1994 年。
③ 冯尔康：《开展社会史研究》，《历史研究》1987 年第 1 期。

还应当看到,我国还有许多"社会史是专史"的主张者。前几年提出的就不必说了,因为那时基本上都赞成专史说,所以这里仅述及近两年发表的、针对整体史说的意见。如周晓虹的《试论社会史研究的若干理论问题》一文,反对社会史是整体史、通史说,认为我国整体史观的产生受到年鉴学派及70年代以来某些西方社会史学家的影响,也与一些史学家对现代社会学的误解有关。他主张社会史是专史,它的研究对象是:"以人类历史上的社会,或者说以人类历史上的社会结构和社会行为及其相互作用为自己的研究对象,它既力求描绘历史上不同时期的社会结构及其变迁对人们的社会行为的影响,也着眼于说明人们有意识的社会行为对社会结构及其变迁的建构和推动作用。"①他同多数社会史家一样给予社会结构史以重要的地位,不过他同时强调对社会行为的研究。孟彦弘认为历史学发展到今天,整体史观已成为史学家所应具备的最基本的历史观念,若研究整体史,业已不需要强调"社会的历史",把"社会史"视作"历史"的别名已经失去了它的意义,所以还是将社会史看作专史,以群体结构、社会生活、社会心态、社会运行等为研究对象,以助于将历史研究推向系统、深入。②周、孟二氏的专史说,表明"社会的历史"观念并不能笼罩整个社会史学界,应当说这是好现象,任何事物定于一尊,它就难以发展了。

(三)社会史研究是一种方法、视角的观点

现在该来观察总体史观的另一个侧面,即社会史是方法论的观点。让我们首先明了学者们是如何理解"视角"的,然后再了解具体的研究法。

"社会史"中的"社会"一词该作何解释?在年鉴学派创始人那里这一概念就是模糊不清的,而且他们正是看重这个词义的模糊性才采用它的。勒高夫转述费弗尔的话说,年鉴杂志所用的经济、社会两个形容词,尤其是"社会"一词由于意义含糊而可以包容所有的历史:"我们只知道'社会'一词,一向以来很多人都发表过不少意见,到头来似乎这个词并不特别指明什么了……我们认为这一个如'社会'这样暧昧的词是历史上苍赐给尘世的礼物,用来标榜一份不希望在它周围筑围的杂志。世间上并没有经济史、社会史,只有历史,在

<hr>

① 周晓虹:《试论社会史研究的若干理论问题》,《历史研究》1997年第3期。
② 参见孟彦弘:《社会史研究刍议》,《史学理论研究》1998年第2期。

其统一性内之历史。历史本来的意义就是完全是社会的。"①费弗尔使用"社会史"一词,就是因为看中了它的模糊性,从而可以用它来不受限制地研究历史上的各种问题,并以这个词汇表示(全部的)历史。霍布斯鲍姆研究了社会史的发展过程之后,说他发现"即便是最优秀的社会史家也都觉得'社会史'这个名称并不十分确切"。社会史的含义既然是暧昧的,自然就不会十分确切了。他进而认为"社会史永远不可能成为另外一门学科(如经济学),抑或是成为其他以组合名称为名之历史——因为我们无法独立其素材"。这是从根本上否定了社会史这一名称,以及狭义的社会史概念,以便说明他的"社会的历史"而不是社会史的理论。他举例说思想史、经济史均可以独立,思想史家或许可以不考虑经济学,经济史家也可以不考虑莎士比亚,但是社会史家却不能忽视这两者当中的任何一方——否则他的研究成果一定极为有限。可是思想史、经济史的各自某一篇论文只是各该领域的文章,而社会史家则能"选取某一种论述角度,而使这两篇文章都变成社会史"②。"角度",这大概就是霍布斯鲍姆论述的关键所在。有了相应的角度就能使非社会史的历史文章,创作成为"社会的历史"的文论。何威也说社会史学家利用史学家、地理学家、社会学家、民族学家、经济学家、心理学家、语言学家的经验,"他们绝对要透过多种学科的角度来看社会"③,也强调"角度"的观察方法。总之,因为词义模糊、暧昧不明,社会史研究的对象可以不断地扩展,与多种学科发生密切的关系,乃至无法对其作出界定。学者们在摸索中发现,不如将它理解为观察历史的角度、研究历史的方法。至于这个方法,它不是单一的,而是有很多,是具体的,但可以总名之为整体史研究法。如美国有不少的社会史学家依据这种理解,在研究和写作时,"使得社会史学的特征愈来愈多地表现在研究方法和手段上,在史观上与其他史学不复有巨大差异"④。

我国一些学者赞同霍布斯鲍姆的"整体史"与"视角说",持有"社会史是方法论"的观点。比如赵世瑜说:"社会史不应只是生活方式史(即旧的、狭义的社会史),而应是全社会的历史;按我的看法,社会史根本不是历史学中的

---

① [法]勒高夫著:《新历史》,梁其姿译,《食货》复刊第 12 卷第 10、11 期。
② 吉尔伯特、格劳巴德编:《当代史学研究》,李丰斌译,台湾明文书局,1982 年,第 29 页。
③《新历史》,第 3 页。
④ 中国留美历史学会编:《当代欧美史学评析——中国留美历史学者论文集》,人民出版社,1990年,第 97 页。

一个分支,而是一种运用新方法、从新角度加以解释的新面孔史学。"①他明确地反对"社会史专史说"。杜正胜用"社会"的观点去看历史,他说:"所谓社会史并不是历史割裂出来的一部分,而是从社会的观点出发去看全部的历史,所以社会史也是整体的。"②姜芃比较中英两国的社会史研究,批评中国社会史研究中的专史论者——"中国很多社会史著作缺少英国新社会史所强调的总体史观",两国社会史研究的差异,"主要不是功夫下得多少的问题,而是观念是否更新的问题"。③这种更新观念以便与英国整体史学者同步的说法,表明他主张以整体史及其方法为我国社会史学界努力的目标。常宗虎在《社会史浅论》一文中不赞成专史说,主张社会史是一种审视历史的新视角、新态度和新方法,并且他具体地提出了新方法是全面审视法、跨学科研究法和结构分析法。④他具体讲到了研究法,至此,我们需要涉猎倡导整体史的学者所说的研究法了。

所谓方法,不是一般讲的单纯的、具体的方法,而是与社会史研究的内容紧密结合在一起的方法,也即既是内容又是方法,方法与内容密切地融合为一体。对此,霍布斯鲍姆在谈到心态史学时作了直截了当的说明:"学者对'心态'之历史所产生的兴趣都代表了一个更直接地处理社会史之方法论问题的方法。"⑤内容与方法的统一,是观察整体史研究法需要把握的一点;还有一点,整体史的研究多是跨学科的,西方社会史家对此有切身的体会,自然有明确无误的认识。作为局外人,80年代的苏联学者兹韦耶列娃等也注意到了,她说西方社会史好像有两个实体,其一是"建立在跨学科基础上的、当代历史科学存在的特殊的和主要的形式"⑥。跨学科是新史学不争的事实。说到各种方法,有的在前面业已述及,这里对长时段的理论和方法不再赘述,而对下列数种略事铺陈。

---

① 赵世瑜:《社会史研究呼唤理论》,《历史研究》1993年第2期,1992年12月。

②《什么是新社会史》,《新史学》第3卷第4期,第106页。

③ 姜芃:《中国社会史的发展与英国新社会史研究:若干比较与思考》,《史学理论研究》1994年第1期。

④ 该文原载于《历史研究》1995年第1期;常宗虎又在《也论中国近代社会史的理论问题》一文中予以重申:"社会史是一种审视历史的新视角、新动态和新方法。它不是,也不可能是历史学的一个分支学科。"(《历史教学》1995年第9期)

⑤ 吉尔伯特、格劳巴德编:《当代史学研究》,李丰斌译,台湾明文书局,1982年,第48页。

⑥ [苏]兹韦耶列娃:《英国的社会史和"新史学"》,《世界史研究动态》1989年第2期。

心态史学:对人们的社会活动进行心理分析,它分析的不是个人,而是从个人伸展到群体,所以它研究的是群体的意识,是民众的意识。这种意识还不能为思想史明确地总结,它还是一些概念模糊的思维活动,是隐藏的潜意识,但它与人们的行为有更直接的关系,利用它研究社会历史是非常有意义的。这种方法在年鉴学派初期就被尝试性地使用了,待到60年代末期以后越来越被学者们所重视和采用,及至1978年杜比的《三个等级:封建主义的想象》一书面世,使心态史学有了代表作。这部书写的是11—13世纪十字军东征时期,封建社会武士、教士和农民三个等级意识形态的转变。杜比试图通过认识物质与心态之间的关系,以了解社会的演变。1984年梁其姿对中国心态史学表示出某种失望,或者说期待:"至今,史学家似乎对过去的社会属于日常生活的,或不自觉的、涉及感情或感性的层面都不甚关怀。在研究精神生活方面亦似乎较偏重于自觉的,有意识的思想。换言之,除了一些个别的琐碎的例外,心态在中国史研究方面几乎是一片空白。"①时过十余年,盼望这种情况能有较大的改变。

自下向上看的历史研究法:这是针对以往英雄史观笼罩下的史学只研究社会上层的政治史而发出的挑战,主张将在历史书上消失的小人物请回来,即把视线移向社会下层民众,以便对历史有个整体的看法,故而叫作"从下向上看",这样也就使它具有了方法论的意义。眼光下移,考察的对象就是平民百姓。比如美国史家就注目于黑人史、移民史、劳工史、妇女史,并为了使这些研究得以深入,特别开展了社区史、城市史的研讨。注视小人物,就同日常生活史联系在一起,于是生老病死、性、两性关系、消闲生活、私生活、犯罪、教育、家庭等方面的历史都成为研讨的课题。因为有关下层民众的历史资料特别稀少,为了开展研究,史家又提倡口述史学,以弥补史料的不足。同时将各种文物、文献、实物都加以利用,文学性的读物、图片、电影均被列入使用范围之内。

社会结构论:社会学家和社会心理学家所关切的社会结构和社会变迁问题,以及由此形成的社会结构理论,为社会史家所重视和借用,出现了前面说过的整体史中侧重研究社会结构演变史的状况。社会史家关注的社会结构,

---

① 梁其姿:《心态历史》,《史学评论》1984年第7期。

其内容比较庞杂,关涉社会群体、社会组织、社会等级及阶级构成、人口、民族结构、社区结构、政治结构等方面。社会结构论有几个要点:其一是强调观察社会结构诸要素之间的关系,即结构要素间的矛盾冲突和社会问题、社会运动,这是研究社会结构的关键所在,最为重要;其二是重视结构的变动性,即做动态的了解,而不是将它看作静止不变的,这才能发现社会的变化和运动方向;其三是考察静止状态的社会结构,试图建立一种社会模式的观念,以便总体把握社会的状态。通过这三方面的综合观察来认识社会。

量化方法:追求计量的分析,而不满足于定性的分析。最早是经济学家采取这个方法,社会史家跟随于后,而在人口史、社区史等方面的研究中表现得尤为明显。利用数学的方法制作统计图表,做出史学分析,增强论点的准确性和说服力,避免定性分析中史家主观性的误断。因此伊格尔斯说"数字将会加强研究的科学品位"。20世纪下半叶计算机使用的推广,为量化史学提供了客观的条件。不过量化方法需要可供采摘的大量的统计数字,否则不可能进行量化性的陈述,所以不是什么历史问题都可以采用这个方法;它也不可能解释一切历史问题,这正如伊格尔斯所说:"数量只不过是一种辅助手段,借以从统计上证明有关社会发展的论断。"①

早期社会史研究还使用了比较的方法、个案研究法等,这里不必一一赘述。新的方法还会不断地冒出来,随时都可能发生,或者从其他学科中借用。从这些方法的产生与使用中,从方法与内容的结合中,不难发现社会史研究的范畴之扩大与研究法的层出不穷相一致。至此,我们可以说,社会史从社会经济史、社会结构史向社会生活方式史,亦即向社会文化史的伸展,这是社会史方法论丰富的必然结果。

(后记:本文原有第四节"若干问题的辩证",述及笔者的"社会史是历史学专史"的观点,以及为什么采取专史说、专史与整体史关系等问题,为避免与《迈向未来的社会史研究》一文重复,这里从略)

---

① [美]格奥尔格·G.伊格尔斯著:《二十世纪的历史科学——国际背景评述》(续一),王燕生译,《史学理论研究》1995年第2期。

关于社会史研究"基本建设"的若干思考

自 80 年代社会史研究复兴以来,呈现方兴未艾之势,好形势中必然会有值得深思的问题。为有益于研究的顺利开展,因笔者想到学科的"基本建设"问题。今提出来,不过是抛砖引玉,企盼同好的讨论。

一、基础性的研究建设

教材建设。许多高等学校开设社会史课程,可是绝大多数没有讲义;一些本科生、硕士生想攻读社会史方向的硕士、博士,但是不敢报考,因为没有教材,教师又开不出像样的参考书单,应试无从准备。事情很简单,为培养社会史研究人才,为开展社会史研究,需要社会史教材。现在笔者见到的有两种,均出版于 1996 年,一是李泉、王云等撰著的《中国古代社会史通论》(天津人民出版社),另一是黄宽重、柳立言撰著的《中国社会史》(台湾空中大学),前者时代上限于古代,后书作者于"序"中云"未能全面涵盖社会史所涉的领域"。这两部书一定程度地适应了教学需要,对于教材建设均起到并且还在起着积极的作用。然而在时空方面尚有局限,需要在此基础上产生新的著作,要有"中国社会通史概论"或"中国社会史纲要"一类的著作,它要符合于这样的一些要求:时代上包括古代和近现代,是社会史通史,给人以较完整的社会史知识;内容上涵盖量要大,应有的历史内涵不可缺少,因系教材,文字又不能多,要达到在深入研究基础上的简约,真正做到言简意赅;要能够综合学术界已有的研究成果,同时要有著作者自身的学术见解;需要适当地介绍有关社会史的理论及其研究。要求如此之高,常令人畏而却步,故而呼吁教材之声不断,而全面系统简述社会通史的教材却一直没有出现,这种状况总是不能让人满意的。似乎应当朝着这个方向加紧工作,能做到何种程度就做到什么程度,亦未为不可。而且教材应当不断地修订,亦无须将它看得神秘了。

选编社会史论文集。几十年来,社会史研究的论文数量繁多,质量自然是参差不齐,高质量的文章经过时间的选择,仍为研究者必备的参考读物。似乎可以将经典之作,依照其内容广阔程度和研究深度,以及方法论的价值,经过筛选,挑出具有标志性的文章,结集成册,以便于参考。这在一定意义上说也是社会史研究在一个阶段的某种小结。

选译国外社会史研究论文集。内容范围有三,一是关于理论、方法论的,二是涵盖面广阔的经典论文,三是具有前瞻性的,以前者为主,后二者放于次要地位。鉴于以往受客观条件的制约,所选译的文章是十年或几十年前面世的,现在是信息时代,以能反映最新的研究成果为宜。新发表的著述还没有经过时间的检验,如何准确把握其学术价值,这自然要看编译者的学术水平,关键是要见得多,选择就可能精到了。

组织高质量的社会史专题论文集的写作。其内容可以是社会史研究范围内的任何一个专题,也可以是关于社会史理论和方法论的。有兴趣者选取了专题,设计好大纲,邀请志同道合者分头写作,适当时间召开小型讨论会,以提高作品的质量,然后梓刻行世。这类工作已有学者在进行,成绩显著,唯其内容均是具体史事的,关于社会史理论方面的尚未见到。不适当地、空泛地议论社会史的研究理论,似无多大必要,但理论还是要研究的,可以考虑在这方面做一些工作。

二、史料研究与整理

社会史的史料是相当多的,因为中国历史文献汗牛充栋,内中不乏记录人们社会生活的史事,为社会史研究者提供了研究素材,但是它有其不同于政治史、经济史等其他专史史料的特点。首先是零散性,缺乏专门记录,散见于各种文体、题材的历史文献中,增加了研究者搜求的难度,然而又非全然是大海捞针,即以“二十五史”而言,很难说它们荟萃社会史资料,不过经过学者的利用,其中保藏有大量社会史材料则是无疑的。其次是不完整性,对史事记叙不甚清晰,对一些史事几乎未予著录,令研究者产生无米之炊的感叹。最后是史料尚未做整理,不像有的专史的资料,从古人到今人,不断地给予关注,做了一些汇编的搜集整理工作。

开展社会史史料的研究。没有史料,便没有史学,开展社会史研究,须以史料研究开其端。社会史史料散在各种体裁的文献中,在古代图书的经史子集四部分类法中,每一类的图籍都可能包含社会史的资料,如何去搜求,有没有一定的规律可循呢?笔者粗浅的体会是:史部政书类典礼、法令目,正史类诏令目,时令类,地理类杂记、游记目;子部杂家类和小说家类(即今日所说的史料笔记)、类书类;经部礼类等类目中的图书,社会史的材料相对多一些。社会史史料的整体状况究竟如何,要靠对其进行史料学的研究之后,才可能把握得更准确一点、好一点。惟因社会史史料研究仍然是一片处女地,亟待耕耘。社会史史料学是社会史研究的辅助领域,需要社会史研究者给予应有的关注。

社会史史料的整理与出版。如前所述,社会史的材料未作搜集、汇编,当然不是说毫无成果,瞿宣颖于 1937 年枣梨的《中国社会史料丛钞》(甲集)即为一例,可谓凤毛麟角。这种汇编的工作非常重要,能为研究提供许多方便,所以该书虽不是编得非常成功,但在 80 年代仍然再版,表明读者、研究者需要它。瞿宣颖在该书"题语"中表示:"更假岁月,当仿'容斋',续成五笔,补其阙失。"他只刊印了一部甲集,未能如愿。整理社会史史料是众人的事业,今日之社会史研究者其有意乎?瞿宣颖所做的仅是整理工作中的一种,即摘录一些相关材料,加以汇集,是所谓"丛钞",或曰"文编"。另外一种是丛书,即将具有同类内容的图书文献汇编在一起,出版社会史专题丛书,或者是同一文体的丛书。前者如女性社会史史料丛书,可以选编班昭《列女传》、唐人郑氏《女孝经》、毛奇龄的《胜朝彤史拾遗记》等不同文体的书籍,合为一部丛书;后者是选择同一体裁的书籍,如选编家族谱丛书,就此还可以分出类别,如可选刊某个地区的家谱,供研究区域社会史选材,或选名门望族的家谱,提供望族社会史的素材,还可选取某一个民族的族谱,可作民族社会史选材之用。再一种整理是对社会史史料专书,或基本上是这一类型的图籍进行整理出版,是为单行本文献整理。外国人著作中有关中国社会史的材料,同样可以选编成丛书或文编枣梨。总之,整理有关社会史的史料文献,可以是、而且应该是多种途径的,文编、丛书、单行本,皆是不可忽略的形式。

三、创办、办好社会史研究通讯、学刊

中国社会史学会业已有了会刊《社会史通讯》,它能提供某些研究信息,但是如何能每年出版两期,增加其信息量,是需要做很大努力的事情。社会史

研究的文论有许多报刊可以披露,但是专门学刊的建设的必要性是不言自明的事情,可是现在还没有,是一种缺憾。怎样才能创办,是社会史研究者需要认真思考的事情。

四、研究队伍素质的提高

社会史研究的一种好气象,是研究队伍逐渐增大,有兴趣者日益增多,研究能力逐步增强。可是社会史研究的要求相对要高一些,因为它的研究内容包含在许多学科之中,要求研究者具有多学科的知识,也就是说要有比较完善的知识结构,而对我们仅仅是学习历史专业的人来讲,颇有力不从心之感。笔者自己就是如此,所以在 80 年代前期开始从事社会史研究时,用了一点时间补充社会学、文化人类学、民族学方面的知识,然而自知仍不能完全胜任研究工作。补课,会有得有失,可能会在一个时期内不出或少出研究成果。因此研究者需要有一个坐冷板凳的时期,成为默默的耕耘者。不畏这种艰苦的学者坚持下去,保持研究队伍的稳定,这对社会史研究的长足发展绝对是有益的。

五、研究者与报刊出版部门的密切合作

首届中国社会史研讨会由南开大学、《历史研究》杂志社、天津人民出版社联合召开,这是高等学校,也即研究机构与报刊、出版部门的合作,实践证明这个头开得很好,而且坚持下来,每届社会史研讨会都有几家出版社和杂志社参加主办。社会史的研究成果需要报刊、出版社的梓行,报刊、出版社发行读者面较大的社会史著作,双方是相得益彰。出版社、杂志社要讲两个效益,研究者应予以充分的理解;研究者要公布学术性强的作品,杂志社、出版社给予必要的支持,就皆大欢喜了。

笔者深知,这些设想即使是合理的,亦不是短时间里所能做到的,学术建设是长期的事情,绝不可能一蹴而就,需要假以时日,然而事情又是不能等待的,贵在抓紧时间去做。

(原载《天津社会科学》2001 年第 1 期)

简述文化史与社会史研究的结合

一、从一个有趣的话题说起

在我国传统社会晚期,有"三大节"的礼俗,这就是元旦、冬至和"圣诞",节期君民同乐,普天同庆。为什么人们会有这样的行为和习惯?原来大有思想文化上的讲究。元旦是一年之始,皇上颁布的新年历开始实行,凡为臣民者均应遵奉执行,如果哪个人胆敢不奉正朔,就犯了大逆不道之罪;冬至过后,白昼一天比一天长,黑夜一日比一日短,是阴、阳交争结束之时,从此阳气上升,而阳气表示君道,所以这时国君以最隆重的礼节祭天,并且只有他具有这种权力——以示君权、天道相通,而臣民则是隆礼祭祖,于是君民共同报答天恩祖德;圣诞是正在坐龙椅的皇帝的诞日,天下者,皇帝之天下也,沐浴皇恩的臣民理当庆贺。这些习俗到 20 世纪仍有所延续,如民国初期依旧有法定的祭天仪礼,政权元首的生辰百姓也要过,如台湾出版仁寿版"二十六史"为蒋介石庆寿,至于用什么纪年,仍然是政治态度问题。三大节是社会政治权威的体现,或者说是政治权威的象征,过三大节就标志政治权威的权威存在。过三大节是人们的社会行为,行为的表现形式和内涵均有着丰富的文化成分,是行为与文化的结合物。社会行为与社会文化本身有着内在的联系,是统一体,因此在史学研究中将文化史与社会史结合在一起做统一的考察,是事物内在因素所要求的,是势所必然的事情。本文所说的文化,是将思想意识、信仰、观念、精神都包含在内。下面将介绍学术界对"文化与社会"的研究状况,以及开展"文化与社会"研究对史学发展的意义。

二、近年中外史家对文化史、社会史及两者关系的研究

有学者认为,我国的文化史与社会史有"荣枯与共"的命运,20 世纪 80 年

代初文化史研究兴起，跟着社会史研究开展起来，前者似有后劲不足之势，而后者却以揭示社会精神面貌的社会文化研究作为特征之一，弥补前者的缺憾，并在一定程度上将两者结合起来。在国外，学术研究的思潮变化多端，流派纷呈，令人有目不暇给之感，从年鉴派到年鉴—新史学，到后现代主义史学，到政治史、事件史、叙事史、传记的回归，特别是新文化史的流行，与本文主题最有关系，下面就将中外学者业已关注的"文化与社会"研究内容缕叙一二。

心态史学研究。心态史家认为每个人身上几乎都贮存着一些既成的观念，人的很大一部分思维和行动的习惯便由这些既成观念所构成。心态，指个人或人群无意识的精神内涵和不由自主的心理行为。心态史研究个人群体行为的意识，以及决定其行为的价值体系和思维方式。所寻觅的意识，就是那种不易把握的概念、模糊的思维活动、隐藏的潜意识，因其同人们的行为有更直接的关系，利用它研究社会历史，便有非同寻常的认识价值。心态与社会环境紧密相联，心态史成为社会史的组成部分。它的发展，文化的意味增多，出现"文化—心态史"，给予人的行为更多的文化意义的解释。比如明末至晚清的某些战争中，指挥官将裸体女人驱赶到阵前以抵挡敌军，是所谓的"阴门阵"。研究者指出，这是因为人们认为女阴是秽物，摆阴门阵是实行厌胜术，以瓦解对方，这是将心理中的污秽观用于战争。

物质文化史研究。物质文化史研究食物、服饰、器皿、建筑等有形的实物，任务是找出其中的礼仪制度，尤其是文化的含义。学术界研讨服饰史，透过服饰时尚，看到人们追求艳、新、异的文化观；从美学的角度分清服饰中的雅、俗之别，以及各色人等自身所塑造的形象；从对所谓"服妖"的态度观察各个社会阶层的社会观念及其间的矛盾，当社会下层服色违制，与社会上层服色无别时，社会上层出于优越感一面会反对服色逾制，一面会别创新装，以区别于社会下层，达到心理的平衡。

历史人类学研究。现代学者趋向于将民族学、民俗学、人类学看作一回事，都称为历史人类学。历史家用人类学的方法、视角考察历史现象，通过婚姻、家庭、家族、宗教、信仰、语言做出观察，就中关注于人们的观念、心态、欲望、感情、知觉、风俗、习惯和行为，以明了行为的社会意义和文化意义。

大众文化史研究。大众文化内容多种多样，如民间信仰、民间宗教、民众意识、民间故事，甚至可以将社区文化、也即所谓"小传统"包括进来。关于民间宗教(秘密宗教、秘密教门、秘密社会)向为史家所留意,但过去多侧重在其源流组织、事件诸方面,目前趋向于对其核心成分的信仰问题进行探讨。精英文化、统治者文化的文化霸权问题,民间文化对它有无抗争,有无自主性,有无对霸权文化的反影响,是大众文化史研究中经常讨论的问题。

表象史研究。表象是被人们感知的行为,是物体呈现在精神中的方式,包含形象、象征物、感知或感觉代表性等。它是心态史的延伸。它研究对现实世界感知的历史,认为外界条件与人的反映不是一回事(不是有什么外界条件就会有什么样的反映),人们的行为取决于人们对客观条件的感受,取决于他们的表象体系(如人们的智慧程度、个人性格、关注中心和目标)。表象史家注意历史上人们自己塑造的形象,通过人们的举手投足,对气味、声音等感觉的研讨,找出人们的心理活动,做出社会的和文化的说明。

政治文化史。政治史原来是被社会史排除在研究范围之外的,现在恢复对它的研究,不过不是简单的复旧,而是赋予新的研究内容,如开辟政治舆论史,如留意于人们对政治的态度,显然这是文化方面的内涵。

集体记忆史。强调记忆的社会性,将其区分为三个层次,即个人记忆、集体记忆、"传统"。记忆是具体的、主观的,带有感情色彩的。集体记忆总是和一些特定的集体和共同体联系在一起,常常通过仪式、信仰状况和纪念活动、对一些事件的态度表现出来,同时集体记忆往往与现实联系密切,形成民族的记忆,帮助史家发掘深藏在民族心灵深处的传统遗产和民族认同。

身体史(医疗社会史)研究。身体史根植于特定的社会文化领域,如性别、政治、劳工、农民、技术、艺术、医学、科学、宗教等历史中,是20世纪晚期的产物,目前只提出地方性的知识,能够指出文化多样性、特殊性及地方色彩。如中国"割股疗亲"史的研究中,获知"血气"观念、"同类相补"观念在这种行为中的思想指导作用。

上面所列的各种历史研究,有的是学科研究的领域,如历史人类学、政治文化史等,有的并不是严格意义上的研究领域,而是一种研究的视野,一种视角,或者说一种方法,如心态史、表象史等。就中有属于社会史研究范围的,也有属于文化史研究序列的,不过我们从这些不同门类的研究中发现一个共同点,就是对文化因素情有独钟,都想揭示文化因素对人们的历史行为的作用。可见学者在各自的研究实践中寻找行为与思想、文化与社会之间的互动关系,以深化历史研究和对它的认识。

三、"文化与社会"互动关系研究对历史学的价值

(一)社会史、文化史互借资源,深化各自领域的研究及互动研究

强调"文化与社会"的互动关系,使史家在做专题研究时,自觉地进行与其相关联事物的考察,从而取得多学科研究的成果和进展。就我所意识到的,社会史研究从文化史研究中借助资源,提高了理论水平和综合能力,而文化史研究则从社会史研究中增强了对社会大背景的理解,即对社会脉络的把握。这里主要从社会史研究方面来看其收获。

新文化史研究者认为个人是历史的主体,而不是那些抽象的力量,这是针对社会经济决定论、长时段决定论等注定论而发的,为的是理解历史当事人,站在他们的地位观察事物。新文化史家追求更大程度的人类自由,认为文化影响甚至决定政治和经济的行为。他们突出文化作用的观点当然是可以讨论的,而对人的主体地位的肯定则有助于社会史研究的深入,比如表象史家对传统的阶级与生俱来、是客观条件必然产物的理论发出挑战,他们注意到只有由社会组织推动的社会斗争才能促进阶级意识的形成,最终巩固阶级和社会集团的阶级意识和集体认同感,而社会集团只有在他们的代言人在政治舞台上代表他们讲话时阶级才得以存在。也就是说,没有代言人的活动,就没有阶级意识的牢固树立,阶级因素固然是客观存在的,但阶级却没有形成,由此可见人的自由活动的积极作用、主体作用。再如"国族"(民族主义)的形成,新的见解是,它是被有意识地建构起来的(往往同民族革命、民族战争有关),并非在民族、语言、领土等客观条件作用下自然成立的。这些研究无疑会为社会史家所借鉴,同时会促使社会史家进一步作理论的思考,提高认识水平,进行综合的研究。再说思想文化的研究,与表面现象的研究相比,是深层次的研究,是为揭示事物本质的研究,这种研究性质也决定了社会史研究应从文化史研究中学习它的理论成分。文化史与社会史都是眼睛向下的,特别关心下层社会的历史,自然有共同语言。总起来说,社会史研究借助文化史研究资源,提高理论水平和研究水平,而社会史研究的文化取向,含有整合文化史的内容,并进而试图把握社会运动的轨迹,作出总体史的说明。

(二)"文化与社会"互动关系的研究促进跨学科研究

所谓跨学科研究,是指研究对象领域之间的交融,两个或多个学科之间

有交叉点(重叠部分),这个交叉点常常是学术研究的生长点,新学科、新观点由此产生,同时还指各学科研究法的借鉴。跨学科研究要求它的从业者具备相应的学科知识。

文化学与历史学是不同的学科,跨学科的研究才能使具有多学科内容的事物得到全面的认识,从而避免单一学科研究的片面性。新文化史的研究,除了运用历史学的知识,还要有心理学、人类学、地理学、医药学、社会学、经济学、政治学、人口学、文学、哲学等学科的理论和知识。如心态史的研究,得力于心理学、社会学的知识和方法,而心理学家有兴趣于人脑科学及儿童智力发展的研究,才能与心态史家作进一步的合作,致使心态史研究的持续发展受到限制。表象史研究得以开发,也是上述学科共同努力的产物,所以在阶级、社会团体、政治体制、人物传记、节庆生活等方面的研究中获得新成果。新文化史强调对作为史料的文本的研究,令史学家体会到文学技巧对分析文本的用处,当然对文学家来讲则可明了加强对作品历史背景认识的必要。跨学科研究正在对历史研究起着积极的作用。对史学研究而言,跨学科研究是志在对历史做出全面的理解,这就引出下面的话题。

(三)"文化与社会"互动关系研究推动整体史的研究

社会史、文化史的跨学科研究,有如一架桥梁,沟通了若干人文、社会科学和自然科学,大大开拓了研究范围、发掘了研究资料,为对历史的全面研究创造了某些必要的条件,虽然还远不完善。试想,过往谁曾正式提出将人们的心态、表象、身体作为史学研究的内容与方法呢?没有!只有跨学科的心态史、表象史、身体史才提出来。跨学科研究还使历史学家大开眼界,别开生面地关注非文本史料,开展田野调查,并且由于领域的拓宽、视角的变化,对原有文献资料会产生新的理解和说明。

加强"文化与社会"互动关系的研究,加强跨学科的研究,必将推动历史学的总体研究的发展和研究的整体水平的提高。看来,我们需要继续提高这方面的认识,有意识地朝着这个方向做出努力。

(原载《历史教学》2001 年第 8 期)

开展家庭史研究　拓展社会史研究视野
——"中国家庭史国际学术研讨会"开幕词

尊敬的各位学者、各位朋友：

研究中国家庭史的学者、耆宿汇聚于一堂，真是群贤毕至，少长成集，我谨代表主办单位南开大学热忱欢迎各位的莅临。

我有这种荣幸来致开幕词——想乘此机会简单介绍南开大学社会史研究中心。

南开大学的社会史研究已经进行了二十年，我们在 1986 年与《历史研究》杂志社、天津人民出版社合作，召开首届中国社会史学术研讨会；南开大学的社会史研究中心，是教育部人文社会科学直属一百个研究中心之一；我们是中国社会史学会法人代表，主持会务工作，学会秘书处就设在南开大学；研究中心出版学术刊物《中国社会历史评论》，并与社会史学会共同出版《社会史研究通讯》。我们的研究方向基本上集中在三个方面，其一是家庭家族史，这次研讨会以家庭史为主题，就反映了我们的这种研究兴趣；其二是思想与社会的互动关系，企冀透过思想文化活动及观念的研究，对人们的社会生活作出深层次的说明；其三是明清以来（含近当代）华北地区的政治经济社会史，在这方面我们有多年田野调查的研究基础。这三方面，都是教育部的社会史研究课题项目，此外我们对社会史研究的理论问题和基本建设自始就予以关注，也获得了教育部的课题资助。我们对中国生态环境史、医疗社会史亦有所接触，并有初步的研究成果问世，在条件成熟的时候，将发展为重点研究方向。研究中心颇为致力于与国内外同行的合作与联系，比如同美国学者合作搜集、研究华北社会经济史资料；许多有成就的学者是我们课题组的成员及研究中心的兼职研究员；研究中心接受并资助全国各单位青年学者来中心进行课题研究；研究中心每年举行学术研讨会，并协助办理中国社会史学会召开的年会，以此比较广泛地联系同行专家学者。我们同《历史研究》杂志社有二十多年的亲密合作的经历，这一次依然共同举办会议，老朋友不言谢，谢意记在我们的心头。我们自知研究水平有限,颇有力不从心之感,但是我们愿意努力,愿意尽力去做。学术乃天下之公器,我们热切期望与国内外同行合作,共同推动社会史的研究。

我还想就此机会,回顾中国家庭史的研究史,并提出研究中的一些问题。

家庭家族史的研究,是学术界经常的,有时也成为热门的话题。回顾它的研究史,我们发现它经历了从政治批判到学术研究的转变过程,在20世纪的前二三十年,人们批判历史上的专制主义,以宗法家长制作为箭靶子,于是乎将中国历史上的家庭,理解为宗法家长制的大家庭,男性家长统治,压迫妻室和子女,阻碍社会发展;转入学术研究之后,人们越来越认识到秦汉以来小家庭是主要形态,家庭中的女性权力和地位、家庭财产的属性等问题,均有不同见解的出现。无疑,这是学术研究的前进。但是在家族史的研究中,政治批判的阴影并没有完全消失,如何进一步克服政治批判对家族史学术研究的影响,可能仍是值得探讨的事情。

家庭史的研究正在经历着从人类学、社会学研究向历史学研究的转化。人类学家、社会学家对家庭的研究开了个好头,影响于史学家的研究,比如借用理论模式,关注家庭形态、家庭结构、家庭功能,这些都是家庭史必须讨论的内容,借鉴是完全必要的。然而历史学是叙事的学问,讲究的是将事情梳理清楚,陈述好事实。历史学的家庭史研究需要全面地弄清人是怎样在家庭中生活的,人从生到死的家庭生活及作用,若仅从家庭形态、结构、功能等方面来了解,显然是不够的。本次会议的论文,涉猎分家、继承、收继、立嗣、赘婿、寄养外家等方面,深入研究人的家庭生活,也许可以视为向史学研究发展的某种标志。不过我觉得历史学的家庭史研究如何能有一个新的突破,我的同事想致力于人的家庭日常生活研究,是很有见地的设想,然而并没有理论化的设计,也还缺乏研究实践,我们的会议是否能从具体事情,考察历史学家庭史研究的特色,我想是有意义的。

中国历史上的家庭有一个异于其他国家的特点,就是家庭与家族分不开,因此这二者的关系是家庭史中特别重大的课题。目前对这两方面主要是进行了分别的研究,或者将两者混淆,看来两者关系史的研究需要引起足够的重视。本来我拟给本次会议提交这方面的论文,但是很抱歉没能写出来。中国古人以家为本位,同时也是家族、宗族的人,既受家族、宗族的约束,也受家族、宗族的保护;家庭财产与家族、宗族财产很难分得清,因为祖坟、老宅基地基本上是家族共同的，不简单是哪一个人的、哪一个家庭的；家与族既协调，又有冲突；族以家为基础，家以族为依靠。然而家与族二者究竟是什么关系，这种关系对二者的价值如何，对社会的影响如何，这些问题，无论是研究家庭史还是家族史，都是需要解决的，看来我们必须给它应有的关注。

家庭形态、类型在历史上就是变化的，当今世界上迅速发生的变异，如同性家庭、同居、协议婚姻，来势迅猛，真有点令人目瞪口呆，因此我想家庭以及家庭史很难有一个固定不变的定义，我们的研究总是在变化之中，应当是正常现象。问题是我们如何将动态的观念运用到研究中，提高学术水平。

家庭与人口、婚姻、宗教诸方面的关系同样是不可忽视的。对这些问题，我从与会学者的论文提要中获知，各位学者进行了相当深入的研治，提出了独到见解，就为我们会议的成功奠定了坚实的基础。在未来的三天会议中，我们本着互相尊重的精神，相互切磋，一定能将会议开好。倘若能在家庭史研究中起到些微的促进作用，则是我们的幸事。

最后，谨祝会议成功！敬祝与会学者精神愉快、身体健康！

谢谢各位学者和朋友！

二十世纪下半叶台湾新史学及其成就

这里说的台湾史学研究,主要是讲岛内史家的活动和成就,但也将在台湾出版的海外华人的研究成果包括在内。

一、五十至七十年代是台湾新史学的酝酿期

五十至六十年代的客观形势,使得包括社会史存内的台湾史学界很难在正常情况下开展活动,所以成就不明显。六十、七十年代,受美国社会科学方法、结构主义史学的影响,遂从社会组织、社会结构探讨中国社会史,杜正胜述及这段研究史,认为社会史学没有正确对待学科外的理论和方法,出现反客为主的现象;又将理论与史料对立起来,以前者为主、后者为仆,这种主仆颠倒,形不成社会史本身的理论,所以是"社会科学方法的贫乏"。他同时认为,虽无"显著成绩,但并不减低个人的成就",如毛汉光、邢义田、何启民、刘增贵、刘淑芬、梁庚尧、刘石吉、黄宽重、尹章义等人的研究专著的问世。[1]其实他本身亦是一位有成就的研究者——他的《周代城邦》于1979年印行。这时颇有一些著作值得留意,如南怀瑾的《禅宗丛林制度与中国社会》[2],金发根的《永嘉乱后北方的豪族》[3],劳干的《中国的社会与文学》[4],王建秋的《宋代太学与太学生》[5],朱琳的《洪门帮会制》[6],周林根的《中国古代礼教史》[7],王宇清的

---

① 杜正胜:《中国社会史研究的探索——特从理论、方法与资料、课题论》,载台中中兴大学历史系编:《第三届史学史国际讨论会论文集》,台湾青峰出版社,1991年,第43、51页。

② 南怀瑾:《禅宗丛林制度与中国社会》,台北,1964年。

③ 金发根:《永嘉乱后北方的豪族》,台湾中国学术著作奖助委员会,1964年。

④ 劳干:《中国的社会与文学》,台湾文星书店,1964年。

⑤ 王建秋:《宋代太学与太学生》,台湾中国学术著作奖助委员会,1965年。

⑥ 朱琳:《洪门帮会制》,台湾文星书店,1965年。

⑦ 周林根:《中国古代礼教史》,台湾海洋书院,1966年。

《冕服服章之研究》①，毛汉光的《两晋南北朝士族政治之研究》②，徐朝阳的《中国亲属法溯源》③，胡朴安的《中华全国风俗志》④，何浩天的《汉画与汉代社会生活》⑤，郭立诚的《行会研究》⑥，余精一的《中国农业社会史论》⑦，周绍贤的《道教与神仙》⑧，王德毅的《宋代灾荒的救济政策》⑨。仅六十年代的著作就举出十几种，篇幅关系，七十年代的就不能再列举了。要之，作品是不少的。就上面所举的图籍可知，其时学者关注的是士人群体(太学生、士族乃至豪族)、佛道宗教、救灾、农业社会和工商业社会，涉猎的社会生活是比较广泛的。

二、八十年代以来台湾新史学的长足发展

2002 年 8 月，"中研院" 近史所吕芳上在关于女性口述史的座谈会上说，当前台湾史学倾向，集中在研究台湾史和文化史(新文化史)，并转述他的同事张玉法的话，认为传统的政治、经济、外交、文化仍应研究，不要被现时的主流思潮所掩盖。⑩这给我们鲜明的信息是，当前台湾史学界出现台湾史和新文化史研究热，而女性史被视为新文化史的研究领域。台湾学者一般不讲社会史，而将新的史学研究视为"新史学"，女性史在大陆是归入社会史范畴的，台湾则进文化史，这类概念的有所不同，是我们在论及台湾社会史、新史学时应当注意到的问题。台湾史的研究不是本书的兴趣所存，仅就新文化史而言，它的研究热潮，反映的是八十年代以来台湾新史学的崛起，并有了长足发展，取得了颇多成绩。

(一)方向的转换和有组织地进行某些社会史专题研究

"中研院"历史语言研究所是 20 世纪 20 年代建立的学术机构，以杰出的

① 王宇清：《冕服服章之研究》，台湾中华丛书编审委员会，1966 年。
② 毛汉光：《两晋南北朝士族政治之研究》，台湾中国学术著作奖助委员会，1966 年。
③ 棣朝阳：《中国亲属法溯源》，台湾商务印书馆，1968 年。
④ 胡朴安：《中华全国风俗志》，台湾启新书局，1968 年。
⑤ 何浩天：《汉画与汉代社会生活》，台湾中华丛书编审委员会，1969 年。
⑥ 郭立诚：《行会研究》，台湾中华丛书编审委员会，1969 年。
⑦ 余精一：《中国农业社会史论》，台湾进学书局，1970 年。
⑧ 周绍贤：《道教与神仙》，台湾中华书局，1970 年。
⑨ 王德毅：《宋代灾荒的救济政策》，台湾中国学术著作奖助委员会，1970 年。
⑩《倾听她们的声音——谈女性口述历史》，《当代》2002 年 10 月号第 182 期。

贡献享誉史坛。她在相当长时期内以研究先秦史、断代史及文献学、考古学著称，1980年以来研究方向转到历史人类学的社会与文化范围。这种转变及其研究的具体方向，该所是这样说明的：

> 1980年以来，新进一批研究人员，在研究方法及研究范畴上均有新的发展，其研究的重点为利用历史材料以及田野工作所搜集当代民间材料，从事社会史、民族史、宗教史、医疗史，以及生活礼俗史之研究大抵属于历史人类学的范围，而总归于社会和文化。
>
> 社会史研究，从社会结构的探讨更进一层研究生活礼俗的演变，从关注人群生命到医疗疾病与文化的关系，以及生死观等思想心态的课题。
>
> 宗教史，主要探讨信仰与文化的关系，包括古代宗教、道教、佛教与近现代之民间宗教，以探索基层社会人群之心灵层次的关怀为主。
>
> 民族史，主要探讨对象为中国境内少数民族的历史和生活习俗，也包括汉民族和少数民族相互交往的历程，结合文献和考古资料，研究古代民族的形成。
>
> 至于妇女史研究，主要着重妇女在历史上各项活动中所担任的角色，还旁及生命医疗。[1]

与这种研究方向相适应，该所设立了文化思想史、法律史、礼俗宗教、生命医疗史等研究室。该所的历史学家"是以广义的社会史占最大多数"[2]。由此不难了解到，这个富有传统的历史研究所，在人员上、机构上、研究方向上，均从政治史、人类学和文献学为主的研究转到社会史和社会文化史方面来。这种转变，从生命医疗史的研究的确定更能显示出来。

为开辟人群生命史的研讨，于1992年成立"疾病、医疗与文化"专题小组，除所内人员参加，还吸收所外同好和青年学生。小组规定每年度大约举办十次讨论会，每次基本上由个人作报告，至1997年6月已举行48次讨论，57人次作报告，在《新史学》杂志上发表了《疾病、医疗与文化专号》研究专辑。还

---

① 台湾研究院史语所《本所简介·学术组简介》。
② 台湾研究院史语所《本所简介·简史》。

于1997年6月举办了"医疗·社会与文化研讨会"。①这个小组后来建设为生命医疗史研究室。

如此有影响的历史研究所研究方向的更新,标志着台湾史学研究转向新史学,或者说转向社会史、新社会史、新文化史。

现在要说的一个事例,支持笔者关于台湾史学研究与史语所同样转向的说法。九十年代,台北艺术大学有计划地进行台湾老照片的搜集与研究,它的"台湾老照片数位博物馆"于1996年起,搜集1961年以前的台湾老照片,三年后收集近三万张,按内容分成十二类,设馆展出,其"台湾原味:生活馆",含有台湾人的生活空间、台湾人的生活情事、民俗生活及人像写真四个展厅;"方园台湾:地理资讯馆",展示大稻埕风华,有"去河边散步""到街上逛逛""今天扮什么戏"等单元。②可见利用老照片说明历史上民众的社会生活方式,与新社会史、新文化史的研究相一致。在1999年南投县的大地震后,人们更感到灾害会毁灭历史的资料,不作有意识的收集保存,将会丧失历史,故而拨专款组织人员针对老照片进行专题搜集与研究。

再述个事例,即创办不久的台北大学,以学术的应用为教学方针,故设立"应用外文系""休闲运动与管理学系",它的历史学系的教学方向是:"强调'历史即生活',以现实人生为导向,比较研究、跨学科整合、多元文化和语言训练及资讯技术的掌握运用为教学重点。"③强调"历史即生活"的历史系,重视生活史、新史学的教学与研究是势所必然的。如此看来,用群体的方式有意识地进行专题学术研究,重要的是方向选择的准确和富有创意,"医疗·社会与文化"专题的提出,富有学术前瞻性,是新史学的开创性方向,它的被提倡,实属难能可贵。将老照片作为史料来运用,是近年学术界开展的事情,为新史学开辟了新的史料来源。上述事例表明,这种有组织的研究,充分表现了台湾史学界开创新方向、新领域的研究,是新史学起步的新气象。

(二)现热心于新史学研究的群体及其刊物《新史学》杂志

十几年前,一些中青年史学家锐意进行新史学研究,汇聚在一起,编辑

---

① 杜正胜:《医疗·社会与文化——另类医疗史的思考》,《新史学》第8卷第4期,1997年12月。

② 许素朱:《"台湾老照片数位博物馆"建置机制之探讨》,台湾汉学研究中心等主办"地方文献学术研讨会"(2002年10月16日—18日)论文。

③《台北大学》简介。

出版同仁刊物——《新史学》，该刊认为"一个时代必有一个时代的史学，新的时代往往蕴育出新的史学"①，并以此自期，希望由他们之手诞育出新的史学。他们所讲史学革新，实际是向传统史学的挑战。该刊自1990年创办，每季度一期，坚持出到如今。所登载的论文，多系新方向的研究成果，且非草率之作，故引起史学同行的瞩目。吕端在《介绍台湾一份历史刊物〈新史学〉》文中认为，它已经"显现高雅的学术气质"②。就笔者的感觉，每当阅览它的目录辄有一种新鲜感，而文章则扎实有新意。"中研院"史语所的《集刊》，集七十多年的历史，向有盛誉，然《新史学》杂志的影响，将可与其并驾齐驱了。《新史学》之所以硕果累累，乃因它有以"新史学"为研究方向的作者群。

(三)研究领域广阔，新方向不断出现

研究范围广阔，除了较常见的婚姻、妇女、家族、身份、移民、会党、宗教、都市、社区，并对社会救济、福利、民间文化给予较多的关注，特别是新开辟的生态环境史和人群生命史的研究，已做出一些成绩。下面就几个研究较多的领域作分别的说明。

1.生态环境史

就目前的研究情形来看，生态环境史可能与经济史、农业史、生物学、地理学、气象学的关系更密切，但同社会史亦不疏远。"中研院"经济所的学者于十几年前开展研究工作，与澳大利亚的澳洲大学太平洋研究学院合作，于1993年在香港召开"中国生态环境历史学术讨论会"，会后由该所刘翠溶等主编出版了《积渐所至：中国环境史论文集》，内容区分为九类：比较的观点、对自然环境的诠释、人类的聚落、边疆地区、水文与水利、气候、疾病、环境的形象(官方的心态、文学的和通俗的感受)、环境与近代经济发展。分类中已显出社会史的内容。③此书是关于中国生态环境史研究的开山之作。生态环境史的研究在继续进行，2002年11月，台湾召开"环境史国际研讨会"，讨论水文环境的变迁、产业与环境、环境变迁的检讨、土地利用与环境变迁、族群与环境、疾病与环境、灾害与重建、生态环境与政策等专题，蔡采秀提交《环境、生态现代化与集体意识》论文，大陆学者李伯重提交《低投入、高产出：明清江南的生

① 《新史学·发刊词》，第1卷第1期，第1页，1990年3月。

② 吕端：《介绍台湾一份历史刊物〈新史学〉》，《中国史研究动态》1994年第10期。

③ 刘翠溶、[英]伊懋可主编：《积渐所至：中国环境史论文集》，"台湾研究院"经济研究所，1995年。

态农业》一文。

有关论文陆续问世，邱仲麟的《人口增长、森林砍伐与明代北京生活燃料的转变》①，笔者虽未见到，想来是论述明代北京薪炭的制造、运用与地区生态环境的变化。

2002 年 7 月，"中研院"院士徐倬云等四人提出《对本院历史学研究现况的看法与提案》，讲述了历史研究的变化："在二十世纪中期，史学家改过去只重视帝王将相的历史，提倡研究一般民众的历史；到了二十世纪末期，史学家更进向提倡以群体人类的经营为研究对象，并注重人类与自然环境的互动。"②基于这种认知，可以预见生态环境史将有较大的发展前途。

2.人群生命史

梁其姿率先于 1987 年发表《明清预防天花措施的演变》③；2000 年她来南开大学作"医疗社会史研究的意义""明清时期医学知识的普及"讲演，阐述元代以来方士的概念，明清医家所认定南方风土致疾的主要原因，几种疾病的重新定义，医学入门书籍和医生的专业化。杜正胜撰文介绍"中研院"史语所的医疗史研究工作时，强调他们的研究与传统的医学史不同，是以"社会"和"文化"作为重心，以人群的生命历程为核心。他将这种研究归为"探索社会全史的一个部门"。这个部门如何命名呢？他没有说，不过文章中有个子目，为"医疗与社会的交集——人群生命史"④，笔者想不妨将"人群生命史"权做这种研究的代称。史语所并于 1997 年 6 月举办"医疗与中国社会"研讨会。1999年举办"健与美的历史"研讨会。据会议参加者李贞德说，会议"以美丽作为参照范畴"，"利用医疗、宗教军事、美术乃至商业活动等领域的资料，从各种角度探讨与健康相关的议题"，并认为"人们对'健美'的定义和态度随时空而改变。由此，医疗史学者重新思考健康与疾病的界线，并检讨医疗传统中的身体

---

① 邱仲麟：《人口增长、森林砍伐与明代北京生活燃料的转变》，载台湾《历史语言研究所集刊》第74 本第 1 分，2003 年 3 月。

② 《"中研院"学术咨询总会通讯》第 11 卷第 2 期，第 30 页，2002 年 11 月。

③ 梁其姿：《明清预防天花之演变》，载《国史释论：陶希圣先生九秩荣庆祝寿论文集》，台湾食货出版社，1987 年。

④ 杜正胜：《医疗·社会与文化——另类医疗史的思考》，《新史学》第 8 卷第 4 期，1997 年 12 月。

文化"。①专著出现多种,黄金麟的"身体有历史"吗?黄金麟在《历史·身体·国家——近代中国身体的形成(1895—1937)》②的"自序"中提出这样的问题,他说将身体放在历史与国家之间具有深意,是要讨论身体经历了怎样的历史,而成为今天的样子;身体发展状况隐含了何种历史特定性与危险性;它能否被当成永恒的、普遍的模式来看待,取决于它自身的发展和学者的研究。作者具体讲到政治、军国民与公民、礼法、钟点时间、游移与影响身体。他提出的问题和研究非常有意思。"中研院"近史所于 2002 年出版《第三届国际汉学会议论文集历史组:性别与医疗》。林士富将注意力放在道士与医疗史方面,撰写《中国早期道士的医疗活动及其医术考释——以汉魏晋南北朝时期的"传记"资料为主的初步探讨》③。李建民对身体史的研究相当投入,进入中医学史范畴,如作《〈本草纲目·火部〉考释》,讲述李时珍将火区分为天、地、人三类,人火是讲人体外的火热之气有内在化倾向,认为李时珍的理论受金元医学的影响。④

割股疗亲的历史现象最早为日人桑原骘藏所注意,邱仲麟连续发表《不孝之孝——唐以来割股疗亲现象的社会史初探》《人药与血气——"割股"疗亲现象中的医疗观念》,叙述割股的内涵和割股者的动机,割股的行动及其救护,割股与国家政令,割股与儒家孝道伦理,割股疗亲对人部药的实践与扩展,割股疗亲行为中的血气观念诸问题。指出历史上子女为父母治病,割股做煎药的引子,将中医本草人部药进行实践,并加以扩展发生"变异"与"膨胀",这在观念上是相信"同类相补""血气相补""血气相连",以其做药,还有排他性,所以割股疗亲是种带有亲族性的民俗医疗行为。⑤有学者论述脚气病的历史及其影响,引起反弹,诘难:这就是历史吗?笔者以为这种讨论是有益的,有利于对身体史研究的深入开展,不过脚气病与社会的关系问题应该是可以研

① 李贞德:《从医疗史到身体文化的研究——从"健与美的历史"研讨会谈起》,《新史学》第 10 卷第 4 期,1999 年 12 月。

② 黄金麟:《历史·身体·国家——近代中国身体的形成 (1895—1937)》,台湾联经出版公司,2002 年。

③ 林士富:《中国早期道士的医疗活动及其医术考释——以汉魏晋南北朝时期的"传记"资料为主的初步探讨》,台湾《历史语言研究所集刊》第 73 本第 1 分,2002 年 3 月,

④ 李建民:《〈本草纲目·火部〉考释》,台湾《历史语言研究所集刊》第 73 本第 3 分,2002 年 9 月。

⑤ 邱仲麟:《不孝之孝——唐以来割股疗亲现象的社会史初探》,《新史学》第 6 卷第 1 期,1995 年 3 月;《人药与血气——"割股"疗亲现象中的医疗观念》,《新史学》第 10 卷第 4 期,1999 年 12 月。

究的。

"中研院"台湾所于2002年10月下旬举办"医疗与文化学术研讨会",发表的论文有李丰楙的《收惊：一个从"异常"返"常"的法术医疗现象》，林淑蓉的《各种疾病、药物与身体疾病》，罗纪琼的《文化对医疗影响——以剖腹产为例》，颜学诚的《内丹身体的知觉：兼论几个身体研究的取向》，余德慧等的《中国人生死的育化的探讨》，余舜德的《冷与热的身体感》等。

2002年8月至2004年7月，正在执行中的"中研院"近史所"性别与医疗"研究计划，其中有熊秉真的《明清江南育婴扶幼文化之物质基础》，巫仁恕的《明代地方的司法审判与社会变迁》。

此外，与医疗社会史有关的育婴生育史研究的成果也在这里说明。

熊秉真的《幼幼——传统中国的襁褓之道》，是育婴抚幼文化的开创性专著，作者没有将它纳入人群生命史范畴，而笔者以为多少有点关系，这研究自然属于新史学范围，也同社会史有关。作者是这样认识的："这个新的领域，使我们对中国社会史、生活史，乃至科学史、经济史、文化思想史，都有了一番崭新的体会"，又说"育婴史之知识，对中国历史人口学之阐释，助益尤多"。①熊秉真另撰著《童年记忆：中国孩子的历史》，继续她的幼儿史研究。②她还在写作《明清江南育婴抚幼文化之物质基础》。

刘静贞著《不举子——宋人的生育问题》，宋人有损子坏胎因果报应的恐惧心理，可是又有不生育或生了溺毙的矛盾现象，此书因而回答为什么不举子？为什么不得不"不举子"？从生育过程的产育之难、经济原因及性别选择作出讨论。

3.宗教史

台湾有些佛学院，如佛光山在高雄和宜兰设立两间大学，嘉义有南华大学，新竹有玄奘人文社会学院，也有道教学院，它们建有各自的宗教研究所，在一些高等学校中也设立宗教研究机构，如台湾大学设有宗教研究中心，台南成功大学则是道教史研究中心。所以台湾对宗教史有一群研究力量，有刊物发表他们的学术文论，如《中华佛学研究》《中华佛学学报》《玄奘学报》《慈济》及《生死学通讯》；其他的杂志、学报也会刊登宗教及宗教史文章，如台北

---

① 熊秉真：《幼幼——传统中国的襁褓之道》，台湾联经出版公司，1994年，第178页。
② 熊秉真：《童年记忆：中国孩子的历史》，台湾麦田出版社，2000年。

《当代》173 期开辟《人间佛教的当代对话》专栏。①在佛学方面的研究,涉及教义、历史的和当代的人物,僧尼的生活,如刘淑芬的《"三月十"——中古后期的断屠与斋戒》,所说"年三月",指佛教的每年正、五、九三个斋月,"十"指道教十斋日,唐高祖武德二年(619)下令在这些日子里禁止屠宰,刘淑芬认为这是大事。这时不得执行死刑,并影响于朝鲜、日本;道教的十斋日后来成为佛教斋日。②此外周群的《论袁宏道的佛学思想》和陈信甫等的《中国禅风对日本庭园风格之影响——以京都地区为例》③,陈美华的《个人、历史与宗教——印顺法师、"人间佛教"与其思想源流》,胡文和的《对大足宝顶〈父母恩重经变〉重新研究》④,廖肇亨《明末清初丛林论诗风尚探析》⑤均可留意。台湾佛教史及当代佛教亦为学者所关注,江灿腾的《徘徊在殖民化与去殖民化之间——台湾本土佛教近百年来的变革沧桑史》,针对日本殖民文化论说台湾佛教史。⑥陈美华的《另类典范:当代台湾比丘尼的社会实践》,提出研究的三个脉络,为台湾汉人父系、父权社会,佛教传统,女权运动及女性主义新潮流;三个切入点,即身份、形象和身体;不满于过往的运用西方理论的研究。⑦

1991 年,傅作勋作《死亡的尊严与生命的尊严——从临终精神医学到现代生死学》,为生死学探讨之滥觞,并于 1997 年正式提出这门学问。南华大学成立生死学研究所,编辑《生死学通讯》杂志。研究所于 2001 年 10 月召开"现代生死学理论建构"研讨会,由医学、教育、哲学、心理学、社会学、临终关怀、民俗医疗、风水文化切入探讨生死学理论,与会 250 人。惠开的《"生死学"到底研究些什么内容》,从"养生"到"送死"为范畴,议题有生命的实相,生命哲学,生命及生死、死亡教育,社会伦理,两性关系,生命周期,生死关怀,临终精神医学,悲伤辅导,现代科技与生死问题,另类医疗,养生技艺,生命礼仪、生

---

① 《当代》第 173 期,2002 年 1 月。

② 刘淑芬:《"三月十"——中古后期的断屠与斋戒》,《大陆杂志》104 卷第 1、第 2 期,2002 年 1 月、2 月。

③ 二文载台北中华佛学研究所编:《中华佛学研究》第 6 期,2002 年 3 月。

④ 二文载台北中华佛学研究所编:《中华佛学学报》第 15 期,2002 年 7 月。

⑤ 廖肇亨:《明末清初丛林论诗风尚探析》,《中国文哲研究集刊》第 20 期,2002 年 3 月。

⑥ 江灿腾:《徘徊在殖民化与去殖民化之间——台湾本土佛教近百年来的变革沧桑史》,《当代》第 173 期,2002 年 1 月。

⑦ 陈美华:《另类典范:当代台湾比丘尼的社会实践》,台大文学院佛学研究中心编:《佛学研究中心学报》第 7 期,2002 年 7 月。

死民俗与世界各国死亡文化,生死与艺术表现,生死与医疗之公共政策与法规,生死相关服务事业,风水研究,命理研究,微观生死学,生命语汇研究,生命的安顿与死亡的超克。探索生死学的进路,包括史学在内的各学科。①生死学与社会史关系密切,应当引起注意。

关于道教史,台南成功大学设有道教研究室,开设中国道教史、华南地区道教发展史研究等课程,培养大学生和研究生。该研究室又与台南市道教会、道教总庙三清宫合作编辑出版《道教学探索》。他们希望以关于道教的学术研究,寻找复兴道教的途径,以有益于人类社会的伦理建设。笔者见到1987年12月的该刊创刊号至1992年12月的第六号,盖为每年一辑,披露道教史研究论文和译著。台北出版的《当代》第175期开设"道教专辑",载有李丰楙的《末世与济度》《升游与谪凡——道教文学中的永恒主题》,谢宗荣的《台湾道教艺术》。诸文论述道:东汉以前为古道教,后为新道教,影响后世;道教隐而不显,农民革命常用之;韩国道教可娶妻,接近天师道,着白色衣,日本神道教受中国阴阳五行思想影响。②李丰楙给台北汉学研究中心于2002年10月召开的"地方文献学术研讨会"提交《制度与扩散:台湾道教史研究的两个面向》论文,即研讨道教与民间信仰、道坛与移民两大问题。

4.女性史

前述陈美华在《另类典范:当代台湾比丘尼的社会实践》文中,认为妇女史自60年代研究以来,经历了女性主义(重政治)—妇女—性别三个阶段,③体现了对女性史研究方法论的关注。

有一部青年学者的研究成果值得特别绍述,就是费思言撰著的《由典范到规范:从明代贞节烈女的辨识与流传看贞洁观念的严格化》④,所谓"典范",指典型,系倡导的产物;"规范",系指法令的或社会的规则,需要执行。书的构成含有:引论;明代的贞洁烈女,由"现实"到"记载",由"记载"到"现实";结论:意义与诠释。作者认为明代烈女的出现,不仅是倡导的产物,而是规范的

---

① 惠开:《"生死学"到底研究些什么内容》,《生死学通讯》第7期,2002年春。

② 李丰楙等文见《当代》第175期,2002年3月。

③ 陈美华:《另类典范:当代台湾比丘尼的社会实践》,台大文学院佛学研究中心编:《佛学研究中心学报》第7朝,2002年7月。

④ 费思言:《由典范到规范:从明代贞节烈女的辨识与流传看贞洁观念的严格化》,台湾大学文史丛刊1998年硕士论文。

结果,同时从典范到规范,也是女性自觉接受的表现。作者分析先前的研究方法,是社会心态的研究,例证式的质性研究,个人主体性研究,以统计为基础的量性研究。她的研究法,是区别实际的贞洁烈女与被记录的贞洁烈女;分析烈女产生的社会机制。从三个层面理解贞洁烈女:特定的行为模式,守节、殉节;妇女的道德实践,对婚姻关系的信守、三从;维系父系社会的功能,家庭的延续,父系血脉的纯正。指明烈女行为有其自身取向,其认知有其社会性,所谓"礼教吃人",揭示礼教社会作用的一个方面,受害者被支配性,而忽视被吃者的自愿性。

蒋竹山的《女体与战争——明清厌炮之术"阴门阵"再探》,述说明清时期的一些战争,如明末农民战争、太平天国战争,女性被强迫赤裸身体,驱赶到前线,令对方士兵因看到女阴而觉得晦气,厌战,通过心态分析,对阴门阵作出富有说服力的说明。①林丽月的《孝道与妇道:明代孝妇的文化史考察》,指明孝妇的主要表现及其以至奇至苦的常人难于做到的行为,以及守节时不惜违抗舅姑再嫁之命以保全贞洁的观念。②另一篇《从〈杜骗新书〉看晚明妇女生活的侧面》,发现《杜骗新书》的社会史、经济史研究的史料价值,揭示部分女子利用女性的弱点行骗,女棍、牙婆、卖婆使妇女"商品化",被卫道之士视为世风日下。③张彬村的《明清时期寡妇守节的风气》,认为明清时代寡妇普遍会守节,就像唐宋以前寡妇普遍会再嫁一样,是一种理性的选择,并且是沿袭蒙元的规定,守节因而成为符合寡妇利益的适合选择。④何素花的《清初士大夫与妇女——以禁止妇女宗教活动为中心》,以乾隆年间地方官打击宗教活动与妇女入寺烧香事例,考察士大夫力图在规范中控制妇女活动范围。⑤此外有钟慧玲的《清代女性诗人研究》⑥,向淑云的《唐代婚姻法与婚姻实态》⑦,鲍家

---

① 蒋竹山:《女体与战争——明清厌炮之术"阴门阵"再探》,《新史学》第 10 卷第 3 期,1999 年 9 月。

② 林丽月:《孝道与妇道:明代孝妇的文化史考察》,台湾研究院近史所编:《近代中国妇女史》第 6 期,1998 年。

③ 林丽月:《从〈杜骗新书〉看晚明妇女生活的侧面》,台湾研究院近史所编:《近代中国妇女史》第 3 期,1995 年。

④ 张彬村:《明清时期寡妇守节的风气——理性选择的问题》,《新史学》第 10 卷第 2 期,1999 年 6 月。

⑤ 何素花:《清初士大夫与妇女——以禁止妇女宗教活动为中心》,《清史研究》2003 年第 3 期。

⑥ 钟慧玲:《清代女性诗人研究》,台湾里仁出版社,2000 年。

⑦ 向淑云:《唐代婚姻法与婚姻实态》,台湾商务印书馆,1991 年。

麟编辑的《中国妇女史论集》①等女性史研究成果。

关于女性口述史,游鉴明等编辑《走过两个时代的台湾职业妇女访问纪录》,"中研院"近史所1994年版。记录几位二十世纪初年出生的职业女性的历史。②游鉴明另撰有《倾听她们的声音——女性口述历史的方法与口述史料的运用》③,讨论女性口述历史的方法,意在为研究社会下层的历史提供资料。为了开展口述史研究,王芝芝翻译美国人唐诺·里奇的《大家来做口述历史》④,为台湾学者从事口述史学提供借鉴。2002年8月,台北"女书店"特意召开女性口述史学座谈会,有益于推动女性史的研究。⑤

"中研院"近史所致力于妇女史研究,所编辑出版的《近代中国妇女史研究》,每年一集,至2002年已经梓刻到第十期。每期既有学术专论,还有学术讨论,报道研究动态,书评,有关史料介绍。以第十期为例,论文有王正华的《女人、物品与感官欲望:陈洪绶晚明人物画中江南文化的呈现》,许慧琦的《去性化的"娜拉":五四新女性现象的论述策略》,讲座有叶文心的《历史圈套与文化困境——中西对话之下"中国妇女"的建构》,学术讨论有李玉珍的《佛教的女性,女性的佛教:近二十年来中英文的佛教妇女研究》,史料介绍有林维红的《无言的女眷——〈曾纪泽日记〉女眷生活辑录》等。可见其文论之一斑,亦可见其推动妇女史研究的价值。

5.通俗文化与日常生活

民间文化史,或者说俗文化史的研讨表明,所谓文化史的研究热是一点不假的,诚如王尔敏于2000年所说:"此类庶民文化问题三十年来日益受到重视,近以愈见形成学风,有不少专家学者,群趣此一庞大领域。"⑥俗文化所讨论的内容表现在诸多方面:

关于生活百科的研究与专著:

明清时期社会上流行日用生活百科全书——《万宝全书》,种类繁多,不

① 鲍家麟编:《中国妇女史论集》,台湾稻乡出版社,1988年;三集,1993年。

② 游鉴明等编:《走过两个时代的台湾职业妇女访问纪录》,台湾研究院近史所1994年版。

③⑤ 游鉴明:《倾听她们的声音——女性口述历史的方法与口述史料的运用》,《当代》2002年10月号,第182期。

④ [美]唐诺·里奇著:《大家来做口述历史》,王芝芝译,台湾远流出版公司,1997年。

⑥ 王尔敏:《明清时代庶民文化生活·再版赘言》,台湾研究院近史所,2002年。

断更新,反映人们的生活观念和生活方式的变化。吴蕙芳将《万宝全书》作为博士学位论文选题,在台北、北京、香港、东京、京都、大阪等地,搜集到六十多部不同版本的明清时期民间日用类书,比勘合校,详细注释,说明其史料内涵、价值,撰成《万宝全书:明清时期的民间社会实录》①一书,王尔敏为之作序,赞扬她将《万宝全书》这类"俗鄙史料,排进高深研究殿堂"②。她进行的是社会生活史料的研究,客观上告诉读者明清时代人们生活中笃信风水、算命、巫术、食疗、保健、育婴、养老、丧葬、出行、交游等日常生活情形。王尔敏本人是最早将这种民间日用类书用于社会生活史、社会文化史领域研究的,他在《明清时代庶民文化生活》一书中已广泛利用这类资料,尤其是涉及四礼规范、书信写作、契约帖式等专科性民间日用类书,并首先引用《万宝全书》的资料。③王尔敏收入《明清社会文化生态》一书的文字,有不少是利用民间日用类书资料讨论平民的生活情节、记诵之学、文字游戏。④

通俗文化、民间信仰被纳入社会史、文化史的研究:

八十年代以来不断有专著问世,如 1988 年出版的林富士的《汉代的巫者》,1989 年蔡相辉的《台湾的王爷与妈祖》,1990 年祝平的《汉代相人术》。康豹撰《台湾的王爷信仰》,王爷信仰是我国东南地区和台湾普遍流行的民间信仰之一,康豹做了大量的田野调查,又有博士论文的基础,才作成此书。他探讨王爷是何种神明,政治信仰的仪式及其社会功能、含义。⑤又作《汉人社会的神判仪式初探:从斩鸡头说起》,讨论"斩鸡头""告阴状"和"审疯子"三种仪式的社会文化内涵,认为它们虽是一种宗教活动,但主要在处理现世的社会问题。⑥

关于物怪观念传播的研究:

物怪观念流传是一种文化现象,也是一种社会生活内容,关于它的古文献的记载很多,然而似乎没有人研究过。杜正胜的《古代物怪之研究:一种心

① 吴蕙芳:《万宝全书:明清时期的民间社会实录》,台湾政治大学历史学系,2001 年。
② 王尔敏:"序",载吴蕙芳:《万宝全书:明清时期的民间社会实录》,台湾政治大学历史学系,2001 年。
③ 王尔敏:《明清时代庶民文化生活》,台湾研究院近史所 1996 年初版,2000 年增订版。
④ 王尔敏:《明清社会文化生态》,台湾商务印书馆,1997 年。
⑤ 康豹:《台湾的王爷信仰》,台湾商鼎文化出版社,1997 年。
⑥ 康豹:《汉人社会的神判仪式初探:从斩鸡头说起》,《民族学研究所集刊》第 88 期,1999 年。

态史和文化史的探索》(上)，由近代残存的物怪观念上溯，论古代的山川物怪，推测"物"的语源，进而讨论古代与物密切相关的"德"的概念，此二概念与古代统治关系。①

社会群体与社会生活文化研究：

梁其姿著《施善与教化：明清的慈善组织》，作者在"导言"中说明她的研究是要"透过民间慈善组织发展的历史，看社会经济改变与价值观改变的关系"，注意于"老百姓的价值观"。②她进行的可谓民间文化史、社会经济史和社会史的综合研究。

物质文化与生活礼俗研究：

"中研院"史语所 2002 年 12 月 14 日—15 日举办"物质文化的历史研究"，讨论物质与人类行为互动关系，系历史学家、人类学家、考古学家之间对话，论人对物质使用方式、过程、意义、变迁、人在其中形成的自我定位，涉及建筑、家具、服饰、乐器、灯烛、浴室、铁器、医药、轿子、图像，从生活礼俗、视觉文化，到对博物馆藏的认识。

日常生活史方面的著作、论文颇多，前述王尔敏的两部专著引人注目，其一的《明清时代庶民文化生活》，论述民间文化八个方面，即民间多神信仰、日常生活节奏、饮食医药与养生益寿法、日常礼仪规矩、应世规矩与关禁契约、玄理术数之信从、游乐才艺、风月调教等方面，"在现代疾速世变之中，捕捉一些即将流失之文化资产"③。在论文方面，发人深思的颇有一些。王鸿泰的《从消费的空间到空间的消费——明清城市中的酒楼与茶馆》，认为明清时代人们去酒楼、茶馆原是为饮食消费，那里成为一种消费空间，而后人们再去酒楼、茶馆，不仅是为饮食，还将那种地方当作娱乐场所，向高消费方向发展，使它们变成一种空间的消费；因此从酒楼到茶馆，显示休闲性的趋势日常化、普及化，反映城市生活的发展变化，是城市公共空间日渐扩张的过程，并反映社会经济及社会文化观念的更新。④林丽月的《故国衣冠：服饰变革与明清之际的

---

① 杜正胜：《古代物怪之研究：一种心态史和文化史的探索》(上)，《大陆杂志》104 卷第 1、2、3 期，2002 年 1—3 月号。

② 梁其姿：《施善与教化》，台湾联经出版公司，1997 年，第 2 页。

③ 王尔敏：《明清时代庶民文化生活》，台湾研究院近史所，2000 年增订版。

④ 王鸿泰：《从消费的空间到空间的消费——明清城市中的酒楼与茶馆》，《新史学》第 11 卷第 3 期，2000 年 9 月。

遗民心态》①,通过明朝、清朝两个政权交替时期人们的衣着变化,透视人们的心理活动。邱仲麟的《诞日称觞——明清社会的庆寿文化》,认为明代中叶以后庆寿年龄下降,庆寿文化中有雅俗冲突,指出中国近世以来重视老人家生日的习惯,与西方重视小孩生日的风气极不相同,呈现中西生日文化的重大差异。②"中研院"史语所、暨南大学、美国哥伦比亚大学于 2002 年 10 月在纽约举办 "明清日常生活研讨会", 这是三方面按合作研究计划进行的专题讨论,相信是会富有成果的,期待阅览他们的论文。

6.社会文化史、礼制与礼俗

何淑宜的硕士论文《明代士绅与通俗文化——以丧葬礼俗为例的考察》,由郭廷以奖学金补助出版。该书以丧礼丧俗为核心,探讨明代士绅与通俗文化的关系,认为士绅对丧俗的奢僭屡有批评,以为可以导致社会秩序危机,于是有宗族、乡约及葬社组织致力于丧俗改革。她的论文指导教授林丽月在序言中认为此书是"开拓文化史新课题的努力与成果之一"③。巫仁恕的《明代平民服饰的流行风尚与士大夫的反应》,认为平民服饰上的变化,有模仿和僭越之风,潜意识是以服饰显示身份并非是低等级的;士大夫因之产生危机意识,反对平民服饰逾制,谓为"服妖",同时努力创造自身的新服饰。④

张寿安的《以礼代理——凌廷堪与清中叶儒学思想之转变》,给人的直观感觉是论述学术史和思想史的,是表述凌廷堪礼制思想的,诚然如此,但是书中讨论了礼学思想兴起的社会与经济背景,礼学思想的社会实践,涉及恤党阛里、约乡正俗、尊祖收族的民间礼俗,启发读者认识礼制思想在向民间灌输,影响俗礼的演变。⑤张寿安随后撰著《十八世纪理学考证的思想活力——礼教论争与礼秩重省》,继续礼学与社会实践关系的讨论。⑥

熊秉真、吕妙芬汇编研讨会的论文,成《礼教与情欲:前近代中国文化中

① 林丽月:《故国衣冠:服饰变革与明清之际的遗民心态》,《台湾师大历史学报》第 30 期,2002 年 6 月。

② 邱仲麟:《诞日称觞——明清社会的庆寿文化》,《新史学》第 11 卷第 3 期,2000 年 9 月。

③ 何淑宜:《明代士绅与通俗文化——以丧葬礼俗为例的考察》,《台湾师范大学历史研究所专刊》(30),2000 年。

④ 巫仁恕:《明代平民服饰的流行风尚与士大夫的反应》,《新史学》第 10 卷第 3 期,1999 年 9 月。

⑤ 张寿安:《以礼代理——凌廷堪与清中叶儒学思想之转变》,台湾研究院近史所,1994 年。

⑥ 张寿安:《十八世纪理学考证的思想活力——礼教论争与礼秩重省》,台湾研究院近史所,2001 年。

的后/现代性》①一书,收有王鸿泰、张寿安、刘咏聪、叶汉明、汪荣祖、熊秉真等人的论文,文章论述到礼制与人情,妓女与文人,华南特殊婚俗,幼学发展与儿童关怀等专题历史。

7.城市史

对于城市史的研究,据台湾暨南大学历史学硕士研究生陈怡行的考察,学者不是从社会史的角度切入,便是从经济史的角度切入,而对"城市"这个实体空间的研究较少。他综合学者对明清时期城市的研究,认为经历了三次巨大变化,转化成为我们今日所熟识且生活其中的城市。第一次的变化发生于明朝中期以后,第二次发生于清代初期,第三次出现于1840年鸦片战争之后。②台湾学者对于城市史研究有着明显的加强趋势。"中研院"史语所与暨南大学于2001年12月19日至21日合办"中国的城市社会:十四——二十世纪"研讨会,探讨生活史、城市史的研究潜力。徐泓作《传统中国大学校园的空间规划——明南京国子监》,认为传统大学校园的特色之一是在教学区、生活区之外,有一个以孔庙为主轴的祭祀空间,强化人生观的教育;之二是各项建筑的等级与主次分明;之三是师生均住在校园内,朝夕相处,老师以身教、言教引导学生。③王鸿泰著《流动与互动——由明清间城市生活的特性探讨公众场域的开展》,对明清城市生活的特点做出着力的描述。④李孝悌作《恋恋红尘:中国的城市、欲望与身体》⑤。其他论著有:张玫玫,《住屋形式与文化》⑥;夏铸九、王志弘,《空间的文化形式与社会理论读本》⑦;汉窦德,《建筑、社会与文化》⑧。王明贤撰文《城市的历史与特征:城市研究新动态》⑨,对于了解城市史研究动态应当是有益的,惜于笔者未能阅览。

① 熊秉真、吕妙芬主编:《礼教与情欲:前近代中国文化中的后/现代性》,台湾研究院近史所,1999年。

② 陈怡行的《定型与变型明清福州城市风格流变》写作计划书,感谢他供给笔者阅读。

③ 徐泓:《传统中国大学校园的空间规划——明南京国子监》,载台湾大学历史学系编:《史学:传承与变迁学术研讨会论文集》,1998年。

④ 王鸿泰:《流动与互动——由明清间城市生活的特性探讨公众场域的开展》,台湾大学历史学研究所博士论文1998年。

⑤ 李孝悌:《恋恋红尘:中国的城市、欲望与身体》,台湾一方出版公司,2002年。

⑥ 张玫玫:《住屋形式与文化》,台湾境舆象出版社,1991年。

⑦ 夏铸九、王志弘:《空间的文化形式与社会理论读本》,台湾明文出版社,1994。

⑧ 汉窦德:《建筑、社会与文化》,台湾境舆象出版社,1990年。

⑨ 王明贤:《城市的历史与特征:城市研究新动态》,《空间杂志》1997年第93期。

(四)新史学的研究特点

多年前,定宜庄对于台湾的社会史(实际是指台湾学者所说的"新史学")研究作过如下的评述:"台湾学者对于社会史的研究,起步既早,起点也相对较高,在研究领域的开拓和对有关问题探讨的深度上,都取得了令人瞩目的成就。"①今天我们再看上述的种种具体研究,不难发现八十年代以来台湾的史学研究可以说进入了新史学的阶段,以"新史学"为旗帜,大力开辟新的研究领域和发掘认识深度,此外还有新的进展,就笔者认识到的有:

其一,多学科的综合研究生态环境史、人群生命史(医疗社会史)、新文化史。这些:都不是历史学所单独能够很好完成的,都是各种学科联合进行的,自然科学、社会科学、人文学科交叉进行,至少也是人文和社会科学的结合进行。如通过前述刘翠溶等主编的《积渐所至:中国环境史论文集》一书中各篇文章的作者的学术背景,就清楚地表示出来。作者中有麦克尼尔,是比较环境史学家;墨菲,历史地理学家和都市史家;贺了诺,植物学家;孟泽思,林业史家和森林史家;思鉴,考古学家;苏宁浒,水力学家;张宜霞,实验微生物学家;陆云,农业经济学家;董安琪,经济学家;刘翠溶,经济史家和历史人口学家;魏不信,政治史和经济史家;兰克,水利史家和分析地理学家;斯波义信,经济史家;马立博,社会经济史家;李伯重,经济史家;程恺礼,公共卫生史家;费克光,思想史家和疾病史家;安东篱,妇女及性别史家;桑保罗,哲学史家;邓海伦,疾病史和经济史,等等。这个作者群里,包括了(狭义)历史学家以外的历史地理学家、农业学家、林业学家、生物学家、考古学家、经济史家、哲学史家、水力学家、历史人口学家,拥有自然科学家或具有专门自然科学知识的社会科学学者,这才能胜任生态环境史的研究,作出像样的成果。但是目前的多学科交叉研究,基本上处于各自从学科出发开展的,尚未达到有计划的合作境地。

其二,新领域的继续拓展。大的研究范围来讲是生态环境史、身体史、新文化史的开拓,在一些固有的领域里,许多新课题是别开生面的,如性别史中的阴门阵,医疗社会史中的割股疗亲,心态史中的物怪,群体史中的慈善救济史,人口史中的育婴、幼儿史,城市史和生活史中的消费空间与空间消费,宗

① 定宜庄:《海峡两岸"传统社会与当代中国社会史"学术研讨会综述》,《中国史研究动态》1995年第11期。

教史与生死学的关系,民间日用类书进入研究视野,均给人非常新鲜的感觉。这些新方向的拓延,表明新史学的探索精神、开放精神和研究的活力。

其三,文化史与社会史的结合。所谓文化史是新文化史,并非传统的文学艺术史、哲学思想史,而是同社会生活紧密联系的社会文化史,诸如过去不能登大雅之堂的民间意识、民间宗教和"怪力乱神"的意识。学者在研究中注意观察文化与生活的联系,考察的是生活中的文化因素,文化所反映的生活,意识受生活的影响及其反作用。社会史与文化史的合作,是历史研究的理论升华,从对人类社会的现象的描述进到追寻人们为什么会制造那种生活,提高理性的认识。社会与文化的关系,文化史与社会生活紧密联系,成为社会文化史。

其四,研究细致扎实。做学问本来就是老老实实的行当,应有认真负责的态度,不能浮躁,哗众取宠。观看新史学的著述,大多是资料翔实的,文必有物的,对新的研究者具有参考的价值。

其五,理论与方法的探讨。这里主要了解许倬云的当代史学研究见解,他在 1999 年 5 月台北汉学研究中心举办的 "社会、民族与文化展演国际研讨会"的专题讲演。笔者注意到四点,一是厘清社会历史研究的发展,即从静态结构模式到动态研究,"过去着眼于研究结构,然后功能研究渐为研究主题。现在则研究功能的着眼点,又逐渐转变为研究社会内部各个次级系统间的动态,例如冲突、融合等主题。注视于社会内部的异,而不像过去一样,笼笼统统地视某一社会为稳定的整体单元"。二是与第一点相联系,强调进行动态研究,把握事物发展变化的过程。他依据"社会于文化,都是变动不居的复杂系统"的认识,从而认为研究事物是"寻求动态平衡的过程",而且"动态平衡,永远在动,却永远不能达到真正平衡的状态",因此,"研究的主题,针对于'动',也许比观察'静',更能掌握其精神"。三是如何认识社会冲突研究与细部微观分析,主张"大处着眼,从小处着手"的研究法,他说"近二三十年来,社会研究颇多注意于社会内部的分散离解与冲突;也有些研究则注意于细部的微观分析",而"这两种研究方式,可能会走向虚无主义",不如"从大处着眼,从小处着手,研究动态趋衡的过程,则诸种次级单元间的分合迎拒,无非是'和而不同'的过程,不必一定是冲突"。四是在学科日益专门化的同时,及时地进行学科整合:"今日社会科学诸学门的研究,因为专门化,而与日分离,形同割据之势。如果不早日整合,知识将有流于繁琐之虞。从一些观念的疏通入手,或是整合学科的第一步工作。"①

三、新史学研究与西方史学及本土化讨论

一个民族、国家、地区的学术研究的开展,必须借助其他民族、国家、地区的经验、理论,但是如何借鉴则关系巨大,会影响到学术道路的平坦与曲折,学术研究成绩的多与少,台湾史学界因而重视这一问题的探讨。

(一)介绍年鉴运动及西方新史学

二十世纪上半叶的年鉴运动似乎没有怎么引起中国学者的注意,到了下半叶情况大变,台湾学者留心于年鉴运动和西方新史学研究的动向,并有意识地从事介绍。八十年代初,学者对年鉴运动创始人及代表人物布洛克、布罗代尔等人的研究理论和方法予以翻译,黄俊杰为之编辑出版《史学方法论丛》,颇得学界欢迎,很快出了三版。②年鉴学派第三代代表人物之一的何威编辑《年鉴史学论文集》,选编年鉴学派三代史家的八篇代表性论文,意图反映年鉴史学的进程和特点,"中研院"梁其姿等将它译成中文问世。③年鉴运动的重要学者勒高夫等著《法国当代新史学》,台北远流出版公司于1993年印行它的中译本。《新史学》几乎每期均有对西方新史学专著的介绍,或研究情况简介,帮助读者了解西方新史学的研究动向,汲取养料。

年鉴运动及当代西方新史学致力于推动史学家与其他社会科学家、自然科学家对话,开展史学研究,令史学成为跨学科研究的学问,努力使史学去研究全面的、整体的历史,台湾学者接受西方史学的理论和研究成果,新史学的方向和实践,正好与它的提倡相合拍,可知受到它的影响。

后现代的理论也影响到台湾学者,前述费思言的研究思路,辨析记载中的贞节烈女与真实的贞节烈女,就有着西方文本主义观念的痕迹。在全球化的今日,国际上兴起的一种思潮,人们不会没有接触,而会有所呼应。

---

① 许倬云:《试论社会、族群与文化》,载王秋桂等主编:《社会、民族与文化展演国际研讨会论文集》,《汉学研究中心丛刊·论著类》第7种,2001年。

② 黄俊杰:《史学方法论丛》,台湾学生书局,1984年增订3版。

③ 何威编:《年鉴史学论文集》,梁其姿等译,台湾远流出版公司,1989年,第1—6页。

(二)讨论本土化的问题

二十世纪下半叶殖民主义解体，多元文化和本土化成为世界性的思潮。所谓"本土化"，与本位文化相对应，是说将西方主流文化运用到本民族时，不要生搬硬套，而应充分考虑到本位文化的特点，有选择地予以接受。台湾学者陈其南在《家族与社会》中表述了本土化的见解，他不满意先前对西方学术理论的亦步亦趋的屈从，指出它的无济于事，而应致力于从本土文化中找出研究理论。①前述杜正胜描述台湾史学的历程即有盲从西方的阶段，故而研究成就不足，而后走了出来。近期讨论本土化的文章增多，相信对本土化的实践会大有好处。台湾大学政治系朱云汉撰文《社会科学本土化的深层课题》②，认为社会科学知识具有时空特定性，知识社群与社会的关系没有普世皆同的模式，故而对西方观念必须"本土化"，还应认识到欧美学者的中国研究考虑到成果的认同，屈从于西方主流观念，所以常用功利主义的模型，以为政治人物都是追求最大权力，并不符合中国历史的实际。因此他认为本土化就要经常反省西方文化为本位的问题，要寻找反映中国人本位的观念。当然，本土化不是封闭心灵与排他情绪，而是设身处地理解、尊重其他文化的学术观点。台湾大学政治系石之瑜作文《从东方主义批判到社会科学本土化》③，分析了本土化中出现的各种不同认识，如说本土化是为本土利益进行研究；或云学习西方知识后，才有资格讨论本土化问题；或云社会科学本土化是为本土而进行的社会科学研究；或者是主流社会观念的抗拒，是有身份的人的事。提供给学术界讨论。

(原载冯尔康《中国社会史概论》，高等教育出版社，2004 年)

---

① 陈其南:《家族与社会》,台湾联经出版公司,1990 年。
② 朱云汉:《社会科学本土化的深层课题》,《二十一世纪》2002 年 12 月号。
③ 石之瑜:《从东方主义批判到社会科学本土化》,《二十一世纪》2002 年 12 月号。

古代农民家庭经济研究法浅谈

关于古代农民家庭经济的研究,这里就个人的经验,提出观察研究客体的角度、方法和注意事项,因为非常粗浅,提升不到方法论的高度,故曰"浅谈"。再者,这里讲述的内容,大多并不新鲜,有的研究者过去、现在正是这样进行研讨的。因个人学术信息了解不广,以为尚无人做过关于古代农民家庭经济史研究法的综述,故而将若干方面予以胪列。

一、区分农民家庭类型及不宜忽视的某些农民阶层

古代农民结构复杂,因为经济状况、生产关系、与国家关系及实际上的政治地位诸方面因素,在农民内部区分出状态不同的许多社会阶层,使用今天的概念,粗略地说有 11 种,即自耕农、半自耕农、平民佃农、半贱民的佃仆(含荫附、投充等)、国家佃农、农业佣工、农业奴隶、富裕农民、平民地主(含小土地出租者)、农副业劳动者(渔夫、樵夫、猎户)、农民兼营工商业(或工商业者兼营农业)。一般地讲,自耕农、富裕农民、平民地主、国家佃农以及半自耕农与国家有着赋役的关系,为国家的编户齐民;平民佃农、佃仆、农业佣工、农业奴隶与平民地主乃至部分富裕农民构成一种生产关系,即通常所说的租佃关系、东伙关系,当然,这四种农业劳动者(特别是佃仆、农业奴隶)还同身份性地主(贵族地主、官僚地主、绅衿地主)形成生产关系和政治上的隶属关系。

由于古代农民构成的复杂性决定了对他们家庭经济的研究,似乎需要注意下述四点:

1.首先需要对各个阶层的农民做出分类研究,因为各个阶层农民的经济状况大不相同,不进行阶层研究,笼统地讨论农民家庭经济,不可能深入揭示各种农户的家庭经济实况。

2.在进行阶层探讨的同时或之后,对各个农民阶层的家庭经济进行比较

研究和综合研究,以期对农民家庭经济有总体的把握。

3.注意对农业佣工家庭经济的探讨。这种人在农村人口中的比重及农业生产中的作用与自耕农、佃农无法相比,因而容易被忽视。比如,学者们在研讨农业雇工经营问题时,使用明末沈某的《沈氏农书》和晚清陶煦的《租核》的资料,看到雇工经营的无利可图,着眼点在经营地主方面,而往往对生产关系另一方的佣工表现出冷淡的态度,其实那里提供了佣工工价和生活消费的宝贵资料,据之可以研讨农业雇工的家庭经济。《沈氏农书》谓一个佣工,年工价银3两,吃米5石5斗,合价银6两5钱,盘费银1两,柴酒银1两2钱,计为11两7钱,农具折旧费3钱。他所能耕种的田地为12亩,收益合银14两。据此可知佣工的费用占总收入的83.6%。《租核》提供的农业经营者雇工每人每年收支数字是:总支出39000文,农具折旧费和肥料费为5800文,农工工钱和饭食费33200文,占开支的85.1%;总收入61000文,工价则占54.4%。如果我们结合《沈氏农书》所说的农业雇主对待佣工的"三早"(要求雇工早起床上工、早送饭到雇工干活场所、早预备晚上雇工洗脚的热水)和"三好"(给雇工的伙食要好、对雇工态度要好、给雇工的工银成色要好)经验,就可得知佣工的伙食、工价情况,以此作为研究农业经营者及雇工家庭食用状况的参照。

4.研究农民家庭经济,需要将平民地主包括在内。我认为平民地主属于农民范畴,因为它是士农工商的"四民"之一,归类为"农";与自耕农一样,对国家有赋役负担,是古人概念中的"上农";没有功名,即没有特权;居住农村与经营农业。我的这种理解详见本文集第二卷《中国古代农民的构成及其变化》、本卷《审视"定论"与等级分析》,这里从略。

二、如何利用政论家的有关农民家庭经济的历史资料

政论家、政治改革家、异见者和强烈的政权维护者对社会现状有自己的看法和理解,对社会现象的捕捉和描述常常带有浓重的感情色彩,即以《汉书·食货志》所载的数例,也为学者们经常引用的材料而言,战国时期魏国李悝为推行"尽地力之教"和平粜法云:"今一夫挟五口,治田百亩,岁收亩一石半,为粟百五十石,除十一之税十五石,余百三十五石。食,人月一石半,五人终岁为粟九十石,余有四十五石。石三十,为钱千三百五十,除社闾尝新春秋

之祀,用钱三百,余千五十。衣,人率用钱三百,五人终岁用千五百,不足四百五十。不幸疾病死伤之费,及上赋敛,又未与此。"汉文帝时,晁错为重农抑末上言:"今农夫五口之家,其服役者不下二人,其能耕者不过百亩,百亩之收不过百石。春耕夏耘,秋获冬藏,伐薪樵,治官府,给徭役;春不得避风尘,夏不得避暑热,秋不得避阴雨,冬不得避寒冻,四时之间,亡日休息;又私自送往迎来,吊死问疾养孤长幼在其中。勤苦如此,尚复被水旱之灾,急政暴赋,赋敛不时,朝令而暮改。当具有者半贾而卖,亡者取倍称之息,于是有卖田宅、鬻子孙以偿责者矣。"他们不约而同地讲述农民五口之家的经济状况,都是负债经营,生活在饥寒交迫之中。若如李悝所说,在正常年景里,收成只够五分之四之用,怎么维生?这是末世衰象,应当有社会变乱的出现,而实际无有,显然他们有夸大农民疾苦状况的成分。汉武帝时董仲舒就土地集中的社会问题说:"至秦则不然,用商鞅之法,改帝王之制,除井田,民得买卖,富者田连阡陌,贫者亡立锥之地。又颛山泽之利,管山林之饶,荒淫越制,逾侈以相高;邑有人君之尊,里有公侯之富,小民安得不困?又加月为更卒,已,复为正一岁,屯戍一岁,力役三十倍于古;田租口赋,盐铁之利,二十倍于古。或耕豪民之田,见税十五。故贫者常衣牛马之衣,而食犬彘之食。重以贪暴之吏,刑戮妄加,民愁亡聊,亡逃山林,转为盗贼,赭衣半道,断狱岁以千万数。汉兴,循而未改。"他说的是土地集中、人民困窘而逃亡的特殊时期的情形,并非通常的社会情状。还有许多关于地租的记录,谓主佃分成,在对半分之外,是倒四六、倒三七、倒二八,地主要攫取佃农七成、八成的收获,也不是反映的地租率常态。如果我们利用这些材料撰写论文,将令人不能理解农民家庭经济的真实状况,他们是怎样生存下来的,如若真是那样社会不就要崩溃了吗?其实他们是将事情说到最严重的地步,是极而言之。

政论家对社会的看法、取材与史学家有所不同,我在《章太炎清史研究评议》一文中将政论文与史学论文对史实的态度做过比较,认为政论文爱用社会传闻、有争议的资料、合于自家观点的疑似材料、印象中的史事,并且常带有感情色彩地使用这些资料,而严肃的史学论文,则要考订史实,排除个人的感情因素,实事求是地写作。史学家对于历史遗存的政论文,无疑应该看到它的作者眼光的敏锐性,观察事物较为深刻,常常捕捉到新事物甫将出现的苗头或本质,颇能启发读者的思路。然而,他们有时过于敏感,论事不免夸张失实,也有偏颇的一面。因此,将政论文当作史料利用时尤其需要小心谨慎,它所叙述的事情,要考证其真实性,不宜拿过来就用(拙文收入李德超编:《章太炎与近代中国学术研讨会论文集》,台北里仁书局,1999年;另收入本文集第五卷)。研究古代农民家庭经济史,上述李悝、晁错、董仲舒的话已成了经典之论,用以描绘当时的社会面貌、农民经济生活状况。今日看来,颇可检讨,宜持审慎态度,做有限度的利用与分析,而不是全盘接受他们的观念和他们所说的"事实"。

三、认清家与户、家庭与家族的区别及联系

当代的家庭史研究者开始了解到家与户的不同,是对家庭史研究的一大贡献。"户"是政府的户籍登记,是编户齐民制度下的民户单位,"家"是民人的生活群体组织;家指家庭,户是民人承应赋役的单位,事实上一户之中包含两个或多个家庭,民间以此逃避部分赋役。隋朝的"大索貌阅"就是针对民人以户为遮掩逃避赋役的现象而推行的清理户口的政策。《隋书·食货志》云:"是时山东尚承齐俗,机巧奸伪,避役惰游者十六七。四方疲人,或诈老诈小,规免租赋。高祖令州县大索貌阅,户口不实者正长远配,而又开相纠之科。大功以下,兼令析籍,各为户头,以防容隐。于是计帐进四十四万三千丁,新附一百六十四万一千五百口。"所谓"大功以下,兼令析籍,各为户头,以防容隐",就是令隐藏于家族"户"里的"家"从中分离出来,以"家"为单位另立户头。《红楼梦》里的荣国府是一"户",贾赦、贾政各为一"家"。凡此种种,无不显示家、户之别。家、户的包容情形,从我们的经历中亦能有所察觉。当实行凭票证购买粮食和生活必需品制度时,一家人为多得票证而另立户口,实际仍然生活在一个家庭中,这是"家"包括"户"了。由此可知,家、户关系复杂,现在我们所知尚少,所以研究农民家庭经济,分清家、户关系是一种前提,或者说是必要的内容。

另一个必要的前提是弄清家庭与家族的区别和联系。家庭史和家族史是两个研究领域,不宜混淆,尤其不可将家庭史置于家族史的范畴之内,而淹没家庭史的独立性。但是,家庭与家族又是密不可分的,刚刚说到的隋朝政策,"大功以下,兼令析籍,各为户头,以防容隐",就反映了家庭、家族既是两种社会群体,又有难于分离的、扯不断的关系。古人以家为本位,同时也是家族的人,受它的约束与保护;家族共财的观念支配着人们,"有余则归之宗,不足则

194

资之宗"，家庭财产与家族财产很难分得清清楚楚，比如祖坟地、宅基地就难于分割；家与族既协调，又有冲突；族以家为基础，家以族为依靠。由于家庭史和家族史的研究是分别进行的，两者间不可分离的关系宜于深入理清，使双方的研讨得以深化。讨论农民家庭经济，正可以从这个角度了解家与族的财产关系，将这种关系弄清楚了，反过来就是对农民家庭经济史的深入理解。

四、挖掘家庭经济史资料的方向

依据前辈学者和时彦研究的出色成就，启发我做出这种思考，并认为农民家庭经济史的资料来源，主要在下述文种载籍中：档案、家谱、地方志、笔记、文集、出土文献。此外，小说、戏剧所提供的形象素材需要大力摭拾。

档案。李文治在《中国近代农业史资料》一书中辑录了中国社会科学院经济史研究所收藏的清代刑科题本中的农业、农民资料。中国社科院历史研究所与中国第一历史档案馆合作，从"一史馆"藏档"内阁全宗·刑科题本·土地债务类"的乾隆朝题本中选择材料，编辑出《乾隆刑科题本租佃关系史料》，其中有《清代地租剥削形态》《清代土地占有关系与佃农反抗斗争》二书。我在20世纪80年代前期带领南开大学历史系本科生、研究生选抄"一史馆"藏档"内阁全宗·刑科题本·土地债务类"嘉庆朝资料，约五六百万字，将于近期整理公布(业已由杜家骥教授主编出版了《清嘉庆朝刑科题本社会史料辑刊》，天津古籍出版社2008年)。山东大学黄冕堂则组织教师抄录"内阁全宗·刑科题本·土地债务类"道光朝资料，不知是否藏事。近年学者留心于"内阁全宗·刑科题本·婚姻奸情类"资料，郭松义已做出令人瞩目的成绩，王跃生亦成就可观。学者研究的事实表明，"一史馆"藏档中的"刑科题本"可以提供大量家庭经济史素材。四川巴县和河北获鹿清代档案文书对家庭经济史的探讨同样具有重要史料价值。学术界研究实况表明，档案文书是家庭经济史研究的富矿，尚有待于继续开采。我在60年代初撰写研究生毕业论文，探讨的是清中叶江南租佃关系，当时从方志、文集、家谱、笔记、政书诸方面寻觅资料，颇感不足，特别是没有找到一份农村家庭收支状况的素材，深为憾事。档案文书中也很难有这种系统的材料，不过它能提供大量的家庭经济史零星史料，可供研究者去综合描绘农民家庭经济生活图景。

家谱。对于农民家庭经济史的研究来讲，家谱的资料有四重意义：一是记录巨量的农民传记资料。它所记录的对象基本上是农民,由于是包括所有宗族成员,社会下层的农民和女性均在其中,因此它就成为农民史的基本史料来源。二是农民家庭经济史材料丰富。因为它拥有众多的男性与女性传记,记叙他们的美德(主要是在家庭、家族内的孝行和在家族及社区建设中的义行)的同时,往往述及他们的经济状况,如如何勤俭持家、勤俭发家,在并不富裕的状况下施善助人。我在利用各种文种的家庭经济史资料中,认识到家谱提供的资料比较多,所描述的情节比较具体,优于其他文种的记录。三是提供家庭结构、构成、规模和人口的资料。依据它的世系表图资料,可以从事这方面的研究,有的学者已经进行了开创性的探讨,如刘翠溶、吴建华的著作。四是关于家政建设的主张。家谱中收有"族规""族诫""家训""祖训",讲解做人的道理,家长如何治家、子弟职业的选择、家庭理财等。

方志、文集。这类文种所包含的农民传记,虽然远远不如家谱丰富,但义行传里亦有不少农民,也有他们的家庭经济资料。

笔记。这方面所涉及的农民家庭经济史资料内容不多,一旦有记载,就会比较详细生动。

出土和传世文献。秦简、汉简、敦煌文书、徽州文书,皆有农民家庭经济史素材。

传奇、古典小说、戏剧中的家庭描写比比皆是,《西厢记》《金瓶梅》《红楼梦》就是显例。小说、戏剧不能直接当作史料运用,然而它给人形象的家庭生活图,启发研究者的思路,对开拓家庭经济生活的细部研究有重大的参考价值。

发掘古代农民家庭经济史的研究资料,目前我的理解,重点是在档案文书和家谱两方面。当然,这对唐宋以后、尤其是明清以来的家庭经济史研究富有价值,隋唐以前这类文献遗留极少,不无遗憾,唯有高度重视出土文物与文献予以弥补。

五、常态与变态、静态与动态研究的紧密结合

不论对什么历史问题的研究,我们留心的是它的通常状态,比如对家庭史的研治,寻找其结构、模式,就是进行静态的、常态的讨论。然而,任何事物总是变化的,而变动会按常规发展,也可能脱离常规轨迹,所以还需要从事

动态的、变态的考察，即对事物做出运动的、通贯的、通常的和变异的研究，争取了解得全面一些、深入一些。故而这里强调静态与动态、常态与变态的综合研究。

影响农民家庭经济史的通常因素，是人们难于改变的自然条件(自然环境与自然资源)、国家的赋役。变化的因素是天灾、兵灾、瘟疫，天灾发生的频率之高，几乎可以作为常态因素来考虑，但是毕竟不是年年发生的，往往是地区性的，受灾情形也有颇大的差异，还是作为变态成分来考察。农民家庭经济生活的安排，丰年留下粮食以备荒年之用，要做到"耕三余一"，如果多数农民"家无隔宿之粮"，必是常年荒歉或战争、瘟疫、暴政等原因造成的。农民懂得怎样安排不同年成下的生活，这就提醒研究者不要忽视那些影响农民家庭经济的变态因素。农民家庭人口的增减必然关系到他的经济状况，如果生育的多了，生者寡而食者重，在一般农民之家，必然出现贫窭的状况；一个家庭，财富的主要创造者的死亡，会给他的家庭带来致命的打击，这就是孤儿寡母之家难于维持或解体的原因，这也是变态因素。讨论农民家庭经济问题，在考察常态因素之外，将变态因素也充分考虑进来，或许能提升研究的品质。

六、探讨经济功能在家庭功能中的地位

古代农民家庭组织生产的功能历来为研究者所留心。古代基本上以家户为单位的自给自足的小生产是自然经济形成的基础，生产功能必然在家庭诸种功能中占据重要地位。较早的研究者将生产功能视为家庭的第一功能。近年来有的学者认为生育功能是家庭的第一功能，对生产功能第一说提出挑战。我对此尚无明确见解，故在《清人社会生活》中讲到家庭功能问题时只好说："最主要的还是生产功能和生育功能，生产功能维持家庭，生育功能保证家庭的延续，这两种功能使家庭得以维持。"[1]这是不得已的处理办法，将生产、生育两种功能相提并论。如今新文化史研究的风潮正盛，乃有学者强调家庭的性功能的重要性。对于这些歧义，期盼在农民家庭经济研治中能够解决这一学术难题。也许这几种功能不分伯仲，也不必强为伯仲之分，但那是研究

---

① 详见冯尔康、常建华：《清人社会生活》，天津人民出版社，1990年。

有结果的后话,这里还是满怀热忱地期待家庭功能问题研讨的前进。

七、农民家庭财产父家长所有制与性别史研究法

不少学者在讲到历史上的宗法家长制时,将家庭财产视为父家长所有,不仅如此,因为父家长在事实上可以鬻妻卖子,是则妻、子、女皆为父家长的"财产",于是家产即父家长之产的观点,一度成为学术界的主导意见。但是,它在近期遭到质疑,家产为家庭成员特别是男性成员共同所有的意见被提出来,父家长被认为只是掌握家产的支配权。值得注意的是学者们对女性与家产关系的探讨,所谓"子妇无私财""子妇无私货",子妇的陪嫁奁产(实物、银钱以至田产、奴婢)在名义上属于婆家,然而,物品实际上是归本人及其丈夫、子女使用,妇女有"私房钱",父家长不能随意动用。无男儿承嗣之家的遗产,寡妇有部分继承权,女儿亦多少可以继承,或父母在世时转移一些财产到女儿女婿家。关于女性与家庭财产关系的研究冲击了父家长独享家庭财产的理论。因此,从性别史、两性关系史的角度进行古代农民家庭财产归属权问题的研究,可能会是一种有效的方法。

八、农民家庭经济与生态环境、生产力及几种社会制度的关系

在说到常态与变态问题时,我们已经知道自然条件对农业生产的巨大影响,农民种植什么样的作物,决定农家将有什么副业和受益水准,从而规定了农民的饮食和生活水平。

社会生产力水平、社会经济发展状况、土地制度、赋役制度、租佃制度等因素,无疑制约、影响着农民家庭生产和经济生活。依靠体力和简单机械的农业生产是简单再生产,劳动生产效率低,生产成品少,决定了农民经济状况和生活状况。赋役主要由自耕农和平民地主承担,它的多寡必然影响他们的经济生活,当国家进行无艺之征时,自耕农会被迫逃亡,或者"出公门,入私门"。地租率关乎着主佃双方的经济收入和生活状态,它的失衡就会使主佃关系不能维持,所以地租率有相对的稳定性,经常保持在分成制的对分制的状态,或在四六分、倒四六分的范围内浮动。地租率的变化,受土地价格的影响,这就联系到土地制度了。租佃制就是因地主土地所有制而产生的。总体来看,生产

力水平和几种相关的社会制度,规定和影响着古代农民的家庭经济及其家庭生活状况,因此,需要把农民家庭经济放在这些至关重要的因素中进行通盘的、综合的考察,而绝不能孤立地进行。

(原载《天津社会科学》2004 年第 1 期)

近年大陆中国社会史(以明清史为主)的研究趋势(提纲)

一、学者关心的课题

2001 年中国社会史论文的不完全统计:社会史理论 26 篇,社会结构 20 篇,社会群体、社会组织 23 篇,社会阶层 20 篇,宗族 49 篇,婚姻家庭 127 篇,生育 17 篇,信仰 100 篇,节日娱乐风俗 93 篇,社会心态、社会心理 48 篇,社会生活 71 篇,社会问题、灾害与救助 34 篇,妇女 53 篇,人口与迁徙 71 篇,其他 15 篇。

不难看出社会生活史论文最多,社会文化意识的居其次,社会结构、群体也不少,生态环境史、身体史研究尚未有强劲的开展。自从 80 年代中期开展社会史研究以来,生活史首先引起学者的关注,这种态势没有变化,但文化史与社会史结合成为新趋势。

二、几项专题史研究

1.家族史研究

走出家族族权是政权附庸的定位及定性研究。

(甲)研究家族活动及族谱的社会功能,互助、救济的作用,家族文化活动。如陈支平《近 500 年来福建的家族社会与文化》,江庆柏的江南望族文化研究。

(乙)联宗作为家族史的重要问题被提出来。钱杭著《血缘与地缘之间——中国历史上的联宗与联宗组织》(2001 年)。

(丙)李文治的研究,提出嘉靖朝大礼议中放宽民间祭祖世代及政治性质加强见解。

常建华著《宗族志》(1998 年),宗族史、谱牒史的带有资料性的说明,特别是对元明两代宗族史研究。

(丁)望族研究。吴仁安的上海望族研究、望族文化研究。

(戊)将家族史纳入地方史的历史人类学的研究。陈春声、刘志伟、郑振满等人的华南历史人类学"工作坊"(张小也语)。

(己)新发现的以村落为基础的家族研究。如周銮书主编《千古一村——流村历史文化的考察》(1997 年),江西乐安董氏家族史。

(庚)现代家族史颇有研究者。钱杭等人在江西田野调查,写出《传统与转型:江西泰和农村宗族形态——一项社会人类学的研究》(1995 年)。

王沪宁作《当代村落家族文化——对中国社会现代化的一项探索》(1991 年),颇具资料性。

笔者对当代家族史有兴趣,成稿《十八世纪以来中国家族的现代转向》。

(辛)家族与生态环境保护的历史,开始有人问津,如赵华富对黟县叶氏家族的研究。

(壬)人类学家对福建闽江下游家族史的跟踪调查:

林耀华作《金翼:中国家族制度的社会学研究》(1989 年);

林耀华著《义序的宗族研究》(2000 年);

庄孔韶著《银翅:中国的地方社会与文化变迁》(2000 年);

黄树民著《林村的故事——1949 年后的中国农村变革》(2002 年)。

(癸)姓氏文化与家族文化研究的结合

姓氏文化研究热,李学勤主编《中华姓氏谱》,天津出版《百家姓书系》。

2.城市史研究

城市史研究的一种渠道,是从商会史研究发生的,如天津、苏州商会研究。天津社科院、中国城市研究会主办的《城市史研究》,至 2001 年已有 20 辑,设有"城市空间"专栏。

城市空间与属性研究,刘凤云著《明清城市空间的文化探析》(2001)。

冯贤亮研究 16 世纪江南筑城,同防倭有关的论文。

市镇研究颇有成果,重点在社会经济和功能。

也有研究农村住宅的,吴建华论清代人口与住房。

3.妇女史、性别史研究

同性恋的研究成果相继出现。吴存存著《明清社会性爱风气》(2000 年),

认为同性恋流行在社会上层和士人中,产生同性恋文学。张在舟作《暧昧的历程——中国古代同性恋史》(2001 年)。

笔者的女性史研究与变化:《清代的婚姻制度与妇女的社会地位述论》(1985 年),《古代著名沦落女子为何受褒扬》(1996 年),《清代节烈女子的精神世界》(1999 年)。内容上从着眼于社会制度与女性被压迫,转向关注女性自身状况与心态。

4.灾荒史与生态环境史研究

新近开展的研究领域,《中国农史》杂志开辟"生态·农业·社会"专栏,发表生态环境与农村社会的论文;王利华著《中古华北饮食文化的变迁》(2001 年)。

5.身体史研究

作为国际学术界新兴研究领域的身体史(医疗社会史),大陆学人的研究刚刚开始,余新忠著《清代江南的瘟疫与社会》(预计 2003 年 1 月成书),分析疫情特征和社会对策。

6.民间社会研究

研究民间组织及其活动、民间意识、民间信仰很大,以庙会研究为例。有朱小田著《在神圣与凡俗之间——江南庙会论考》(2002 年),赵世瑜著《狂欢与日常——明清以来的庙会与民间社会》(2002 年)。还有赓续顾颉刚妙峰山庙会史的研究。

7.历史记忆的研究

赵世瑜等作《太阳生日:东南沿海地区对崇祯之死的历史记忆》(1999 年),赵世瑜著《黑山会的故事:明清宦官政治与民间社会》(2000 年)

三、标志性成果

近二十年来的研究成果很多,作为标志性成果,笔者想是周积明主编的《中国社会史研究》(2000 年),其特点:

大架构的创新体例,分四编,即"社会史的理论与方法""中国社会史的基本问题""中国社会史的阶段性问题研究""中国社会史的个案研究"。

最新社会史研究成果的总结。各个专题皆由研究有素的学者写作,多所创见。

具有实用价值(如教材)。

四、社会史研究趋势

1.理论和方法的追求:专史说、整体史说、范式说、中层理论说的相继提出

专题史,以社会结构、社会生活及社会问题为研究对象,立足于专题研究,而面向整体史。

整体史,完整的历史,陈旭麓著《中国近代社会的新陈代谢》,张静如谓社会史是最高层级的历史。

范式说,赵世瑜谓社会史是一种史学范式,新史学基本上或者首先就是以社会史为表征。

倡导中层理论,见杨念群的《中层理论——东西方思想会通下的中国史研究》。

新理论将当今社会史理解为新社会史、新史学。

2.新领域的开拓

如生态环境史、医疗社会史研究的开启,此外,民间社会、民间意识、城市史等领域的研究也在开展,研究领域的扩充,可能会沿着下列历程进行演变:

社会结构史(政治史的某种延伸及同社会学、经济学的结合)、日常社会生活(社会现象)——意识、信仰(社会文化)——生态环境、身体医疗(关怀生命、社会问题)——(可能会向跨学科的整体史发展)。

这种演变,是社会史家力图从社会现象的了解、描述向着社会本质认知的努力。

3.多学科研究结合的初步开展

社会史的产生,是史学家同社会学家、人类学家、经济史家共同创造的,如今将沿着这种状况走下去。但深层次的合作,需要有计划地联合各个学科的专家,进行同一个项目的分工研究。

(2002 年 11 月在台湾明史学会演讲稿)

与中国史学共前进

——《历史研究》创刊 60 周年感言

　　《历史研究》创刊之初,我作为攻读历史学系的学生,就是热心读者,在南开大学从事历史教学之后,同编辑部的联系,业已四十年。多次与贵刊合作主办学术研讨会,承蒙垂青,在贵刊披露多篇拙文,并同编辑部几位先生、女士结成朋友,如今回顾起来,尤感温馨。下面我想谈谈与贵刊合作的几件事情,尊瞩,就中谈一点当前开展史学研究的体会和建议。

开创社会史研究新风气

　　30 年前的 1983 年,《历史研究》编辑部、云南大学历史学系和南开大学历史学系决定召开关于中国古代地主阶级学术研讨会,三家主办单位先在昆明开筹备会,历史研究编辑部诸葛计、宋元强、王和三位先生与会,我亦参与筹备,随后在云南大学举行规模甚大的研讨会,历史研究主编庞朴、诸葛计、云南大学李严、南开大学刘泽华、张国刚、刘焱、王茂和等学者和我与会。会后,南开同仁编辑会议论文集——《中国古代地主阶级研究论集》,于 1984 年由南开大学出版社梓刻问世。80 年代前期学人一方面经历思想解放的洗礼,另一方面阶级论的禁锢仍然有所存在。中国革命是农村包围城市的革命,阶级论指导下的农民革命史,在"文化大革命"末期的大学工农兵学员时代,历史系只有四五门主课,"中国农民战争史"为其一,地主阶级是农民革命的对象,这次研讨会居然以地主阶级为研讨主题,意在全面探讨它的社会和历史地位,更不是把它看作仅仅是革命对象,而是企图给它以新的全面的解释,客观上多少有给它"翻案"的作用。

　　1986 年秋天,在南开大学召开了(首届)中国社会史讨论会,会议由《历史研究》杂志社、天津人民出版社和南开大学历史系三家主办。田居俭、宋德金、高世瑜,天津人民出版社章以淦、刘文君,南开大学刘泽华、宁宗一、张国刚、常建华和我均与会参加研讨。自此之后,社会史研讨会每二年举行一次,至今已进行十三次。1986 年会后,次年,《历史研究》第一期发表包括拙文《开展社会史研究》在内的多篇会议论文,田居俭先生以评论员的名义写出倡导性文章《把历史的内容还给历史》,论述开展中国社会史研究的必要性和对史学建设的意义,特别讲到要写有血有肉的史学著作;宋德金撰文介绍会议研讨情况。此次研讨会是新时期首届中国社会史学术会,将中国社会史研究正式提上研讨议程,自此这一研究领域广受学者关注,成为研究热点,且有长盛不衰之势。有学者认为,改革开放以来史学出现三大变化,即史学理论的再研讨,文化史、社会史成为史学主要研讨内容。中国社会史研究的开展对于史学发展无疑有重大意义,有力地克服僵化史学,一定程度上改变史学哈巴狗状况,作为一门学科的研究自主性逐渐成为学者的努力目标,并为读者所认同。1986 年以后的几届社会史研讨会,《历史研究》杂志社、天津人民出版社和南开大学都是发起单位之一(南开大学始终为发起单位),参加筹备会和研讨会,所以我同宋德金、高世瑜、宋元强诸位朋友常在一起研讨学术问题和共叙友情,会后《历史研究》陆续刊发有关社会史研究论文,天津人民出版社出版中国社会史丛书,各自做出学术贡献。

推进史学研究发展

在多次与《历史研究》编辑部诸位朋友合作中,我有两点感受和办刊物的随想杂臆:

第一,刊物与学术界共同关注学术前沿课题,敞开思路,勇于探索,拓展研究领域,推进史学研究发展及发挥其社会功能。我们之所以研讨古代地主阶级史,尤其是开辟社会史研究,首先是思想上突破阶级论禁锢,思想解放了,不满意僵化史学,希望摆脱被世人讥笑为哈巴狗的状态,改变小瘪三的形象,就以新方向、新领域的研究成果,为史学注入新血液,赋予新的生命力,适应时代的发展和要求。记得 80 年代中期史学界有"史学危机"之说,部分学人和青年学子生出"史学无用论"的想法,《历史研究》编辑部特派人到南开大学历史系,同教师、学生座谈。这类研讨会、座谈会表明,《历史研究》编辑部关注史学发展的根本性问题,意在和学术界共同在探讨中前进。由此我想到当前史学研究方向性问题、新领域问题。将近半个世纪以来,世界学术界兴起生态环境史、医疗社会史和身体史、心态史和表象史新方向、新领域的研究,近20年来,我国大陆的学者业已做出不少成绩,不过尚属于起步阶段,仍然可以视作新方向、新领域,亟须大力继续耕耘,当今肆虐的雾霾,正是生态环境史、身体史两个领域综合研究课题。这两个领域的研究,直接地为改善人类的生活质量提供相关素材,特别重要。由此我还想到,近世以来学科分得很细,有益于研究的深入,与此同时,就需要强调跨学科的综合性研究,全面的整体研究,才能揭示事物全貌和本质。

第二,编辑是稿件的编审者,又是作者朋友。我在同《历史研究》编辑部诸位朋友合作过程中,深切感受他们深厚的学术功力和学者风度。我和宋德金先生同时兼任中国社会史研究会会长、副会长,他是辽金史专家,著有《宋德金集》《中国风俗通史·辽金卷》《辽金论稿》等书。高世瑜女士是社会史研究会理事,中国妇女史和性别史专家,撰著有《唐代妇女》《从礼到法——中国古代性别制度的法典化》《发展与困惑:新时期中国大陆的妇女史研究》,她的《中国古代妇女生活》,是商务印书馆"中国古代社会生活史丛书"的一种,我是丛书主编之一,她不仅写出著作,还对出版中出现的技术问题提出建议,我很赞同,及时转告商务印书馆丛书负责人。田居俭先生著有《春泥集》《李煜传》等书,他文字漂亮,读他的书是一种享受。宋元强先生是科举史专家,他的《清朝的状元》颇得好评。学者型编辑与作者有更多的共同语言,容易取得学者的信任、尊重,合作会很成功。《历史研究》的编辑有这么个特点,相信一定会传承下来。

20世纪以来,中国历史学期刊,我以为有两种最重要,一是20世纪上半叶、问世较早的《中央研究院历史语言研究所集刊》,另一个就是《历史研究》。期盼、相信《历史研究》会办得更好,更成功,对中国学术界的史学研究更能起到支持、匡正作用!

(2014年5月7日成文,载《中国社会科学报》2014年7月7日)

大力开展海洋史研究,正当其时!

这里将提纲式地道及中国海洋史研究的必要性、内容与方法、条件三个方面的一些问题,求教于方家。

开展海洋史研究的必要性,是逐渐被学界认识的,至今仍需提高。对于海洋史研究的不力状况,不时有学者表示某种不满,如在 1993 年学者麦朝成就指出:"中国不只是大陆国家,也是一个海洋国家。海洋是中国历史发展上一个重要因素,却一直受到国内学界的忽略。"中国是大陆国家,给人的印象太深刻了,而海洋国家的认知极为浅薄,以为中国只有大陆文明,缺乏海洋文化。所幸学术界的认识在变化,台北中山人文社会科学研究所于 1983 年开始推行中国海洋发展史研究计划,无疑拉开了中国海洋史研究序幕,该所此后每两年举办一次研讨会,并出版会议论文集。大陆学者杨国桢、王连茂、陈尚胜、李庆新等的海洋史研究亦颇有成果,广东社科院海洋研究中心的成立,或许可以说是海洋史研究的新起点。

何以进行海洋史研究,如同陆地,"海洋是中国历史发展上一个重要因素",陆地,是人们生产、生活之地,海洋也是。"以海为田",在传统社会人们就深深懂得这种道理。陆路是人们丰富多彩的生活场所,海洋是同样的舞台。人们在陆路、海洋的活动,形成历史整体,海洋文化是中华文明的重要组成部分。倘若仅仅关注陆路一个方面,对历史的认识将是不完整的,具有片面性的,其道理至为明显。沿海民众"以海为田"的谋生,进行海洋贸易,发展外向型经济,对中国南海、东海、黄海地区的作用尤为显著,移民事业尤其发达,至今欧洲多浙江人,美洲、大洋洲、南洋多广东人、福建人。清朝有所谓康乾盛世,产生的原因之一是海洋贸易。学者全汉升云:清代康雍乾三朝"之所以号称为'盛世',意义可能有种种的不同,但中国丝绸、瓷器、茶叶及其他物产的大量出口,及巨额银子的输入,无可否认是一个重要的因素"。不考察海上丝绸之路的活动,就很难说清清朝的这段历史。

在新航路发现后,中国与世界的海洋贸易,极大地影响着明清时代的中国社会及中国人的生活,同时影响到西欧国家及其殖民地。据研究者的披露,西班牙、葡萄牙、荷兰与中国贸易,中国出口实用物品的丝绸、瓷器、茶叶,进口作为货币的白银,其路线是北美—菲律宾—中国,北美—欧洲—日本—中国,此外从日本输入铸造制钱的铜。中国经营者从海洋贸易中赚钱,增加就业机会。以"上有天堂下有苏杭"俗谚而言,苏杭不仅是因粮食生产而富足,更重要的是出产蚕桑丝绸制品,因为海洋贸易,湖丝远销美洲、欧洲、日本,苏州成为内河通海的城市,乾嘉时期是首屈一指的商业繁华之地。设在该地的宝苏局铸造制钱,所用原料的铜来自日本甚多,资料表明,自乾隆二十九年(1764)至咸丰元年(1851),中国船从日本运载铜回国,每年都有,多时达二百万斤,少则四十万斤,乾嘉时期多在一百七十万斤以上。运铜口岸的浙江乍浦,就有"铜局弄"之地名。海洋贸易影响到城市的兴衰,当苏州—乍浦—闽粤运输线畅通时,苏州、乍浦繁盛,而五口通商后,上海—宁波—闽粤航线兴盛时,苏州繁华下降,乍浦则衰落。[①]中国如此,与中国海洋贸易相联系的国家亦然。当丝绸、白银在国际间对流时,菲律宾马尼拉市东北区形成中国商人的"生丝市场";马尼拉开往墨西哥的货船有"丝船"之称;墨西哥加工中国生丝,创造14000工人就业机会。[②]这些事实,无不印证中国社会经济发展、变化以及人们的生活与海洋、海洋贸易息息相关,不可分离。海洋是历史要素,中国的历史离不开海洋,这是我们必须研究海洋史的基本原因,也是我想说的第一个原因。第二是从当今人类社会持续发展方向思考的,强化生态环境保护,向海洋和太空发展,是人类社会努力的方向,海洋成为决定人类命运的重要因素,势必要对它加强研究,提供发展海洋事业的资料准备和凭据,因此说海洋史研究具有特别重大的意义,刻不容缓。研究的必要性,我就考虑到这两点。

中国海洋史研究的范畴和内容,笼统地说,是政治、经济、文化、外交史,具体地说,或者说研究重点是贸易史及对贸易双方的影响;沿海地区发展史及其特点(包括港口、内河通海的城市,如扬州、苏州之历史变迁);航运和航海技术史(含海难事件、海盗),文化交流史(信仰、生活方式与习俗、文化遗存、历史记忆);移民史(外国人移入、中国人移出、国内区域间通过海洋的移

① 参阅刘序枫:《清代的乍浦港与中日贸易》,载台北中山人文社会科学研究所编:《中国海洋发展史论文集》第5辑,1993年。

② 以上参阅台北中山人文社会科学研究所历次编辑的《中国海洋发展史论文集》。

徙)和海外华人史;海洋与人类生存环境是不可忽视的大课题等等。

　　海洋史研究方法,我想到的是"海洋视野"和"整体思维"。海洋视野是开阔的、外向的,立足大陆看海洋,关注中国文化、海洋文化及中外关系,需要向外洋、外区域、外国文化学术界索取、借鉴,除了史料,更应留意学术观念和方法。整体思维是兼顾大陆和海洋,跨地区、区域、国家、大洋以至世界的思维,研究的出发点是局部地区的、一个国家的,而终极目标是整个区域、国家和世界;整体思维,包含中外、古今、大陆与海洋的广阔空间的比照研究,凡有联系与互动关系的,关注其间的相互作用与影响,绝不能将考察对象局限在某一个范畴之内。"海洋视野"和"整体思维",综合研究陆地、海洋整体因素下的政治、文化、社会诸多历史现象,从而有可能达到新的理解和认知,如李庆新新著《濒海之地——南海贸易与中外关系史研究》(中华书局 2010 年 4 月),使我们获知中国历史的某种特征:对外贸易、海洋贸易中,由唐代至清代,均发生所谓"礼仪之争",开放的王朝要求兼负商业性的外洋使臣行跪拜礼时或持通融政策,封闭王朝则是僵硬态度,对外关系以行否"国礼"为转移,是为古代中国王朝的传统政策,带有规律性;王朝主导的朝贡贸易,历来实行"厚往薄来"政策,以赏赐夸耀中华的富庶与强大,此种"不等价的朝贡贸易关系",纳入王朝政治体系,"朝贡国"各自与中国王朝形成疏密不一的关系,显示王朝的御"外夷"之道;海洋贸易的物品,以奇珍异宝为主,供皇室与社会上层享用,故而通常由宦官执掌其事,而涉及民用的物品甚微,于民生未见有益。透过海洋贸易的这三个方面,加深了我们对古代中国君主专制制度实质的认识:君主专制政体,国家是王朝也即皇帝的国家,这就是古代中国的历史的一个重要特点(参阅李庆新新著的拙《序》)。

　　大力开展海洋史研究需要具备若干条件,这就是:

　　继续提高对海洋史研究重要性的认识。据友人见告,近日某沿海大省拍摄电视片,介绍其历史特点,反映的是陆地史,而不顾及该省古往今来人们的海洋活动及其价值,表明制作人和编导缺乏海洋史、海洋文化意识。该省如此,内陆地区的海洋观念可以想象了,所以继续增强海洋意识显然是必要的。

　　加强国内外、海洋区域之间的学术交流和田野调查。海洋研究及海洋贸易、海外关系史研究,不可能是单方面的,中国学者必定要走出去,到需要去的国家做田野调查,查阅文献资料,访问学者,参加研讨会,势必应有相当的经费。在 20 年前,每见一些日本的中国历史研究者,几乎每年都要到中国进行学术交流或田野考察,不无羡慕之感。10年前,一位台湾中国中古史专家到阴山地区考察,令人感佩,但是他说大陆学者不爱走访历史胜地,我想这是饱汉不知饿汉饥,因为我们缺少研究经费可以出去。约在同时间,我在博士论坛报告海外华人史,讲到我掌握的资料有限,课下,一位在职博士生问我为什么不多搜集材料,我感到他不懂世事,未作回答。事情是在科研经费上。走出去,远越重洋,需要一定数量的研究经费。20世纪80年代,中英、中日的中国南海宋元沉船调查,经费出自英方、日方,可见中方乏力的尴尬。现在我们经济见好,科研教育方面的经费有所增加,学者出国、出洋调研的可能性增大了,有的已经迈出国门。

研究者的培养,具有多学科的知识和掌握多种语言文字,始能胜任。现在中青年研究者多能掌握一二种外语,或有留学经历,比五六十年代的高校出身的研究者在学养方面有了很大的改善,基本胜任海洋史的研究工作。

总之,今日海洋史研究已然提到日程,研究经费已有相当条件,研究者素质基本具备,大力进行海洋史研究,正当其时!

(2010年2月20日草于顾真斋,载《中国社会科学报》2010年6月8日)

"外向视野"区域经济史研究的新篇章
——李庆新著《濒海之地——南海贸易与中外关系史研究》序

2005年的夏天,我为庆新弟的《明代海外贸易制度》写序,在说明该书的学术创新之后,又苛求于他,希望他能在叙述贸易的主体一方(明代中国)之外,还能对贸易的另一方多作关照,以臻于至善,并且认为他一定能够做到。我是这样说的:"我知道庆新在进行新的追求,他参加海上丝绸之路的课题研究,又为做'华人与东南亚社会研究',去年春节前夕去越南,不是旅游观光,而是踏踏实实地学术考察,就是走中外历史同时研究的路子。这样做下去,怎能不会有长足的进展,怎能不会有新的学术建树贡献给学术界。"

他按照研究计划行事,于2005年、2007年两度到雷州半岛做田野考察,收集到民间家谱、宗祠碑刻和口述资料;与此同时,前往越南河仙调查鄚氏与河仙政权史事,得到一批珍贵的历史与文物史料。正是这种国内外的学术考察,理清广东雷州人鄚玖在越南河仙建立政权的历史,写出《"海上明朝":鄚氏河仙政权("港口国")的中华特色》等文。于是令人兴奋和佩服的事情出现了:不过三四年的时间,勤奋而又方法得当的他,在创作《海上丝绸之路》(中英文版,2006年)之后,又为区域经济史研究谱写新篇章,为学术界奉献出新硕果《濒海之地——南海贸易与中外关系史研究》专著。因此我以高兴、渴求新知识的心情,阅读书稿,写出心得,权充弁言。

我感到庆新的新作,如同他在题为《区域社会经济史研究的外向视野》自序中所示,他的研究方法是"外向视野"和"外向思维",正是这种开阔的思维与视野,奠定了创造性研究成果的理论基础。何谓区域经济史研究的外向视野,庆新说:"区域社会经济史研究落脚点是区域,研究对象是经济,目的是发现历史时期区域内社会经济发展脉络、特点,总结规律,但最终目的还要走出区域,把它放在更广阔的空间加以比照,确定其区域特性和它在整体(例如大区域、跨区域、国家以至国际)中的地位,因而区域社会经济史研究不仅需要内部的深入研究,精雕细刻,同时需要用联系的、整体的眼光审视区域之间、区域外部的联系与互动,关注外部因素对区域内部的作用与影响。在这点上说,外向视野非常重要(当然会有其他因素),区域研究不能演绎成画地为牢,作茧自缚;经济研究不能攻其一点,不及其余。"我结合专著的具体内容,体会到外向视野、外向思维的内涵有三个方面:

其一,中外、古今、区域内外的比照研究及综合考察,绝不能将考察对象局限在区域经济方面,局限在区域范围之内。研究特定课题的区域,自然离不开区域本身,然而要做得好,做得深入,做得比前人研究有进展、有大幅度提升,重要的是向外延伸,延伸到区域之外,延伸到国外。庆新将广东经济史讨论的范畴向外扩延,进入南海贸易区,于是有《17 世纪下半叶北部湾的中国"海盗"》《会安:17—18 世纪远东新兴的海洋贸易中心》《17—19 世纪会安的华人、唐邦会馆与华风》《"海上明朝":郑氏河仙政权("港口国")的中华特色》等专题研究,还有广东民间的"郑和崇拜"现象的发现及其与南洋郑和遗迹的比较研究,以及《海洋考古与南中国海区域社会经济史研究》的专题。庆新对广东海洋贸易的古今通贯考察,从汉代南越国的海上交通说起,下及唐代广州贸易、南汉对外关系与海外贸易、郑和下西洋与朝贡体系、明代屯门地区海防与贸易、17 世纪广东与荷兰关系,这些专题虽然不能构成广东海洋贸易通史,但却有了一个重要线索,内中关于南汉的海洋贸易史,令我对南汉史有了新认识:原先读"两五代史",大约是因为刘铱的荒淫无道,印象不好,而今得知其为"小南强",提高在五代史中的地位。如此贯通古今,打通广东、福建与中南半岛(印支半岛)贸易史研究领域的人为界限,有了南海贸易的全局观念,沟通贸易双方,乃至三方、多方的多维观察,自然就将研究引向深入。

其二,外向视野、外向思维的文献资料与田野调查双向索取与综合利用。庆新说:"外向视野在充分把握区域内各种研究资源的情况下,注重对区域外围资源的收集、借鉴和吸收。"这种吸收可以是区域外的,也可以是国外的,但庆新更强调后者,故而认为:"海外关于中国的知识与史料应该引起足够的重视,其价值不仅仅为学界提供不易接触到的外文史料,还在于它所蕴涵或提出的关于'中国'的观点与意义,可供我们参考与反思。"向外国文化学术界索取,除了史料,更应留意学术观念和方法。庆新在国内,接受前辈中外关系史、海洋贸易史的研究成果,书中屡屡提到冯承钧、陈序经、向达、王赓武、曹永和、蔡鸿生、陈荆和、陈国栋等人观点。更加难能可贵的是,大量阅读、利用日本、英国、法国、荷兰、美国、澳大利亚等国学者的学术成果。书中多次引述日本汉学大家桑原骘藏的见解,如与他相同,不赞成南汉主系阿拉伯裔之说。对滨下武志在《近代中国的国际契机——朝贡贸易体系与近代亚洲经济圈》中所提出的朝贡源于纳贡,与对国内统治原理本质相同,是一种体制的观点,庆新予以吸收,建构他的明朝朝贡体系框架。庆新论述 17 世纪广东与荷兰关系,借助大量的外国人文献与论著,不俱述。

前已述及庆新的越南田野考察,颇有收获,从而写出有关会安的历史,这也是由于他随时随地留心所致,细致观察所致。如于 2004 年初在越南沿海港口进行南中国海移民与贸易史调查,在顺化至会安途中一间小饭店,发现一件瓷器,上面的羽人舞蹈纹饰,与戴尔·布朗主编的《东南亚——重新找回的历史》一书所论述的铜鼓所绘船纹图饰极为相似,因而说:"古代越南与华南居民具有大致相同的文化,上述器物的纹饰,生动地刻录了古代越人擅长舟楫的生活场景,让人惊叹古代越人具有海洋特色的传统艺术恒久的生命力。"在文献与田野调查相结合中,庆新得到了预期的收获。

其三,外向视野获取整体史研讨的效果。如同庆新所说,外向视野的区域经济史是放置在广阔空间的,这种研讨必然会在经济之外去关注政治、文化、社会诸多历史现象,从而有可能进行整体史的探讨。从庆新书中我们获得中国历史某种特征的认知:对外贸易、海洋贸易中,由唐代至清代,均发生所谓"礼仪之争",开放的王朝对外洋使臣(兼商业性)的跪拜礼要求时或持通融政策,封闭王朝则是僵硬态度,对外关系以行否"国礼"为转移,是为古代中国王朝的传统政策,带有规律性;王朝主导的朝贡贸易,历来实行"厚往薄来"政策,以赏赐夸耀中华的富庶与强大,此种"不等价的朝贡贸易关系",纳入王朝政治体系,"朝贡国"各自与中国王朝形成疏密不一的关系,显示王朝的御"外夷"之道;海洋贸易的物品,以奇珍异宝为主,供皇室与社会上层享用,故而通常由宦官执掌其事,而涉及民用的物品甚微,于民生未见有益。透过海洋贸易的这三个方面,加深了我们对古代中国中央集权实质的认识:君主专制政体,国家是王朝也即皇帝的国家,这就是古代中国历史的一个重要特点。沿海地区,尤其是广东、福建,人们"以海为田",向海洋讨取生活资源,庆新说:"航海贸易是古代岭南最有特色的经济活动,与内地其他地区比较,社会经济带有更多的海洋气息。"广东由古代延续至今的海洋贸易,铸造出它的历史地位与特点。

庆新能够不止一次地前往越南作学术考察,二十年前是不可想象的事情,其时每见一些日本的中国历史研究者,几乎每年都要到中国进行学术交流和调研,不无羡慕之感,现在我们经济见好,有研究经费可以出国调研,因此我衷心祝愿庆新把握机会,一如既往地、勤奋而又智慧地继续进行海洋贸易史研讨,期盼《濒海国度》续篇源源不断问世。

（2009年4月6日草于顾真斋,载李庆新《濒海之地——南海贸易与中外关系史研究》,中华书局,2010年）

医疗社会史研究的一部力作

——余新忠著《清代江南的瘟疫与社会：一项医疗社会史的研究》序

  呈现在读者面前的这部学术专著，从书名上看，同传统的史学研究异趣，我们几乎要将它打入另类，但如果打开书页翻一翻，就会发现这是一部很有意思的著作，甚至同我们的身体健康颇有关系，我就是为书中所提出的那些问题所吸引，饶有兴趣地阅读的。

  《清代江南的瘟疫与社会：一项医疗社会史的研究》（下面简称《瘟疫与社会》）一书，对清朝时期江南地区（含苏南、浙西、浙东）瘟疫流行的状况、社会与政府的对策及其与中国近代化道路的关系，做了全面系统的探讨，提出了令人信服的见解。

  《瘟疫与社会》的作者，将占有的大量资料进行爬梳整理，对江南的疫情做出特征性的说明：在时间上，逐渐呈递升态势；空间上，集中在以大城市为中心的人口稠密、社会经济较发达的地区；瘟疫种类，以霍乱、伤寒、痢疾等肠胃道传染病为主，嘉庆、道光之际真性霍乱从外国传入，反映出瘟疫国际化的趋势；传播途径上，水传播具有特别重要的地位；伤害力方面，瘟疫频发数增多，而杀伤力有所减弱；社会影响方面，主要体现在心态、风俗信仰上；至于疫病产生的原因，指出天灾是必要的诱因，而人口则是影响瘟疫分布最为关键的因素。

  说到瘟疫与社会的互动关系，《瘟疫与社会》通过分析中央政府及地方政府和地区社会力量对疫情的防预、控制的作用，认为两者需要合作与互补，而不是社会力量同政府的对立；同时强调起重要作用的是社会力量，反映出清代江南社会力量、社会组织的强大，社会经济的发达，体现了江南社会的活力和特质。论及江南防疫能力的进展，作者没有盲目套用西方理论，而是认为它是以中国的方式发展变化，虽然也受到西方的某种影响，但其主体是江南社会自身孕育出来的。

  对于瘟疫及其流行情况，我们注目的种类、地域、传播途径、伤害力、产生原因、疫情控制诸方面，读罢全书，掩卷回思，历历在目，可见作者研究透彻，从而给读者以清晰的回答和明确的概念。

《瘟疫与社会》论题新颖，基本上为前人所未涉猎。其所研究的对象是危害人们健康与生命的瘟疫，并且不仅论述疾病本身，更重要的是说明瘟疫流行的后果和社会对它的控制。过往医学史界大多关注疾病本身，而忽视疾病与社会的关系，历史学界对这种历史领域虽不能说全然漠视，然也可供叙述的成果微少。《瘟疫与社会》研究的领域，属于"人群生命史"的范畴，这门学问产生于晚近，在西方出现于20世纪70年代，中国台湾学术界则进行了十多年的研究，出现"疾病、医疗与文化"研究小组，稍晚亦引起我国大陆学者的关注，不过起步之始认识上不是那么自觉。因为它是新兴起的，名称尚难取得学者的共识，诸如"身体史""医疗社会史""疾病医疗社会史"之类。在我们对"医疗社会史"尚属陌生的情形下，五六年前，此书作者新忠贤弟以其学术目光的敏锐性踏进这一学术领域，两年多前撰成《清代江南的瘟疫与社会》一书，似乎是我国内地医疗社会史研究有自觉意识进行的第一部有分量的专著。在这一研究尚属于起步阶段的时候，新忠以其专著投入，与国内外同行共创具有新方向研究意义的医疗社会史乃至身体史研究，表现出创新的勇气，令人钦佩。

人群生命史，关注生命，关怀人生，自具其特殊价值。《瘟疫与社会》论述瘟疫与社会的互动关系，给予人们相关知识，可供现实社会的防疫卫生工作参考，其社会价值自不待言。

新方向的研究必须有充实的史料来支持。《瘟疫与社会》一书资料翔实，由书中的那些图表可知，笔者所言不虚。古代统治者认为瘟疫是圣明之世所不应有的现象，对之颇为忌讳，一般不予记录，即使载笔，亦语焉不详，因之留下的资料很少，而且零散。《瘟疫与社会》的作者挖掘医书、档案、方志、文集、笔记、政书、族谱等所载的资料，搜集相当丰富，能够成功地说明清代江南瘟疫流行的状况和社会对策，并对原始资料做出特别的介绍，不仅是著作完整性的需要，对后来的研究者也有触类旁通的参考价值。

史学工作者要写与医学有关的医疗社会史专著，会遇到先天性的困难，即医学知识的不足。就我所知，新忠为进行他的研究，投入相当的精力，做了相关知识的补充，为很好地完成专著的写作奠定了坚实的基础。医疗社会史，是跨学科研究领域，史学背景出身的学者，必须增加医学知识，才能介入这种研究。我想,新忠以其史学和必要的医学知识的准备,所著述的《瘟疫与社会》,可能会得到医史学界的认可。

最后我想说,《瘟疫与社会》是我国大陆医疗社会史研究的标志性成果！新兴的医疗社会史及身体史研究是对人生的关怀，相信会越来越有前途,新忠贤弟可谓开了个好头。新忠年轻,学术思想敏锐,视野开阔,勤奋钻研,必会有新的研究成果贡献给学术界和社会。我们以此期待于他,是以乐于写此序文。

（2002 年 8 月 22 日于顾真斋,载余新忠《清代江南的瘟疫与社会：一项医疗社会史的研究》,中国人民大学出版社,2003 年）

从好奇到认知
——宫廷史研究浅谈

值此故宫博物院成立"明清宫廷史研究中心"之际,仅就宫廷史研究的四个问题,谈一点浅见,表示祝贺之情,并请方家指教。

一、宫廷史研究的必要性与意义

明清故宫建筑群和大量的珍贵古文物、绘画、雕塑、图书、档案,是宝贵的中华文化遗产,对它们进行研究具有重大意义:中国古代宫廷建筑气势恢宏,庞大的建筑群及其内涵,配合以园林,又有园中之园,以及各种古代文物,无不展示中华文化的特色。早在20世纪30年代,中国本位文化论与全盘西化论之争时,梁实秋认为中国文化优于西方文化的地方是菜好吃,长袍布鞋舒适,宫室园林雅丽。张奚若亦是如此,以中国坛庙宫殿式建筑而自豪,中国饭好吃,山水画讲究意境。二位学者共同认为宫室园林建筑是中国文化瑰宝,是对世界多元文化的贡献。宫廷史研究的内涵,实能揭示、展示中国优秀文化传统和国家文化软实力;宫廷古迹及在相关场所举办的宫廷文物展览,为民众提供参观娱乐场所,而宫廷史研究与之配合,深化人们的历史记忆,使人们获得准确的宫廷史知识,从神秘、好奇到认知,会得到智慧的启迪,也有益于克服历久相识的帝王崇拜文化心态。

二、宫廷史研究对象范围

从多角度思考宫廷史研究的内涵与外延,概括讲是明清宫廷建筑群、宫廷文物研究与政治史、社会生活史研究的结合,稍微具体讲,想到几个方面:

从政治史角度考虑,皇宫是传统社会的政治心脏,为中枢决策之所。乾清门的御门听政,养心殿召见军机大臣、引见中下级官员,乾清宫举行君臣柏梁体赋诗会的君臣同乐,保和殿殿试贡士,太和殿筵宴朝正外藩,午门献俘,天安门宣诏,中海丰泽园和避暑山庄莆田丛樾试种植农作物(如御稻)与推广。宫廷及其各个处所,见证了社会历史的变迁,诸如朝代的更易与迁都,明成祖的攻陷南京,而后的迁都北京与南北二京制度,李自成的武英殿登基与败亡,满洲入关定都北京与建设夏京避暑山庄;它还是皇家施行各项政策的见证,民族认同的见证,国际交往的见证,皇帝与皇室成员的生活与政治关系的见证。比如雍亲王府(雍和宫)之东寝宫,西室屏门上前曰"劝农",后曰"课织",屏间绘有耕织图,这就令人想到,康熙帝发布《耕织图》之后,作为皇子的雍亲王(日后的雍正帝)推出《耕织图》,并且以他本人和妻子那拉氏为模特绘制农夫织妇形象,以迎合康熙帝重农劝农之意,谋求康熙帝的好感。当然也会想到在清代以农业为主的社会中,重农耕乃朝廷应有之意。还回到雍亲王话题,在王府太和斋之东北的"五福堂",匾为康熙帝御笔,康熙帝本人追求五福,并认为"考终命"最难。堂内雍亲王书写的匾曰"悦目赏心",联曰:"大德曰生到处和风甘雨;与民偕乐随事击壤歌衢。"堂后有书室,堂内雍亲王书匾"幽偏自怡",联曰:"健行乾不息,逊志亦无方。"[①]雍亲王选编《悦心集》,此书的命名,与五福堂匾联的含义完全相同。其时康熙帝诸皇子争夺储位,雍亲王以此表示他淡泊胸怀,无意于储位的争竞,给人以假象。如此韬略与作为,可知他后来位登九五,哪里是偶然的事情!雍亲王府的匾联和雍亲王的未来前途竟然是如此合拍,为研究雍正帝史提供了绝好的物证。

从宫廷政治斗争史角度看,皇宫具有"凶宅"成分。宫廷的凶杀案与宫闱疑案历来很多,王朝更替时期有,王朝内部也有。靖难之役中,宫中火起,建文帝不知所终,或云由地道出亡,这就成为郑和下西洋的动因之一。改朝换代的屠戮,才有崇祯帝的"汝何故生我家"的悲惨哀嚎(《明史·公主传》),致使昭仁公主惨死在崇祯帝剑下,长平公主受伤而夭亡,真是"不幸生于帝王家"呀!

从宫廷生活史方面讲,皇宫含有牢笼因素。历史上时或出现不守帝王规范的越轨行为皇帝,如汉成帝的微服出游,汉灵帝的在宫中开设商店取乐。明武宗出游宣府、大同,成为京剧《梅龙镇》之张本;他以宣府为家,在那里过年,而将皇宫、南郊祭天置于度外;他游江南,泛舟落水,终致得病而崩。乾隆帝在

---

① 鄂尔泰、张廷玉等编纂:《国朝宫史》卷16《宫殿》。

圆明园开设买卖街,留下逸闻趣事。二十年前我撰文《皇家"买卖街"游戏》,说到有的皇帝秘密出游和在宫苑开设商店,斥责他们的荒唐之外,提出"皇宫中的生活是那样美好吗"的问题,指出宫苑虽然不小,但再大也不过是那种围墙内的天地,在这一点上皇帝的活动范围就不如老百姓的活动地盘大,"皇帝不能出宫,在一定意义上说皇宫也是皇帝的监狱,虽然他是那里的主人"。臣民可以走亲访友,逛市场,与熟人、陌生人打交道,"是宫中所没有的。皇帝也是人,也会向往民间丰富多样的生活……(这)对于每一个人来讲都不是过分的、无理的。因此我们指责汉灵帝这一类君主的时候,还要看到那种封建的政治体制,也限制了皇帝个人的个性发展和生活情趣,他也成为被扭曲的人,他们希望在帝王生活之外还有普通人那样的一些生活内容也是可以理解的事情"。所以"封建帝王的政治制度是更应该诅咒的"。因此也有人说"天底下可能没有比紫禁城更不合适一个孩子成长的地方了。唯独缺乏一样东西:简单平凡的亲情"。①

就宫廷人群史来讲,所有宫墙内之人都是宫廷史的研究对象。皇帝、太后和太上皇、皇后、妃嫔、皇子、皇女、太监、宫女是,非皇宫正式成员的杂役人员也是。上自帝后,下至太监、宫女、杂役,他们的生活都需要被关注。在实际上,往往留意的是皇帝、得意的后妃和皇太后,宫苑下层人物常常被忽视,这种情形似宜改变。我觉得,帝王的寿命长短及形成的原因,皇家的生育与抚育,太监、宫女的"伴食",民间稳婆与选秀女、与宫中收生,等等专题史,均值得深入研究。

明清宫廷史研究,明确宫苑的范围甚为必要。宫廷建筑群包括北京故宫(含三海)、沈阳故宫、承德避暑山庄、颐和园、雍和宫,明孝陵、明十三陵、凤阳明陵、清东陵、清西陵、辽宁清三陵,以及南苑、圆明园、畅春园等遗址。

三、宫廷史研究法

运用档案文书与宫中实物研究宫廷史,重要的是两方面的紧密结合。由于档案是原始资料的原始资料,我国现存历史档案,又以明清档案最丰富、最

---

① 本段引用均出自《皇家"买卖街"游戏》。

珍贵。因此,研究明清史及近代史,明清档案无疑是必须利用的史料,如果对它有所忽略,甚或基本不去顾及,必将较大程度地限制研究水准的提高。20世纪20年代学者开始利用档案文书研究明清史,以后研究者越来越多,档案的整理、出版取得了重大成就,但是,当今修清史,编著者利用档案的情形,远不是想象的那么热情,甚至显得冷清。因此,充分利用档案,提高研究水准,仍然是需要提倡、需要呼吁的事情。

　　档案与实物对照研讨,有的学者做出显著成绩,如杨启樵的研究,在先利用雍正朝朱批谕旨写作《雍正帝及其密折制度研究》,此后运用"宫中档·活计档",撰著《揭开雍正皇帝隐秘的面纱》,认为世传雍正帝节俭是片面、表面、非真实的,他侈靡达到顶峰,爱用奢华起居用具,如服饰、衣架、床褥、风扇;为玩赏、娱乐,做棋子、骨牌、盆景、珍宝、玩具。而在2009年11月台北故宫博物院召开的"为君难:雍正其人其事及其时代"研讨会上,嵇若昕的专题演讲"雍正皇帝的艺术品位",从对雍正帝关注下制造的两种鼻烟壶、瓷胎画珐琅蓝料山水碗、两种松花石砚等器物的具体赏鉴,认为雍正帝对于工艺美术的欣赏,以"文雅"为最高标准,而"素静""精细""秀气"为达到标准的手段,进而分析雍正帝对工艺品的精益求精,"是坐拥天下的皇帝对于生活品位的追求,或也是清世宗戮力朝政后的一种生活调剂吧"!综观杨氏、嵇氏两种不同角度的查察,都让人得到有益的启发。当研究者为雍正帝宣称生活节俭所迷惑之时,获知其奢华一面,对他有了较为全面的认识;而作为勤政的帝王,需要调剂精神,在工艺品欣赏方面的付出也是必要的,他的富有更是可能的,从需要与可能来讲,是可以理解的。因此我以为两种见解互为补充,使得人们对雍正帝的艺术追求、生活情趣和为人有深入一个层次的认知。与此相关的林姝《从造办处档案看雍正帝的审美情趣》一文,借用北京故宫所收藏的雍正实物,即石砚、漆器书桌、漆盒、玛瑙壶、(鼎)紫檀木座、玻璃窗、鼻烟壶等制品,与档案文书结合研究,指出他以"精细""素静文雅""秀气"为审美标准,强调大气、宫廷之气象,而非民间的"俗气"和纤细之巧。林姝的文章从艺术史方面塑造雍正帝形象,指出他的艺术鉴赏力及标准的文雅精细,反映其人不仅是工作狂,且懂生活,有生活情趣,有高雅的一面。再如庄吉发使用康熙朝满文奏折档案,发现噶尔丹之死系病故,并非《清圣祖实录》所说的穷途末路,仰药自尽,纠正钦定官书的错误。笔者在《雍正朝起居注册》未印刷以前,也即处于未完全公布的档案状态,利用原书,与《清世宗实录》《上谕内阁》做比较,论证这三部史籍的优劣,写作《〈雍正朝起居注〉〈上谕内阁〉〈清世宗实录〉史料异同——兼论历史档案的史料价值》,指出原始资料之原始资料《雍正朝起居注》的史料价值高出另外两部书。收集在 1994 年出版的《山庄研究》一书中的许多论文,是文献与实物综合研究的成果。此类作品还有很多,不一一列举。

运用档案史料与宫廷实物的结合研究,特别值得注意的是进行动态研究。同一所建筑,有改建、修缮,用途亦或有所变化,相关的档案记录亦有不同。因此进行动态研究是非常必要的。

四、宫廷史研究与走出帝王崇拜阴影

宫廷史研究,对帝王需要有一种理解的态度,对他们无须抱持"地主阶级总头目"的敌视批判态度,同时需要克服帝王崇拜情结。前一种态度,是三十年前的主流意识,今日已然消失,而后一种态度则宜于特别警惕。在传统社会,皇帝的一举一动关系着臣民的命运,因此臣下对皇家行为特别敏感,并感到兴趣,又由于宫禁森严、规制严密,宫廷秘事不可能为外人知晓,于是由神秘而形成流言,进而扩散,并留下许多记录,其中有较为严肃的,有极不严肃的,造成讹传的泛滥。形成这样的公式:神秘—好奇—猜测—传闻—真实与讹误不一(真伪并存)。历史上的"皇权主义""好皇帝"思想流传深远,时至今日,"造神"土壤并未彻底消失,时而冒出"忠君"观念,皇帝与子民关系的"君父"之说,由"君恩"而引出的"忠于"君主的理念未能清除;皇宫神秘感仍令人好奇不已。因此,宫廷史的研究,无疑有继续清除传统社会君主专制意识的任务,警惕在客观上助长它的延续;帮助人们走出帝王崇拜的阴影;满足人们健康的好奇心理。

以往的一些宫廷史研究文论,诸如汇集在上海文化出版社出版的《故宫新语》《故宫轶事》、紫禁城出版社出版的《清宫轶事》《明清宫廷趣闻》等书中的,令人得知许多宫闱秘事的知识,颇有价值。但是今日的要求提高了,宫中的逸闻趣事需要讲,以健康、有益的知识满足大众对宫廷生活的好奇心理和知识追求,但是切忌媚俗,给人不健康的东西。置身故宫的游客之中,不难听到羡慕三宫六院的声音,即使是开玩笑,也很难说是健康心理的流露。研究帝王史、宫廷史本身,令帝王充斥于图书中、影视中,令人耳濡目染,在客观上,容易使帝王崇拜心态流传,所以需要特别警惕。宫廷史、帝王史有更多、更重要的史事需要研讨,关注宫廷史与中国社会走向的大题目,认识宫廷决策对社会政治、经济、文化、社会生活的作用与影响,着眼于文化史,为着未来,可能更有意义。在这种情形下,故宫博物院成立"明清宫廷史研究中心",加强宫廷史研究,我想是让人们对宫廷从神秘、好奇到认知转变,是文化建设的重大事情。祝贺她的诞生,预祝她将成为宫廷史研究的重镇,以丰硕的研究成果贡献于学术界和广大宫廷史爱好者!

(2009 年 10 月 18 日初稿,载故宫博物院编《明清宫廷史学术研讨会论文集》第 1 辑,紫禁城出版社,2011 年)

信息时代史学研究法浅谈

几乎是信息时代"文盲"的我来述说数字化史学图书的利用和研究,是不是有点滑稽,兴许是。不过我认为,对信息时代史学研究的基本态度,搜集史料容易后如何提升研究质量,信息时代怎样开拓、深化史学研究领域等问题,是需要探讨的课题。

一、对数字化信息应有的态度与提升研究成果品质

数字化文献检索令搜集史料极其快捷与相对完备,因为利用数字化图书及在网上查阅,免去往返图书馆借还书所费时间和精力;阅读数字化图籍,快速检索到大量资料;随着利用信息资料手段的提高,珍本图籍的数字化,对学者穷尽资料尤其便捷;研究手段,从抄写卡片变为下载资料,省时、省事、省力。但是对数字化资料信息应有怎样的态度,才能有更好的收效和提高研究质量,我在思索:

1.关注信息资料的准确性,对扫描形成的 WORD 文件,需要认真辨别讹误,在引用时核对原书文字是必不可少的,这种功夫不可省。对资料原作者、图书版本亦需有必要的了解。

2.严肃认真的研究态度。搜集史料方便了,以为可以轻易写出论文、专著,这是误解,是会滥制成品,没有成为传世著作的可能。"玩"史学,不是严肃的治史态度,值得儆戒。

3.致力于田野调查。史书作者本应进行此种调查,即使研讨古代历史也同样需要,比如北方、东北少数民族屡次入主中原,不去蒙古草原、大小兴安岭,不实地考察那里的生态环境、人文环境,光凭文献资料,怎么能准确理解那些王朝、部落的兴起。

4.增强理解史料的能力,提升研究成果品质。史料获得容易了,但是往往不如阅读纸质本来得细致,不如抄卡片时那样动脑筋,而对信息未加细致思

索,难于理解资料所反映的史事和把握其实质,往往肤浅,更谈不到厚积薄发。看来传统史学学风、研究法应予保持,我想:需要细读历史文献全书,精读重要史书、经典之作;边读边思考,边摘录(下载)史料;多做学术札记,这是思考、加工学术论文的步骤、过程;即使作的是微观题目,也需要进行微观与宏观相结合的考察。

二、信息时代需要有新的问题意识、思维方式、研究方向

信息时代、全球化时代的人类社会走向是怎样的?人类的追求与生活是怎样的?人类未来将是怎样的?这类宏观问题需要时刻萦绕脑际,就我目前认识到的研究方向是:

特别关注以人为本的历史。尊重社会个体"人"的历史:研究人的生命史和日常生活史;生存环境史与生态环境史,即政治环境、人文环境、自然环境、经济生产、社会风俗;医疗卫生史,或曰身体史,包含卫生史、医疗史、生育史、死亡史、老年社会与生命尊严的安乐死、老年自杀,快节奏生活、高消费与精神抑郁症,福利社会与老年痴呆症。

社会细胞家庭演变史研究。已有学者指出,西方社会现行核心家庭受到"去家庭化"的挑战,大量出现单亲家庭和非婚同居、同性婚姻及其合法化现象;中国的情况不同,已有学者指出是从"去家庭化"到"家庭化"。在"家庭化"趋势下,家族会、宗亲会、修谱活动频频出现,修谱在纸质本之外创造网上修谱。在现代化过程中宗亲活动没有消失或沉寂,这就向宗族史、家庭史研究者提出了研讨课题。

关注第三产业大发展形势下人的活动史:富裕社会后人类体能消耗减少,某些机能衰退,同时生活有保障与快节奏,这就一方面需要寻求刺激,另一方面要用各种方式调节生活。于是体能锻炼、刺激性娱乐和探险应运而生:如汽车成为代步工具,体能活动大量减少,为活动身体,家庭购置跑步机,社会出现健身行业;迪斯尼的过山车、激流勇进游戏;攀岩、悬崖跳水、跳伞活动增多;体育明星、演艺明星的被追捧,迪斯科的盛行,着力追求刺激;通俗的文学艺术大行其道,高雅的文学艺术退避三舍。于是产生种种类型的旅游(观光游、购物游,以及休闲游、背包客情趣游,乃至以旅行赚钱维生,等等),导致旅游产业及其相关产业大发展,成为第三产业中的大行业,成为某些国家、某个

地区、某个城市的支柱产业,带动有关行业的发展,增加了人们的就业机会。

科技高度发展与人类现实社会及未来的关系。有学者探讨科技发展加速人类的灭亡问题。比如机器人的智能超过人脑(如围棋赛结局所表现出的),战争疯子使用核武的可能性,地球资源耗竭的可能性,等等。个人隐私的若干丧失,与个人权利不可侵犯相违背。更有甚者,是出现新的就业问题。信息时代、智能时代,生产进一步自动化,机器人代替人工,基础性工作岗位大量减少,新生代就业成了大问题。有的西方国家,据说1986年学校毕业的年轻人找到第一份全职工作需要花费1年时间,如今则要4.7年;按照习惯,成年人就应买房、租房离开父母,如今不能及时就业,就如同雏燕不能离巢了——仍同父母居住在一起。当然,中国有大家庭传统,即使子女分开另过,也多是父母以及祖父母帮助买房子,这大概是房价节节攀升的一种因素吧。经济学家指出房价高升的若干原因,若从社会史方向思考,传统的家庭结构、家族观念的作用就显现出来了。青年人要有"窝",对房屋市场有刚性需求。诚然,何以中国父母千方百计要给子女买房,而西方不然,这就是中国人传统的家族观念在继续起作用。

上述种种当代社会新现象,并不是突然冒出来的,与古代、近代社会有着内在的历史渊源,也是未来社会发展演变的依据。从当下回观历史,是纵通地观察历史,可能认识得准确一些。

(本文系2016年10月10日在南开大学历史学院演讲稿,大部分内容发表于《人民日报》2017年7月31日)

建立森林史学开创之作
——阎崇年著《森林帝国》评介

阎崇年教授论述清朝历史,冠以"森林"定语,名曰《森林帝国》(生活·读书·新知三联书店 2018 年 4 月出版),别开生面,成为一部具有创造性的学术著作。他的立意不限于阐明清代兴亡史,更在呼吁创建森林文化史学——要从森林文化视角解析中国历史,并且给出东北森林文化广被地区从先秦肃慎到清朝满洲的三千年发展简史。

学术研究贵在创新,创新需要有学识,发前人之所未发,同时必须具备勇气与学者良心,敢于不理会成说、定论。阎崇年说:"就中国历史而言,将中国历史自商周以降三个千年,概括为五大文化相互碰撞、交流、统合、演进的过程。中国历史舞台上的主角,既可以是阶级、族群、宗教、君王等,更可以是文化。"文化形态史观曾是主流意识形态批判的对象,阎崇年谓文化可以视为"历史舞台上的主角",敢于公开学术见解,是有学术良知的表现。

由于是创立森林文化史学新说,很难完善,笔者以为对富有学术价值的创意之作,宜持欢迎态度,共同参与新研究领域的探讨。下面将从四个方面叙述《森林帝国》的学术成就和需要深入讨论的问题。

一、结构严谨的森林文化族群满洲及其先世发展简史

阎崇年两度说明他的图书章节构成,和用森林文化为主线建构全书的意图。笔者阅读,感受到《森林帝国》的严谨结构,在叙说肃慎至满洲历史过程中,时时、处处指出森林文化的内涵、作用、与其他文化形态的关系,从而写出三千年森林文化族群发展简史。

(一)叙事结构严谨

全书十章,讲的是森林文化族群进化史,开篇"引言:赫图阿拉之问",提出讨论的议题,阐明写作主旨,末章"结语:赫图阿拉之答",以此前后呼应。由

于学术界缺乏森林文化史的课题研究,第二章的"中华文化地图"描画出森林文化的自然区域,阐述森林文化形态是中国五种文化形态之一,在三千年历史变局中应有一席之地的历史地位;森林文化形态既然鲜为人知,第三章"森林文化素描"绍述它的内涵,为演绎作者的"文化统合"观点的学术前提;接下来,从第四章"积淀:文化演进"、第五章"先声:渤海政权"、第六章"过渡:契丹建辽"、第七章"勃兴:女真建金"、第八章"崛起:森林帝国"、第九章"鼎盛:康乾之治"到第十章,依次叙述森林文化演进与森林文化族群从小到大、从弱到强的发展史,与中原王朝的关系史,就中突出满洲史。

(二)创造、利用森林文化的满洲及其先世发展简史

阎崇年声称:"《森林帝国》之全书,纵向以森林文化统合为脊骨和梁架作经线,横向以时间和空间的演变与交合作纬线,分作十章三十四节,按照森林文化统合、演进的轨迹,森林文化与草原文化、农耕文化、高原文化、海洋文化等碰撞、统合的历史,进行历史与逻辑的阐述。"笔者理解他提出的森林文化的"统合"具有三种内涵:一是文化观念上的"合",就是合的思维;二是治理政事的手段,即为一种治术;三是智慧形成的力量,运用到政治上,收到预期的效果。细观该书内容,诚如所言。

运用森林文化史观,阎崇年概述三千年东北森林文化民族发展史,即商周肃慎、秦汉挹娄、魏晋勿吉的森林文化经过约两千年的演化、积累,到唐朝出现靺鞨建立的渤海政权。而后,契丹建辽为文化过渡期,女真建金,成为森林文化族群第一个进入中原并有半壁河山的政权。又后,明代建州女真大发展,努尔哈赤于万历四十四年(1616)建立后金,其继承人皇太极于崇祯九年(1636)改国号"大清",以森林文化为主体统合其他文化形态与民族,在崇祯十七年(1644)明亡之际,清朝统一中国,到乾隆朝二十年代建立伊犁将军衙署,森林帝国达到鼎盛。然而清朝长期不能妥善调处与汉人农耕文化不协调的因素,又遇到西方资本主义文化冲击,最终衰亡。

对于这种森林文化民族发展简史,阎崇年是用森林文化主线,森林文化民族政权发生壮大史、与中原王朝关系史两条辅线交互作用展开叙述的。

1.在多元文化中,不同时代,不同地区,由一种文化统合其他文化,东北地区森林文化居主导地位。"各种文化之间,相互碰撞、统合,彼此交汇、融合,但是每一地域均有其主导文化。"肃慎、挹娄、勿吉的历史表明,时间不同,地域不同,地域产物也不同——偏北濒临江河湖海,捕捞文化更浓一些;偏南濒临

平川沃土,农耕文化更重一些,但就其总体来说,它们属于森林文化,而不属于草原文化。渤海国延续肃慎、挹娄、勿吉等森林文化传统,它的建立意味着靺鞨人以森林文化为主线,统合农耕文化、游牧文化,迈出了通向森林帝国的第一步。"满洲实现了女真内部的统合,又完成了东北森林文化的统合,继以森林文化为枢纽,统合了农耕文化、草原文化、高原文化和海洋文化,实现了中华文明的大统合,建立了后金—大清这个森林帝国。这是清朝兴起、统一、鼎盛和延祚的文化根因。"

2.森林文化民族发展壮大与中原政权关系。森林文化民族势力弱小时,处于部落联盟阶段,向中原王朝纳贡,如周代,肃慎"贡楛矢石砮";势力达到一定程度,建立二重性政权,如渤海国王,拥有独立自主权,同时受唐朝册封,是实际意义上的羁縻州,此种政权,用阎崇年的话是具有"双面色彩";势力壮大,在渤海靺鞨建国的历史记忆基础上,建设具有半壁河山的金朝,与南宋对峙;进一步壮大,叩打中原王朝的大门,建立大清森林帝国。如此,森林文化民族从小到大、从弱到强,不断积淀,经历文化统合到崛起鼎盛。

行文至此,可知阎崇年撰著《森林帝国》,开宗明义提出森林帝国何以建立及森林文化形态的议题,接着叙述森林文化创造者、利用者满洲及其先民的政权、经济、文化发展史,即从先秦的肃慎,历经汉晋的挹娄、勿吉,唐代的渤海、宋代的金人,晚明的后金,至满洲统一中国,建成强盛的清帝国。是一部结构严谨、逻辑性强、富有开创性的学术专著,给学术界贡献出第一部森林文化民族发展简史、第一部森林帝国史。

二、《森林帝国》成功回答满人清朝何以能够统一中国并维持长久

从满洲人渔猎经济的围猎方式,阎崇年发现他们具有"统合"意识,运用到政治、文化方面,统合不同民族、不同生产方式人群为一体,建立八旗制度,以满洲、漠南蒙古和部分汉人的三股力量问鼎中原,建立清帝国,并维持二百六十八年之久。

(一)满洲统一中国、维持统治凭借的是"统合"思想与政治谋略

阎崇年认为森林文化的族群居民有着协作性的性格特征,因为"狩猎一般是围猎,从四面八方围堵捕获猎物,必须协同合作"。他进一步比较农耕、草

原、高原、海洋、森林五种文化形态的劳作方法，虽然都是以"户"为单位的个体经济，但森林文化的生产者不同于其他民众，他们狩猎中的"围猎"，也叫"合围"，特点是"合"。后金、清朝的八旗组织源于"围猎"。"合"是森林文化的一个鲜明特点，森林文化的部民重"合"，就是注重统合。阎崇年进而认为"文化统合是历史前进的巨大动力"，是清朝由关外一隅而统一中国的法宝，也是它在森林文化主导下首先进行了自身统合，进而同草原文化、农耕文化、高原文化、海洋文化进行碰撞、交融而达到文化统合的法宝。不仅在统一中发挥作用，在巩固江山上依然如此："统合"是清朝太祖到高宗六帝"执政的一个核心理念、基本国策，借以形成较长时期的鼎盛局面"。

(二)统合思想的实践，促成清朝统一中国

为什么满人能够入关统一中国？阎崇年指出后金在统合思想主导下汇合三种实力和世界三大宗教之一的佛教力量混一天下，不单单是满洲人一股力量。清朝的肇造者努尔哈赤、皇太极父子先期统一满洲诸部，创立八旗制度，融合了满洲人、漠南蒙古人和辽东汉人，以这种联盟强势，在明末中原处于分崩离析状态下，入关消灭李自成大顺军、张献忠大西军、南明四王诸集团，从而统一中华。且看他具体说明：

1.四元文化的统合。努尔哈赤、皇太极父子以森林文化为根基，不仅极力吸收农耕、草原文化，而且极力汲取高原文化、藏传佛教。皇太极与西藏达赖喇嘛信件往来，崇德七年(1642)，五世达赖喇嘛派遣使团前往盛京(今沈阳)，朝觐皇太极，随带藏巴汗、四世班禅等写给皇太极的信件。次年，皇太极写给前述政教首领圣旨，由使团带回西藏。盛京宫庙坛寺规划，受西藏高原文化影响，如按藏传佛教曼陀罗(坛城)佛理，除兴建皇宫，还兴建四塔。达赖喇嘛称盛京为"莲花之城"，尊称皇太极为"曼珠师利大皇帝"。皇太极在盛京兴建莲华净土实胜寺，崇德三年(1638)落成，亲自出席告成盛典，率众行三跪九叩大礼。实胜寺"东西建石碑二：东一碑，前镌满洲字，后镌汉字；西一碑，前镌蒙古字，后镌图白忒字"。寺庙碑文的满蒙汉三种文字，体现满蒙汉人联合、森林文化草原文化农耕文化高原文化的统合。

2.创建八旗制度。努尔哈赤基于女真人的森林围猎习俗，寻觅到整合社会力量的制度，在万历四十三年(1615)创立满洲八旗制度。这一制度不仅是军事制度，也是政治、行政、经济、司法、宗族等的管理规制。它把女真社会精英和部民，从涣散、分隔状态，以军事组织形式，进行统合，加以编制，而成为后金社会的纽带。通过八旗制度这条纽带,将分散的女真部民,统合、统制、统一、统领,而形成一个巨大铁拳。这是清太祖努尔哈赤的一大创新。八旗制度于女真、满洲、清王朝犹如树之根本、人之灵魂。这个制度的兴盛衰亡与大清的兴盛衰亡同步。最能反映满洲属于森林文化的制度映像,就是八旗制度。清朝兴也八旗,清朝亡也八旗。这是满洲、大清的生命所在、灵魂所依。

3.满蒙联盟之建立。皇太极三次发兵征讨察哈尔蒙古大汗林丹汗,在天聪九年(崇祯八年,1635)的战争中,黄金家族林丹汗败逃青海而亡,其妻、子投降后金,其所持"传国宝玺"归于后金。皇太极继其父推行联姻、编旗、封赏、重教等举措,实现满蒙文化融合。至此实现满洲与漠南蒙古的联盟。

4.皇太极改族名为满洲、国号为大清,森林帝国初露端倪。后金经过多年征抚,不仅已经吞并哈达、辉发、乌拉、叶赫,而且重新整合东海女真、黑龙江女真,还有大量汉人、蒙古人、朝鲜人、锡伯人、达斡尔人、鄂伦春人、鄂温克人、虎尔哈人、赫哲人等,同满洲文化融合,民族成分变化极大,从而形成一个新的民族共同体。这个新民族共同体,需要众人认同的族名。为此,皇太极于天聪九年(1635)发布改族名为满洲的《汗谕》,以更改族名体现新的政治现实、新的民族现实、新的文化现实和新的经济现实,是为了建立新皇朝的政治之需、文化之需。翌年,皇太极改国号为"大清",举行改元登极大典,满洲、蒙古、汉人分别恭奉满、蒙、汉三体表文、分捧宝玺,共尊皇太极为皇帝。表明满洲森林文化、蒙古草原文化、汉族农耕文化的统合,进入新的历史时期,显现满洲森林帝国的崛起。

5.取代明朝,是历史的必然。明成祖之后,明朝以举国之力应对蒙古,依然发生明英宗被俘的正统己巳之变,蒙古土默特部兵临北京的嘉靖庚戌之变。明朝对付用一个拳头打来的蒙古尚且如此,后金的满蒙联盟两个拳头同时打来,崇祯帝如何招架得住!再后,大清统合辽东汉人,建立八旗汉军,又同朝鲜结成"君臣之盟"。后金在东北等区域建立了广阔而牢固的基地,约有四百万平方公里。八旗满洲、蒙古、汉军三个拳头同时打来,关内还有李自成、张献忠等多股农民军的力量,明朝便招架不住了。皇太极崩逝后,摄政睿亲王多尔衮辅佐顺治帝,抓住历史机遇,统兵进关,又同吴三桂联合,对付摇摇欲坠的大明,其胜利不是历史之偶然,而是历史之必然。

清朝取代明朝,胜利的取得,史家多有不一的解读,如同阎崇年归纳的几种。笔者则要举出二则外国人的说法,一位是美国学人孟泽思在《清代森林与土地管理》中所言:"满人通过征服以及与蒙古人、其他部族和归附的汉人缔结联盟,终于获得了在东北地区的统治权。"他又说:"汉族拓荒者移居到辽东平原与满洲兴起与强大有关,也是满洲兴起与强大的重要因素。"①孟泽思认为满蒙汉联盟,使得满洲获得在东北的统治权,在认识上接近阎崇年的满洲崛起原因。清朝为什么能够统一中国,康熙年间法国传教士白晋(Joachim Bouvet,1656—1730)说出了一种原因:"当时鞑靼人实际上是在汉族人自相残杀、他们中最骁勇的将领投降鞑靼军转而攻打本国军队的情况下,才几乎不费吹灰之力而得以统治中国的。"②白晋着眼于汉人内部的分崩离析,没有注意到满洲本体能量,未能对事情有全面认识。二则事例,从一个侧面表明阎崇年认知的深刻性。

(三)统合文化造成清朝鼎盛和长期维系统治

阎崇年将清朝国祚绵延归结为:清朝定都北京后,经过"康乾之治"的文化统合,即以森林文化为纽带,统合农耕文化、草原文化、高原文化及海洋文化,建立多元一统的中华文明帝国。满洲从物质和精神两个层面,占据主导或主流地位,清帝成为中华共主,取得了巩固的地位。他着重讲解了地方行政管理体制的历史。清朝在中央皇权体制下,以森林文化形态为主导统合其他文化形态,采用传统和创新结合的区域行政管理制度,即在各个地区,依据当地传统的治理方式、经济形态、文化习俗,施行相应的管理体制。在东北林区,先后设置盛京、吉林、黑龙江三将军,实行军府制、府县制、部落制,进行有效管辖。"中原汉族地区社会安定,森林文化同农耕文化统合取得成效",继续明朝传统,实行行省制,以州县官牧民。在牧区,匈奴—蒙古是历代帝制社会难解的问题。清执政者经过"三祖三宗"六代一个半世纪,把蒙古问题解决。在亚洲地区的蒙古全部归属清朝,实现了对草原文化的统合。在高原区,通过册封达赖喇嘛、班禅额尔德尼、章嘉呼图克图、哲布尊丹巴呼图克图等,重教尊俗、在藏驻军、设驻藏大臣,并依法执行《西藏善后章程》等,对高原文化统合,亦有明显之成效。在海洋文化区,康熙二十二年(1683)统一台湾,设府置县,科举

① [美]孟泽思著:《清代森林与土地管理》,赵珍译,曹荣湘审校,中国人民大学出版社,2009年,第59—61、19页。
② [德]莱布尼茨著:《中国近事——为了照亮我们这个时代的历史》,[法]梅谦立、杨保筠译,大象出版社,2005年,第64页。

取士,后设立台湾省。清盛时从黑龙江入海口、库页岛(现萨哈林岛),沿渤海、黄海、东海、南海,直到曾母暗沙,实现海洋文化统合。书中所述五个文化圈,占当时全国人口的90%、土地面积的90%以上。总之,清廷依靠“文化统合”而得以国祚绵延二百六十八年。

对于清朝的行政管理体制,笔者与阎崇年有相同的见解,不妨补充他的观点。笔者在《清代的历史特点》(《历史教学》2010年9月号)文中认为,清朝“在民族地区实行多种体制”:在蒙古地区实行盟旗制,清朝考虑到蒙古族领主社会具体情况,实行盟旗制度,由中央任命盟长、旗札萨克,使之按照中央法规行政,直属于中央理藩院。这一制度同满蒙联姻一起,成功地处理与蒙古人的关系,使历史上长期不能解决的“北患”问题消失了。不仅如此,清朝形成以满蒙为基干的统治集团,令蒙古始终是满洲的助力,军事方面,从入关时的从征,到镇压太平军、捻军,均起重要作用。在西藏实行驻藏大臣与达赖、班禅共治,尊重喇嘛教及其领袖,实行中央政府代表与民族地方首领共同治理的原则,由驻藏大臣与达赖、班禅共同管理西藏,此种制度在清朝灭亡之后仍有所延续。在东北满人故乡实行驻防将军制,设置奉天将军、吉林将军、黑龙江将军,实行旗民分治办法,由副都统管理旗人,府州县辖治汉民。在西南少数民族地区,实行改土归流方针,由元代的改土酋为土司制,到清代的改土司为流官,中央政府对少数民族地区的直接治理得以实现。在新疆维吾尔族地区,实行领主制的伯克制度,但不得世袭。在中原大地,设立行省,中央政府直接治理。总之,清朝实行多种体制的行政管理制度——郡县制、旗盟制、驻藏大臣、驻防将军制、伯克制、驻防都统制,多种体制均受中央政府管理,特别是在主权方面,如在西藏驻军,对外事务由驻藏大臣与达赖商定。造成多民族国家长期稳定。

(四)森林文化未能随着时代的变化而更新导致衰亡

清朝为什么会灭亡?阎崇年给读者的答案与崛起同样,要在森林文化中寻求,那就是森林文化与文化统合没有随着时代演进而不断求新,却固守着八旗制度,与农耕文化的某些内容始终处理不当,又无视资本主义新文化的冲击,终致衰亡,留给后世严肃的思考问题——中华文化与世界范围的主流文化关系的难题。阎崇年的叙述简单明确,兹分项转录于次:

满人控制行政首脑的固化。皇帝不必说了,内阁首辅亦然。清朝最高权力核心的“五大臣”,即内务府总管大臣、议政大臣、领侍卫内大臣、御前大臣、内大臣,全是满人,个别是蒙古人,没有汉人,且多属八旗满洲上三旗;而军机大臣领班几乎全是满人。这个体制,历朝沿袭,没有变化。它没有反映五种文化形态的分别权益和总体状态。

旗人与八旗制度僵化。八旗圈占土地之后,也是凝固不变的:定身份、定旗分、定佐领、定住地、定钱粮、定土地、定婚姻、定职业等,把旗人圈在满城里,妨碍了文化融合。久而久之,旗人形成了一个特殊的群体。这种文化封闭影响文化融合。历史可鉴,金代实行的猛安谋克制度,猛安谋克户在整体上逐渐变成一个特权性、懒惰性、腐化性、寄生性的集团。他们享有政治、经济、教育、文化、法治等特权,成为社会的特殊阶层。猛安谋克这根国家支柱、女真栋梁,无事则已,一旦有事,如腐柱支厦,稍遭风雨,轰然倒塌。清朝后期,没有处理好同汉人的文化统合,最后被孙中山“驱逐鞑虏、恢复中华”所取代。

《森林帝国》向读者展现的是满洲清朝从明末崛起,入关统一中国,经历康乾之治的鼎盛终因森林文化没有更新发展,使得与农耕文化的汉人关系破裂,又在资本主义文化冲击下灭亡。这是一部前人所未有的森林文化民族发展简史、森林帝国兴亡史。在这部创造性史书中,阎崇年使用文化史观总结出两条历史经验:第一,以文化之“统合”,求国家之“统一”;第二,文化统合,要开眼界,要能妥善处置中华文化与西方文化的碰撞与融合。

三、倡议建立森林文化史学的研究方向

第一部研讨森林文化史的《森林帝国》问世,阎崇年丝毫没有满足感,因为他心中还有着建立森林文化史学的文化使命感。他说:“就东北亚乃至全球历史而言,提出建立森林文化史学的课题,主张重视森林文化在中国、在东北亚和在全球历史中的地位及其作用。在东北地区的同一纬度带上,存在着一条森林文化带,这一范围内的各个地域、各个族群,不仅文化相似,而且命运相通。”

他提出一个新领域的学术研究方向,是学术建设大业,非常可贵。他不只是倡议,更是身体力行,在《森林帝国》一书中对森林文化的内涵、森林文化与其他文化的关系、森林文化是构成中华文化的组成要素、森林帝国的历史意义,都做出颇有建树的研究。他对森林文化的地域和内涵颇有见解,如认为“森林文化是指北半球冻土带以南的一条森林文化带,其各族群的部民,过着

定居生活,为渔猎经济,兼以蓄养、采集等"。他在"森林文化素描"一章中,论及地理(含地理区位、自然因素、植物生态、森林生态)、经济(含渔猎经济、长于骑射、进贡方物、夷字释意)、文化(含祭祀主神、萨满信仰、语言文字、文学映像、历史记忆、敬畏林兽)、生活(含定居生活、饮食习惯、生活习俗、文化娱乐)与森林文化的关系,为建设森林文化史学提供依据内容。毫无疑问,阎崇年为森林文化史学研究开了个好头,可喜可贺。

阎崇年森林文化史研究延伸出另一个学术建议,即树立"大中华文化史观",认为中国历史研究,不能只是关注中原地区,同时着力于边疆史,所以他说:"主要从中原观点来解释中华历史已经不能反映历史的全貌,应该跳出中原文化中心论的窠臼,将研究视线投射到中华所有地区和各个时代,投放到多种文化形态,投散到世界文化的视野,这样才能更公正客观地评价中华民族,在各个时代、在各个地区、在各个族群、在各种文化形态的交互关系中,其真实、全面的历史地位和文化贡献。所以,应当树立中原农耕文化、西北草原文化、东北森林文化、西部高原文化、沿海暨岛屿海洋文化之间,互相融合、互相补充、互相借鉴、互相推进,从而形成一主多元、共同发展的大中华历史文化观。"可见他的"大中华文化史观"与建立森林文化史学是关联的,互为补充的。

学术事业,"乃天下之公器",是众人的事业。众所周知,一门学问的开创者是不可能将事情都做好,都做完,需要众人的参与及贡献,才可能做得完满。现在阎崇年已经在森林文化史研究中做出成绩,笔者相信他还会继续从事这个方向的研讨,学术界同人也绝不会漠视他的建设森林文化史学的倡议,会逐渐参与这一领域的研治。

四、建议:深入研讨森林文化概念及提出问题的准确性

《森林帝国》的学术价值必将为同好所欣赏,但是阎崇年抱持谦虚心态,"期贤者,供讨论"。表示愿意探讨的态度。好吧,笔者提出三个请教问题。

一是需要有明确的"森林文化"定义,哪怕有供讨论的也好。阎崇年在书中谈到文化概念:"所谓文化是指人类创造的物质财富和精神财富的总称,它以地理要素及其社会要素为基础,既包括生产和生活的形态,又包括物质和精神的样态。"至于森林文化,提出决定它的地理、经济、文化、生活四种要素,

却没有给出一个明确的定义。他的著作以森林冠名，以森林文化为观察中国东北地区肃慎至满洲社会历史的主线，不给读者一个明确概念，似不相宜。当然了，给森林文化下定义，不管谁来做，都很难周全，都会引起讨论，这是很正常的，所以笔者还是建议阎崇年予以考虑。笔者也在网上看到有学者将森林文化概括为："人类心灵与力量投射至森林之结果。"前面提到孟泽思的《清代森林与土地管理》，该书说："树木在神话、传说和宇宙论中出现，表明一种世界观，即人与自然环境共生共存和互相依赖。"笔者受到启发，以为森林文化，是人与森林共生共存和互相依赖而产生的文化认知，在森林环境中主要从事渔猎经济，兼事采集，在观念上对森林有敬畏心理，产生神树崇拜。

二是"赫图阿拉之问"的准确提法。对于"赫图阿拉之问"，书中是这样写的："满族是一个只有几十万人口的民族，军队也不过十万人，怎么会打败约有一万万人口、一百多万军队的明朝呢？"书中又说："摄政睿亲王多尔衮辅佐顺治帝，抓住历史机遇，统兵进关，又同吴三桂合。于是，满、蒙、汉三股强大力量，对付摇摇欲坠的大明，其胜利不是历史之偶然，而是历史之必然。"这样的提问，认为清军打败明朝，在清军入关时，明朝处于"摇摇欲坠"状态。明清易代的历史，设若笼统地叙述，也可以这样说，但较真的话，那种说法就因不完全符合史实，就是不准确的了。历史的事实是：崇祯十七年(1644)三月十九日，崇祯帝自尽，二十九日，李自成在武英殿登基，三十日撤离北京。五月初三日，多尔衮领兵进京，同日福王朱由崧被留都(南京)文臣武将拥立为监国，五月十五日登皇帝位，为弘光帝，闰六月唐王朱聿键在福建称帝(隆武)，九月十九日顺治帝进京，十月初一日举行登基大典。李自成进京，崇祯帝吊死煤山，明朝已经灭亡。在明亡五十多天后，清军才进入北京，而后击败明朝残余势力——南明诸王及李自成、张献忠诸部。不能因为明朝之后王朝是清朝，说成清朝战胜明朝、灭亡明朝。关键性的"提问"造词遣字，需要准确，请阎崇年再思索。

三是过度强调"合""一"，是否相宜？阎崇年一再强调"合"：满族之所以兴起并取得全国政权，原因固多，择其关键，简而言之，是两个字——"合"与"一"，以文化之"统合"，求国家之"统一"。世界事物，人类历史，已经反复证明，且将继续证明，一条颠扑不破的历史定律，这就是——分则小，合则大；分则寡，合则众；分则散，合则聚；分则弱，合则强；分则乱，合则治；分则辱，合则荣；分则败，合则胜；分则否，合则泰。中华文明发展的宝贵经验在于两个字——"合"与"一",实现中华文化多元统合,形成中华民族多元统一。笔者认为,"合""一"对国家统一的积极意义自然是无异议的,但把它绝对化,就需要考虑"分"与"合"的辩证关系了。其实"分"亦有意义,南北朝、辽金与两宋对峙,长江以南与闽粤就得到比统一时代更快的发展。

阎崇年研讨森林文化史学和肃慎—满洲森林文化史,十年来经历了逐步深入的历程:他在2010年由北京出版社刊行的《北京文化史举要》一书中,对包括森林文化在内的五种文化形态的历史作用做了简要的论述,2014年发表《森林文化之千年变局》,2018年出版《森林帝国》,用森林文化的概念演绎东北地区从商周以来的满洲及其先民历史,成功地回答森林帝国建立和维持强盛的原因。真正是"十年磨一剑",其学术成就,令人瞩目。他提出建立森林文化史学的倡议,就值得学术界的鼓励,期待创意者陆续有更加精彩的森林文化史研究成果贡献于读者和学术界。

(2018年8月13日草于旅次,载《历史教学》2018年9月号学术版)

习史治史杂谈

我习史、治史近40年，应当有些成就和经验，叫人惭愧的是，著述虽然有一点，但缺乏学术建树。我资质愚钝，理解力差，记忆力尤弱，因此采取笨鸟先飞的办法，除了"文化大革命"的干扰而荒废的岁月，几乎所有的时间都用在读书上，连节假日也不中辍；同时我甘于寂寞，不怕坐冷板凳，始终保持热爱我的专业的思想情绪。持之以恒，耐得寂寞，这中间有许多甘苦，道出一二，或许可为青年学者之鉴戒。

一、治史者的知识结构

历史，泛泛地说，凡过去的人类社会生活皆成历史，时间上有上百万年之久，社会生活千变万化，丰富多样，社会生产、经济、政治、文化及社会的物质生活，包罗万象，都在历史学研究范围之内，这就要求史学研究者有与之相适应的广博知识和合理的知识结构。现代，经济史、文学史、哲学史、法学史、军事史、科技史等从历史学科分离出去，分别为经济学、文学、哲学等学科的研究内容，但它们毕竟还是属于历史学科的分支，离不开史学。因此在宏博无涯的历史学中，治史者虽对被分割出去的专史可以不做深入的了解，但也需把握它的要领。我读《史记》知道，秦、西汉的史官是兼治天文、历法和修史，所以司马迁才能"究天人之际，通古今之变"。每一接触古代史官问题，就为他们博通自然科学而心折。我是由中学升大学的，而我的一些调干同学，普遍没有读过高中，当时我想他们真占便宜。但是我对上高中从不后悔，因为数、理、化、生物等学科的学习，对我的思维和研究方法有说不出的好处。我深知不是学多了，而是太少。比如我研究过经济史方面的课题，想用计量的方法来研究，但是在中学没有学过函数、微积分，我想要用计量法，必须先补这个课，但费时太多，终未进行，所以我总是感到知识不足，需要补的课太多。我说治史要有多学科广博知识结构，就是从近40年治史中日益体会来的。

治史的多学科知识的要求，看来很吓人，因为常人所能掌握的知识很有限。如何把要求与可能两者结合起来，我在实践中注意把握三点：

其一，立足于断代史，争取搞懂通史。按照朝代或历史分期来研究历史，是史学内部的传统分工。我读研究生时，学的是明清史专业，我最初的教学工作是讲授隋唐至明清的历史，个人的研究侧重在清史方面。我的导师郑天挺教授要求我们研究生精读一部好的官修断代史著作，我那时把精力放在阅读张廷玉《明史》上。精读一部断代史料原著，实即研究那部著作所记录的那个朝代的历史。断代史的研究有其局限性，因为历史是发展的，有来龙去脉，割断了，有许多事情就弄不清楚，需要有与前后时代相关的知识，因此对于前辈史学家讲的纵通我也很向往。有了断代史的基础，有精读一本书的方法，我以为纵通是有办法着手的。如我和我的同事写作《中国古代史》，我自愿选写东汉和黄巾起义两章，以前我为教隋唐元明清史，备隋唐部分的课就读《隋书》、"两唐书""两五代史"，备辽代就读《辽史》，至是重点读《后汉》，兼读《汉书》《三国志》等书，看了这些断代史原著，心里就踏实一点，有了一点主见，对断代史专家的意见就能有所选择和保留了。这样做了以后，我感到两晋南北朝史还不懂，就选择这个时期家族史来研究，方法还是阅读重要原始文献，如《晋书》《魏书》等。这次我虽然研究的方向狭窄，但收获却超出预料。如前此研治清史，知道清朝在中央实行满汉复职制的职官制度，也知道辽代实行南北两面官制，及读《魏书》，得知北魏曾实行三刺史制，其中一人必是鲜卑人，使我知清代的满汉复职制不是孤立的，凡少数民族统治必会在汉人职官制度基础上做些改革。因此研究这些朝代的职官制度，要做纵贯的了解。又如我原来注意到清代实行存留养亲的刑法制度，但不知其渊源，也是在读《魏书》当中获得了底蕴。实践使我懂得要在精读一本书、把握一个断代史基础上，去做通史的纵深的研究。

其二，立足于史学，向边缘学科拓展。现在历史学的主干可以说是政治制度和政治活动史。"文化大革命"之后，我最感到不满意的，是历史学只讲政治史（农民战争史）的现象，我觉得它不能涵盖历史的主要方面，把历史搞得像个小瘪三。我想"四人帮"破坏民族文化搞得最凶的时期，到了春节，也得每人发五两花生、二两瓜子的票证，让人买了应个节景。他们虽然叫嚷"过革命化春节"，我那时正在工厂参加"教育革命"，接受工人阶级再教育，看到工人只是到班，并不干活。由此我知道节日可以冲击"革命"。想到历史上的节日，难

239

道就不影响政治？进而想到人们的衣食住行、婚嫁丧葬、文体娱乐、当时节日的风俗，必定影响历史的进程，可是这些历史内容在当时不能谈，谈了就是宣扬剥削阶级生活方式，腐蚀人民革命意志。我的同事也对历史研究状况表示不满，70、80年代之交提倡研究阶级关系史，以代替简单化、教条化的阶级斗争史。我在研究了一段阶级关系史之后，认为还应当深入等级关系史中，要研究社会群体、社会组织、社会结构。经过几年的摸索，我把上述这些历史内容归入社会史的研究范围，并于1985年做出初步的规范，写出《开展社会史的研究》一文(刊于《百科知识》1986年第1期)，向学术界倡议进行社会史研究。我想历史学只有加进社会史的内容，才能更好地说明历史前进的线索，而历史本身也才能讲得有血有肉、生动活泼。我在探索中获知，社会史虽是历史学的一门专史，但与社会学、民俗学、民族学、文化人类学关系密切，是一门边缘学科。这门专史的研究，更要求扩充知识领域，改善知识结构。这当然要付出精力和时间，以便重新学习，为此我改变了原来的写作清史方面的计划。

其三，杂学旁收。历史的著作，"正史"之外，我喜读文集、方志、家谱、笔记、小说以及历史演义。说来有趣，我对历史的喜爱，最初是受《说唐》《隋唐演义》等历史演义的影响，我的第一篇习作《李唐政权的建立》(1956年作，未刊)，与此也不无关系。历史演义并不能反映历史，它讲的历史人物、官职、事件、故事虽不完全真实，但也能给我们不少历史知识。比如尉迟恭、秦琼、单雄信、罗艺等人名，就是看《说唐》记得的，当读《隋书》、"两唐书"时这些名字很熟悉，不用再费力记忆了。我爱读古典小说。它不能作为直接的历史资料来运用，却能给我一些形象化的素材，若结合史料分析，有助于认识古代社会，所以说《红楼梦》是"封建社会的一面镜子"。我在上初中的时候患了一场大病，休学一年多，每天看报，从此养成了读报的习惯，深知其中的好处。我还喜好阅读文摘报刊，从中国人民大学的复印报刊资料中得到大量最新的学术情报，而且省却搜寻之劳。当然，主要的是用他人的新的学术观点促进自己的思考，不要落伍，不要僵化。杂学旁收受着精力、时间、物质条件等的限制，做到不容易，但只要去做，总会有或多或少的收获。

二、"用资料说话"——占有史料

在《雍正传·序言》里说我的研究和写作方法，是"用资料说话"，即要分析大量的历史材料,去说明历史问题。我想个人的分析可能带有主观性,不一定合乎历史实际,但把那些历史资料摆出来,可供读者去鉴别,甚至比个人分析对读者更有益。我写《雍正继位之谜》小册子,开篇就交代雍正篡位说和雍正合法继承说两种对立观点所依据的最主要的原始资料,然后逐一剖析,这个方法的采用也是为方便读者自己的思考。"用资料说话"成了我的座右铭。

这样重视史料,由历史不能重演的性质所决定。历史消逝后,不会再现,也不能真正复原。要想了解历史,除了当代社会传承下来的古代生活成分可供参考,就靠历史遗迹、文物和历史文献。其中文献提供反映古代社会的资料,使后人可以加工这些素材,了解历史。资料越丰富,就越会获得接近历史真实的认识。所以我十分重视历史资料的搜集,"要用资料说话"。

为收集史料,我注意丰富自己的史料学知识和扩大史料来源。我读书,留心作者的历史及其世界观、历史观,图书史料的来源,史料的可靠性,图书的收藏、整理、出版和利用的情况。我对作为"原始资料"的"原始资料"——档案史料甚感兴趣,把谱牒史料视为瑰宝,不怕它们所提供的资料的零碎性,设法用那些资料拼凑历史画面。自觉治史得益于多搜集资料,并为给青年学子治史以方便,写出《清史史料学初稿》一书。借此希望与同行一道,不忽视对史料的占有。

我把搜集史料的范围与研究的长远目标及近期目的结合起来,统一考虑,以期达到多得史料的效果。除了打基础阶段的读书,史籍的选择与专题研究的要求要一致,可是史书的内容往往超过专题研究的范围,那么专题以外的史料还要不要搜集?若进行,则费时日,影响专题研究进度;若舍弃,可是书已读了,也用了时间,不作记录,太可惜。我的办法,只要不是非常急的写作任务,在读史籍时,总是注意几个研究课题,把这本书的有关史料一遍搜尽(当然是不可能的,因为认识提高后,再看还会有收获)。这样一篇文章写好了,还有其他专题资料在积存,再对它们做适当的资料搜集,不用费太大的功夫,又可以写出一篇篇文章。我在80年代以前著述甚少,但近十年来相继有几本小书问世,其中有一部分是利用以前积累的资料写作的,加上我读通史文献的方法和基础,在写《古人社会生活琐谈》《砥砺篇》(《中华文化集粹丛书》之一)时,就不觉得那么吃力。我觉得读史书,全面搜集资料,一时看是耽搁时间,短期内不易出活儿,从长远看觉得节约时间。是短期见成效,还是把时间放长一些好?每个人有不同的任务、要求、个性,要根据自己的情况来定夺。我不怕寂宽,乐于长期搜集资料,才有相应的搜集方法。

搜集资料的手段,我是笨人笨法——抄卡片。深知记忆能力差,为弥补,就靠做记录。凡认为有价值的史料就用卡片写下来,按反映的事情分好类,放在卡片柜内、书桌抽屉内、书橱里,以至鞋盒里。对有的资料,我不仅原文照抄,还在卡片上写上几句心得,成为札记式的,这有助于读书时思考,事后也不容易忘掉。

我用阅读器看过一些档案文书,觉得效果不如读原件好。读原书,有时对资料在书的那一面的什么部位产生印象,再找时好找。而用阅读器检索过快,绝不能产生上述印象,对阅读的内容消化也不好。

我也利用复印机复印一些资料,但不多,一则是费用大,二则是觉得加速了阅读进度,减少了思考过程,收获少,写作时还要反复体会复印资料的内容。当然,复印资料省却了抄写之劳,是完全必要的。

对于电脑的使用,我早已向往,但不敢轻试,因为我知道要有许多条件,若不具备,不一定能有好效果和能坚持。

看来对于使用机器、电脑,我好像是保守的,关键是不管使用什么搜集资料的手段,都要提高效率,都要有利于使用者的主观能动性的发挥。我现在注意到自身脑力的发挥,对于机器、电脑的作用体会不深,我想应当赶快补这一课,使两者很好地结合起来,提高搜集资料和研究的效率。

三、不拘定格的研究法与史料运用

史家要具备才、学、识三长,而史识最难。史学著作以陈述史实为首要目标,理清史实就令史家费了很大力气,往往忽视对历史的解释。历史哲学的不足常常是史家的通病,我则是一个重病犯者。我佩服侯外庐先生,从他的论著看他占有的史料似乎并不太多,但他提出的理论性很强的历史观点,在史学界反响强烈。如他把中国封建社会内部分期定在唐代后期,为很多史家所接受,也俘虏了我;他的封建社会土地国有制说引起史家热烈讨论。我研究历史上的具体问题,做出判断,不擅长提出带有规律性的重大的问题,多年来感到这个缺陷,但理论思辨能力弱,思维已成定式,很难改变。写在这里请年轻的同行作为鉴戒:不以研究具体史事为满足,要注意史学理论和历史规律的探究。

在研究法上,通常使用归纳法,排比史料,进行归纳分析。同时也注意运用其他研究法。比较法,在青年时代即开始使用,如作《李唐政权的建立》一文,通过比较窦建德、王世充、杜伏威、李渊几个集团的政策得失,找出李唐胜利的原因,当时幼稚,并不知道这是采用的比较研究法,后来就自觉一点了。如写《清世宗的〈悦心集〉与曹雪芹的"好了歌"》(1983 年),比较《悦心集》与《红楼梦·好了歌》的思想倾向,对曹雪芹的世界观提出看法。这是对比同时代、同类事情。再就是不同时期的史事比证,如《关于黄宗羲"工商皆本"思想》一文(1986 年),把黄氏观念与秦汉以来思想家对此问题的看法做出比较和说明。还有中外历史对比,撰著《"郑和下西洋"的再认识》一文(1980 年),比较下西洋与地理大发现的目的、后果,提出不同于一般泛论中国先进的结论。近年来学习其他学科的研究法,用社会学的个案法,探讨宗族史的问题,作《古代宗族乱以名贤为祖先的通病——以明人〈萧江宗谱〉为例》(1989 年),再如《试论 17 世纪中法史学思想之异同——以白晋〈康熙帝传〉为例》(1991 年)。我想研究方法以不拘定式为好,要尝试新方法,口碑史学、计量史学、心态史学等方法都可以慎重运用。

研究历史要靠资料,能否正确运用史料是关系成功与否的大事。前贤大多指出观点要与史料相一致,或者说"论从史出",实乃至理之论。可是原始资料的鉴定与考证是运用的第一步,史料有真伪,正史忌讳太多,失真随之严重,私家撰著局限性不少,因此对史书不能迷信,要对它进行真伪的鉴别,然后才能利用。如何鉴定,是大学问。史料鉴定,我以为有两项内容,即辨别真伪和对文意正确解释。我的做法与多数同行一样,做史源及著作者的考察,音韵训诂的阐释。我特别注意避免就史料论史料,要做是否符合于义理的考察,即是否符合于当时实际。比如在雍正继位之谜的历史疑案中,有"康熙遗诏"的文献,我和其他史家观看实物,均认为这是雍正帝制作的,不是康熙帝自撰。有的史学家以此证明雍正帝作伪,是皇位篡夺者。我根据历代帝王遗诏的写作实况分析,一些遗诏是皇帝的继承人写的,特别是新皇帝要改革前朝政治,多半打着大行皇帝遗命的旗号来进行,也写在遗诏里,那些新皇帝并没有人因此而被认为是篡位者。所以我认为康熙遗诏尽管不完全是康熙帝写的,不能以此作为雍正帝合法继位的有力证据,同样也不能证明他篡位。我想这就是在对史料真伪作出鉴定后进行义理的分析。

四、治史要与时代气息相通

现代是古代、近代的延续和发展,治史是为了现代。古代史学功能是"资鉴",今天仍然如此,但要加一条——给民众以精神食粮。总体讲,史学与其他社会科学一起是提高民族文化、民族素质的一个手段。回顾我在功能问题上的认识,有弯路,有发展。

"文化大革命"及其以前的一些时候,人们把史学学术研究等同于政治斗争,一些史学工作者违心注释经典作家语录,图解当时的政策,失去了学术性。我那时迷信上面,把"紧跟"视为当然,直到"评《水浒》"时还没有怎么觉醒。70年代后期以后,我才随着全国人民的思想解放而思想解放,感到以前的许多做法,是史学界的误入歧途。人们由此得出教训,认为还是搞史料整理好,或者为史学而史学。我不赞成这些说法,坚信史鉴是史学功能之一。问题是如何理解和如何去做,图解政策至少犯有简单化或类比的毛病。我想应当关心社会发展,研究带有规律性的历史问题,探讨与现实密切相关的历史事象。这种研究第一要利用可靠史料,第二要历史事实准确,第三不做牵强附会的类比。史家不能没有这样的使命感,至于观点能不能被人接受,能不能被正确理解和利用,这主要是他人(如各种从政者乃至民众)的事,史家本身就管不了了,但史家不必因此而气馁。

我始终认为,历史知识应当民众化。如何化法呢?我想史学家应在撰写高深论文时,也写些通俗读物,献给历史爱好者。因之我写了《曹雪芹与红楼梦》《砥砺篇》《雍正继位之谜》等书,并乐此不疲。再通俗的文字,也要其内容为读者所欢迎,所乐于和能够接受才行。哪些内容呢?我想与大众生活最接近的必会吸引人,社会生活史大约会是大众赏心悦目的内容,这也是促成我进行社会史研究的一个原因。

(原载《文史知识》1992年第11期)

重要的是时间的检验

从事三四十年的历史学工作，说起"史学观"，真有点糊涂，趁着写这篇小文，把杂乱的想法理一理，觉得历史著作、观念的正确与否，不在一时一地的反响，而要经过长时间的社会实践检验。对历史的认识不能赶浪头，追逐时髦的观念，也就是说要讲真话、写真事，著传世之作。本文将要写的，仅有一部分是个人治史的经验教训，另一部分是对史学史、当代史学的了解，远不是说个人能够做到的，不过是表达一种愿望，或者说是史学界应当追求的方向。"著传世之作"，似乎是史学工作者的共识，老生常谈，如果读者不感兴趣，请您到这里打住，免得浪费宝贵时光。

我们史学研究者评论历史人物，讲到造成他们缺陷的原因，说得客气一点的是古人受时代的局限，说得严厉的是他们的阶级局限，是立场问题造成的。是否可以反问一下，历史学家对历史的认识有没有局限性呢？拿镜子照古人，是否也要照照自己呢？如果认真剖析的话，历史工作者有着局限性，时代的、阶级的、政治的、史料的、知识结构的，可以说是多方面的局限性。

首先看政治因素。我国有后朝为前朝修史的传统，它的目的，限制了史官，很难不出歪曲历史的偏差。官修史书的目的，不外是三方面：一是以前代历史为君主治理天下作鉴，如脱脱《进辽史表》所说："史臣虽述前代之设施，大意有助人君之鉴戒。"[1]二是用前代史实教育臣民如何做忠臣顺民，这就是唐太宗《修晋书诏》所说："彰善瘅恶，激一代之清芬。"[2]三是以前代之亡，歌颂新朝的圣德。沈约《宋书·自序》讲他在萧齐奉命撰《宋书》，就是追踪萧齐的前代根基："伏维皇基积峻，帝烈弘深，树德往朝，立勋前代，若不观风唐世，无以见帝妫之美，自非睹乱秦余，何用知汉祖之业。"[3]阿鲁图《进宋史表》说得更

---

① 《辽史》，中华书局点校本，第 5 册，第 1555 页。下引廿四史皆中华书局点校本，不再注明。

② 《晋书》，第 10 册，第 3305 页。

③ 《宋书》，第 8 册，第 2466 页。

直接明了："观赵氏隆替之中,足见皇元混一之绩。"①皆是这个意思。君主们下诏和史官修史都表明要"公慎"立论②,"至若论其弊,亦惟断以至公"③;但是抱着弘扬本朝得天下之正及深仁厚泽的目的,对前朝的研究往往采取两段论式,即赞扬其前期,批判其后期。如李善长《进元史表》讲元世祖时代,"肆宏远之规模,成混一之基业",到了顺帝时期,"徒玩细娱,浸忘远虑,权奸蒙蔽于外,嬖幸蛊惑于中……群雄角逐,九域瓜分",赖有"大明出而爝火息,率土生辉;迅雷鸣而众响销,鸿音斯播"。④张廷玉《上明史表》云:明朝"创业守成之路,卓乎可观;典章文物之规,灿然大备。迨乎继世,法弗饬于庙堂;降及末流,权或移于阉寺……朝纲不振,天眷既有所归;贼焰方张,明祚遂终其运"⑤。封建时期的后朝与前朝,国体、政体相同,后朝修史虽欲明其继统的合法性,只要证明前朝后期的政治黑暗、天怒人怨即可,不能否定前朝法统及其前期政治制度,否则等于否定本朝制度。两段论式并非没有道理,但对前朝的后一阶段的论述谴责过甚,似乎没有一点可以称道的地方;另一方面则是对本朝歌颂过分,远离历史真实,如《明史》把满洲臣服明朝的事实掩盖净尽。

官方的史学观点影响着私人的历史著作,往往否定前代而歌颂本朝。在古代史家中有划时代贡献的赵翼著《廿二史札记》,在"明乡官虐民之害"一条中写了明代缙绅之恶,接着说"由斯以观,民之生于我朝者,何其幸也"⑥!又有"明末书生误国"一条,指责书生议政妨碍了明朝与清朝的议和。⑦明清和议史是学术问题,赵翼怎么讲无可厚非,但是明季读书人结社关心国事,形成风气,是中国历史上少见的新气象,清朝统治后严禁书生结社议政,钳制舆论,压抑民气,赵翼在这种形势下给明末书生扣上"误国"的大帽子,就迎合了清朝的专制主义思想统治政策,歌颂了清太宗的议和之举,是站在清王朝立场说话。

后一时期对前代历史的否定,大约是民国前期对清朝的批评为最激烈。

---

① 《宋史》,第 40 册,第 14253 页。

② 张廷玉:《上明史表》,《明史》第 28 册,第 8630 页。

③ 《进宋史表》,《宋史》第 40 册,第 14255 页。

④ 《元史》,第 15 册,第 673 页。

⑤ 《明史》,第 28 册,第 8629 页。

⑥ 赵翼:《廿二史札记》,中华书局,1984 年,下册第 786 页。

⑦ 赵翼:《廿二史札记》,中华书局,1984 年,下册第 806 页。

民国与清朝国体、政体均不相同,社会制度发生很大变化,加之清朝又系满人统治,因此清朝灭亡后,人们以革命观念和夷夏之辨观念,对清朝的批评可以说是肆无忌惮的,连两段论式都不太注意了,对晚清的历史,凡与统治者有关的,皆说得一无是处。接下来是后世史家对北洋政府统治史的评价,一言以蔽之为黑暗透顶。就以对洋务运动的评论而言,20年前对于其历史作用一概抹杀,痛斥主持其事的官僚,七八十年代之交有识史家提出异议,几乎引起风波,实际是不允许对近代史做较客观的分析。再以"猪仔议员"事件而言,若无议员的抗争,曹锟何需武力胁迫和金钱收买,那件事也不可一笔骂倒。其实晚清和北洋史,有不少可以肯定的地方:(1)近代企业产生,社会结构发生有利于社会发展的变化;(2)政体上开议会,是史无前例;(3)民众团体纷纷出现,爱国的民气上升;(4)文化教育建设成就颇为可观;(5)地方上得到一定的发展,却能在20世纪前30年保持国土的完整。与北洋史相联系的抗日战争以前的民国史,也有其成就方面。本世纪前几十年文化建设,如《中国人名大辞典》《中国古今名大辞典》等工具书、《丛书集成初编》《四部丛刊》《四部备要》等大型丛书,以及《中国文化史丛书》所汇集的那个时代的几十种学术著作,时至今日,这些图书一再重梓,颇具使用价值,可知那时学术文化建设贡献很大。

为本朝服务的政治性而产生的颂今非古中出现的局限性,由于社会制度的关系,大约近现代史家比古代还要严重些。

其次看时代因素。人类对社会历史的认识受时代的制约,主要表现在受时代的观念、时代的认识水平和时代的科学水平的制约。一个时代人们的认识水平只能达到一定限度,不能设想在秦汉时期有考古学的诞生,因为那个时代的科技水平和人们的认识水平还达不到,到了宋代才有古器物学的产生,近代科学的发展才创建了考古学。在考古学没有形成以前,人们对其研究对象的历史就不可能做出清晰的说明和正确的解释。

"正史"的《五行志》、"方志"的杂记轶闻和"说部"的一些奇异现象的记载,往往与"天人感应""轮回报应"诸说结合起来解释一些历史现象,自然不能相信,加之若干年前否定一切思想的流行,对古人古事更是着眼于批判。我受其影响,读到那些云间掉下一头牛、天上下了血雨、念咒疗疾、引导术的神效之类的记载,大多认为是荒诞不经之谈,是封建迷信思想的记录,不去做具体分析,简单否定了之;对于有的记叙心存怀疑,不知如何解释。唐山大地震的风风雨雨和地震中的种种异象传说,人体特异功能和人体科学的研究,以

247

及气功学、神秘文化的探讨,同理论上的思想解放一样,使人们对神秘文化开始有了一点新认识。我也是在这种潮流中对历史上一些离奇现象在迷惘中似乎醒悟了一点。比如我研究清代雍正皇帝史,对他宣扬什么"卿云见""嘉禾生""黄河清"那一套宣传天人感应说的东西持否定态度,但没能从科学上去做说明,以显而易见这是谬说不去管它,实际是回避了问题。以"黄河清"来说,冬季黄河的某一地段暂短时间里河水可以是清澈的,批评天人感应说不见得要否定河清的事实。人类对战争武器的发明不惜下功夫,相比之下对自身的研究就显得相当不足,这怎么可能去正确分析人类社会与自然的关系及人类的历史?! 这就是时代的科学水平的局限性。

我们曾经经历了这样的年代——当 1966 年《横扫一切牛鬼蛇神》、大字报、大批判、大抄家、大武斗、大夺权的年头,有几个清醒者?当我们天天念着"语录",特别是念到无数革命的先烈在我们的前头英勇地牺牲了,我们活着的人难道还有什么东西不能扔掉的语句,我们折服得五体投地,心甘情愿地接受别人的大字报,又猛烈地对他人进行大批判。回想起来我们那时是真诚地"紧跟",真正是到了迷信的程度。在这种情况下,把历史上的一切现象都直截了当地归结为阶级斗争,讲历史就讲阶级斗争史,其中又只讲被压迫阶级的斗争史。有一所高校历史系仅讲了四门课,即中国农民战争史、中共党史、中国革命史和国际共运史,别的学校相继仿效。这样的四门历史课的内容就代表了全部人类的历史,可是当时以为人家抓住了历史的精髓,能跟着学习,还感到庆幸呢! 全民卷入了那股狂热思潮中去,这就是时代观念的局限性。

用现代意识认定历史上的人和事,常常会出现局限性。古人有其思想和思维方式,后人的意识和认识方法与他们多有不同,可是很容易用日后的观念解释历史,如《红楼梦》里的《好了歌》,有学者说它反映辩证唯物论的观念,也有说是没落阶级思想感情的流露,观点相左。在运用今人的辩证唯物论和阶级观点时,未能结合 18 世纪曹雪芹类型人物的思想进行分析,所以很难令人信服。有学者称《红楼梦》是个谜,大家都在猜,但猜不透。这就是对那时的意识观念缺乏了解,用现代意识去套所造成的误解。这也是局限性使然。

复次看知识结构的因素。人类历史包罗万象、千变万化,史学家要研究好历史,所应具备的知识须与人类历史的复杂内容相适应,这就是说要有政治学、经济学、哲学、法学、伦理学、军事学、文学、教育学、社会学、民族学、文化人类学、自然科学、医学、考古学、地理学以及人体科学等学科的知识。这还是就大学科讲的,若从小学科说就更多了,研究历史要懂得印章学、钱币学、目录学、历史地理学、古文字学、史料学,等等。这么多学问,要想都懂得,自然不可能。而且近现代科学分工越来越细,细得一个学科内出现许多分支学科,在学科之间又产生边缘学科。科学发展到这种水平,不深入学科的某一个领域不可能有多少造诣。以历史学者讲,过去文史不分家,到本世纪截然分开了,史家基本上只会历史研究,不懂文学、哲学,史学著作的文采也就成为史家的理想而在实际上不能实现了。既然专搞史学,于是出现内部分工,首先是断代史的部分确立,分出先秦史、秦汉史、魏晋南北朝史、隋唐史、宋史、辽金史、元史、明史、清史、近代史、现代史等部分,多数史家只研究一个或几个朝代的历史;其次是专史的分工,如政治史、中西交通史(外交史)、文化史、社会史、宗教史等专门史;与此同时是文学史、哲学史、经济史、军事史、科技史等专史分割历史学,使它们分别属于文学、哲学、经济学、军事学、自然科学的范畴,但它们毕竟是历史领域内的研究,仍然属于历史学,只是它们有了边缘学科的性质。分工这么细,于是出现了另外的问题,就是专固然专了,却不能通达,因为缺乏对历史的整体研究,不能纵通和横通,片面地解释历史的现象成为不可避免的。

没有精细的分工不行,分工细密了也有问题,产生边缘学科是一种补救的方法。边缘学科的研究,纵通横通的、综合的整体研究,需要史学工作者有相应的科学认识、合理的知识结构,即要在历史专业知识的技能之内,对断代史、专史有所掌握,而仅专深一个断代或一门专史恐怕有知识不足难于进行高深研究的问题;对于文学、哲学、经济学、社会学、文化人类学、医学、自然科学,史学工作者要掌握它们与史学有内在联系的内容,才能利用多学科的知识和方法对历史进行整体的研究。

也就是历史学本身,要求它的研究者具有多学科的知识,庶几才能在通史、专史、断代史及边缘学科史做出精湛的研究。没有完善的知识结构,史学的研究恐怕是难于提高到新水平的。可是一个人的精力有限,面对历史长河,生命是极其短暂的,如何能拥有那么多的知识,做出高水平的研究?本世纪能够出入文史哲领域的不过是梁启超、王国维、胡适、郭沫若、范文澜、陈寅恪等数人,他们之后,几乎就没有这样知识完备纵横文史哲诸学科的名家了。这就是史学工作者的知识局限。就个人而言,对土地制度史和经济史有过接触,一度很想利用计量史学的方法进行研究,但这要有相应的数学知识。我在中学时代数、几何学掌握得还算可以,而没有学过函数、微积分,没有这种知识,如何能真正利用计量法,因此要想使用就得去补数学课。我在经济史之外,对清史下过功夫,对古典小说《红楼梦》及某些断代史也投注过精力,但我感到研究领域不广,难以深入下去。加上我对极"左"思潮泛滥下历史被变成无血无肉的小瘪三形象甚为不满,极想扩大史学的研究内容,认为衣食住行的生活史应当属于历史研究的范畴,认为在古代与其重视阶级斗争史,不如分出大量的精力研究等级结构史,又认为宗族、家庭、会馆、善堂等社会群体、社会组织都对历史的发展变化产生作用,应当为史学工作者所重视。我把这些历史内容视作历史学内部的社会史。当时古代生活方式史、社会组织史几乎没有什么研究成果,史料没有汇集,我这方面的知识很少,要想进行研究,简直是进入新领域,是从头做起。同时,社会史与社会学、文化人类学、民俗学关系密切,是一种边缘学科。在我求学的时代,社会学、文化人类学是被禁止的学科,无从学起,现在要进行社会史研究,就要补充这些学科的相关知识。于是我找了那些方面的著作来学习,但因年龄关系,收效与所费精力不相称;与此同时有意识地阅读原来没有接触过的某些断代史和专史资料,希望能对秦汉以降的历史有所了解。这两种内容的补充知识,促进了我对清史的研究,拓宽了领域,写出了关于清代社会史的 40 万字论文和《清人社会生活》专著(与常建华教授合作);在古代社会史领域,著作《古人社会生活琐谈》一书,主编并写作《中国社会史研究概述》《中国社会结构的演变》。这样的补课,取得一定的效果,但短期内很难适应研究的需要,所以目前的研究处于低水平状态——琐碎的研究,即对社会史的史实有了一些掌握,但说不出多少道理,不能在整体研究中有重大发现,我处于困惑、苦恼状态之中。何以如此,还是知识结构的不完善,是缺乏多学科的知识,而要真正弥补了,是很困难的啊!

此外,还有史料不足的问题。我国古代文献汗牛充栋,史料丰富,这是总的情形,但不是历史上每件事情都有足够的资料。就以经济史来讲,固然不乏统计资料,但真到用时就不够了,比如找不到古代一个家庭的收支明细材料,很难做好个案的、计量的研究。这类史学研究条件的不足,不是史家个人的局限,这里不必多作论述。

综上所述,根据个人研究实践的体会及对史学史的了解,认为史家的研究受着政治的、时代思潮的、知识结构的影响,有着严重的局限性。

史家的局限性能不能克服呢？有的方面是很难的。历史本身的复杂性与史家认识的有限性很难统一。事情很明显，当代人处理当代的事情，时或不合实际情况，碰钉子、犯错误，就是对事情、国情、世情认识不清楚。当事者如此，局外人的史家所见所闻有限，更难把事情分析透彻了。但是史家在局限性面前又应当采取积极的态度，争取消除可能克服的局限性，把不能克服的限制在最小程度里。如何克服，值得深思，重要的是在史学研究实践中探索，落实到研究中。

记得在粉碎"四人帮"后不久，史学界有一股新气象，思想比较活跃。当时招收研究生，报考古文献整理专业的考生之多出人意料，其实一分析，事情也很简单，原来人们认为以前的史学著作在极"左"思潮影响下学术价值不高，不能传诸后世，丧失研究意义，而进行史料整理，不拘什么时代、什么政治形势都有用，可以流传久远。不久出现了一批历史人物的年谱著作，它基本上是资料性著述，不要求发表系统评论。这是研究的起步工作。当时人们还没有充分时间拿出研究性强的专著，这是客观原因，但是年谱的资料性质恐怕也是某些作者乐于编著的理由，要之，人们希望研究成果有学术的保留价值，不愿它再成为政治的应景品，宣传现行政策的时间过客。也就在这时，为历史而研究历史的史学观点也为部分史学工作者所欣赏。有这种观念，研究历史还有什么必要，难道历史就是历史学家混饭吃的工具？表面上可以提出这样肤浅的质疑，倘若稍加分析，这种观点里隐藏着历史学与现实政治分离的意思，也即不要管历史学有什么社会政治功能，把历史搞清楚就是了。历史学不可能没有社会功能，否则它就消亡了，问题是有什么样的功能和怎样实现它的功能。也就在这时史家讨论农民战争史，批判皇权主义和封建主义，实际上是希望找到"四人帮"肆虐的社会根源，这又具有了时代的政治性，与为史学而史学的观点形成强烈的反差。这时的形势可以说，人们从不同的角度为史学的学术性尝试解决史学与政治的关系，就史家个人来说，希望自己的著述能成为传世之作，不受政治变化的影响，也就是探讨克服政治给历史研究带来的局限性。就这个问题，笔者认为有三点值得注意：

第一，历史学是一门科学，追求真理，服从真理，为社会服务，而不是简单地为政治服务，它不是政治的附属品、化妆品，尤其不是现行政策的说客，不应当根据政治的需要提出历史观点，不能搞"以论带史"。史学与政治是两种事物，不可等同，不宜忘记史学的学术性。

第二,史学工作者不要以今人的政治观念、政治立场苛求古人,对古人做不恰当的批评。主要是能够说明历史是什么样子,为什么是那个样子的,要让今人能够理解,从中得出历史的固有的经验教训,以利今日前进,而不是以责骂古人政治立场反动为痛快。

第三,对古代史学颂今非古(颂本朝非前朝)的传统不宜简单地继承,要做分析。后朝代替前朝多有其积极意义,史学对之应做实事求是的肯定,但若把它们作为追求的目标,往往会走向偏颇,脱离历史真实。古往今来的史学实践证明了这一点。"前事不忘,后事之师",真正总结出前代得失经验,对后人才会有启示作用;如果为宣传一种政治目的,不尊重历史事实,纵或有一时的效应,最终可能要帮倒忙。

对于克服知识结构方面的局限性,我想需要在史学工作者的培养上做文章,我想到的是:

其一,高中不宜文理分科。中学教育属于基础教育,是培养社会人才的必备知识阶段,到大学才实行分学科的教育。高中文理分科,势必影响投考包括史学在内的文科的学生学习自然科学知识的积极性,影响他们掌握必备的自然科学知识,造成这方面知识的缺陷,对他们将来的史学研究很不利。从我国几十年的实际情形看,因为经济建设的关系,人才多流向理工科方面,近几年经济学科吃香,吸引了一批优秀青年学子,但是文科招生难的现象仍然没有改变,这就更需要高中不分科,提高文科生源的素质。

其二,高学历的史学人才来源的多元化。史学研究队伍中需要一批具有高学历的专门人才,但是他们的来源不必都是始终学习历史学专业的,即历史学学士、硕士、博士,可以是其他学科的学士、硕士、甚至博士也来从事史学研究工作。我在招收社会史研究生时,就想招收学习社会学或其他学科的学生,否则他们入学了也要补上文化人类学、社会学方面的课程。学过不同专业的人,不仅有不同专业的知识,还具有各专业的思维方式和研究方法,能够用多学科的知识和方法进行历史研究。史学工作者学科知识结构的多元化,改变单一知识结构的状况,才能适应史学研究的要求。但是史学工作者来源的多元化,又必须以中学生学好基础知识为前提,以大学生能兼学一点本专业以外的基础知识为前提,以便为进入另一学科创造条件。像现在高中文理分科、大学生基本不选外系课程的状况,就很难产生高级研究人才。所以上述两点是联系在一起的,需要同时注意,同时实现。

其三,史学工作者需要社会实践的经验。历史不能重演,研究它靠历史文献、文物遗存和传承的风俗,对这些知识的掌握,与在社会实践中得到的知识结合起来,可能会有助于对历史的理解。光靠书本知识,不了解社会,对历史难于深刻认识。做过宰相的杜佑撰著《通典》,首创典章制度史编纂的体例,史学贡献突出。这种体例不由纯学者发明,而由政治家开端,不能不说社会实践对于史家及史学研究的重要。

历史学家要尽量克服史学研究的局限性,对历史进行科学的研究,写出反映历史真实的著作。这种著述本身要从历史的实际中找出它自身固有的变化发展轨迹,告诉人们它的演进规律,以便顺应历史的规律办事。这就要求史学著作有鲜明的见解和翔实的史料,也即是有史有论、史论结合的,而不能是仅有观点,缺乏史实验证,也不应当是堆砌史料不知所云的,也不是观点与材料脱节的,当然更要观点正确,反映历史真实。这种著作正是以其本身的科学性而有益于社会。满足人们对历史知识的渴求,使读者从中找到有益于自身事业的发展、生活的借鉴,以及满足精神生活的需要,也就是说它能令所有读者都能从不同的角度、不同的需求得到或大或小的收益。这种著作应当是后来史家继续研究的出发点,即它所描述的内容,再有人研究的话,它应以其科学性成为必备的参考书,新的研究是在它的基础上的深入和前进。如果这种著作为新研究者所不屑一顾,不能列入参考书目,那么它的价值就成问题了,这种作品写与不写也没有多大意思,严肃的史家是不会以写这类著述为满足的。成功的历史著作还要经得起不同时代的检验,即在不同的历史时期都有传播价值,不同时代的人读了都能从中获得一些营养成分,而不能是问世即被人置诸脑后,扔进字纸篓,或者送进造纸厂变成纸浆,那是作者的悲哀,是社会物质财富的浪费。这自然是严肃史家所要警惕的事情。成功的历史著作可以是深奥的,以便论证详明、说理深刻,为高层次读者所需要。但是曲高和寡,那样读者有限,也影响作品的社会效应和史学的发展。所以创作高深著述的同时,需要认真写作历史的通俗读物,给广大读者阅读。通俗读物有时为史家所忽视,以为它不登大雅之堂,然而通俗读物要写好,其难度不亚于高深著作。因为通俗读物要深入浅出,作者首先要把事情研究清楚,然后再以雅俗共赏的笔墨表现出来,不是大手笔难得写好。通俗读物似乎要求低一些,如果把这个观念转变了,造诣高深的史家也来参与这个事业,多给民众优秀的读物,或许对史学的繁荣与发展大有好处。无论是高深的或通俗的史学著作,唯严肃史家能为之。

科学是长存的、永恒的,历史著作要想成为科学的,唯有听候时间的检验,或者说是历史的检验,即用历史事实本身验证史学著作,通过了,作品就传世了,长存了。克服或尽量克服史学工作者的种种局限性,撰著传世之作,是我们史学的神圣使命。

"最重要的是时间的检验"!让我们史学以高标准要求自身,努力克服我们研究中的局限性。

(原载肖黎主编《我的历史观》,广东教育出版社,1997 年)

自我要求写传世之作

——史学论著需要时间的检验

　　1934年4月我出生于江苏仪征的农村,受日本侵略的影响,1946年才到北平受正规的学校教育, 读小学、中学,1955年就读于南开大学历史学系,1959年毕业后留校做助教,分配在中国古代史教研室。那时系里采取多种培养青年教师的办法,让我转修研究生课程,师从郑毅生天挺教授,学习中国古代史、明清史。1962年冬毕业后仍在古代史教研室,从事教学辅导和研究工作。"文化大革命"后先后晋升为讲师、副教授、教授,给本科生和研究生讲课,并以相当的精力进行中国古代史、清史、社会史和史料学的研究。在校内外多次主持或参与明清史、社会史、宗族史的国际学术研讨会,前往我国香港、澳门、台湾和韩国、德国等地区与国家出席学术会议。2002年退休。现兼任南开大学中国社会史研究中心学术委员会主任、安徽大学徽学研究中心学术委员、中国人民大学清史研究中心学术委员、国家清史编纂委员会委员、中国社会史学会会长。

　　我是一个木讷的人,怕在众人面前出乖露丑,所以少言寡语。平日就不善于辞令,对从事教学很是不利——不善于表达。我讲课不活泼,在开始尤其不懂得利用生动的事例引发同学的兴趣,后来有所注意,然而改进不大。有时对同学的知识状况把握不准,将自己认为他们知道的知识忽略交待,致使同学听不明白,认为我的授课有"跳跃性"。不过我的讲课内容多半是在研究基础上提炼的,特别是选修课,讲的多是自己研究的东西,内容还算是充实的,多少给予同学一点知识。在教学中笃信"只有来学、没有往教"的观念,对学生要求较严,特别是对研究生,从选取到学位论文的写作从严掌握,当然也注意贯彻"因材施教"的原则,对有成才希望的就越发严格,希望能够培养出人才。事实上已有几位学生成为我国史学界、教育界教学与研究领域中颇有成就的学者,令我甚为欣慰。

　　史学观念和方法方面,我受下述四种史学流派的影响,并力求综合地取其长而弃其短。我国传统的历史编纂学和乾嘉考据学,令我懂得了掌握史料的重要性;20世纪二三十年代兴起的实证史学,让我明白了分析归纳法的道理,进一步认识到史料对于历史学的价值,学会了从事微观研究的手段;马克思主义史学,教给我宏观观察历史的方法,有益于"以小见大"微观研究学术品位的提升,同时相对于英雄史观,使得民众历史地位观念在我脑海中树立,然而肆虐多年的教条式的研究,致使独尊一说为我所不取;西方年鉴史学和新史学,令我开阔了视野,扩大了研究领域,启发了我对多学科的思维意识和方法论的运用。对于历史研究的观念与方法,我大约是不拘一家、不拘一法,综合汲取,于是历史形成的多元观念、研究的多元视角,为我所崇尚。所以总括我的史学研究,可能是:重视史料的实证,在"以小见大"的微观研究中不忘宏观的旨趣;研究的领域,以断代史的清史为根基,而随兴之所至,不限于某一方面;深入而严密的论证文有之,通俗读物亦相伴而生。

历史学,从古代高贵的庙堂之学,到今日,地位日益式微,所谓"史学危机"频生。我习史治史50年,从经验出发,对历史学有个人的理解,近日清理一下,概括出《"说故事"的历史学与历史知识大众文化化》(刊于《河北学刊》2004年第1期),略谓:史学是陈述之学,是说故事,讲人物、事件、制度及其发生的时间、空间,以及产生这些故事的自然生态环境和人文环境;说故事的史学,不以明了故事为限,要讲道理,讲历史运动、历史发展轨迹,讲故事的当代意义,只是讲道理有两种方法,即"寓论于史"和义理的"宏观叙事";历史学既不属于社会科学,也不归属于艺术学科,而是界于二者之间,研究成果力求接近于科学,而表达方法应当是艺术的;历史学不同于文学、哲学、法学、经济学、社会学,有其思维方式,需要保持"说故事"的本色,才能有立足之地,而不必有被社会边缘化、被抛弃之感;新时代,史学从帝王之学走出来,应为民众所接受,这就需要历史研究成果的大众文化化,为大众分享,因此应有相应的表述方式。我说这些话,有的似乎是老生常谈,不过都是有针对性的:作为"软科学"的历史学,要不被时代抛弃,只有转变社会功能,从资鉴的政治功能转向社会文化功能,给人以智慧的启迪和增加生活情趣的历史知识;强调实证研究和寓论于史,警惕空谈史学研究法和空疏之学,尊重历史模式论之类的提出,但不希望它泛滥;继续前人对历史学"科学说"的质疑,以利史学的发展。

在史学研究方面,我自身进行社会史的研究,并致力于推动它的研究的开展。70、80年代之际,我对史学研究中的唯阶级论的状况甚为不满,认为它把历史搞得像个小瘪三,让人只见骨架,而看不到血肉,令人索然无味,桎梏史学的发展。我想需要加进社会生活史的内容,让人们知道古人是怎样生活的,他们有什么样的衣食住行,婚嫁丧葬又是什么样子的,节日生活怎么过,有没有娱乐生活。我在1979年撰文《雍正的削除绍兴和常熟丐籍》(日本东北大学《东洋史》1980年),讲的是丐户这种群体,他们的衣着、住宅、职业与平民的不同,也即贱民的社会地位决定了他们的生活方式。1984年我写作《清初的剃发与易衣冠——兼论民族关系史研究的内容》(《史学集刊》1985年),从满、汉民族衣冠发式的差异,也即民族生活方式的不同,论述清初的剃发与反剃发政治风云的发生。我从社会生活史的内容和角度来考察政治斗争和民族斗争,而且这种斗争一时引起社会主要矛盾的变化,这是"以小见大"的做法,但这个"小"的内容则是属于社会史研究的服饰发型史。这两篇文章表明我在70年代末和80年代前期就开始了社会史的研讨,不过这时并没有集中精力去做,因为当时正在进行雍正史、清史史料学和《红楼梦》的研究,1982年写出《雍正传》,1984年写成《清史史料学初稿》,1985年初草成《曹雪芹和红楼梦》。这之后,我就基本排除其他专题的写作,谢绝《康熙传》的约稿,一心一意地从事中国社会史的研讨。1985年开设中国古代社会史课程,写出《开展社会史研究》一文(刊于《百科知识》1986年1月号),呼吁史学工作者将视线转移到社会史研究方面,并简述社会史研究的内涵和功能,这是改革开放以来我国学术界呼吁开展社会史研究的开卷之作。1986年,当时的历史系主任刘泽华教授和我联合《历史研究》编辑部、天津人民出版社共同主办"中国社会史研讨会",这次学术会议标志着新时期社会史研究的兴起。有的学者说这是对主流史学的"叛逆",我想它极大地丰富了史学研究的内涵,并赋予了其新的研究方向。从此开始,我都参与社会史年会的筹备工作,这个会每两年召开一次,今年即将举行第十届年会。首届年会召开的同时成立了中国社会史学会,我担任会长,学会也挂靠在南开大学。大约有鉴于我对社会史研究的推动作用,台湾学者梁其姿说我"很早对法国年鉴学派的史学研究有兴趣,且不遗余力地介绍、推广社会史"①。

---

① 梁其姿:"序言",载余新忠:《清代江南的瘟疫与社会——一项医疗社会史的研究》,中国人民大学出版社,2003年。

对于中国社会史的具体研究,体现在这些著作中:我自己写的《古人社会生活琐谈》(1991 年)、《中国古代的宗族与祠堂》(1996 年)、《清人生活漫步》(1999 年)、《顾真斋文丛》(清代社会史卷,2003 年),以及以我为主要作者的合著《清人社会生活》(1990 年),由我主编并为主要作者的合著《中国社会结构的演变》(1994 年),由我主持并写作的合著《中国宗族社会》(1994 年)、《中国社会史研究概述》(1988 年)等书。我还写了《中国社会史概论》《十八世纪以来中国家族的现代转向》两部书稿,均可能在今年问世。我的研究涉猎了社会结构、宗族群体、社会生活方式史。在《中国社会结构的演变》一书中我写了近 20 万字的"绪论",概要论述中国古代至近代前期社会结构的变化。对宗族史的研究从上古通贯到当今的 21 世纪初年,我试图做出历史演变和特点的说明,如对宗族史,认为宗族有着民间化与民主化的发展史,在周朝是典型的贵族宗族制时代,中古是士族宗族制时期,宋元明是官僚宗族制时代,清代是官绅、平民时代,近当代是克服宗法性转向民主性的宗亲会时代,并朝着俱乐部式的方向演进。对社会结构史,我观察到两点,一是等级制度和观念极大程度地规范着人们的社会生活,二是宗法意识贯穿于人们社会生活的方方面面,由此我认为等级分析方法是研究中国古代、近代史的重要的理论方法。

在社会史理论方面,我发表了《开展社会史研究》(《历史研究》1987 年)、《迈向未来的社会史研究》(1999 年)、《社会史研究的探索精神与开放的研究领域》(2000 年)、《关于社会史研究"基本建设"的若干思考》(2001 年)、《关于建设中国社会史史料学的思考》(2002 年)等文,并即将出版《社会史研究概论》。什么是社会史?现在较为流行的是范式说、方法视角说、整体史说。而我坚持专门史说,认为这是研究社会结构、人们日常生活、民间信仰与意识、心态的历史,身体史和生态环境史也应纳入这一领域,它是历史学与其他学科进行跨学科研究的桥梁,有着研究的实际内容,所以成为专门史。我还强调社会史研究是立足专门史,而面向整体史。我以这个观点给社会史研究做出界定,并认为这样的定义对于研究来讲,具有可操作性;而方法说引起人们的思考,讲求研究方法,对社会史研究质量的提高具有重大价值,但对具体研究来讲,可操作性并不大。

在政治史方面,我主要写作了《雍正传》(1985 年)、《雍正继位之谜》(1990 年)。雍正皇帝是一位改革家,在他的历史上有不少疑案,他被责骂为篡位的暴君。我看重他的改革事功,对一些疑案也有所澄清。关于他的书,我不只是写他个人的事业、品格、私生活，并通过他的历史，写出他的那个时代，即叙述的是一个时代的比较完整的历史。《雍正传》也许可以被视为我的"成名之作"和代表作。出版不久我就意识到，大约再写不出这样的著作了，因为它是我多年研治清史的产物，以后的研究方向分散了，很难写出深入思考的东西了。近十几年的写作状况表明，我想的基本符合事实。

我致力于清史史料学的研究，是因为笃信实证研究法，认为没有史料便没有史学。历史不能重演，对历史也不可能去做试验，要解释历史，不论具有何种史观，都是要依据史料说话。"有多少材料说多少话"，固然不能谓为定理，然而史料是历史的记录，"复原"历史，除了作者的史识之外，就得靠史料了。故而我在《雍正传·序言》中说到这本书的写法："较多采摘历史资料，加以排比胪列，用资料表现雍正和他的时代。根据资料，笔者做简要的分析。这种评论也许是不确切的，甚而是错误的，但读者若能通过那些资料做出自己的判断，笔者就感到欣慰了。"

我写《清史史料学》一书，开始并非有意要做的，只因研治清史，读的原始著作多了，而且我阅读有个习惯，在摘录史料（做史料卡片）之外，对那部著作，要了解其作者的经历和史观、著作的大体内容和版本，并写出札记。这样书看多了，笔记也就写了一些，于是萌生撰写史料学专著的念头。这时那些札记自然远远不够用了，于是就有意识地去做研究，去读相关的原始著作和今人的论述。我理解的史料学，是前辈学者史源学的发展，既要明了史书资料的来源，以判断其史料价值；更要评论史书资料的准确性（所谓"史料批判"），以便于利用；至于史书的版本、前人与时彦利用情况、有关它的工具书，也应在研究范围之内。史料学的著作是研究专著，同时具有工具性，对初学者尤有参考价值。我作为教师，开始教授"清史史料学""中国古代史史料学"课程，又是史学研究者，故而将写作史料学专著视作职责，所以又写出《清代人物传记史料研究》一书，有乐此不疲的架势。其实写这类书，用力要勤，查阅的图书版本之类的内容也引不出趣味性来。我自己也说不清为什么还要写。

涉及文化史的，如果将小说史也放进来，我写过关于《红楼梦》的两个小册子《封建社会的一面镜子——〈红楼梦〉》（中华书局，1974 年）和《曹雪芹和红楼梦》（1986 年）。叙述中华传统文化，铸造人品的教育与磨砺成功事例，我把它写在《砥砺篇》（中国青年出版社，1991 年）的小书中了。近年写了《略论当代中华文化建设与资源利用》（2003 年）、《中国传统家族文化的当代意义》

(2003 年)、《从"杀熟"说到对传统文化的态度》(2003 年)等文,表现出对利用传统文化建设当代文化的关注。

关心史学知识的大众文化化,已有 30 多年了,写作普及读物的《红楼梦》的小册子始于"文化大革命"当中,当时不能做史学研究,而毛泽东号召读《红楼梦》,我就利用这个机会研究它了。写《雍正继位之谜》,是做雍正史的副产品。《砥砺篇》《古人生活剪影》《清人生活漫步》《中国宗族》(合著,1996 年)等书,都是面向众多读者的,也为出版界所垂青,因而大多获得一版再版的机会。这也坚定了我史学知识大众文化化的信心。

我对自己的写作有个要求,即力求写传世之作,少写、不写应酬之文。我的主要著作《雍正传》《清史史料学》,在海峡两岸有三个出版社的版本,享有盛誉的台湾商务印书馆除了印制上述二书,还重梓了原由北京商务印书馆国际有限公司出版的《中国古代的宗族与祠堂》。《古人社会生活琐谈》(《古人生活剪影》)已有湖南和社会两个出版社的本子,目前中华书局也要印刷。这些都给我不少精神慰藉。书籍的梓刻行世,积多年之经验,深知出书"可遇而不可求",就是出版社找你好说,设若求他无条件梓刻,那就做不到了。我的书有改易出版社印行的机会,表明它还有读者,是以我对努力写传世之作,自己尚感满意。

因为长期从事微观研究,思维已成定式,致使我的史学研究缺乏宏观把握的能力,提不出具有历史哲理的观点,不能进行理论建树,所谓"以小见大"的"大",也并非真"大",因此而深为愧疚。虽然意识到此已有多年,但已无能改变,只好一仍其旧了。此乃终身憾事也!

(2004 年 6 月 3 日作于南开大学顾真斋,于同年收入《南开学人自述》。原题《史学论著需要时间的检验》,2018 年 11 月 22 日复阅,改为今题)

附 录

开展社会史的研究

恢复、发展社会史的研究,已是当今史学界一个刻不容缓的课题。

新中国成立以来的前三十年,史学研究所涉猎的领域,主要在经济和政治两个方面。例如对中国古代史的研究,大家注意了土地制度、租佃关系、赋役制度、资本主义萌芽、农民起义以及政治斗争,而对科技史、中外关系史、文化史、思想史的课题就关注不多。至于社会史,几乎完全没有接触,即以人们曾经兴趣浓厚的主佃关系而言,对地主占有地租是着力考察的,但地主的生活状态如何,多半以骄奢淫侈、腐化堕落简单概括,对佃农的物质生活也只笼统地说贫困。如此着重研究的两大对立阶级的生活状况不过尔尔,其他社会集团的生活史研究更属阙如。造成这种局面的原因很多,其间的经验教训,姑置毋论,当务之急是应当恢复并补上这一课。

过去,中国史学界对社会史的研究是有成果的,如吕思勉所著《先秦史》《秦汉史》《两晋南北朝史》《隋唐五代史》四书,都辟有社会组织、社会等级、人民生计、人民生活等专章,把人们的社会生活作为历史的一个内容,叙述各个朝代的婚姻制度、家庭制度、人口及人民移徙、物价、饮食、衣服、宫殿、埋葬、各类居民(如门阀、豪强、游侠、奴婢、部曲、门生等)以及风俗。又如邓之诚的《中华二千年史》,设有生活状况、风俗习惯专节,除讲赋税、生产、贸易,还有服饰、饮食、嫁娶、丧葬、宗族、家庭、庆寿、宴游、博戏、奕棋、技乐、节令。还有一些有关社会史的专著,如杨树达的《汉代婚丧礼俗考》、陈东原的《中国妇女生活史》、陈顾远的《中国古代婚姻史》、王书奴的《中国娼妓史》、尚秉和的《历代社会风俗事物考》、贾伸的《中华妇女缠足考》。有一些断代专史包含了社会史的研究成果,如黄现璠著《唐代社会概略》,全书四章,一章讲阶级,即贱民、娼妓、劳动、贵族、坐食等阶层;一章叙风俗,介绍唐人跳舞、化妆、戏剧、打球、拔河、酺(会食)、婚姻的习俗。但这些著作虽注意到一些社会现象,搜集了一些资料,做了专题式的粗线条研究,却根本没有把诸种社会现象联系起来,去说明历史进程。前辈学者开辟了社会史的研究领域,有待今人继续研讨,予以发展、充实、提高。

在西方,社会史的研究从现实出发,是适应工业革命后资本主义社会不断出现的社会问题及其解决而诞生的。如城市问题、乡村问题、社会流动问题、住宅问题、犯罪问题、性别问题等。现实中的问题,很多是历史上孕育的、产生的,甚至是成长的,不过是到近代社会变得突出了。社会学为历史学的研究提供了新的方向和课题。凡是与历史有联系的社会问题,就启发史学家对历史上相应问题的探讨,扩展历史的爬梳领域,扩大研究范围。近代早期的历史学,主要从事政治史、军事史、外交史的研究;19世纪末,受社会学的影响,进行经济史、文化史的研究;到本世纪20年代乃有年鉴学派的出现,综合上述研究方向和方法,使史学跨进一步。60年代起,又有人主张从下向上看的历史研究法,即提倡研究社会底层的生活史,重视劳动者衣食住行等基本史事。西方史学的发展变化,得力于社会学甚多。

我国历史学也需要向社会学吸取有益的成分。

我国史学界,尽管重视恩格斯的《家庭、私有制和国家的起源》,但对中国古代的家庭与婚姻问题甚少关注,有时涉及也极简略。事实是史家严重地忽视了某些社会史内容的研究。如社会流动问题,史学家讲到古代阶级,对于成员的变动不敢探索,只说劳动者中极个别人可能进入剥削阶级,绝大多数日益贫困,不这样好像就违背了阶级观点。思路如此,对于通过科举的途径,使一部分人(虽在人口比例中极小,但数量却不是个别的)由社会底层进入社会上层行列,以及战争也使一些社会下层成员进入社会上层等问题,就不能研究了。如上所述,原是社会学的研究对象和研究课题都对史家具有启发作用。历史社会学研究的成果,对历史上一些社会现象的解释,其中的某些观点,史学家可以直接利用,或部分吸收。

现实是历史发展的必然结果,历史是现实的母体,两者的内在联系使它们不可分割。反映它们的历史学与社会学,也应像它们的客体一样紧密合作,互相吸收,取长补短,搞好本学科的建设。历史学向社会学开门,进行社会史的研究,必然给自身带来大的繁荣。

现在给社会史下定义,是很难科学的。我只有个粗糙的想法,规划一下它的范畴。本文论列的内容,也吸取了南开大学历史系冯承柏等同人的宝贵见解。

我想社会史是研究历史上人际关系和人们团体生活的历史学的一个科

目,一门专史。它的研究范畴,从人际关系角度讲,包括阶级关系、阶层关系、等级关系、主仆关系、主佃关系、东伙关系、主从关系、良贱关系、君臣关系、上下级关系、官民关系、同事关系、同行关系、地域关系、邻里关系、宗族关系、家庭关系、男女关系、师生关系、朋友关系、会党关系、社交关系、民族关系等。从社会团体生活讲,包括祠堂生活、家庭生活、社交生活、文娱生活、节日生活、迷信事业生活、非正当生活、救济生活、物质生活、民族生活等。综合起来,是这样一些社会问题:社会结构、宗族、家庭、婚姻、妇女、人口结构及就业、犯罪、社会救济、文娱、时令节日、衣食住行的规式与崇尚、丧祭习俗等。

社会史,就"社会"二字含义来讲,包括的范围应该很广,应是人类历史上所有的社会现象,人类社会生活的全部,即经济的、政治的、精神的生活的总和。这样广泛的意义不为我所取,要是那样,社会史就无异于历史学了,也同历史学的其他科目(专史)无法区别了。我在这里就前面指定的范畴立论,排斥其他内容,可以说取"社会"含义的狭义而言。

社会史的内容有其庞杂性。尽管取其狭义的含义,它涉及的社会生活面还是比较广泛的。它与许多专史有交叉点,如物质文明史研究生产与生产技术、产品及其使用,社会史也有物质生活内容,但它不是一般地考察生活用品是怎样制造的,如何交换的,如何使用的,而是研究人类社会关系与物质生活的关系,比如注意官民之间、官员上下级之间的行贿、亲友间的送礼与生活用品的关系,这就不是作为专史的物质文明史的研究内容了。再比如古人衣服是怎样制作的,那是缝纫史的事,但人们崇尚什么式样,则是社会史要回答的问题了。所以社会史是从它的角度来研究社会历史现象,与其他专史有联系、有区别。由此可见,社会史与其他专史有共同客体时,也是各研究其一个侧面,并不重复。

人们的政治关系、政治生活是人类团体生活和社会关系的重要内容,应该是社会史的研究重点。鉴于历史学历来对它下力甚勤,并有政治史专史出现,社会史就无须对它多加注意了。因此,理解社会史的范畴,多少也得有点灵活性,即要从历史学研究的实际出发。

人际关系,举了那么多内容,其中有的是交叉的,如良贱关系与主仆关系中,奴仆是贱民,但它与非其家主的良人发生关系时,就不是主仆关系,而是良贱关系。又如主佃关系本来属于阶级关系,但它不是阶级关系的全部内容。我们开列得这样细致,是希望从不同角度把人际的各种关系揭示出来。那么

263

这么多的关系中，有无主线呢，是否有两三种关系能把它们串起来呢？我认为等级关系、家庭关系、社会关系是人际关系的主要内容，是社会史研究应当努力捕捉的。

社会史的研究方法，基本同于历史研究法，然而至少有三条需要特别留心。

第一，要研究有实质意义的日常行为和社会现象。反映人际关系和团体生活的社会现象，非常丰富，也极其琐屑，不是每一个社会现象都能反映社会问题的本质。何况，社会史的研究不是为说明社会生活而研究社会生活，而是为说明历史的发展线索。为此，要着力寻找社会生活中与等级斗争、政治斗争、民族斗争、对外关系有本质联系的社会现象，即有意义的人们日常行为和社会现象。举个例子说，东晋初年财政亏空，而国库放着很多练布，因为是低档衣料，无人采买，丞相王导等为打开销路，首先用来制衣穿着，由于他的威望，士人纷纷效法，争购练布，于是政府提高练布价格，并将之销售一空，增加了收入，多少缓解了财政紧张的状况。王导穿练衣，形成一种风尚。它与财政相联系，支持了东晋政府，影响政治生活，这是值得重视的习俗，社会史应当研究。倘若一个一般的人欣赏某种衣料，没有引起社会反应，那就不值得注意了。

第二，把人际关系理解得比我们上面说的更要细致些，以便从中观察，做出历史的解释。如研究女子的人际关系，要看到：在娘家，有父母关系、兄嫂关系、姊妹关系、亲戚关系；到婆家，有公婆关系、夫妻关系、叔嫂、姑嫂关系，妯娌关系、子女关系、宗亲关系、姻亲关系、娘家关系；如果婆家有仆人，则有主仆关系，如果丈夫有妾，或本身是妾，则有妻妾关系。对这些关系一一考较，然后才能归纳出她的人际关系的实质、她的历史地位，才能把问题的研究引向深入，不限于局部的表面现象。例如武则天，她要处理后妃关系，诬陷并害死王皇后和萧良娣；处理夫妻关系，辖制唐高宗；处理与李氏宗室关系，镇压诸王的反抗；处理与娘家的关系，重用武承嗣、武三思等人；处理子女关系，害死太子李弘，重用太平公主。武则天的政治与她处理这些关系有密切的联系。

第三，要研究社会现象的变化。中国古代社会发展迟缓，但是社会现象还是不断变化的，社会的风俗有的维持很长时间，有的瞬息即变，不捕捉社会现象的变异，就难以说明历史的演变。如人们发型、服装的变化与政治关系的变化相关联。春秋时孔子说"微管仲，吾其被发左衽矣"，至辛亥革命推翻清朝，临时大总统孙中山下令剪辫子，留头发。几千年的历史表明，少数民族与汉族的矛盾，往往表现在发式衣冠上，当少数民族的发型衣装流行时，标志着少数民族的统治；汉族胜利了，一定恢复汉人的发式衣冠。这是一个规律。但是一个民族的发型冠服习俗是有变化的，有的就越出了上述规律。北魏孝文帝实行社会改革，命令鲜卑人改穿汉人衣服，改变辫发习俗。这种发式冠服的变异，仅标志着少数民族实行汉化政策，并非改变了统治民族。变革衣冠发式的政策，各个少数民族也不一样，辽朝契丹人不那么强制，清朝满洲人做得最严厉，后果也不同。清朝在第二次推行剃发令以后，激起汉人的猛烈反抗，乃有江阴、嘉定等地抗清斗争，推迟了清朝统一进程。而此后剃发斗争持续进行，以致太平天国运动以蓄发作为反清的标志。所以各朝的衣冠发型习俗都要研究，才可能说明它与政治生活、民族斗争的关系。

那么研究社会史究竟有什么意义呢？

社会史的研究，能够给予历史研究以有血有肉的阐述，真正建立立体的史学、形象化的史学、科学的史学。阶级斗争是阶级社会历史主干的观点，好似构筑了历史的骨架，所有的生产关系、阶级斗争的史实，是构造骨架的成分。如果只有这些，也就是骨架而已，历史就单调、干瘪，不形象、不生动。社会史扩大了史学研究的领域，把人们的家庭、宗族、娱乐、时尚、社交同阶级的政治的斗争联系起来，把社会的各种现象联系起来，把它们摆到各自的位置上，历史就丰满了，就如同人类经络舒展了，有血有肉了，形象化了。不仅如此，由于把社会史的内容补充进历史，与历史的其他内容相结合，史学家从而有可能进行全面的综合分析，接近或恢复历史的原貌。

社会史的研究，还将促进历史学更面向实际，为社会进步服务，也使其本身走向繁荣。社会学有从现实出发进行研究的特点，受其启发的社会史的研究必然受它的这种特点的影响，从现实中形成史学研究的新方向、新课题，它紧紧地为现实中的现象、问题，去做出历史的解释，以利现实向健康的方向发展。我国现代化建设中有许多社会问题，如领导干部知识化、家长制残余、家庭结构、婚丧习俗、礼让意识与作风等，如果做一番历史的研究，对它们进行科学的说明，提高人们的认识，将有助于克服前进道路上的障碍，形成良好的社会风气，加速现代化进程。

（原载《百科知识》1986 年第 1 期）

"我为何选择社会史研究"

——访冯尔康教授

　　哒、哒、哒……马蹄雨点般敲击着青石板，群马扬起卷鬃，在威严的午门前戛然止住，不安地打着响鼻，戴着红顶官帽的清大员从马上跃然而下……

　　这是电影《火烧圆明园》中的一幕。事实上，如果真的倒退一百多年，这样的情景是绝不会有的。因为清廷明令官员须在前门外下马，赐轿或步入皇宫。"类似这样的缺憾，在电影、电视中不止一例。与其说难堪的是电影艺术家，实则更使史学家感到不安。"在天津南开大学，冯尔康教授坐在他简朴的书房里，谈起他选择社会史研究的缘由。

　　大约从十年前开始，冯尔康在从事清代史料整理时，萌发了从事社会生活史研究的想法。许多年来，作为史学家个人，他总有一种使命感。生活在南开园里，园外的世界吸引着他。就说天津城里，那些生活在海河两岸的熙熙攘攘的人群，在无数个季节里走完自己平淡而庄严的一生，完成自己的使命与责任。但是在很久以来的史书中见不到他们。他们的历史由谁去写？他们又从哪里了解历史的真实？虽说开头提及的电影片断属于艺术，但是多少年来中国的民众不正是从戏曲、小说和电影、电视中寻找历史的吗？说起来，冯尔康对早年吴晗先生主编"历史小丛书"的见识和作为流露出深深敬意。让民众了解历史，是史学家的责任。虽然说民众对英雄史有着特殊的兴趣，但是知道先辈们在平和的年代里怎样娶妻生子、迎来送往，以怎样的情感浇灌脚下的土地，创造平凡的世界，不正是他们天然的要求吗？社会史研究显现出的特殊魅力正是在这一点上打动了冯先生。

　　历史上存在过多种不同的等级、阶级、阶层、宗族、家庭、民族、宗教、人口及其结构；各个历史时期不同的就业、衣食住行的习尚、婚丧、娱乐、社交、时令风尚、礼仪等等，它们构成了社会史研究的主要内容。这些是每个人都会遭遇到的,也便成为每个人兴趣之所至。撰写平凡人的历史、展现民众在历史进程中的风采,基于这样的信念,他开始把主要精力投之于社会史探索。

"如果仅仅把社会史视作对过去娱乐生活、衣食住行风俗的一种再现是不够的。社会史研究的深层发展,在于它揭示人们群体生活和生活方式的内在联系及其在历史进程中的作用和地位。"这将为人们提供丰富的历史借鉴。社会史研究领域的扩大,较之传统史学提供了更宽泛、更深入的历史参照。

冯尔康说,社会史研究所展现的豁然境地已吸引了他多年。1984年,他发表《清初的剃发与易衣冠》一文,新中国成立后第一次提出了社会史研究方法并重新探讨了清初剃发与束发对社会生活的深远影响。明时男子满头留发,在顶部挽起来,称束发;满洲男子把头顶前半部剃光,后半部留发,梳成辫子。满汉发式的不同,一在剃发与留发,一在织辫与挽髻。发式的变异是顺逆的标志。顺治元年(1644),剃发令遭到反对而废止。顺治二年(1645),剃发易衣冠令再度实施,激起长江下游一带汉族的强烈反抗,抗清力量再度强盛。剃发易衣冠令成为顺治年间满汉民族矛盾的主要内容,其推行产生的巨大社会反响引起了社会的急剧动荡,影响了历史的进程。

社会史着重于社会结构整体研究的方法,使冯尔康对于中国古代农村社会的自耕农阶层有了新的认识。自耕农是自身拥有小块土地从事耕作的劳动者,它在我国漫长的封建时代始终以一个社会集团出现在社会中,并制约着历史进程。对于这一点,学术界有点漠然视之。冯尔康在《关于中国封建时代自耕农的若干考察》一文中指出,在封建制前期自耕农是农村居民的主要成分,在宋以后,自耕农比重下降,但仍然占到三分之一以上。历史上自耕农与佃农是有差异的集团。在古代历史上众多的农民起义中,把矛头指向封建政权的农民运动,主要是自耕农进行的,如陈胜、吴广、王薄、方腊等起义。自耕农集团是中国封建时代重要的社会集团,正是这个自耕农集团和自耕农经济即自然经济,成为创造中国古代文明和造成中国封建社会缓慢发展的重要因素。

"作为使历史科学走出简单模式的一种尝试,社会史研究的意义是特别的。"冯尔康在多年的社会史研究实践中得出这样的结论。因此它引起了越来越多的人的关注。从1986年至今,已先后举行了3次全国社会史研讨会,社会史研究丛书出版了10余种。但社会史能否像人们企盼的那样走向民众,走向历史的深处,尚需要付出勇气和毅力。

"中国的社会史研究目前正处在发轫时期，需要研究者写出有影响的专著，以检验社会史研究存在的意义；在将来，中国的社会史学者还要走出去，与世界其他地区的社会史专家对话。道路很漫长。"说话时，冯尔康习惯性地倾着上身，仿佛这个目标将牵引他的一生。

　　(《光明日报》记者吕延涛访谈，原载《光明日报》1991 年 4 月 10 日)

历史学的传承与启新
——冯尔康先生访谈录

　　2004年，时为南开大学历史学院博士研究生刁培俊和硕士研究生张德安，访问了南开大学历史学院冯尔康教授，并将访问记录整理成文。

　　近二十多年来，中国史学界存在着两个较为明显的变化：其一是史观史学的式微，实证史学的凸显；其二是社会史理论与研究的繁盛。最近几年，古典文献电子化和学科整合的趋势，对学人的震动也很是明显。这期间，众多史学前辈以其求知的渴望和坚韧不拔的毅力，一如既往地推动着史学的前进。他们的学术探索历程，见证了一个时代，同时也创造了一个时代。回顾半个多世纪以来中国史学的发展趋向，并在时代大潮与学术发展的关系上反思既往，应更利于我们汲取经验，总结教训。而作为中国社会史研究的首倡者之一，著名历史学家、南开大学冯尔康先生，很好地契合了传统史学与新史学研究，做出了许多开创性的贡献。

　　问：冯先生，您好。您是我们尊敬的学界前辈。您在中国社会史领域的开拓性研究，在中外学术界都产生了很大的影响。在清史和其他几个专史领域的研究，也做出了许多世人瞩目的学术贡献。您能否先概括地谈一谈您的史学传承与创新？

　　答：我谈不上什么创新，只不过进行了较多方面的史学学习与研究。在史学研究的路上，我受四种学术流派的影响：首先是中国的传统历史编纂学和乾嘉考据学，从这里获得重视史料和考证的教益；其次是20世纪二三十年代兴起的实证史学，令我更加懂得史料对于历史研究的重要性，以及归纳分析的研究方法；再次是受马克思主义的教育，懂得了宏观把握历史的重要，并且有了相对于英雄史观的民众史观的意识，多少注意到社会下层人物的历史；最后是年鉴学派和西方新史学的影响，使我开阔视野，多方位、多层次地去观察历史及其变迁，树立建立整体史的研究目标。我的特点大约在于，留意于理论和方法论的把握，一定程度上能综合各流派之长，并予以吸收，运用到我的

269

研究和社会活动中,如将社会史作为我近二十年的研究方向,并致力于推动它在中国史学界的开展。当然,我并没有放弃传统历史内容的研究,比如写作《雍正传》,并且将它看作是使历史知识大众化的尝试。

问:那么,请您再简单谈谈自己的学术经历,在学术研究过程中,受谁影响较大?

答:1955 年,我考入南开大学历史学系,可以这样说吧,中学的兴趣,大学的基础专业训练,研究生的进一步训练,是我从读史到治史的一个过程。隋唐史和明清史对我来讲都是有兴趣的。郑毅生天挺先生、杨佩之志玖先生都是我敬重的老师。起初,我对隋唐史情有独钟,1956 年写出《为什么李唐能够建立王朝》的习作,并获得学生论文竞赛奖。到研究生时跟郑先生学习明清史,郑先生对我的影响就是关于精读一本书的方法。郑先生特别强调精读一本价值高的书。原始材料太多了,但是你要把一部书读透了,精读了,掌握了,将来就会受用无穷。我从这里面学习了一种治学方法,它不仅是读某一本书的问题,而是以后研究、教学备课所必须采用的一种方法。做某一断代史,只要把这一断代最重要的那部书掌握了,就有了进一步研究的根基,就能有想不到的奇迹。这对我们来说是一种方法的训练。我也把这种方法传授给我的学生。

在南开求学,还有一个重要的影响是关于实证史学。重视材料的实证史学研究,是南开,也是北大的传统。因为我的老师多是从北大移师南开的,这样在南开也形成了这种学风和传统。因此,我的研究也非常重视史料的搜集。研究一个问题,稍微有一点理解之后,我就立刻找最重要的原始材料,只有读了原始材料之后,才觉得自己对这个问题的认识有了一个根基。掌握原始材料,益处有二:一是有助于我们赞同或不赞成某种观点,二是可以形成自己的见解。最主要的是后者。这都是从老师那儿所得的教益。

问:最初在拜读过您的一些著作后,感到您的研究方法和研究理念跟现在的一些做社会史的或史学界年轻一代有很大不同,您不但力图在理论上有所创新,并且一直密切关注学科发展的前沿,在具体的研究中,您还是沿袭了传统的治学风格,在实际研究中又与最新的研究动态紧密结合起来。请问是不是这样?

答:在具体的研究上,我采取实证、考证的方法,希望多多地占有材料,而不空发议论,这是一种意向。还有一种意向是小题大做。我做微观的题目多,宏观的题目很少。有人会问,做微观,做很小的题目,意义何在呢?其实,我所做的，并不是把一个事情本身说清楚就完了，而是尽可能把它和更广阔的社会现象、社会问题联系起来，看能否说明一个更大的问题。也许具体写文章时，并没有说明更大的问题，但至少心里应该有这种想法。比如说20世纪70年代末，我作了一篇《雍正削除绍兴和常熟丐籍》(1980年刊出)。题目非常小，社会中的堕民，本来人数就很少，又说的是一个小地域范围的，表面看起来似乎无甚必要，而我就觉得这个问题值得研究。从社会结构来考虑，堕民是一种群体，或者一个等级。我们从等级制度考虑，它是等级制中的一员。讲等级制度，如果不从多方面来讲，把每一个群体、等级都说清楚，你的等级制度如何能够清晰地表述出来？所以需要做微观的研究，以小见大。虽然我做的是小题目，注意史料，但宏观研究、宏观思考问题的方法，我也是在学习，也在思考。从理论来讲，因为我们那时主要就是学马列主义，还有斯大林主义、毛泽东思想，学习他们关于人类社会的认识，有关于历史学的一些观点。我们从1964年开始每天学习"毛选"。一些经典著作，也是不止一遍地读，有些就变成了自己的观点，而这个观点，可以说深入脑际，很容易就会想到。马克思主义给我的一个大收获，就是对问题宏观的把握。研究一个具体问题，往往需要把它放在一个大的背景下，看它是什么地位。就我来讲，一直到今天，坚持这种宏观的把握，就是始终不忘宏观和微观相结合来思考问题。

问：您从社会经济史入手开始做史学的研究，与受马克思主义宏观理论的影响还是有关系吧？

答：有关系，因为当时史学界时常集中讨论一些问题。从20世纪二三十年代"社会史大论战"开始，延续到五六十年代史学界讨论诸如中国封建社会为什么长期停滞不前，涉及社会形态的演变、上古史的分期、封建社会内部的分期、资本主义萌芽问题。我做研究生时，毕业论文《清代中叶江南租佃关系研究》，当时受整个史学界讨论的影响，我不是只讨论租佃关系、地租形态，还思考这个时期有没有新的生产关系出现，有没有农场主那种雇工经营，或者地主直接雇工来经营，也就是说，这时农业生产关系有没有新的变化，会不会出现资本主义萌芽。由此扩展一步，延伸到经济发展状况。如果生产中采取非传统的方法，采取新的比如货币地租的方法，佃户要向地主交纳货币，他就必须去把粮食出卖，那就是进入粮食市场。谁需要粮食，是不是商品经济发展了，手工工人增多了，非农业人口增多了？这就涉及市场和商品经济的研究。所以，实际这一研究并不限于农村租佃关系，还涉及当时的农业生产结构、粮食生产之外的经济作物种植与出卖、全社会的产业结构、商品经济及其发展程度、手工业当中有没有资本主义因素，所以它涉及的面不仅仅是单纯粮食生产与租佃关系的问题。

问：您是从社会经济史入手，开始学术研究工作的。能否谈谈您在这一领域中所做的一些具体工作？您又是在怎样的一个社会和学术的背景之下，展开中国社会史研究的？

答：我对社会经济史的研究，一开始是地域性的，做的是江南。当初做论文选题时，郑先生告诉我，光做江南是不够的，还要找另外一个地区做比较，这样才能找出一些特点，所以当时我就找皖南。有关皖南的文集、方志我读了不少，但后来并没有做比较。为什么呢？主要感觉到当时进行这种比较，知识能力上还不具备，当然也有时间紧迫的原因。当时区域比较在中国好像还没有。如果有时间，做出来就好了。不过，我倒有个成果，就是在1978年发表了《试论清代皖南棚民的经营方式》一文。这是我在当时大背景下做的社会经济史研究中的一个副产品。为什么做这个题目呢？我还是研究农业经营方式是什么性质的，完全是传统社会的，还是带有资本主义因素。其实，这是我60年代初期研究的继续，到这时综合出来，写出文章。我研究生毕业的文章，讲租佃关系的内容是其中的重点部分。如刚才讲的，考虑到它与商品经济、资本主义萌芽的关系，而且还写到了关于跟农业、手工业当中的资本主义因素与商品交换的这些问题。80年代初将它抽出来，写出《17世纪中叶到18世纪中叶江南商品经济中的几个问题》。为什么选择17—18世纪呢？为了与《红楼梦》的时代背景讨论结合在一起。曹雪芹在《红楼梦》里反映出来的有没有民主主义的思想意识，民主主义的思想因素从哪里产生，是否存在资本主义生产关系？我在写文章的时候，也是考虑到要解决《红楼梦》的时代背景问题。这是在社会经济史领域研究的大概历程。

我为什么研究社会史，看得出来，上面说的社会经济史的研究，已经探讨人的社会生活方面，探讨了社会下层。如何转向社会史的研究，就我来说，还是在做学生的时候，就比较关注相关的问题。我认为历史研究、历史教学应该有的一些内容，可是那时候，我们课堂上听不到，教科书中也没有，比如娱乐、游戏等。而当时我读邓之诚的《中华二千年史》，主要具有资料性，捎带有一些观点。学到哪一阶段，把他的书拿出来看一看，作为参考入门的东西，那里面就有这方面的内容。然而，后来教学用翦伯赞和郑老他们编的那套《中国通史参考资料》,其中就没有关于生活方式、生活情趣的内容。而这些有关社会生活的内容是应该有的,原来我就注意这个问题,自70年代末80年代初开始思考这个问题,那时还没有"社会史"这种认识。我觉得讲历史应当讲人们的生活,但是在当时那个讲阶级斗争的时代,不能讲。因为有关"封资修"的生活方式,当然不能讲。1979年郑老组织编《明清史资料》,我建议增加两个方面的内容,一是家族史,一是娱乐。郑老认为好,让我来做,可惜由于某种客观原因我不能去进行。80年代初,我思考什么是社会史,究竟要研究什么内容,能不能有一个概念,能不能成为一个专门学科,有一个学科的规范问题。对社会史,现在大家都公认了,原先没有,原来有所谓的社会史大论战,主要是讨论生产方式的更替,是社会发展史,并非今日所说的社会史。思考了几年后,到80年代前期,我还没有精力来集中做这个问题,因为我在写《雍正传》,完稿后,又写《清史史料学》和《曹雪芹和红楼梦》小册子。自1985年初开始,我就用大部分精力来做社会史。1985年,在南开大学,开出了全校性的选修课,正式讲社会史,还写了一篇《开展社会史的研究》,发表于《百科知识》1986年1月号。因为要讲社会史是门什么学问,经过一番思考,我认为社会史是一门专史,可称为专门的学问,才用了这样的名字。1986年召开全国第一次社会史讨论会,是由南开大学历史系联合《历史研究》、天津人民出版社主办的,当时系主任刘泽华、田居俭主编和我共同主持。有关开展社会史研究的背景,1991年春天,《光明日报》的记者吕延涛先生采访我(报道见《光明日报》1991年4月10日),我当时讲,开展社会史研究不是一个人的事,是许多学者的共识,是时代对史学发展的一种要求。至于我,可能意识得早一点,也可能我是第一个发表关于这方面理论文章的,又是我们首次发出通知,邀请诸位学者来天津参加讨论的。不过话说回来,根本上是大家有这个共同愿望,也有这个条件,共同推动了社会史研究的开展。如山西大学乔志强教授、南京大学蔡少卿教授等,均致力于这方面的研究。

问:当初经过了五六十年代所谓"五朵金花"等问题的讨论后,大家觉得,对一些宏观问题的讨论,一时得不出相对科学的结论,就不如做一些踏踏实实的工作,这里面还有的人是经过了"文化大革命"后的反思,认为真正科学的历史研究,不能单纯以中国的历史资料去印证来自西方的宏观理论。请问,80年代后,社会史研究的发端跟这个潮流是不是有关系?

答:这太有关系了。改革开放以后,学术界还在继续讨论宏观问题。80年代初,在天津召开过关于亚细亚生产方式的研讨会。实际上,还是继续原来的讨论,但内容方面有些改变。另外一个反思,可能觉得太多的论著与政策相配合,史学论文只是为了解释政策,被很多学者认为不是史学应走的道路。相反,对文献、史料的研究加强了,所以1978年,在上海召开农民战争史研讨会时,与会学者都在讨论一个现象——现在考文献学的学生特别多,为什么?这是因为,做文献、做史料是传世的,做义理、做那些解释是过眼烟云,时代一变,思潮一变,就没有什么价值。这是一大背景。关于为什么开展社会史研究,就我的认识讲,把历史简单地看成阶级斗争史,这样做,就把丰富复杂的历史简单化、片面化了。历史上许多问题用阶级斗争的观点是解释不了的。我当时想,人们的生活本来是丰富多彩的,为什么却只变成一种斗争式的、战斗式的生活?人们的生活究竟是什么样的?只用阶级斗争研究的结果,会把历史变得无血无肉,难以反映历史的全貌。既然如此我们是不是要重新思考并来探讨如何丰富历史?后来王家范教授说,社会史研究的提出是一种"叛逆"。我想,实质上也是这样,但从当时观念上讲,还主要是一种补充性的研究,出于填补空白的考虑。但有时主观想法和客观效果可能是不一样的。主观想得不会那么深、那么远,在实际行动中却可能开辟一个新天地,这都是研究深化的结果,理论也会随着实践而更新。

总体上说,社会史研究的出现是在改革开放的大背景下,人们对30年的史学研究做深刻反思,希望史学研究开辟出新的路子,就想到了社会史。当然文化史的研究已在先开展了,可能社会史更容易把握,更易从内容上落实,最易与大众的生活贴近,所以也可以说社会史的出现挽救了史学的危机,这是史学界的愿望。我所做的事情,除了改革开放以来发表第一篇呼吁开展社会史研究的文章,就是参与组织第一次社会史研讨会,以后每届(包括2004年的第十届)都参与筹备。

问:台湾学者梁其姿教授曾说您"很早对法国年鉴学派的史学研究有兴趣,且不遗余力地介绍、推广社会史"研究,香港学者叶汉明则说"在冯尔康等学者的大力鼓吹下,社会史研究得以开展"。您对于新时期社会史研究起了很大的推动作用。能否就您研究工作展开的过程,并结合您的论著,从社会史理论的探讨、明清社会史研究的实践两个方面,谈一谈您的研究心得?

答:我和学界同人共同倡导、促进了社会史的研究和学术团体的成立。社会史学会的成立和挂靠在南开大学,使这里成为全国研究社会史的一个基地,是对社会史研究的推动。学术研究工作,一方面我自己做,一方面我花了相当的精力去推动社会史的研究。我很注意邀请大陆以外学者来参加研讨会,以便与港台及海外学者对话,扩大我们的学术交流。我想学术研究发展的一个重要因素就是开展国际对话,吸收大陆以外的研究成果和方法,同时让外界知道我们的研究理论和研究成果。每次社会史年会上,我都提到如何提高我们的研究质量,把社会史研究引向深入和发展。有两次我讲到我们不要成为显学,成为显学之后,就容易离开真理,我们的学科就难以前进。因为成为显学,各种弊病也就会随之而生,所以只希望社会史成为史学研究的一个重要组成部分。

更新研究方法或用范式来做比较,才能推动史学研究的发展。我在社会史研究中,一方面做具体的,一方面关注它的理论。自从《百科知识》刊登的那篇文章开始,不断在探讨。当然我和大多数学者一样,不会纯粹探讨理论,必须和具体研究结合起来,从研究当中总结理论。

关于理论,《百科知识》刊登的那篇除外,我先后发表过三篇论文,多半从道理上讲这个学科应该是什么样子的,这是从理论思维,也就是说主要从概念上来讲这个学科的规范问题。但到了 90 年代末,再讲理论时我改变了,从学科所走过的历程来提炼,看这个学科是什么学科,也就是说我不再单纯从观念上来思考它,它应当是什么,而是说我们大家在实际上研究了些什么,走了什么样的路子。我从实践看,它做的是什么,做了些什么,然后,从中我们可以提炼出什么概念、理论。从方法论上,我有这样一个变化,是在 1998 年苏州年会上开始讲这个观念。我在《中国社会史概论》第一章绪论中,讲到什么是社会史,再一次说明我的研究方法,再讲理论,完全要从实际出发。从这种学科的研究实际状况把它提炼成为这个学科的理论,而不是用一个什么外在的理论来约束。当然在这样的情况下,我对社会史也有一个比以前改进的定义:"社会史是研究历史上社会结构与日常社会生活及其所反映的社会意识的运动体系,它以社会群体、社会组织、社会等级、阶级、社区、人口的社会构成,以及上述成分所形成的社会结构及其变动,构成社会结构的人群的日常生活行为、变化及其观念,产生变化的自然环境与社会环境的因素为研究范畴,揭示其在历史上发展变化及在历史进程中的作用和地位;它是历史学的一门专史,并将其研究放置于整体史研究范围之内,处理好两者的关系,以便促进历史学全面系统地说明历史进程和可能认知的发展规律;它与社会学、文化人类学、经济学、政治学等等自然科学、工程科学、社会科学、人文学的许多学科有交叉的研究内容,具有多学科研究的性质与方法,是历史学与其他学科联系的一种桥梁。"这个定义包含了社会史的研究对象、范围、任务、功能,与历史学及其他学科的关系,其中最重要的是把社会史看成专门史,是立足于专门史,面向整体史。这具有可操作性,有利于社会史研究的发展。如果只讲方法、角度,只讲一种范式,那我们如何做? 在西方,年鉴学派的学术研究,现在一般称作新史学,强调它是一种方法论。他们也是从《菲利普二世时代的地中海和地中海世界》《十五至十八世纪的物质文明、经济和资本主义》这些具体的研究开始的,并不是从头就提出方法论,当然其中也有方法理论问题。比如我一开始是针对政治史的,我不是排斥政治史,但是我少做,我把精力放在社会史,不把精力放在政治史、外交史、军事史方面,这也是一种方法。但这样做,开始可不是完全从方法论角度出发的,也就是说,我排除这些内容,做别的一些东西。所以我想可能西方经历了这么一个实际研究阶段之后,反思一下,强调方法论的意义,因此现在更多的是从方法论上思考新史学或过去的年鉴运动。这是事后之论,在开始时可能没有这种强烈的意识,强调有一些具体内容的专门史,它的研究范畴不断在变化,具有扩展性、开放性,所以它具有探讨性,有可操作性,在实践中更容易。社会史作为专门史来做,我想这样更好一些。它不限于哪一个范畴,将来发展到一定程度,突破它了。就目前来讲,它还是一种专门史,但并不排除把它作为一种方法论来看待,作为一种视角来看待,这二者并行不悖。如果不从方法论的角度思考,只是陷入具体的、琐碎的研究,做得也不会很顺利,所以方法论的研究是必要的。

关于社会史,我在研究的开始,就意识到这是一种交叉学科,不是一种简单的历史学的事情。我们在 1986 年第一次开社会史研讨会时,尽量邀请历史学科以外的有关学科的专家,有文学史、哲学史、民俗学、社会学的。但由于刚开始,各个学科壁垒森严,而我们的学问还不系统,一些专家没有请到。这也是可以理解的。但这说明我们从开始就知道社会史是多学科的。后来,认识深化了,知道社会史是跨学科的、交叉学科的研究,以至我们明确社会史是跨学科的,是历史学科和其他学科联系的桥梁和中介。

关于社会史的定义,早期我没有注意到人文环境和社会环境的因素,现在把它补充进来。这个定义只是一家之言,只是个人的想法。这个想法和别的观点不同,只是抱着一种探索的态度,谁也不能强加于谁,因为任何定义都不会是完全科学的,都不会是无可非议的。定义只是一种范畴性的东西,不可能用几个字、几十个字把事物都包括进来,那是绝对做不到的,别人可以给你提出许多建议。我做定义从两个方面考虑,一个是纯学理的界定,一个是可操作性的界定。定义不能是纯学理的,还要注意可操作性。

在这个定义里,其中有一些观念是从前苏联社会学关于社会的一个定义里借鉴来的。为什么要考虑前苏联的东西,是因为当初苏联的东西翻译过来得早,欧美那时你想看还没有,这是一个因素。另外一个因素是思想体系有些接近。再有我想,我们已有几十年的马克思主义历史唯物论的教育和接受,这已形成中国学术一种新的传统。如果说像傅斯年、胡适所提倡的,那是西方欧美的实证史学。这也是一种传统。马克思主义也是那时传过来,特别是后来,作为指导性的思想和理论灌输,已经被大家接受了,比实证史学流行。实证史学不是官方的,从来就是民间的。马克思主义是官方的,那当然更加容易形成一种传统。其实马克思主义史学也好,实证史学也好,都是西方过来的,在中国被接受了,也就形成中国学术界的思潮。所以我想,我们现在接受的年鉴学派的东西,这也是西方的,这必然就会碰到我们原来已经形成的传统的东西。像西方现在强调所谓整体史、新史学或新社会史,他们强调整体史,不是做局部的研究。但这个问题就马克思主义史学来讲,从来都是注意宏观的。所以我们今天讲宏观,在我这儿来讲,更多的不是接受现在西方的东西,而是说把它与传统结合起来。这里说的传统,是 20 世纪以来形成的新传统,而不是 20 世纪以前的,那种古典的传统。我把它们结合起来了,因此我想,我们中国人今天接受整体史学并不困难。可能有一些比较年轻的学者,他们是从年鉴史学或西方的新史学学过来的。而我们原来就有这种宏观历史的观念,现在接受它的一些新的思考、新的内容,就是新史学所提出的从下向上看这样一些内容和方法,不过把它结合而已。也可以说从马克思主义史学这儿所谓劳动者是创造历史的主人,只是片面强调乃至公式化、教条化,以后就是阶级斗争史。那好我们变一下,扩大它的内容,自下向上看的角度,全面研究下层社会,而不是只研究阶级斗争。因此,我想这种结合是顺理成章的,也不是说完全吸收当代西方的史学,还是和传统的结合起来。在讨论中,坚持把社会史看成专门史的似乎并不太多,就我在文章中还不断说这个问题,但是大多数人不这么说,尤其是一些年轻学者坚持范式说或提出中层理论。我的态度是互相尊重,尽管这些学者年轻,但我觉得他们能提出问题来,启发我们思考,能提高研究的品位、研究的层次。

至于具体的社会史研究，我所做的大概有这么四个方面：一是清代社会史的，二是关于中国古代社会结构的，三是关于宗族史的，四是关于社会史史料学的。对于清代社会史的研究，从学术背景来讲，我的根基在清代。有三本书可以反映出来，一本是我和常建华教授合著的《清人社会生活》，这本书主要是我来做的。新中国成立前也有过断代社会史，但从 80 年代以来，《清人社会生活》是断代社会史第一部，是我根据对社会史的理解，想建立一个断代社会史研究的框架，所以这里面有社会结构、生活方式以及社会史在历史研究中所处的地位。具体研究各个结构中各种群体、生活方式中的衣食住行、文化娱乐、风俗习惯。清朝是少数民族为主的，我们国家本身就是多民族国家，所以又有少数民族生活的专题。第二部是《清人生活漫步》。第三部是《顾真斋文丛》，在其中的《清代节烈女子的精神世界》一文中说道：关于女性的生活、社会地位、她们本身的观念，为什么她们会自杀、会守寡，多是主动做的。如何看待她们自身的生活，为什么会有这种追求。过去我们从压迫史来讲，是被迫的。固然是有被迫成分，可是她们把被迫变为一种自我意识。她们从小接受这种教育，变成自己的观念，有的很自然就这样做。《清代的婚姻制度与妇女的社会地位》一文，初稿写于 1964 年，发表却是在 20 年后的 1985 年。其中，我把后来研究的婚姻问题、女性问题的方方面面基本都涉及了。改革开放以来，女性研究逐步展开了，如包办婚姻、婚龄问题、童养媳、寡妇再婚、寡妇旌表、守寡与家庭、弃婴与育婴堂的建立、妇女与生产劳动关系、妇女家庭地位、妇女与生产资料及家庭财产的关系等都提出来了。到今天还是研究这些方面，当然观点多有不同了。现在的研究前进了，不像过去那么绝对化了。以前我们老是绷着脸，看什么都是对立的，家庭也是对立的。家庭确实有对立的一面，但一定主要是和谐的一面，没有和谐的主导方面，家庭早就崩溃瓦解了。这些问题是很值得研究的。

我对中国古代到近代的社会结构史的思考和研究，最主要的体现在我主编的《中国社会结构的演变》一书中，我为该书写了一篇长达 17 万字的绪论，探讨社会结构理论之外，着墨于先秦到清末的社会结构本身，论述各个时期的等级结构、社会群体和组织。我论述的特点是力求抓住社会结构的静态模式和变化的关系，着眼点是考察变动，意图是动态、静态结合研究，寻觅历史变迁轨迹，避免结构论的误失。在理论上我是强调等级理论和使用等级分析方法,发现历史上中国等级状况是:等级结构既严谨又有所松动;等级制贯穿在一切生活领域;等级意识系统强烈,流传久远。我还发现宗法观念也渗透于古代社会结构、社会生活中,它反映人的从属关系实质。我再具体地说一篇文章,就是《清代地主阶级述论》(《清代地主层级结构及经营方式》),我是从组成地主阶级的成分方面思考的,所以讲地主构成及其复杂化,包括平民地主、学校地主、宗族地主、善堂地主。善堂有许多种,普济堂、育婴堂、社仓、义仓等各种,这是后来我们讲的救济事业、慈善机构,但当时没人提。当时我倒不是从这种社会组织出发的,但是讲到它的构成,这里有各种类型的构成,虽然目的不是讲育婴堂、普济堂等各堂是什么,但它有什么功能没有,讲到它的经济,也把这个问题带出来了。注意这样一些慈善事业,像宗族地主、寺院地主(早在 30 年代社会史大论战中何兹全先生就提出了)、商人地主、官绅地主,还有皇室地主,不同类型的地主有不同的特权或地位。这篇文章,讲了地主的多种成分,实际是讲的清代社会结构。1996 年,我进一步思考地主与农民关系问题,撰写《中国古代农民的构成》一文,我把平民地主视为农民,就是用的等级分析方法,地主有各种类型的地主,有有特权的地主,有平民地主,还有贱民地主,他们身份很低,但有钱,有土地出租,所以要用阶级观点讲,都是地主,但从等级角度考虑,他在法律上、在社会习俗上处于不同的地位,这个才是关键。也就是说,这个人要给他定性,最关键的要看他在等级上所处的地位。过去讲"肉头地主"是挨欺负的,你说地主是统治阶级,可他们往往是地方官、衙役、小吏、恶霸等社会恶势力欺负的对象。有钱,若没有政治势力,就找你的麻烦,勒索你。赋税靠谁?不是靠佃农,因为佃农根本不缴税,缴的是租,有时有劳役、人口税,但没有赋。那赋税靠谁缴?靠自耕农和地主。我们说政权是地主阶级的,那么地主阶级是不用缴税的吗?不是。该政权保护的就是他们,所以我们要从等级社会上来看,是平民,他就有纳税和服劳役的义务。为什么后来他们要造反,民众起义他们也参加,劳役太厉害的时候,赋敛无厌的时候,矛盾也就暴发出来了。造反的是地主和自耕农为主体。佃农跟国家隔着一层,主要的还是自耕农和地主。

关于中国宗族史,自魏晋以来直到当代,我均有所接触,出版过《中国古代的宗族和祠堂》及十几篇论文,《十八世纪以来中国宗族的现代转向》一书,将于 2004 年底问世。我清理了中国宗族演变的脉络,认为先秦是典型宗法制宗族,中古是士族制为主体的宗族,宋元是官僚制宗族,明清是绅衿平民宗族,20世纪以来宗族由宗法性向近现代民主性俱乐式的宗亲群体演进。从全部历史看,宗族由贵族群体走向平民化和民众化。

问:请结合您的研究,谈谈您对微观与宏观二者关系的认识?

答:我对社会史专门史说的提出,有两个学术背景,一个是实证史学,另一个是我们同时受宏观史学的影响,也就是说能把这两个结合起来。虽然说,我强调微观的,认为社会史是专门史,为了好操作,能够进行具体研究,但从来没有忽视整体性。一开始我做研究的时候,举例说,1986年写的《清代社会史论纲》,也就是《清人社会生活》一书的纲。最后一章讲社会生活在历史当中的地位,它和整个清代的政治斗争联系在一起。如我写清初实行剃发令,剃发本来是服饰问题,是生活方式、生活习俗问题,但是剃发引起的政治、民族斗争及社会矛盾的变化,就不是生活领域中的小事。我为什么把它放到那么一个大范围——当时的政治斗争、民族斗争中来看,就是说,我有宏观史学的概念在里边。假如我没有宏观史学的训练,我想到剃发是民族生活方式的不同也就行了。我是主张做微观,但我绝不忽视宏观,只是宏观有宏观的思维方式,有学者提的要更理论化。

我在《雍正传》最后一章讲的是时代,它不是以论文发表的。看该书,也许看到最后一章,以为历史事实都说完了,就不重视了。其实最后一章是我对清朝前期做了一个总结,也是提出我对清朝历史分期建议的看法。那么,别的学者提出的分期,对历史背景做了一个总结,有很多道理,我也接受。但我的分析与多数学者不同。我是把乾隆二十三年(1758)解决新疆准噶尔蒙古问题作为清朝前期、中期的分界。别的学者大都以解决三藩问题、统一台湾问题为划分的,认为康熙二十一(1682)、二十二年(1683)台湾问题一经解决,除了边疆问题,基本实现大一统了。但我更看重清朝的民族问题,它是清代的重大政治问题。今天我们的研究有时也注意民族问题,可是只注意到满汉关系,而对蒙古族和藏族我们就注意不够。后来辛亥革命时,孙中山提出"五族共和",其实早在清朝时就注意到了。清朝当然不会叫五族共和,清帝退位的时候,就特别提出蒙古和西藏问题,不光是满族,优待满族是皇室,对待蒙古、西藏,他也希望妥善解决,也就是为这些民族说话,直到退位时还为他们说话。整个来讲,汉、满、蒙、藏整个民族统一观察是在清代提出,而我们的史学研究却相对忽视。为什么清朝前期对西方国家一概不让步,唯一让步的国家就是俄国。俄国在中国有东正教组织,有人住在北京,还派人到中国来学习。清俄的贸易一直到北京。那英国为什么不行？尼布楚、恰克图条约都对俄国做出让步。清朝为什么让步？因为俄国人和某些蒙古人勾结，反对清朝。要知道在康熙时代，准噶尔人的势力，在新疆之外，一度达到青海、西藏、喀尔喀蒙古，以及甘肃、宁夏的一部分，控制藏传佛教进窥漠南蒙古，所以康熙帝为阻止、拆散蒙古野心家与俄国殖民势力的勾结而向俄国让步。雍正帝在向准噶尔两路出师中与俄国订约，也不得不有让步举措。康、雍、乾三帝懂得，只有妥善解决准噶尔问题，才能最终巩固西北、西南和北方边疆，为此他们一直支持格鲁派，因为准噶尔人信藏传佛教，所以就特别给格鲁派崇高的地位。实际上清朝是把蒙藏问题看得重要，尤其是蒙古问题。清朝是个多民族国家，不解决民族问题如何立足呢？它是靠着满蒙联盟，靠蒙古族帮助的，要稳定蒙古就要靠西藏，它是这样通盘考虑的。只有到乾隆二十三年（1758）彻底击垮准噶尔势力，解决了这些问题。因此，我觉得清朝前期、中期的划分，就以这一年为分界线。我这是从微观研究出来的，但得出的结论应该是宏观的，因为这是分期问题，不是一个局部问题。

总之，宏观和微观不能完全对立起来。因此我强调，微观研究的人要理论升华，宏观研究的人要向实证史学靠拢，也得有实证史学的本领。如果你没有实证史学的本领，只靠人家实证史学给你提供的那些材料，你在上面进行总结，恐怕难以完成历史学赋予的使命。二者应互相学习，取长补短，这不光是社会史的问题，而是说整个历史学的问题了。

问：您一直呼吁并亲自实践、积极推动关于清史史料学、社会史史料学建设和研究，那么，您是怎样思考和研究史料学问题的？

答：关于史料学方面的情况，我有《清史史料学》和《清代人物传记史料研究》两部专著和几篇论文。从宏观上讲，我相信实证史学，"没有史料就没有史学"，史料学是历史学的一种辅助学科。具体什么是史料学，它的研究对象、研究方法、功用又是什么，我做过一番思考。

在《清史史料学》这本书中，介绍构成史料的要素包括：①先人生产技术、生活方式与传统意识摸不着的历史遗存；②看得见的历史遗存：遗物、遗迹、遗址；③文献，社会调查，田野调查，口述史料。其中最重要的是文献中的史料。我写这本书的任务，一个是确定史料的来源，所谓史源学吧。也就是说，对于一本原始文献，我们不光要知道它的内容，还要知道它是根据什么写的。比如说《清实录》是根据什么写的，还要往前追，要追到源头，这样才能了解到这本书的史学价值。再有一个是确定史料的可靠性。影响史料可靠性的因素太多了。我们做史料学的一个工作，就是要了解史料的可靠性怎样。如《清史稿》可靠不可靠，有那么多争议，怎样确定其可靠性？其实有很多方法，如考证的方法，进行中外文献的比较，朝鲜李朝的实录与当时中国清朝的史料对比，涉及的相关内容来验证《清史稿》和清朝的实录。用李朝的实录来考证清朝的实录，就会发现清朝的实录有许多漏载的或不实的内容，所以在李朝实录被人们发现时，研究者很高兴，因为可用来纠正中国官书的谬误，但是大家却较少注意到李朝实录的问题。李朝本身有一个立场，那就是看不起清朝。它派到清朝的使团搜集情报时，被找的人越说清朝的社会问题多，越说政治局势不稳，朝鲜的使臣就越高兴，所以就有人有意识地来做假情报给他。因此，我们也不要迷信这些朝鲜的史料，也不要在反对官书的时候一味说野史好，要持一种相对客观的态度，走到另一个极端就又失去真理了。西方传教士的文书，能够以其中的书信集与中国的史料相勘正，基督教、天主教在华的历史能够依靠这些文书得以反映。但是传教士也是有他们自己的目的的，其书信也就有其主观意向。一个时代的思潮有一个时代的特性。史料的利用，要对其进行分析评论，因为作者的观念以及对历史的感情有其自身的选择标准，所以史料学要说明史料的利用信息和使用方法，作者、版本、流传与使用的情况，以及有关它的工具书。我的史料学研究，是希望能够实现学术性和工具性二者兼有的作用。

传记史料方面，修传记的原则是什么？规范是什么？编写人物志的原则是什么？我都做了思考，并在《清代人物传记史料研究》书中表现出来。我在这本书中还比较强调下层社会人物的传记史料，这是不同于其他著作的。这是这本书的特点之一。它也是与社会史研究相一致的，是配合的。这本书原提供500到600幅插图，最后实际印到书中的也就是30多幅。依照我的看法，在严肃的学术论著中插入一些必要的、能准确反映所写内容的插图，可以起到图文并呈的作用。

关于社会史的史料学，我也发表过文章，如《关于建设中国社会史史料学的思考》。我的意思是对史料的重新认识，有新的门类和新的发现。我和一些西方学者一样，把原来不称其为史料的文书、视觉材料看成史料了。这有一个概念上的变化，就是用社会史的新概念去搜集、解释材料。我们研究政治史、经济史，容易知道到哪里去寻觅材料，因为我们有政治史、经济史的明确概念,知道哪一类的书籍里可能有相关内容的资料。社会史史料到哪儿找?道理是一样的,应有社会史的概念,明确这是研究何种事情的学问,就可以考虑哪一方面的历史文献可能会有这方面的资料。当然,由于社会史是较新的学问,研究者还不太熟悉,寻找起来还不会顺手,不过已经有了查询的方向,事情就相对好办了。同时社会史的研究领域日益拓宽,新概念、新方向、新领域不断地产生,于是就有了探索其史料的新方向。要之,社会史研究的开展,以及关于它的新概念、新方向、新领域的提出,无不给社会史史料打开新的领域、方向。比如研究社会下层的概念被提出来了,方志、族谱、家训、笔记、一般士人撰著的文集,便会成为我们查找民众社会生活史的资料对象,从中可能发现民众的社会组织、群体生活、社交关系、家庭家族生活、节日生活、宗教信仰、神鬼信仰、秘密结社、风俗习惯、生产方式、经济状况、官民关系等方面的素材。又如妇女史、性别史研究方向的出现,各种类型的列女传记、笔记中关于女性的载笔,均被开辟为社会史的史料。身体史研究的提出,医药类的专书、民间验方、记录医疗实践的经验,被从社会史的角度加以解读,成为医疗社会史的宝贵材料。因而可以说,社会史研究赋予历史文献新的生命,而新概念、新方向、新领域是打开社会史史料宝藏的钥匙。有了这种认识,从社会史的视角出发,一些被排除的、不在视野范围内的图籍、文书就被纳入社会史史料当中,一些非传统的史书、零散的资料被加以利用,而原有的史料也可能被研究者进行新的挖掘与诠释。

问:关于社会史研究在我国的开展情况,是不是就谈到这里。现在您能不能就社会史研究的价值,对历史学的意义谈谈您的见解?

答:社会史研究在我国学术界的再度兴起,我想有不可忽视的巨大意义。首先,它向史学界、向史学研究提出一个新的思维模式和方法论,一个包括社会各阶层历史的整体史的思考,一个不断扩充的研究领域,一个具有极大包容性的学术观念,推向史学界,从而有益于史学观念的更新,推动史学研究的向前发展;其次,它赋予史学以新的生命,进一步改变历史是上层社会历史的观念和研究状况,让历史成为全人类的社会历史,不仅是政治生活史,还是社会生活史,不仅是社会精英的思想史,还是民众意识史,这样令历史学贴近民众,贴近生活,赋予新的生命意义;复次,使史学从影射史学的阴影中走出来,富有生机;再者,社会史成为史学与其他人文学、社会科学、自然科学、工程科学的联系桥梁,使史学长盛不衰。这样的事情可能刚刚开始,至少我们有这样的愿望吧！

问：您在史学理论方面也投入了许多精力，也极具前瞻性的特点，能否结合您一直关注的历史观问题，具体归纳一下您在史学理论和史学观方面的思考？

答：关于史观的问题，我考虑，讲史观有两个方面，一是如何认识历史学，一是关于历史学的基本理论。我对历史学的看法，史学就是讲故事，是陈述之学，这是史学的本色。社会科学也好，人文学也好，每一门学问都有自己的特色，我们历史学要保持自己的特色。这种看法，我已发表《说"故事"的历史学和历史知识的大众文化化》一文，在此就不多说了。有的学人担忧，史学会被别的领域分割了，造成历史学危机，历史学难以存在。在我看来，这不是问题，你只要保持你的本色，就会有你的立足之处，你就和别的学科不一样，比如文学是形象思维，得益于想象，我们不能按形象思维，否则就成编造历史了。我们也不能像哲学的抽象思维，讲一些哲理。要保持我们的本色，陈述历史，寓论于史，夹叙夹议，同样令人有道理的领悟，这样还是有立足之地。历史也不怕被别的学科分割，相反来说，历史是别的学科的基础。任何一个学科都有自己的学科史，天文有天文学史，数学有数学史，中医学有医学史，都有历史寻根的问题，它还要到历史学这里获得历史背景知识。我们只能说，从学术发展史的角度，数学史、天文学史等可以告诉我们当时学科发展的水平，但我们给它的是历史背景知识，所以说还是如何结合得好的问题，倒不怕别人分割，你只要保持自己的本色就可以了。

关于史学理论，我还是强调实证与理论的结合，实证史学一定要上升到理论，不能满足于一般性的陈述。关于史学研究的理论，现在来讲，我比较强调等级论和结构论。因为我们做古代史，等级能够更多地说明历史问题，有些问题用其他理论解释不清的，可能用等级理论一解释就清晰了。等级的形成既是制度所规定的，又是习俗，所以它才会深入社会多个层面、各个层级，生活的各个领域。不同的人、不同的部门有不同的权利和义务，这是法律规定的，是不可逾越的。而这个规定，包括到你的生活方式——不同等级的人，穿衣、发型、住房，都是法律规定的。当然如果只是法律规定的，它不可能深入各个阶层，规定到社会生活的方方面面，因为法律的规定不会那么面面俱到，所以又要由习俗形成。用等级观念思考和解释历史现象可能会解释得多一些，所以我强调等级观念。关于结构论，借鉴于社会学的理论。社会学家认为社会结构理论是社会学研究最大的一个成果，社会结构是由一些要素来形成的社会关系,而所形成的社会关系不是永恒的,是在不断变化的。我们看到的是一种结构的模式,那是静态的,实际上,它总是在冲突变动当中,应当从动态的角度去考察它。因此,动态的观念,是我们做历史的人必须具有的一种认识,历史本身是变动的,是发展变化的,用模式找出几个形态来进行研究,是必要的,可以帮助我们认识事物的本质,但还是静态性的研究。我们更要看到它的变化,那我们就要做动态的研究。

在史观上,还有历史前进的动力和方式问题,当然现在讨论这个问题的比较少了。那时候讲阶级斗争,历史是阶级斗争按照劳动人民的愿望发展的,不是按照统治阶级的方向发展的。其实,这解释不通的,为什么发展来发展去还是剥削制度呢? 我觉得好多问题还需要我们思考,比如农民战争这些问题究竟是破坏呀、阻力呀,还是促进历史发展,现在都不讨论了,我也没有更多思考,但是我思索了渐进和激进、渐变和骤变的问题,二者都可能促进历史前进。不应忽视渐进,渐进不是破坏一种制度,而是一些局部范围的改革,缓慢、缓和的改革,也可以是大范围的,但采取缓和的方式;而激进呢,是破坏,然后来建设。渐进可能不会破坏更多人的利益,而使人民得到新的利益,激进是破坏一部分人的利益,使一部分人得益,但如果历史要发展,你总是破坏一些人的利益,这样好不好,值得思考。我认为渐进派并不是反动,他们是希望历史向前走,所以从这一点上肯定他们。

在史学观方面,还可以说到关于历史著作的问题。一部历史著作成功不成功的检验就是时间,你的书出来后可能反响很大,不一定说明你是成功的,可能反对你的很多,也不一定说你就失败,最后的结果要用时间来证明。这个我写过一篇文章《最重要的是时间的检验》(原载肖黎主编《我的史学观》一书,1997年),就是说过了若干年之后,再来看你的观点对不对,文章有没有价值,有没有值得他人借鉴的地方,或者你的研究可以成为后人再研究的参考。实际上,我们的生活当中可以看到,有的名人作品要出集子,没人给他出,这是不是就叫时代的检验,时代把他给淘汰了,他的东西今天没人看了,除了注疏一些政策和空洞的理论,没有别的什么价值。但若是实证的东西,只要你写得好,恐怕哪个时代都不会被淘汰。因此我在做学问上把它当作一种要求,就是一定要经得起时间的检验。

(原载《史学月刊》2005年第1期)

传布智慧的历史学
——冯尔康先生史学访谈四题

按:访谈时间在 2007 年 7 月初,连续三次,参加者均为南开大学历史学博士,括号内是访谈者目前任职单位:刁培俊(厦门大学历史系教师)、罗艳春(中山大学历史学博士后)、周鑫(中山大学历史学博士后)、沈一民(黑龙江大学历史学院教师)、夏柯(在读博士)。由于访谈时录音效果较差,厦门大学历史系研究生刘佳佳初步整理工作非常艰巨,夏柯博士也参与了整理,刁培俊汇总。

一、史学功能的多样化与历史知识的传播途径

采访者:冯先生,听说您对"百家讲坛"这类文化传播方式是比较赞成的,能谈谈您的看法吗?

冯尔康:好的。这和我一直主张历史知识大众化有关系。史学研究的目的是求真求用,这个用,从传统来说是为政治服务。除了这个政治功能外,史学还有社会功能,要满足社会和大众的需要。在这个方面,史学家应主动考虑去和大众结合。我觉得史学家不要那样老觉得高高在上,觉得自己是做"政治思想工作"似的,是教育人的,应该是和读者、受众交流对话,是完全平等的,要把自己定在这个位置上。我一直在想这个问题,但做得还不够,我参加过、主持过好多次学术研讨会,就是没有开过一次史学知识大众化议题的会议。其实史学界始终都有某种危机感,就是我们写东西都是小范围的同行在看。我做的清史就是研究清史的人看,我做宋史就是研讨宋史的人看。做清史的顶多看看明代有什么渊源可寻,也就是为了这个目的,并不是真正地去更多地思考历史的连续性。这样的话,也就是几百人看的事情了。如果我们写东西只给小范围的读者看,那还有多少生命力呢?从这点上讲,就是本质上要发展,要有生命力,要在社会上起一些作用,着眼点是普通老百姓,是大众,而不是

286

小众。因此我觉得"百家讲坛"讲得不错，我有时收看，有的很爱看，这对普及历史知识是需要的。不管是不是做历史出身，只要是在讲史，那么大家一块儿来讲，没有门户之见，不要分哪个学科的、哪个行当的、哪一个观点的，你能把它讲好就行。

央视"百家讲坛"以及河北等省市卫视的有关历史课题的讲座，对史学知识的传播和普及是前所未有的新形式，是可喜的变化。为什么这样说，不妨回顾古往今来历史知识的传播史。

在古代，历史知识的传播对象是社会上层，而将民众放在非常次要的地位。我们知道司马光著《资治通鉴》、张居正撰《帝鉴图说》，都是特为帝王写作的。清朝皇帝以恭读前朝《实录》《圣训》为日课，习史成为必修课。史馆修史、编纂《一统志》，将人物传记草稿晋呈，乾隆皇帝亲自审定，可见帝王重视史书编写和教育。在科举制度下，士子钻研的就是经、史二科，科举考试也以此为内容，所以士子把相当大的精力放在史书的学习方面。事实表明，古代历史知识传播是在中上层社会人士的书斋、学校中进行的，这是主流传播方式。

古代民间的非主流传播体系，主要出现在四种场合：

一是大众娱乐场所，如宋代的"瓦子"，民间艺人说史，"说三分""说五代史"之类，并形成演义类的史书——《三国演义》《说唐》《隋唐演义》《说岳》、蔡东藩的二十四史演义，类演义的《水浒》《平妖传》等；戏剧传奇及其演出，如《桃花扇》《精忠谱》《八义图》等；诗歌在公众场所，如勾栏的传播，如白居易的《长恨歌》。

二是佛寺的"俗讲"，说佛史、僧侣史、孝僧史。

三是村落、家庭的讲史，诸如家族史、家族世系歌、各种历史传说、历史记忆。

四是政府倡导举行的村社、乡约聚会，宣讲"二十四孝"之类。

可见，古代民众所得到的历史知识，掺杂着许多演义的成分，所以自古以来，民间常常把传说、演义当成真实的历史。今日依然，这是传统，需要历史知识的普及，才有可能逐步摆脱误传历史知识。

现代主流传播系统，手段多样化，受众骤增，动辄上亿，是古代社会所无法比拟的。传播体系包括：①学校历史课教育。其中大学历史学系是专业性的，培养史学人才，高等学校公共课的历史课，中学历史课程。②大众化的历史读物。深入浅出的"历史小丛书"，图文配合的"图说历史"，普及本历史读物层出不穷,如 20 世纪 90 年代商务印书馆推出的《中国古代文化丛书》《中国古代生活丛书》。③讲座类型最引人注目,不妨以央视的"百家讲坛"为代表。④现代影视、图书传播系统。试图正说的历史剧,秦、汉、唐、明、清等朝代的帝王戏充斥影视剧舞台;戏说历史剧不胫而走;历史小说很多,如二月河的康熙、雍正、乾隆三帝的长篇之作。历史小说与历史影视剧的创作关系密切,小说《雍正皇帝》成为电视连续剧《雍正王朝》的创作主要参照物。

　　历史知识的传播,从书斋、课堂、戏院、剧场,进入广播台,特别是电视台,从以绢帛、竹板、纸张为载体,进到以影视片、光碟为载体,主流与非主流传播系统有合流的趋势,读者、观众、受众大量增加,历史知识向普及方向快速发展。这种转化,亘古未有。由此我想到:①史学工作者应为史学知识大众文化化而努力,走出同行的小圈子,走进通俗性讲堂,撰写通俗读物,要把研究成果让大众来分享作为努力目标。②给历史知识传播者以尊重和应有的地位。"百家讲坛"的演讲者,或被戏称作"说书人",也有学者不屑于上这种讲台,认为层次不高,有失身份,或被人议论为不务正业。因为在古代瓦子里说书的,是学问不多的人,没有功名,社会地位低下,让人看不起。可是今日的演讲者,是专家学者,是大学教授,他们乐于做历史知识的普及工作,是好事,应当欢迎,需要尊重,也应当感谢。至于演讲内容有需要讨论的,是正常不过的事,能够开展讨论最好,当然这要有良好的社会环境,否则不可能。③准确认识文艺作品、影视历史剧传播历史知识的作用。古代说书人、话本、历史演义、现代历史小说、历史剧、历史题材的影视片,都起到某种传播历史知识的作用,并以其知识、艺术形式娱乐受众、读者。如一些主人公的名字、生活的朝代、活动的地域往往是实有的,从中让我们知道一些人名、地名、朝代名称(如明朝、万历),这也是让人增长历史知识。至于我说"某种"作用,是指文艺作品、影视剧有编造历史、歪曲历史的一些问题,以至肆意编造的恶劣情形,所传播的远非真实历史,甚至造成历史知识的混乱,有其副作用。但是从受众乐于接受的情形看,从一种传播方式看,另一个角度,也就是积极意义的角度观察,史学家和社会应该感谢文艺家对某些历史知识的传播。

　　民众从各种途径接受历史知识,是中华民族喜好历史的传统的表现。自孔子作《春秋》,司马迁著《史记》,以后历代形成的"二十四史""二十五史",代代相因,不绝如缕。史学发达,中华民族值得为此而自豪。我国邻邦南亚、中亚诸国的中古历史,有的要到中国人的记载中寻求历史资料(如玄奘的《大唐西域记》），难道我们能不为此而庆幸吗？我们应当充分认识历史的重要性，用为立国的资源，智慧的源泉，生活乐趣的一种所在。国人需要历史知识，大众传媒与此相配合、相得益彰，我企盼以后传媒、文艺家与学者的结合日趋于好，把多姿多彩的历史呈献给读者、受众。至于主流媒体给演讲者定题目，讲什么题，不讲什么题，乃至讲题中某种观点，由操持话语权的机构来决定，并非受众自然选择，这是尽人皆知的情形。有些选题是令人讨厌的，从而遭到一些诟病，是情理之中的事情，我亦有同感。这大概是难于改变的状况，对此我不知道说什么好。我仅就到目前为止的"百家讲坛"而言，以后谁知道会有什么变化。

采访者：冯先生，我感觉现在我们这一个年龄段的人，更多地依靠网络上获取知识。这已经成为年轻一代人学习历史、普及历史知识的重要途径。您对此有何看法？

冯尔康：我有时候也要到网络上去看。我看到过有关"雍正继位之谜"问题的讨论。特别是康熙遗诏，满文本的康熙遗诏在台湾公布之后，大陆反响很快，也挺大。有的人认为原来雍正是被冤枉了，他就是根据康熙遗诏继位的。也有人说，遗诏是雍正做的嘛！既然是他制造的，当然他就是篡位者。我都不同意。尤其是"他做的就是造假的"，那是因为不了解帝王遗诏的书写历史产生的误解。接下来，第一历史档案馆就把该馆的康熙遗诏还有一些其他的重要档案文献，做了一个展览，那以后网上的帖子非常多。我就感到网上对历史问题是很关注的。从内容上看，多数人是有兴趣者，而不是研究者，可见是值得注意的。我最近又把《雍正传》《雍正继位之谜》改了一遍，对网络上的看法做了一点回应。我觉得这是有必要的。网络上的文章，信息快，信息量也大，有必要浏览，特别是查一点资料，但是做历史论文，需要基本功扎实，需要认真地、系统地阅读原始材料，阅读有代表性的著作，只看网上的杂泛之作，太不够了。这是我的认识。

采访者：那就是说，这两本书您最近可能又要出一次？

冯尔康：是的。都增加了不少内容，增订本《雍正传》，我估计大概要超过55万字的篇幅。

采访者：听说是图文并茂本？

冯尔康：不敢说图文并茂，图是有100多幅。这个跟我说的历史知识大众化有关系。你既然要给大众看，就配一些图，可以提高阅览兴趣，给人以直观的知识。你用文字说了半天，他还不清楚呢，一看这图，就晓得了。尤其是民间的人士比我们坐书斋的人更懂得看图。因为我们太注意文字了。有一些人从生活中学到这些知识，再看一下图，可能比我们更敏感。比如说家谱和祭祀中的一些细节问题，民间人士就容易知道。他家里就这么做，家族就这么做。我到江西、湖南、江苏农村进行家族史调查之后，就有深切的感受，一些农民知道编纂、印刷族谱的整个过程，而我们只是看到结果，就是纸质本族谱，感到很多东西不如民众知道的多。我做插图，也是用图跟读者对话，希望视觉资料更容易让人接受，效果好一些。

采访者：冯先生，您的看法我是特别地赞同。史学工作者的一项重要职责就是要把史学知识大众化，然而是否会保留一些阳春白雪的经院式的东西？能够大众化的就大众化了，不能大众化的怎么弄它也大众化不了。

冯尔康：您这个问题非常好！非常对！因为大众化是大众喜闻乐见的那些内容。此外呢，比如经济制度史很枯燥，很难把它说清楚，那是研究者所研究的，很难让大众阅读。我不止一次地说，我们的工资条，拿起来看，不懂啊。因为它有十几项内容，十几项里头每一项究竟是什么含义，只有去问会计。这个今天我们当事人都不知道。后来的研究者能够说得清楚吗？除非有很多详细的档案记录。可是越是通常的东西，越不记载，因为好像大家都晓得。连自己的工资单都看不清楚，你还想把经济史里的那些制度性的东西全研究明白？有很多是弄不清楚的了。专家很难搞清的事情，你跟大众讲，他当然没有兴趣，不过专家还是需要去钻研，争取弄清楚，至少尽可能地明白一些。

有一点要强调一下，就是中华民族喜好历史的传统，我觉得是中国人所特有的。大概是因为我们民族历史悠久，民族文化一直传承。世界上这么喜爱历史的可能就数中国人。因为我们的文化没有断，有这个资源，而且形成传统，一直保留着。这样大家也喜欢看历史题材的作品，就中有艺术的、文学的、史学的。这一点和其他国家不一样。有的国家只有几百年的历史，哪有那么多传承、那么多历史故事啊？我在外国参观过一个家族的庄园，内有该家族的家谱，其实就是画的一棵树，树根、树枝上写着人名。所谓"Family Tree"（家族树），一点不假，哪有中国族谱那么复杂、丰富。我也参观过几处西方的溶洞，似乎没有多少神话故事。而我们那些溶洞啊，一到桂林七星岩就听导游跟你讲好多故事，像《西游记》那些神话故事。我们今天还在造历史：比如在山东梁山弄个水浒寨，过了一二百年，可能几十年，这就成了当年宋江的水浒。制造者把《水浒传》《西游记》也当历史来用。中国人喜欢历史,所以能够接受。而我们则有责任,把真实的历史去讲出去。我这里还想说一下唐太宗的"以史为鉴,可以知兴替"的话。唐太宗真是重视历史,二十四史中,唐朝修了八部。《晋史》《隋书》都是唐太宗主持的。正是因为社会上层重视,再加上科举,所以在知识界一直重视"史鉴"。我们很多明清以来的笑话,就是某人中举人了,中进士了,但是对于历史典故哪个地方用错了,这就成了笑话了,就是说那是你必须知道的。可我们现在的专家、科学家,有说不懂历史就成为笑话吗?没有。所以说古代,历史的地位还是很高的,现在社会正好倒了。可能历史还是要尽量从高处走向民间来。阳春白雪始终还是需要的,但是下里巴人的世界大得简直不得了。现在是为大众化而大众化,到了富裕社会之后,都平民化了,是自然的大众化。你说现在古典的东西,爱看的人有多少?西洋古典音乐被摇滚乐代替了,清朝人原先认为的雅部昆曲被花部京剧给取代了,慢慢地又是样板戏,唱腔简单,比原来的京剧简单化了。所以我总认为应该往下走。但是阳春白雪确实是应该保留的,因为有些东西,大众不需要,而那些总结性的经验、高雅的东西、给某一层次的人观看的、欣赏的,还是需要的。

刚才谈的历史知识的通俗化、大众化,是史学功能的一种表现,即满足民众对历史知识的需要。史学功能是多样的,也是在发展的,并非是一成不变的。其功能主要有史鉴功能、教化功能、社会功能,等等。史学功能在演变,政治功能在弱化,社会功能在加强,人们需要从历史知识中得到智慧的启迪和获得知识的满足、享受。历史学传统的功能受到限制,专业人员被社会冷落,必须向从事社会功能的事业方向发展,这是原因,也是趋势。史学功能的转化,同我国现代化事业发展、社会转型密不可分。现代事物的发展变化,真正是瞬息剧变,从文化上讲,过几年,就形成一代人,传统的历史经验的积累,已然跟不上应用,所以史学功能不得不向社会功能方面转化。此乃历史发展之必然。

二、小议历史人物的评价标准

采访者:冯先生,您能谈谈对历史人物评价标准的看法吗?

冯尔康:好的。历史人物评价标准的讨论,20 世纪 50 年代、60 年代前期讨论得很多,提出了很多的标准,我想那个作为我们过去的遗产,我们今天还是有所继承,有的还有效,大家还会遵循一些。

我先讲道德和政治关系的问题。流行观点就是评论人物的功过,主要看其对国家对社会的作用,道德这个问题是比较忽视的。我认为道德标准不能忽视,不能长期处于非常次要的地位,也要适当提高它。关于道德标准对于人物评价的作用,可能做起来比较有难度,资料少,这是一个问题。还有一个关键问题,因为对人物政治定性之后,如果是一个肯定的人物,我们就不愿再从道德等其他方面来考量他。因为政治是大节,道德是小节,不要拿小节去苛求历史人物。像白居易,过去虽然也给他定性为封建官僚,但又因为他揭露政治黑暗,说他有人民性。就最近我看的评论讲,对他有一些微词,比如他对待女性,对待家妓那些态度,像他这样已经上了岁数的人,还要几年换一个家妓,当时道德是没问题的。过去没人说,今天有人提出来,说白居易这人挺坏的,这就说的道德问题。我是想,人物评价,道德方面不可忽视,不能全然不顾,然而要实事求是,既不要苛求,也不要忽略不计。这种话好说,做难做。我写《雍正传》,说传主是改革家、杰出帝王,这政治方面似乎容易下结论;我又说他杀害、迫害兄弟、功臣,性格残忍,喜怒不定,说假话,篡改文献,可是在道德方面就总括不起来,这当然是自身努力还欠缺,同时少有借鉴,也不无关系。因此,这需要众人来努力,在历史人物评价中不要忽视道德的分析。

接下来我想谈谈"几分法"的评价方法问题。几分法是 50 年代提出来的。它的提出,我理解是为肯定"正面人物",如对斯大林、赫鲁晓夫批判之后,中国就使用几分法,去肯定斯大林功大于过,是正面人物。以后又有成绩和缺点是九个指头和一个指头关系的提法。这本来是政治的问题,却由我们史学界用来作为评价历史人物的标准了。这个几分法,大家现在还在用,对历史人物也是这样。这里头有个问题,这么一分之后,往往容易使得我们忽视他的另一方面,所以我提出质疑,就是在这。它类似于传统的区分好人、坏人。三七开、二八开,首先是定成一个好人,只用在正面人物身上,没有说倒二八开的,坏人不用这个标准。你看我的思想方法就是这样,坏人那几分好就不提了,提了就是给坏人翻案,给坏人说话。那你立场有问题。另外,对于大人物、小人物这个标准历来是不同的。从古到今都不同,给大人物就网开一面,小人物小节就是大节,大人物小节无所谓,不足道,这些例子俯拾皆是,不必枚举。问题还不仅是对大、小人物评价标准的不公允,而是撇开大人物的道德问题,成为几分法评价体系的一种。几分法成了专给大人物、正面人物说好话的评价方法,不无偏颇。几分法并非不可用，而是需要全面评价一个人，不因其为正面人物，就以偏概全，为其遮饰。

采访者：冯先生刚才说的白居易这个问题，在他生活的时代，当时的道德和法律都是允许的，这是符合当时的情形的。我们今天评价它，是站在当时他那种情况下评价他，还是说以现在的标准来议论他？我觉得还是应该拿到历史中去，拿现在的事来说过去还是不好的。

冯尔康：您说得好，这正是我注意较多的问题。评价人物需要考虑个人与时代的关系，要关注历史人物的"时代"，您说要拿到历史中去，我也是这么想的。20世纪60年代历史学界讨论"历史主义"评价方法，提出不要以前人不可能做到的事情要求他们，苛求古人，这一点我觉得非常重要，非常对。但是今天我们需要进一步地认识了，要回到历史的那个时代，回归历史，回归文本，注重历史时代的那个"当时""当世"，观察当时人的信念、价值观念和利益，做出历史之理解和说明，而不是以后世的义理、后世的利益、留给后人多少东西为旨归去做评价。我觉得评价历史人物，要立足于古人对当世的影响，来做出评论，要回到他所处的时代，考察他对当世做了哪些努力来改善当时人的生活、生存状态，他能够做什么，做出了什么，不可能做出什么。评价以对当时社会的作用、影响为主要考虑的因素，以对当时社会作用为主，对后世影响为辅，这就是给人物定性的主要方法。就此，我想从四个方面稍微具体地谈谈想法。

一是"盖棺论定"与后世价值观的问题。盖棺论定，是说人已故去，不能有新事，故可论定，着眼点是放在他对当世的影响。他是为当世生活的，为当世人做贡献，他的作用也在于当世。他主要不是为后世来生活，这是现实。他的生活是现实的而不是理想的。当然也有古人考虑到后人的，为后人做一些事情，那是一种富于理想的人。然而盖棺论定也并非绝对的，原因不外是其人其事原来隐而不显的部分，后来彰显了，或有过誉而降低了，这也是由对其认识从表面到深刻，或者是后人的评价体系有了变化，就是标准变了、是非观念变化了。以对曾国藩的评价为例，前后极不协调。19、20世纪之际、民国前期，梁启超、蒋介石、毛泽东给予高度评价，与抗战及以后，范文澜的冰点评价——《汉奸卖国贼刽子手曾国藩的一生》，严重反差。20、21世纪交替之时，对曾国藩有所肯定了，或多所肯定了，所以曾国藩没有能够进入"盖棺论定"的境地。后世人的价值观念总在变化，使得历史人物难有定评，这也许就是有人说的

"历史就是当代史"吧？历史不又成为任人打扮的小姑娘了吗？我想，在某些方面可以用现代人的价值观念去分析古人的行为，注意，仅仅是古人的行为，但是万万不宜用现代人的价值观念去评判古人，要求古人，给古人定性。

二是当世利益与后世利益的认定标准有无统一的可能。历史上人们的当世利益与后世利益肯定不会一致。如秦朝二世而亡，是当时人为当世利益对他的否定，他滥用民力，超过民力所能负担，所以群氓揭竿而起推翻他，虽说六国贵族亦行参与，毕竟是民众力量的结果。但是秦朝的建立及其制度从对民族、国家的长远利益和发展来看，有其积极意义。显然秦朝末年人与后世人有巨大分歧——当时人说是暴秦，后世说是促进民族、国家的发展。如何综合评论秦始皇的历史地位？这就涉及当世利害与后世影响的关系。秦朝对民族、国家后世的发展有利，民族、国家得到巩固发展，应予肯定。前人为此有所牺牲有其价值，有某种必要性，是为子孙后代造福，但是牺牲应当有限度。若对时人与后人的利益有冲突，不能以牺牲当时人的利益为准，在长远利益与目前利益兼顾中，只顾后世，不顾当时人的利害，这是后人苛求于前人，是后人自私的表现。当世的标准和事后的价值评价，这种分歧能不能统一，这个我是考虑了，这个似乎统一不了。也许能统一。就说我们能有一种学说，把这个对当世好，对后世不好，或者反过来的情况，我们能有一种说法，能够成一说吧。我考虑这问题，反正是没考虑出来。我们后世形成的民族、国家至上的观念，在这种情形下，很难产生一种理想的说法。不过话说回来，我还是想说，"盖棺论定"，后人不要以后人的是非观念对历史人物进行评价。

三是个人利益与民族、国家利益关系问题在人物评价中的作用。个人和国家不能放在对立的位置上，这是咱们今天的理解，原来历史上很长时间没有这种观点。现在我们要讲重视人了，讲人权了，个人不是国家的附属品。是的，只有国家强了，老百姓才有地位，所以要求个人牺牲来维护国家，历史上形成了为民族而牺牲的精神，像"留取丹心照汗青"，这是我们共同接受的理念。为了民族牺牲算不了什么，这是我们民族共识。不过事情不能是单方面的，应当是双向的。国家与个人的利益互为一体，个人为国家流血牺牲，国家应该爱护子民，保护子民。传统社会没有公民权，近现代社会是必须具备的。今日在强调个人爱国的同时，应当注意国家对公民的态度，对民众的关怀与体恤，才不偏废于一端。比如国人在外国遇到突发事件，国家应帮助克服困难，乃至派专机接回国。个人与国家长远利益的矛盾，很难统一，不能在人物评价上完全要求个人符合国家长远利益。因此我们做人物评价的时候，也应该考虑这个。你不能光讲个人来牺牲，你也要讲政府、民族、国家给他们什么，要把这个放在我们评价体系里。

四是在野派、清议派与当权派人物的评价，如何顾及社会理想与历史实际的问题。理想与实际对立统一的问题，这个也是我经常思考的。我们读史书，往往读的是官方正史。不得意的人、非主流的人写的书，过去所说的野史，对于这个要特别注意，常常是野史中记录某些历史的真相。但是我觉得这里头要特别警惕，就是野史中不同意见的说法，往往偏激一点，他跟实际情况有脱离的一面。具体来讲，执政者和在野者，你不管哪一朝哪一代，都有这个分界。所谓清流，清流在野，即使在官也不占主流地位。清流所提出的一些问题，所揭露对方的一些问题，历史家评论，常常用清流的这些资料，按照清流的标准来叙事。这个我觉得有对的一面，也有不客观的地方。因为执政者和非执政者看问题的角度不同，非执政者看问题，有时太过理想化，有太多的责难，不了解执政者的难处，你在旁说风凉话、便宜话，那好说，而且头头是道，还真是相当准确。可是这个事，让你做你怎么办？就《马关条约》来讲，李鸿章给定为卖国贼，条约是你签字的，那理所当然你是卖国贼，你今天给他翻案也不好翻。你站在另外一个角度看，你说当时应该怎么办？被日本打败了，现在必须结束这个战争，《马关条约》《辛丑条约》都是一回事啊！你老佛爷跑到西安，要不要回来？现在处于战争状态，你要不要结束战争？你要结束战争，你就得签这个条约。你打又打不过人家，战争必须结束，条约必须签订，那怎么办？总得有个人去签字。那么充当这个角色的就一定是卖国贼，在野的人可以骂你是卖国贼。执政者他有苦难言，李鸿章不也推辞吗？不想去。但是还是让他去了。外国人说我就认他，是吧？《辛丑条约》不就是吗？非他出山不可。你说他怎么办。站在清议的立场上，你当然要骂他。可是一个务实的人，你怎么办？因此我说像李鸿章这样，他在跟日本、跟八国联军谈判时，是怎样一个态度，很是关键。我是失败了，要赔款，要割地，我到那是讨价还价，还是不讨价还价，我就奉送给你，还多送给些。李鸿章显然是讨价还价的，对不对，他也只能采取这种态度，最积极的办法就是讨价还价。因此他签字，这个你要客观些，不要对他责难太多，适可而止。中国是被打败了，签订了不争气条约，丧权辱国，但是他个人有多少责任？他是代表政权去签字，不要把他定为卖国贼。如果他在当中还想讨日本人的好，还想割的更多一点，那他是卖国贼。所以我就觉得评价执政者的时候,要客观,要着眼于解决实际问题,你不要光看理想,也就是说理想和实际是两回事,你要处理实际的事情,而不是我的理想应该怎么办。在革命年代,按理想评价人物,是为宣传,当时亦不见得相宜,后世更不足为训,也不可延续。

采访者:这边我有一个疑惑。就是发现自己在做人物传记的时候,有时候不自觉地觉得自己研究的人物越来越可爱。有时候自己很难跳出来。我不知道这个是不是常态?我们研究是不是经常会遇到这种问题?

冯尔康:这个可能是常态。您对他了解越多了,就理解了。他的弱点也就看清楚了。哦,他为什么会这么做,就所谓理解了。不过我想研究后,应该跳出这个。站得更高一些,全面来看事物。

采访者:冯先生,关于历史人物的评价这一块,你看看还有没有要补充的?

冯尔康:我还要谈下关于"历史是胜利者来书写的"的问题。有文学家说"历史是由胜利者来书写的,文学却总是为受难者说话",笼统地说这也不错。我要讲的,倒不是站在历史学的角度跟人家辩论,不是这意思。历史确实是给胜利者写的,那是不争的事实。李世民胜利之后,李建成就成为一个完全没有作为的坏人,这违背历史真实,抹杀他在建立李唐、反隋中的作用。这就是胜利者所写的历史。为胜利者歌功颂德,总结经验,此乃史学主流,但是我们还应该注意到历史也有另类,有另类作者撰写历史,为失败者张目,或揭露胜利者。另类作者,有史家、作家、散文家,史诗在某种意义上也是史书。诗人写战后的萧条,如清代发配到东北的"流人"写叶赫城之为废墟,无意中写出战争的残酷,真是"一将功成万骨枯",就不是为胜利者而抒发。史学家也非清一色歌德派,起码司马迁就不是。司马迁非得给陈胜来个世家,这是我们大家都知道的。他就不以成败论英雄。史家强调公正、客观,董狐之笔也是有的。可见历史在人们的心目中还是有公正客观性,所以说历史也不是清一色的为胜利者歌功颂德。

总的来讲,我们对待历史人物,重在理解和说明他的行为,关键是在这。我们如何理解他的时代,他的作用,去加以说明,说明他为什么是这样,他为什么不能多做一点。你说求长生不老,反正大人物想这么做的不在少数,我们今天看了有点奇怪,但是我们理解他那个时代就行了,我们对他加以说明而不是光是批判,为什么秦始皇老受儒生的愚弄,非得去海上求仙人去,那么大的伟人,怎么老受愚弄。你得解释这个现象。你说唐太宗那么伟大的人物,就是立太子的事让他难上又难,最终也不能说解决得很好。你现在说康熙,好像没多少毛病,可是太子问题始终解决不了。关键我想就在说明它,而不是只是说他不对。

另外,历史人物评价要准确,即使有完善的评价标准也不够,我想实践中特别需要警惕的就是这样那样的社会思潮的影响。大家很容易被思潮所左右,然后就很难客观,就把评价标准抛弃在一边了,是不是?早些时候,比如我们刚才说的,一切有阶级帽子,一戴就解决问题了。现在好像又反过来了,一切都是精英了。我在一篇文章里头说到,清代的皇帝研究,现在有一种风气,一切都肯定了,都是好皇帝了。这个就是一股风、一种思潮。现在整个来讲,不是像上个世纪批判的时代,好像变成褒扬时代了一样,所以我觉得真是值得警惕。还得实事求是,还得注意评价标准问题。好,人物评价就说这些。

三、多种方法论的并存

采访者:我们刚才讨论了史学传播和大众化的内容。我们知道,您多年从事微观的实证研究,同时认识到实证研究应提升到理论层次。接下来给我们谈谈对历史方法论的看法好吗?

冯尔康:好的。关于方法论问题,我首先谈谈个人慢慢悟出来的一种经验理解,就是史学方法论是怎样产生的。史学研究法不是外界给我们加来的某种理论,而是我们从研究实践中总结出来的。我们做历史,怎么做?我们在研究过程中悟出来哪些方法是可取的,哪些是可以讨论的。我做这个工作几十年的体会,就是外界的理论不一定契合。我本人早先是朦胧地学主流方法,随后自觉地学习阶级论方法,再后来主动了解西方新史学方法,而实证方法始终伴随着我。比如说做社会史,当初什么是社会史?首先就面临这个问题。你要研究这个,你给不出科学定义来,也得讲出个道道来,否则你如何进行。当初我想到的,不能说一点历史研究根据都没有。但更多地考虑一些理论,是从其他学科借鉴一些东西。借过来不能说一点作用都没有。但是更多的什么是社会史呢?我后来在研究中慢慢地领会得多了一些。我于1998年参加在苏州大学主办的社会史研讨会,提交的会议论文中正式提出从社会史研讨史中提炼研究法的见解,主张更多地从实践中来认知方法,不要专从纯理论上探讨。

2002年又写出专论文章,2004年出版《中国社会史概论》,讲了这个认识过程及社会史研究法。从80年代初开始到1998年我用了差不多是20年的时间。就是这个方法论,我是从研究当中总结提出来。真正的社会史研究法不可能是飞来之物,它完全是社会史学者的群体实践,研究实践当中选择的产物。

关于方法论,我还有一个基本想法:方法论是从简单到复杂,从简单到多样,不是一成不变的。它是在史学研究的实践当中来丰富发展的。我们的研究丰富了、实践丰富了,那么我们再提炼出方法论来,也就丰富发展了。所以它是多元发展的。对于中国古代的史学,我们历来称之为历史编纂学,其实古人那时候编撰是有观念的。但我们后人,总认为自己高明,不承认他有自己的观念,或者说,他的观念不对,所以我们称为编纂学,也就是编纂资料学,就是排比史料。实际上司马光怎么没有史观,司马迁怎么没有史观?实证史学,我现在把它分为两种。一种以胡适为代表,较多地吸收西方的实验主义观点,强调的是科学,历史也要像科学那样来做验证。这种实证方法被认为是科学方法,当时是时髦的,是新的研究方法。当然他应用考证方法,吸收了乾嘉考据学,但是他命题本身,其实证史学、实证方法还是从西方来的。另外一派的人并没有更多地强调科学性,他们从传统考据学吸收得更多,包括陈垣、邓之诚、吕思勉、陈寅恪、罗尔纲,一直到季羡林这一代。这两派到我上学那个时代,就是50年代,尽管批判胡适,可是一般地看还是认为是研究方法。而陈垣他们这一派谁也看不上。但是我今天回过头来讲,把他们作为两种,都是实证史学,但是其中后头这一部分人,他们更注意材料搜集,从材料出发来下结论。先有那么多假设干什么?我们先看看,看看材料,从材料当中能得出一些什么?前头那一派,先得出一个设想,就是可以大胆假设,它是假设,不算结论,先有一些假设,然后你再小心求证。

采访者:冯先生,在实证史学里边,您怎么看待史语所第一任所长傅斯年,还有顾颉刚?

冯尔康:傅斯年呢,更多地是和胡适一起。顾颉刚呢,我是不太敢说,他也是胡适的学生,也是按照那种观念指导下来进行的民俗学和史学研究。

采访者:冯先生,我想谈一下我的看法。我觉得顾颉刚的主要观点当然来自胡适,但他不是走得更远。傅斯年还是有些不一样。因为从德国回来,他所强调的是兰克史学。虽然他很多思想来自胡适,但是他本身的方法,特别是他在史语所的发刊词、史语所的工作日志,显示他跟胡适还有一些差别。

冯尔康：对，就是说都有他们的特点。比如说我们分成两派，或者三派吧，傅斯年单独。因为那是从德国学过来的，而不是从英美。他把历史语言当作历史研究的资料。他更强调材料，他的"史料即史学"的话怎样来理解？这个我觉得不必纠缠，老是责备他，没有这个必要。就是说，我们明白他的意思就是特别强调史料的重要。我们历史学要是没有史料就根本谈不上成为一个学科。我只是读过顾颉刚、傅斯年的少量著述，没有专门考虑过他们在史学史中的地位和特点，所说可能是无知之谈。

采访者：其实我为什么这样想？现在我接触一些做史学史的人，有关20世纪的史学史，这两个人的著作是必读的，避不开，都要提这一点。

冯尔康：傅斯年在台湾，我们从学术上看，他被纪念的程度，比胡适还厉害。傅斯年的墓就在台大，占据校园里的一个角落。那是非常不简单的。史语所图书馆，就叫傅斯年图书馆。这是两个学术权威机构，一个是著名学府，一个是"中研院"。

采访者：冯先生，"阶级论"史学现在可是一个事，我有两层想法。一层就是说如何作为一个真正的学者的话，应用马克思主义阶级分析论的话，来分析历史上的真实，无论他正确与否，他是以一种科学的研究，一种审慎的态度去对待这件事。第二层想法就是说有些人是投机的，因为新中国成立以来，就是以马克思主义为指导的，你离不开这个指挥棒。您怎么看待这个问题呢？

冯尔康：我想这个要区分两种情况。一种是作为一种学术观点，一种是学术研究的方法。你如果相信，那完全是你的权利和自由，因为你是真诚的信仰。这是值得尊重的。还有一种情形那就是为了个人利益来讲这些，是迎合某种需要，不是发自内心的。另有一种情况，这种情况可以说很少见了，就是在不得已的形势下我得表个态，那不是他的真实思想。反正我觉得作为一种信仰来讲的，这个是非常值得尊重的，大家来共同探讨，学术上来讲，应该是各种方法。因此我认为我们研究应该是多种方法，不应该排斥什么。为什么现在不大讲这个问题？因为我们讲得太多了，就好像做社会史的时候，英国人威廉最早提出来，把政治史排除了就是社会史，他是采取排除法。后人可以诟病他，说他不对，但是我尊重他这一条。他开创的时候，他不可能那么科学，弄出那么严密完整的一套定义，但是他提出来一个，就不简单。当时历史就是政治史、军事史、外交史，一句话是政治史。在这种情况下，想扩展历史的研究面，暂时排除政治史，先研究别的方面。我在80年代初期就这么想。我不研究阶级斗争史,当然我也不说排除。讲政治史,讲阶级斗争史,讲了那么多年了,我们得研究点别的东西。如果我还在继续讲这个,那新的东西怎么研究?在这种情况下,我想人的认识也有发展,将来对问题的处理,也会前进。比如社会史一开始排除政治史,现在不是说政治史回归了吗?当然政治史回归可不是简单地复位,对原来的政治史来讲内容不尽相同,也是提高了。关于阶级论呢,我不提这个,我更多地是讲等级观念。阶级是生产关系的产物,而等级是政治产物,各个等级的社会地位、权利与义务由政治来决定,由皇帝、政府下命令来决定,甚至社会习惯势力来决定,和阶级不同。我认为如果讲历史,尤其是社会史,等级观点可能更适合,更能解释历史现象。

采访者:关于阶级分析的方法,说到乡村一些人的时候,是用地主阶级分子,还是用精英,或是别的什么词?如果叫您处理的话,您怎样办?

冯尔康:一般情形下我还是避免地主阶级这个称法,因为我有一个基本认识,就是中国古代社会是自耕农占多数的社会,国家和农民的关系,是主要的一对。这个农民包括自耕农,佃农、无特权身份的庶民地主。这些人中的自耕农、庶民地主,国家跟他们有赋税的关系。我认为这是基本的社会对立。所谓农民战争,就是纳税的农民反对朝廷的无厌之征,反对黑暗统治。此外才是佃农和地主之间的关系。这个对社会的基本认识令我一般慎讲地主同农民的矛盾,慎用地主一词。在观念上,习惯上,原来我们都把地主同封建连在一起,同封建社会连在一起,叫封建地主阶级。去年冯天瑜出了一本《"封建"考论》,他提出来不叫封建社会,就叫宗法地主社会,令地主同封建分开,有见地,然需要深入讨论。

采访者:冯先生,您怎么看待西方新史学?

冯尔康:西方新史学对我们很有启发。它大大扩展了史学研究的领域,我们遂有点亦步亦趋的味道。早一点的女性史、性别史,本来是从女权主义、妇女运动史发展起来的,按照我们中国学术习惯来讲就是妇女运动史,后来改成女性史,女性史后来改成性别史,总在不断变化、扩展这个研究话题。生态环境史我想就跟生态环境污染有关。为什么它会在 20 世纪 90 年代显著地提出来?因为六七十年代的西方污染比较严重,后来得到某种解决,在这种社会背景下,生态环境史冒出来了。然后就是社会医疗史,这些都在扩展研究领域。80 年代以前,我们的研究领域是政治史、经济史、文化史几大块,课题是很少变化的,都是大同小异。吸收西方新史学之后,我们的研究领域大为扩充,论题也新颖了许多。西方学者如果不随时更新,他找不到赞助。你要找赞助,你总是研究老课题,谁给你?商人给你钱,你的课题必须是创新的啊。所以西方学者经常研究新鲜课题。

采访者:冯先生,今天我们这个话题就告一个段落。您看有什么要补充的?

冯尔康:有一点是我原来没有说的,是关于知人论世法。我们的文学家好像更重视这一块。要理解一篇文章,必须了解作者,了解背景,要了解那个时代。其实历史学家也是这样。知人论世,我想可以把它作为一种方法论来看待。研究历史人物,应当留意他所处的那个时代。他为什么是那样生活?为什么做那样的事情?了解这个人,与了解跟他相关的时代同时进行。所以当初我写《雍正传》的序言,说到通过一个人,来看这个时代,那就是知人论世。我通过研究一个人物来了解这个时代,所以我说那本书也可以题名"雍正及其时代"。那时是自觉地将时代、社会与个人活动联接在一起,只是没有想到这就是方法论的问题,现在认为那就是一种研究方法。其实历史书本来就是写人物的,写人物传记的,《史记》写远古史,利用谱牒、《世本》的材料,这些就是人的家族世系,个人和家族的历史,《史记》本身也是人物传记为主,本纪、世家、列传,是个人及其家族史,这是主体部分,主题部分。《汉书》发展出"志"体,才使制度史在史书中有了一定的地位,但是始终处于次要地位。完整体例的史书是从人物传记发展起来的,所以人物传记是史学著作的基础、基本内容。讲历史,不讲人物,没有人物的活动,是有严重缺憾的史书,所以史学界一度批评社会史研究中只以函数的图表描述历史,批评只是描述事物而不见人的活动的著作,是很对的。大众喜好阅读人物传记图籍,更表明人物传记就是历史的见解。看来,通过人物了解那个社会、那个时代,知人论世,无疑可视为史学研究的一种方法。

总结一下我对史学研究方法论的认识,就是方法是多种的,应当不拘泥某一种。既然是多种的,需要宽容对待各种方法论,应该互相尊重。就是前面说的"几分法",我也不是反对这个方法,只是觉得它在被运用中有偏颇。尊重、宽容各种方法,我也是从历史经验来总结的。我们过去批判太多了,总是这不对,那也不对,在这种情形下令人无所适从,或自惭形秽。为什么当初陈垣要自惭形秽于胡适?是觉得自己跟不上时代潮流吧?人家时髦,我在后头,自己就有一点自卑。我觉得这个没有必要。在社会史研究当中也有这种情形,比如我坚持的,我的社会史研究就是研究具体的、可操作性的,似乎是琐碎的,不讲规律性,不引人注意,不是范式说的。但对范式说,我从来就是尊重。回过头来还是踏踏实实地做我自己的事,用自己认为合适的方法就行了,不必认为不如人。我坚信论从史出,让史料说话。而对史料必需考订、分析,即所谓"史料批判",严格遵守之。同时宽容地对待各种方法论。互相尊重,各自勿自惭,勿盛气凌人。唯如此,才能保证史学研究的健康前进。

四、海峡两岸史学研究比较

采访者:冯先生,关于海峡两岸史学研究的比较,我想先提一本书,就是邢义田、黄宽重和邓小南老师等主编的《台湾学者中国史研究论丛》。他们按各个断代,里面又分成几个专题,包括考古、医疗卫生、城市乡村、经济动脉、经济变迁,等等。他们把台湾几个比较重要的刊物,比如说《史语所集刊》《近代史所集刊》《新史学》《汉学研究》,以前的《大陆杂志》等,还有《食货》复刊中有代表性的论文又重新集中了一下在大陆出版。

冯尔康:这好,我原来不知道这部书,谢谢您的介绍。这部书集中了有代表性的论文,我想应当很好,大陆读者找这些文章就方便多了。

采访者:这一套书,邢义田在总序里面和各个主编者对各自专题,与大陆史学有一点点对比。

冯尔康:那太好了! 必定有学术价值。

采访者:您要讲的比较,和他们那样的比较是相同的方法吗?

冯尔康:就您所讲的,我跟他不一样,我是个案的思考多,也有专题性的思索,我要讲的是根据我所读到的东西和所接触的人的感受来谈这个,而不是研究性的,是感性的。我没考虑去系统地总结。我主要想谈两岸史学的交流影响,特别是在某一些领域,台湾史学对大陆史学的促进。两岸学者虽然在不同的政治实体下生存,但是一旦接触之后,给我的感觉并不陌生,不像西方学者,几十年不接触,那种新鲜感是不一样的。我们一开始开国际研讨会的时候,接触西方的学者,他们的思维逻辑、所研究的课题给我们的新鲜感多一些,台湾地区的没有那么强烈,就是不陌生。因为两岸的方法论、研究的课题许多是一致的,所以就容易交流。这是我的一个总体感觉。

在交流当中,在史学新领域研究方面我的印象大体上是这样:西方—我国台湾地区—大陆。因为台湾更接近西方,他们从西方受到影响。我们跟台湾接触后,又从台湾得到不少东西。我想讲一下个人感触。我做社会史的时候,在80年代的前期,当时西方的东西翻译得非常少,很难见到。我见到台湾大学黄俊杰编的历史方法论的论文集。他介绍了布罗代尔年鉴史学。我当时对社会史这个概念能不能存在,它究竟是做什么的,学科是怎么样的,没谱。当时天津社科院有个台湾书展,我在那看到了这本书。这一看啊,布罗代尔他们研究的内容,正是我想要知道的东西。看来提出社会史没有问题,它可以作为历史学的专门史。当时我就有这个想法,这是从他们那来的。后来1992年,我到台湾去,介绍了大陆社会史研究方面的情况,我说我当时很想找年鉴学派的书来看,但找不到。演讲之后,梁其姿,因为她非常熟悉年鉴学派,就给我送了一本书,我很高兴。那时我看了王汎森的一篇文章,在一次讲演中,我说王汎森怎么怎么说,后来别人告诉王汎森,谁谁在报告里提到你的文章了,这就是一种互相交流。我个人体会,当时新领域的研究,从社会史方面来讲,大致通过他们再到我们这。当然这不是唯一的途径,因为有的学者直接从西方来,但是那些学者一般影响比较小,因为他们多是从事世界史研究的,或别的行当的,他们对中国史不一定有深厚的基础,不能很快把新东西导入中国史研究。所以我说台湾史学界是一个交流的渠道。我们后来都知道,我们所说的社会史,台湾说是新文化史,他们把社会史这些领域,包括女性史都作为新文化史来看待。台湾新文化史的内容,后来在大陆相继开展研究。生态环境史、社会医疗史,就是他们较早开辟的,大陆受他们的影响不小。

大体上在80年代到90年代,台湾史学对大陆史学起着促进作用。尤其是80年代。它这个中介转传("转播")作用比较大,而到了21世纪我们就差不多了。我们不用再通过台湾这个中介了。特别是90年代末以来,往各个国家去的人很多,回来之后,他们就传播。但是台湾地区的一些研究,到现在还没有引起我们太多的重视。比如生死学,这是对人的关怀。我们在医学界方面,90年代,已经提出临终关怀的问题,是从医疗技术层面上考虑多一点。台湾生死学是由佛学院提出来的。他们有专门的杂志,正式提出生死学不仅是临终关怀、养生、死亡、安葬等一系列内容,哲学、历史学的观念,也在这个生死学里头,它涉及的面相当广,这个在我那本《中国社会史概论》里面有一个段落专门讲到了。大概也是在90年代前期兴起的,我们也可以把它归到医疗社会史里头。

当然,大陆在某些领域的研究也给台湾史学同行提供了新的信息,特别是给年轻学者。这是我的亲身感受。因为我在台湾讲课的时候,那些年轻的学者对大陆的书,很快就买了,大陆学者的研究信息也知道得很多。我还认识他们的一些书商,他们和学者联系得很密切,学者开会,他们也去。我们1991年举办的明清史研讨会,他们也来了。我看了一些学生的论文,参考资料里有不少大陆学人的论著。台湾出版了很多大陆的书。我们学院杜家骥不是在台湾博士文库出了一本专著吗?我的书,光是台湾商务印书馆就出了几本,有的是他们先知道,比如《雍正传》是他们了解信息之后,台湾商务印书馆总经理一行到北京举行学者座谈会,我应邀去了,开会时他们提出的。有的是我主动跟他们提的。他们出很多大陆学者的书,加上那一批博士文库,很多。可见大陆学术著作在台湾有市场。台湾学者从大陆的研究中汲取不少东西,特别是民族史、考古学,这两方面他们条件不如大陆。总体上来说,大陆可是队伍庞大,你这么多人,你一个人出一本书,就有很多了。我们这么多人做研究,写那么多书,确实有一些有参考价值,所以我觉得两岸是互动的,不光是我们学台湾,台湾特别是他们的年轻学者对我们的成果很关注。也就是说各有优长,互相交流。

　　另外我觉得有一点,就是两岸学者的理解和宽容精神。比如说我们大陆谈的那些概念,台湾学者不认同。说起"封建社会"概念,大陆学者把它的时限延续到近代,台湾学者认为封建社会就是周朝,你后头哪来的封建社会啊?但是人家理解我们的定义,在研讨会上人家不发表异议,我们就在这概念下来讨论,这不就是宽容么?我在台湾有一次演讲,题目是清初吉林"文化"问题(后来发表在《清史研究论丛》上面),是学术论文,但是讲到民族问题,提到东北早期就是中国的,有着"自古以来"的味道,与会者中有人暗笑,我感觉到了,但是他不提这个问题,不讨论。他们理解我的学术研究环境,理解你是大陆的学者。台湾学者到大陆来,我们也是一样。有一位先生来开会,他讲了一些台湾学者内部的事,他心里不平衡,到这里来发牢骚。大陆学者怎么能掺和到他们内部的纷争中去呢?所以不接他的茬,也就过去了。这就是理解。1985年我第一次出席香港大学主办的明清史学术研讨会,那次会议,是史学界两岸学者第一次大规模接触,各自有差不多20人参与,以前从来没有这么多两岸学者在正式学术会议上接触过。个别的接触倒有,是私人的。之前大陆学者和台湾学者都不可能见面。第一次见面在香港。见面后,大家非常地融洽。我写的雍正弟弟允禵改名的文章,庄吉发看到了,他也在讨论这个问题。午餐的时间,他对着我来了,我对着他走去。两人就交谈开来了,没有障碍,因为都是谈的学术见解。不是因为你是台湾这边的,我是大陆那边的,他不那样看待我,我也是那样的,是很自然的交流,没有什么隔阂。两岸学者毕竟还是同一个文化传承的嘛。但是我觉得,台湾学者也不讲你大陆什么事,大陆学者也不讲你台湾什么事。各自内部的事,自己去解决,我们研讨会,就是研讨会,讨论我们的主题。我想关于两岸比较就是这些!

采访者:非常感谢先生给予我们这么多的教益,我们这些人能够这么长时间聆听您的教导,十分荣幸。真诚地谢谢您!也真诚祝愿先生身体健康,期盼您写出更多富有启迪的史学佳作。

冯尔康:谢谢!谢谢你们来和我交谈,我这也是一次整理自己史学观念的机会,我的想法可能有不对的地方,说出来不过是交流而已,以后有机会,欢迎你们来讨论,并祝你们学业精进,未来成就卓著。

(刁培俊、夏柯、刘佳佳整理,原载《历史教学问题》2009 年第 1 期)

社会史的新研究与新思考

——专访冯尔康先生

陈:冯先生,您好! 非常感谢您接受这次访谈。您是新时期中国社会史研究的主要倡导者和推动者之一,从事社会史研究已有数十年的时间,而且一直保持着旺盛的治学精力,不断有新的著述问世。这次受《中国史研究动态》编辑部委托,想请您谈谈近年主要关注的问题。

冯:谢谢您来,我想这是我们一次愉快的学术交谈。说到我的研究,基本上是先前中国社会史研讨的继续,也有一点领域的扩展。主要精力用在宗族史方面,对研治清代宗族史和中国宗族通史用力最勤。此外适当进行了女性史、海外华人史的研习。清代天主教史原先基本没有接触,近年投入不少精力,为的是关注康熙史、清代政治史与教徒生活史。总之,我基本上还是围绕社会史做文章。

一、深入研讨古代宗族的社会属性与功能

陈:今天我们是不是先从您致力研究的宗族史谈起?“五四”以来很长时间里,宗族是个被批判的对象,新中国成立后一度遭到取缔。您是怎么开始关注到宗族史这个研究领域的?

冯:以往,包括我在内的激进分子、激进学人对宗族的态度是全面否定的。主流意识把族权作为封建主义“四权”之一予以批判,斥责它对族人的控制、迫害,是土地革命的对象。我是在 20 世纪 60 年代初开始接触宗族史的,其时我撰写清代租佃关系史研究生毕业论文,阅读地方志、学术笔记、家谱、文集和政书,我受的训练是,每读一本书,要全面搜集资料,不是只找与目前研究课题有关的材料,这样我在租佃关系史之外,获得不少妇女史、宗族史资料,认为都值得研讨。这时社会上兴起天天讲阶级斗争热潮,批判封建主义、资本主义复辟,而封建主义回潮就是农村有人修家谱。我本着史学研究为政

治服务的要求,觉得应该参与对封建族权的批判,所以我的宗族史研习是兴趣与为政治服务治史功能结合产生的。

陈:您在宗族史这个领域做了长期的研究,既有通史性著作,也有专题研究。就我所知,您近年来又有宗族史新著。比如出版了《中国宗族制度与谱牒编纂》,增订了《中国古代的宗族和祠堂》,并将与常建华、闫爱民、朱凤瀚、刘敏几位教授合著的《中国宗族社会》增订为《中国宗族史》,同时还发表了许多论文。请问在研究中,您有哪些新的认识?

冯:我想先说说用力最多的清代宗族史。这方面,我发表了30多篇专题论文和心得笔记。其中既有专论某一具体方面的,也有综论清代宗族特征的,还有论述记录宗族活动的族谱。

通过对一些具体问题的考察,我对清代宗族情况有了一些新的理解,比如相当一段时间内,宗族族长被看作宗法专制体现者,是欺压族人的恶人。但是我发现,这种看法有失偏颇。在清代,族长及其助手的产生常常不是通过宗子制继承的,而要经过族中部分人的协商遴选。族长能否出任、能否久任,没有自主权,出现问题甚至会被免职。族长行使权力也是受到一定限制的,要以族规、祖训为准则,又要受到族人"合议"的制约。为了光大门庭、提高社会地位,宗族常常会遴选有才德的族人担任族长,并要求他振兴族务、遵守国法、做到自律。宗族当然不希望有恶劣族长的出现。在这种情形下,族长一般能够持正主理族务。当然,由于宗族有其宗法性,族长有专制因素,甚至有的族长作恶多端,致死族人。但把他们都视为"青面獠牙"的恶人,就并非清代宗族族长的实况了。

又比如,以往清代北方宗族不被学界看重,以为与南方宗族不可同日而语。但我通过对清代祖坟的研究,发现北方宗族存在和活动的特点。很多北方宗族公共经济不足,难于建立祠堂,缺少祀产。但他们一般都有祖坟,而且特别强调昭穆葬制和祖坟建设。祖坟的存在令族人由观念上的祖宗认同,进而建立起组织团体,如"清明会"之类。这使得族姓由天然血缘联系变成宗族社会群体。祖坟与祠堂、祀产、族谱共同构成了宗族实体元素。尊重祖坟存在的事实,并以此为视角,就可以将北方宗族的状况透视得清晰一些。通过考察祖茔,还能为宗族编纂族谱提供实物史料。

我还专门研究了清代宗族的祭礼。我认为,清人在"礼以义起"宗法变革论主导下,改变宗族祭礼,突破朝廷的传统规制,祭祀始祖、始迁祖,并且通过这种祭祀,使得五服之外的族人聚合起来,宗族规模由此而扩大,成为社区的重要群体。

陈:听了您的这些具体研究成果,很受启发。您能否为我们概括一下对清代宗族的总体看法?

冯:通过对清代宗族诸多方面内容的探讨,我在《清代宗族的社会属性——反思 20 世纪的宗族批判论》一文,对其社会属性有了较为明确的认识,因而也对此前的宗族批判论做了反思。我认为,清代宗族是含有宗法成分的自治性互助团体。清代宗族确实含有宗法因素,但也不应过分夸大。宗族自治、互助的功能,适应了民众生存生活的需要,起着积极的社会作用。另外,清代宗族成为政府与社会之间的一种中介组织,促使贫乏的社区生活的面貌有所改变,有益于社会秩序的稳定,应给予肯定和尊重。宗族文化中的互助精神、自治意识、亲情意识是中华精神文化的宝贵遗产,是建设当代社会文明的有益资源。

陈:我觉得您的评价是客观的。从清代宗族的研究出发,您对宗族通史也做了富有建设性的研究。下面能否讲一讲您的中国宗族通史研究?

冯:好的。我对从商周至 21 世纪初年的宗族、宗亲活动做了分析,提出以三条标准划分宗族史的发展阶段,即宗族领导权掌握在何种社会身份者手中、宗族的内部结构及其成员的民众性、宗族生活中宗法原则的变化。据此,我将宗族史分为五个阶段。先秦为贵族宗族阶段,秦汉至隋唐为世族、士族宗族阶段,宋元为官僚宗族阶段,明清为绅衿与平民宗族阶段。20 世纪以来的近当代是第五个阶段,宗族开始进入宗亲会阶段,颇具现代社会的俱乐部性质,完全克服传统的宗法性,其实在宗亲会时代,"宗族"已经不是传统意义上的宗族了。

在宗族通史研讨中,我还梳理出中国宗族的四个特点。第一是具有持久性。宗族持续发展,可以说是从古至今始终存在的、唯一的合法社会团体。其他团体,比如合法宗教、行会,都不如它的历史悠久。第二是民众性。宗族将广大民众组织在它的团体之内。明清以后,宗族逐渐民间化、大众化,成员众多,结构也变得较为复杂,能够将广大的民众吸纳进去,成为民间最具广泛性的团体。宗族的第三个特点是,它是民间具有某种自治性质的团体。第四是宗族是古代中国君主专制的基础,在多方面影响着社会、政治、经济、文化面貌,影响着民间社会生活。最主要的是,历朝政府实行"以孝治天下"方针政策,这个政策在官制、教育、法律、伦理多种领域中落实,希望用"孝"、用宗族来稳定其政权。

陈:您第四点谈的宗族与国家关系,那么研究宗族史与研究中国历史是怎样的关系呢,请您谈谈好吗?

冯:我从中国历史研究法方面,对此说说我的认识。宗族史给我们明了历史提供了一个方法、一个视角。在一定意义上说,宗族史是中国历史的缩影。从组织形态上,国家的君主制和宗族的族长制性质是相同的,可以说,从上到下,家长制一以贯之。在很长时期内,国家、宗族的宗法等级性是一致的,社会的等级构成是"皇帝—贵族—官僚—士人—平民—贱民",宗族的结构式是"皇族—贵族宗族—缙绅宗族—衿士宗族—平民宗族"。宗族社会性与社会性质也是同步演进的。在古代君主制社会,宗族组织形式是族长制。近现代转型期社会出现了族会暨议长制。现代社会则产生了宗亲会会员大会暨监事会制。在君主专制社会,没有民主,民权极其微弱,极难建立各类团体,也没有政党,然而宗族始终是合法的。宗族一方面是政府的附庸,但另一方面也应看到其自治性。宗族是实行民主制的一种社会背景,也可以说是社会基础,是今日村民自治的前奏。基于此,我认为研究中国历史,可以从研究宗族史入手。当然,这只是一种方法、一个角度,不会也不可能排斥其他研究法。

陈:最近几年,您以徽州宗族为重点,又做了一些微观研究,您对徽学有兴趣是怎样产生的,能介绍一下这些研究吗?这种微观研究与宗族通史有直接关联吗?

冯:话又回到我的研究生论文上,那时我搜集的徽州、池州等清代社会史资料,在"文化大革命"之后的1978年就发表《试论清代皖南富裕棚民的经营方式》,后来也写过徽学文章,如2001年的《明清时期扬州的徽商及其后裔述略》。关于徽州的断代宗族史研究,促使我进一步认识宗族通史。比如我用中国宗族史上第四阶段的明清时期徽州名族与第二阶段的士族进行了比较,提出明清徽州名族是中古士族遗绪的观点。因为它们有一些相似的特点:世系绵延数百年,致力于宗族本身及社会的文化教育事业,撰写族史以满足宗族凝聚与出仕的需要,坚守门第婚姻、强调门当户对。在这些基本要素方面两者相同,但在出仕上,士族出任高官,长期掌握朝政,徽州名族则官宦无常,绝不能操纵政权。鉴于名族与士族表象的类似与实质的相近,可以说名族是士族的遗绪,具有传承士族文化的意义。

与此相联系的是对族谱编纂史的研讨。21世纪初，徽州政协编纂出了《徽州大姓》一书，邀我作序。我考虑从族谱史的角度对徽州大姓进行剖析。古代的宗族谱牒主要有三大类，即通国谱、州郡谱和私家谱。宋元以来州郡谱逐渐衰微，但在徽州却时有出现，比如元代陈栎的《新安大族志》，明代戴廷明、程尚宽的《新安名族志》。如今的《徽州大姓》，应该说是中古、元明时代州郡谱的传承，我称之为"当代的州郡谱"。2016年又有朱炳国编辑的《常州名门望族》问世，我也为其作了序言。我认为，这都与州郡谱一脉相承，可视作这类谱牒的余绪。从徽州名族、常州望族史，我看到宗族文化的传承性。宗族文化是中华文化宝库的有益成分，需要认真清理。

二、关注历史上女性精神世界

陈：刚才聊了您的宗族史研究，下面想请您谈谈在社会史其他领域的探索。您在1964年就写出《清代婚姻制度与妇女社会地位》的文章，后来又陆续有相关的论著发表。现在性别史已经成为学界热门的研究领域，请谈谈您在这方面研究的最新成果。

冯：女性史确实是我有兴趣的论题，1964年的那篇文章，因不合时宜，迟至1985年才发表。在90年代写过文学家袁枚的"袁家三妹"袁机、袁杼、袁棠小传及《古代著名沦落女子为何受褒扬》《清代节烈女子的精神世界》等文。2005年版的《清代人物传记史料研究》中，我专门写了"女性传记"一节，在"族谱史料"那一节中又列了"平民女子"一目。这些文章基本上都是我的读书札记。

近二三年，我集中研讨清代徽州才媛史，撰著了《清代徽州才女的文学创作生活与思想境界》《清代徽州贤媛的治家和生存术》《清代徽州贤媛出色的社会历史见识》三篇论文。我致力于徽州才女的精神世界及实践的探讨，有这样一些认识。其一，她们勇于诗词绘画创作，有的作品还自家或被文选家刻印传世，突破了女子无才便是德的主流意识禁忌。不过她们的作品往往以"绣余吟"为题名，反映了思想虽然有一定的开放，但也有局限性。其二，在她们吟咏社会、历史的诗赋中，表达了对时事的感受、对民生的关切、对历史的认知。她们痛恨乱世，向往安定的生活。她们不满世事的不平，追求公正世道，表达了对民艰的同情与济贫的愿望。她们对历史有浓厚的兴趣，臧否帝王外儒内法的政治思想纲领,主张以智慧和事功作为评论历史人物的标准。她们讴歌历史上的杰出女子,为女性争取应有的历史地位。虽然她们对史实的掌握并不多,但对一些事件、人物的认识却很准确。有些认识今日的史家也不过如此,令人钦敬。其三,清代徽州贤媛中有贫困人家的寡妇、主妇、女子。她们凭借女性特长,靠纺织、缝纫、刺绣获取生活来源,有的还像男人一样做塾师、堪舆师或卖画来养家糊口,成为家庭的顶梁柱,以至培养儿子成才,光大门庭。她们治家的才能,表明女性具有很强的独立生存能力。

从文章题目,您可以看出我关注于女性的精神世界,因为思想观念常常左右人们的行为,女子生活圈,或者说社会圈狭小,思想观念难于更新,所以有一点一滴的变化都值得研究者捕捉。人们常说"爱情是文学的永恒主题",人们还说"家庭是永恒的",姑且不论这个话准确与否,但是我认为家庭的真正主角是女性,因此我讨论女性史和女性的思想意识。这也算心态史研究吧。

三、我为什么研究清代天主教史及从中悟出中国历史的哪些特点

陈:我注意到,近年您将天主教传教士在清代的活动、对中国的观察记录、清朝顺康雍乾诸帝对天主教的政策,特别是康熙帝与传教士互动的历史作为一个研究方向。为什么选择这个专题?

冯:我做清史研究,清代天主教史自然也包括在内,但这不是必须要进行的内容,可以说我做此项研究有契机、机缘、学术上"知耻"诸种因素。契机是2011年10月到2012年1月台北故宫博物院举办"康熙大帝与太阳王路易十四——中法文化交流大展"。其间,台北故宫与北京故宫联合举行了"十七、十八世纪(1662—1722)中西文化交流"学术研讨会。我应邀出席会议,会前应台北《故宫文物月刊》之约,写出《康熙帝与路易十四帝王的共性》(刊登在该刊2011年12月号),会上,我又为友人陈捷先教授的论文《康熙帝与中西文化交流》做引言人,预备了讲稿。会间参观"大展",我第一次见到康熙帝模仿、创新制造与使用的数学仪器,有圆规、角尺、平分线比例尺、十二位盘式手摇计算机、几何体比例规、数学用表、八位对数表、刻有比例表的炕桌,等等。以前,我从文献中知道康熙帝学习西方科学知识的一些情形,但文献记载平平淡淡。这次欣赏到实物,令我大为震撼,不少是从来未闻未睹的物件。啊,三百年前康熙帝就使用上手摇计算机、八位对数表了,现在中学生使用的也只是四位

对数表。那些物件中有的是清朝宫廷仿制的,当时在数学仪器使用上并不落伍呀!中华帝国一向以自己为世界文明的中心,而康熙帝却有了一些尊重科学新知识的意识,屈尊以西洋传教士为师,并模仿制造西方仪器。这令我真切感受到康熙帝强烈的求知欲望,叹服他的不寻常品格!震惊刺激我去了解"康熙帝与西方文化"的历史,而康熙帝的西方知识是从传教士那里获得的,研习这个课题,离不开康熙帝同传教士的关系,离不开研究传教士的东来以及他们在中西文化交流中的桥梁作用。这就自然涉及清代前期天主教史。所以说,出席那次研讨会和参观大展,是我从事天主教史与中西文化交流史研讨的契机。

何以又说机缘呢?这就涉及我研究康熙史的经历。我在写作《雍正传》时,涉猎了康熙后期史。80 年代后期,天津人民出版社约我写《康熙传》,我一开始应承了,但是后来因为要集中精力研治社会史只好又辞谢了。不过我并没有忽视康熙史。2006 年,我与友人王思治教授合著了《康熙事典》。在清代中西文化交流史上,康熙帝是要角,我与研究康熙史应该说有缘分,现在论说他与中西文化交流的关系,是顺理成章的事。促进我进行这一写作的,还有"做学问以不知为耻"的思想因素。在《康熙事典》中,我犯了一个史实错误,将罗马教廷传信部的马国贤当作了耶稣会士。在该书"后记"中我说:"本书类似于工具书,史实应当绝对准确。"然而我自己却犯了这类教会史方面的误失,发现后心情非常沉重。我是以实证史学观念治史的人,竟然出明显的史实差错,还配为史学工作者吗?佩服康熙帝尊重科学技术与惭愧差错的失落心情两相结合,遂有研治康熙帝与西学、康熙帝与传教士关系史的写作冲动和决心。

陈:从 2011 年到现在 5 年多时间,您发表了十来篇关于清代天主教史和传教士的文章。听说最近还要结集出版。您能谈谈在天主教史研治中有何心得吗?

冯:在清代天主教史的研究中,我着眼于政治与宗教的双向关系,既要明了天主教发展变化史,又从教会史角度观察清朝的政治,这是我的研讨方法。据此,写出《康熙帝多方使用西士及其原因》《康熙帝第二次南巡优遇传教士·浙江禁教·容教令出台——从中国天主教史角度看康熙帝政治》《清朝前期西洋传教士笔下中国人性格与中国政体》等文。要说研究心得,我有这样几点。一是中庸方针政策有利于社会发展与稳定。康熙帝在宽容教令的制定和实行过程中,对笃信儒家道德伦理的臣民与天主教徒均持认可、保护的态度。因此天主教虽与"儒教"的意识形态产生冲突,但并没有发生社会的不稳定。二是君统与道统分离是古人的政治智慧。在对待天主教的态度上,许多臣民和皇帝政策见解不同。这种不同之所以能够存在,是因为君统与道统分离,君主难于全面控制臣民的思想意识。历史证明,君统、道统的分离对社会有好处,这是古人的政治智慧。三是应该正确对待外国文化、外国先进文明。中国有悠久的历史,中华文明从未间断,这令中国人产生根深蒂固的世界中心论,蔑视外国文明。但是这种中心论的实质是帝王中心论、统治者中心论,是统治者需要的观念。在这种情形下,康熙帝能够承认西方文化,主动招募西方科学技术艺术人才,其博大襟怀,真正是前无古人,超越其他帝王。但是他又是"中体西用"论的提倡者。他不懂得世界文明中有普世性的进步成分,只知维护"道"不变,这就限制了他的政治眼光,制约了中国社会的变革。此外,在研究中,我还对统治者应如何对待"异端"观念进行了思考。雍乾禁教中,许多教徒坚持信仰,从事隐蔽的或半公开的宗教活动,甚至为求得对教义的真切理解,往数千里之外的澳门招请西洋传教士。信仰是发自内心的,通过政府命令来禁止是无济于事的,清朝统治者始终没有认识到这一点,只是时或采取睁一眼闭一眼的方针,不那么追究,这也算是一种明智之举吧。

陈:我们在交谈开始时说到,海外华人社会史也是您近年的一个研究课题。我想这项研究是不是和您的国际学术交流活动,以及您在海外的生活阅历,有着直接的关系?

冯:我对海外华人历史的关注,起初是宗族史研究的延伸,是将宗族、宗亲会史研究拓展到海外华人社会。20世纪80年代、90年代之交,我几次去香港、台湾、韩国出席国际学术研讨会。1991年,我为一个学术会议提交了论文《晚清南洋华侨与中国近代化》,这是我进入海外华人史领域的开始。更重要的是,在这些会上我从与会的香港、台湾学者那里获得了海外华人宗亲会的一些知识,并得到了港台有关出版品,这让我大开眼界。这些知识对我的宗族史研究很有启发。后来,在我写《中国古代的宗族和祠堂》《中国宗族社会》等书时,将海外华人宗亲会史作为一个重要内容来写。我去韩国参加学术研讨会,先后写作《朝鲜大报坛述论——中朝关系和中国文化传播的一个侧面研究》《韩国朝宗岩大统庙述略》。在文章中,我探讨了明清之际华人赴朝鲜的"遗民"史和中华文化的海外传播,并在旅行中获得后来的移民史资料。近些年,我经常前往澳大利亚、新西兰和美国,旅行中,我也在不断搜集华人史资料。

陈：传教士来华与华人海外移民可以说是一组相互呼应的题目。通过考察与异质文化的交流碰撞，一定会对中国人、中国文化有更深刻的认识。您在这类课题研究中，有哪些发现？

冯：我对海外华人的中华礼仪活动进行了一些观察，感到这些活动给予他们精神寄托与慰藉，反映出海外华人与中华传统文化有着千丝万缕割不断的联系，客观上起到了传播家族文化和延续中华文化。在进行这些观察时，我的脑际萦绕着孔子说的"礼失求诸野"，挥之不去。"野"是相对中心而言的，放大范围来说，也可以包括有传统文化联系的邻国、有华人的国度。礼的某些内容在中心地带消失，在"野"则可能保留着，在海外华人中流传着。中心地带失去的礼，有的已经不适合于现代社会，让它消失了。有的则未必，或一时消退，而后又被人们认识到它的价值，重新拾回来。现在我们就是要认识哪些是需要拣回来的东西，让它在人们社会生活中发挥作用。我有点惭愧，这方面深入探讨还不够，但是也在跟踪调查新资料。

四、"纵通""横通"研究法与"变异型宗法社会"说的提出

陈：在您的社会史研究中，可以看出是从具体问题入手，但在一个个具体问题的后面，似乎有着对历史进行宏观把握的目标，是不是这样？

冯：是这样的。我的史学研讨内容，主要是具体史事，具体的人物、制度和事件，但是微观研究中确实有着宏观的旨趣，即微观考察，小题大做，目标是达到宏观结论。这是有意识的行为，而且是强烈的意识。我的方法是讲求"纵通"与"横通"的结合。"纵通"是注意研究对象的古今发展线索，"横通"是留心研究客体与其他事物彼此间的关联。我希望用纵横结合的方法达到对具体历史有较大范围的理解和说明。

陈：能举例说明您在研究中的宏观思考，以及"纵通""横通"方法的运用吗？

冯：好的，现在我来说说一些事例。前面说到我从许多微观考察中梳理出宗族史发展的五个阶段，我想这可以算是"纵通"的一个例子。"横通"的一项成果是从宗族史探讨拟制血亲史及双方关联，撰写了《拟制血亲与宗族》长文。宗族是由男系血缘关系的各个家庭组成的社会团体。然而，历史上存在着

不少没有血缘关系的人，却在社会交往中比附血亲关系。我使用人类学称作的"拟制血亲"概念，来描述这种现象的历史。认同宗、拜干亲、结拜金兰、收养义子、招婿承嗣、外甥继嗣、奴从主姓、皇帝给臣下赐姓、田主、东家与佃户、伙计之间施行少长关系礼法，等等，都属于拟制血亲或类似拟制血亲，以此同宗族发生了联系。我认为，拟制血亲的产生并非偶然。君臣间的、政治人物间的拟制血亲活动，起着延续、扩大王朝政权或家族势力的作用。社会生活中的拟制血亲，可以调节家庭与宗族间的矛盾，适应了古代家庭发展的需要，间接起着维护宗族的作用。移民需要拟制血亲，以便在新居地立足。我还认识到，拟制血亲在向宗族血缘性挑战的同时，又给予认同。人们首先要承认血缘关系的重要性，才会模拟它，以适应社会的需要。拟制血亲的流行，表明人们的社会生活离不开宗族及血缘关系，这也从反面证明了它的难于取代。总而言之，透过拟制血亲及类似拟制血亲的历史现象，能够看到中国古代社会乃至近现代社会的一个侧面，从而加深认识中国古代政治的演进，古人社交关系和社交生活，历史上的移民社会及移民生活。我从宗族史研究发现了历史上的拟制血亲现象，并加以探讨，这是"横通"方法的一个应用。

"纵通"与"横通"结合的一个例子，是我将宗族史与社会形态史的研究融汇在一起，从宗族史研究提出秦汉以降古代中国的社会形态为"变异型宗法社会"。社会形态问题是研究历史学绕不过去的问题，曾经是学界讨论的焦点问题之一。学界通常将秦汉以降社会称为"封建社会""封建宗法社会"，我对此提出质疑。当然，在我以前已有学者做出责难，不过我是从宗族史视角发难的。所谓"变态型宗法社会"，意思是说秦汉以降古代社会保留了宗法社会的一些特征，但又发生很大变异，社会形态不再是先秦那样的典型宗法封建社会。说"变态"，是基于三个事实。其一，秦汉以降的帝制具有浓厚的"家天下"成分。一方面，秦汉政治体制使家国分离，天子不再身兼宗子，变为单纯的国家元首，这与先秦宗法不同。但另一方面，皇帝和皇族制度，仍然是宗法专制制度，这在一定意义上，又是"家天下"本质的延续。其二，实行小宗法制，民间宗族壮大，使得宗法社会多具理想成分而变异。典型的宗法社会是宗法制与分封制相结合，互相维系。秦汉以降郡县制取代分封制，令宗法制下大宗失去强力控制小宗的政治、经济的能力。再就宗法制本身讲，原来是大小宗法兼行，天子以大宗制驭小宗，而小宗又兼具大小宗的二重性，可是秦汉以降，皇帝因无分封制配合，已无诸侯小宗可以支配、维系。民间的宗族是宗法社会的基础,到古代社会晚期,宗族成了民间化、大众化的组织。其三,宗法专制性、族人依附性既得到保存又受到削弱。宗法性与专制性是相伴而生的。宗法的血缘关系,因为社会化,成为族人间的血缘等级关系。这使得族人依附于宗族,族人间也因辈分产生尊卑关系。宗法性与社会等级制及观念结合,成为专制主义皇权的统治基础。不过宗族民间化之后,族长与嫡长制逐渐脱离关系。族长通常由有力者出任,出现遴选制、推举制,宗子与族长不再是一回事,非宗子的人出任族长,本身就违背了宗法原则。推举族长,更是民主性的表现。宗族对族人的约束力越来越弱,这是历史趋势。基于这三个事实,我提出,秦汉以降的社会是"变异型宗法社会"。中国上古宗法社会的制度和观念,在秦汉以降的社会有保留、有变化,宗族不再是上古的典型宗族,社会不再是典型宗法社会,而进入变异宗法社会的新阶段。有鉴于此,对于"封建社会""封建宗法社会"的传统说法,我不愿再继续沿用。

陈:您还能再讲"纵通"与"横通"结合的事例吗?

冯:好吧。社会史研究蓬勃开展,但是一段时间里没有教材供学子参考。为此我撰著了《中国社会史概论》。编写这种教材,是开创,需要总体把握这一学科。它究竟是什么样的学问,有哪些内涵,有无应有的研究方法,具有何种学术价值和社会价值,它是历史学中的一门专史,还是历史学的另一种说法,或就是一种方法论,这一系列的问题,应有全面的思考与回答。我经过多年思索和多种课题的论述,以及借助学界同人的研究成果,在2004年出版了《概论》。分为四章,即"什么是社会史及其理论""中国社会史研究的史料""中国古代、近代(前期)社会结构及演变""古代社会生活方式和社会风俗"。这种对一门学问做总体论述是一种尝试,我自知是很不成熟的,我是应急啊!因此我没有中断这方面的探索,2006年撰文《史学著作的图文配合与构建视觉史料学》,认为图文配合是史学、社会史学著作的必然走向,当今图文并重史书时代初露端倪,提出视觉史料的研讨方向,以及它的基本内容和学术规范。

陈:在结束今天的访问前,我想问最后一个问题。在您和学界同人的努力下,如今社会史已经成为一门显学。社会史是一门具有深刻现实关怀、通古今之变的学问,在您看来,继续深化与拓宽社会史研究领域的努力方向有哪些?您对未来的社会史研究有哪些希望?

冯:我还是那句老话,就是继续深化对历史与现实的认识,不停地拓宽研究领域。我们是处在信息时代、全球化时代,需要有新的问题意识、思维方式、研究方向,最大的问题当然是人类社会走向、人类的追求与生活是怎样的、人类未来将是怎样的,这类宏观问题需要时刻徘徊于脑际,就我目前认识到的研究方向、研究课题是:

1.特别关注以人为本的历史。尊重社会个体"人"的历史:研究人的生命史和日常生活史;生存环境史与生态环境史,即政治环境、人文环境、自然环境、经济生产、社会风俗;身体史,包含卫生医疗史、生育史、死亡史,以及老年社会与生命尊严的安乐死、老年自杀,快节奏生活、高消费与精神抑郁症,福利社会与老年痴呆症。

2.社会细胞家庭演变史研究。学者吴小英近日提出我国有着从"去家庭化"到"家庭化"的变化。我知道,在"家庭化"趋势下,家族会、宗亲会、修谱活动频频出现,修谱在纸质本之外创造网上修谱。在现代化过程中宗亲活动没有消失或沉寂,这就向宗族史、家庭史研究者提出研讨的新课题。

3.关注第三产业大发展形势下人的活动史。富裕社会后人类体能消耗减少,某些机能衰退,同时生活有保障与平静,需要寻求刺激,于是体能锻炼、刺激性娱乐和探险应运而生:如汽车成为代步工具,体能活动大量减少,为活动身体,家庭购置跑步机,社会出现健身房行业;迪斯尼的过山车、激流勇进游戏;攀岩、悬崖跳水、蹦极活动增加;体育明星、演艺明星的被追捧(实质的被消费),歌咏的嚎叫,迪斯科的盛行,无不是追求刺激;另外,休闲式旅游业大发展,成为某些国家、地方的支柱产业,等等。

众所周知,当代社会的新现象,并不是突然冒出来的,与古代、近代社会有着内在的历史渊源,也是未来社会发展演变的依据。从当下社会现象回观历史,是纵通地观察历史,可能认识得准确一些。

对中国社会史研究,我的愿望是,大家都来关注下面说的两个问题,警惕出偏差:社会史研究成为"显学",不一定完全是好事,容易难以为继,容易自满而停足不前,显学地位还容易失去真理,所以我一再呼吁要警惕;社会史研究还要警惕的是,要防止研究的碎片化,牢记微观研究与宏观研究的结合,为写出整体史而努力。

(陈鑫访问,2016 年 11 月 23 日访谈基本结束,载《中国史研究动态》2017 年第 1 期)

中国社会史：从生活到结构的探索
——访历史学家、南开大学教授冯尔康

冯尔康教授是新时期以来中国社会史研究的重要倡导者和推动者之一。在60年的习史、治史过程中，他恪守"论从史出"的治学信条，坚持"求真""致用"的科学精神和价值取向，上下求索、耕耘不息，形成了以断代史为基础、以专门史为研讨方向的治学体系。为使读者了解冯先生的治学之道和他对历史研究的见解，本报记者近日对他进行了采访，从中我们可以感受到他对中国史学事业的真挚情怀。

郑天挺先生引导我走上史学之路

《中国社会科学报》：冯先生您好！感谢您接受我们的采访。让我们从您的大学时代说起吧。20世纪50年代的南开大学历史系集中了郑天挺、雷海宗等一大批在中西方历史研究方面成就卓著的历史学家。您是如何在这种名家荟萃的学术环境下踏上史学研究之路的呢？

冯尔康：我于1955年进入南开大学历史系，读本科和研究生，工作于斯。50年代，先师郑天挺(字毅生)、雷海宗(字伯伦)等教授执掌教鞭。我在读本科时聆听郑师的明清史基础课，选修史料学、明清史专题课，毕业后留校当助教，改读明清史研究生，师从郑师，治学之道受郑师影响最大最深。记得在研究生第一堂课上，郑师讲授"明史的古典著作与读法"，指出《明史》是史料价值高的"好书"，是学习研究明史的基本读物，因此要常读常新，要刻苦钻研，坚持不懈。

郑师讲授史料学，给我印象最深的有两点：一是要用第一手史料找史源，例如档案；二是要对史料做出考证，用他的话说叫作"史料批判"，要考察它的真实性，要了解作者的史观与为人。我接受老师的教导，牢固树立选择精读一部书、搜集与审慎运用第一手资料的意识。在治史方法论上，我接受的是

从乾嘉考据学到实证史学的理念与方法,治史求真的理念,可以说是由此得到确立。

《中国社会科学报》:习史、治史的求真理念,在您的治学实践中一定经历过一个愈走愈明确、愈走愈加坚定的过程吧?

冯尔康:的确如此。求真,无论研究哪一个领域,我都一以贯之。求真,就是要千方百计寻求、阅读原始著作,穷搜史料。我是南开大学图书馆的常客,还常在书库读书,那里有张桌子,是管理员有时需要用的,我时不时就在那张没有配备椅子的桌子旁站着读书。我还多次从天津去北京中国第一历史档案馆,每次去若干天,以至一两个月,还曾住宿在位于沙滩的高教出版社的半地下室招待所,因为那时科研经费很是紧缺,也不在意房间的阴暗潮湿。俗话说"师父领进门,修行在个人",我对这句话的深切感受就是从师教中领悟出治史之路,上下左右求索,至今不敢停息。

立足"断代",上下求索

《中国社会科学报》:您的治学脉络是以断代史(清史)为基础,进而以专史(宗族史、社会史)为研讨方向,能否结合这方面的具体研究谈谈您的心得?

冯尔康:在读研究生时,我开始精读《明史》,后因毕业论文是关于清史方面的,因《清实录》部头太大,没有时间精读,就阅读《东华录》("蒋录""王录")。精读一部史料丰富而较为系统的史籍,如《明史》,是为研治明史打基础,《东华录》则为清代史打基础。有了这种学业根基才可能上下求索,因为阅读、研究方法大体上相同,研究其他朝代时照章办理,就去阅览那个时代的必读书,而且也不会有太大困难。如南开历史系编写的黄皮本教材《中国古代史》(1974年),我写的是明清部分,及至编纂蓝皮本《中国古代史》,我不愿意重复写作明清史了,改写东汉部分,就花时间阅读《后汉书》,兼及《汉书》《三国志》,自然也读一些其他史料书和时彦著作。我之所以敢于写东汉史,就是因为掌握精读一部书的治学方法。而我不愿意再写明清部分,是希望将研究领域往上扩展,不以清史为限。我教中国古代史后半段——隋唐宋元明清史,就读《隋书》"两唐书""两五代史"《宋史》《辽史》等基本史书,虽然做不到精读的程度,但总是翻阅相当一部分。

《中国社会科学报》:断代史研究虽然有利于对研究对象的深入分析,却不利于把握该现象在更长时段中的变化。这也正是您主张以清史为基础,进而"上下求索"的原因吧?

冯尔康:是这样的。因为只研究断代的话,许多问题就难以了解透彻,如果上下串联,有的历史现象会好理解一些。比如在《中国古代农民的构成及其变化》(1998 年)一文中,我认为中国古代土地制度是多层级所有制,用"国有制""私有制"都难以概括,因此运用等级观念分析周秦到明清农民的构成成分,将庶民地主也列入平民农民序列。我在读《魏书》的过程中得知有的州有鲜卑、汉人"双刺史",在读《辽史》时发现其中有"南北两面官制"的记叙,由此认识到这其实是历史上少数民族政权职官制度的特点,而清朝在中央职官制度中实行"主官复职制"可谓渊源有自,就容易理解了。我撰写的《砥砺篇》也是"求通"的通俗读物。再比如,在研讨鸦片战争以前的清史时,我也力图向近代延伸,遂读道光实录及有关史籍,写出《述道光朝社会问题》《鸦片战争与中国近代化》。对明史,自己觉得力不从心,虽然也写过《论朱元璋农民政权的"给民户由"》等论文,以及读书笔记《明成祖与郑和下西洋》等文,但并未真正走进去,不无遗憾。

既要"纵通",也要"横通"

《中国社会科学报》:您长期关注的中国宗族史是一个专门的研究领域,同时涉及社会结构、社会关系等复杂的因素。您是如何处理好"纵通"与"横通"之间的关系的?

冯尔康:我是想通过宗族史研究来关注整个中国历史,而不是单纯的宗族史本身。我研治中国宗族通史,有关宗族本身的内容,如它的形成、成员构成、管理人与管理方式等,是首先要清理明白的。有关宗族的发展变化、组织形态的演变等课题,也不忘着力研索。至于中国古代宗族在社会形态史中,宗族与外部的关系,尤其是宗族与国家、社会的关系,宗族在社会经济、社会结构中的地位等问题,同样需要留心。以上理念,大体都体现在我的论著当中,比如中国宗族通史方面的《中国古代的宗族与祠堂》《18 世纪以来中国家族的现代转向》等,在 20 世纪家族史研究方面的《简论当代海外华人丧礼文化与中华文化的海外生根》等。专史要通古今,再同社会其他事物联系起来从事研讨,希望有所"横通",这就是我所坚持的基本原则。

《中国社会科学报》:通过"纵通"与"横通"的结合,您在中国宗族史方面获得哪些突破性认识,能否简要介绍一下?

冯尔康:这种方法的运用,有助于我们对宗族社会的属性、宗族形态等问题有新的认识。比如说,宗族通史的研讨使我对"中国古代社会是封建宗法社会"的观点产生怀疑。我从宗族史研究角度审视封建宗法社会说,发现周代实行分封制与宗法制相结合的基本制度,形成封建社会,秦朝废除封建制,实行郡县制,汉代及其以后的封爵制与先秦具有土地、政事、人民三要素的分封贵族完全不是一回事。基于这一认识,我不以秦汉以来社会为封建社会的说法为然,也不认为宗族是宗法组织,而把它视作变异型宗法社会。我还认为宗族具有很强的社会适应性,随着社会形态的变化而变化。比如说,宗族自清代以来沿着两种路径变化,一种是坚持纯血缘路线,传承元明以来祠堂族长制和族老制,发展为族会、宗亲会,逐步克服原有的宗法因素;另一种是同姓社团路线,走向俱乐部式的宗亲会。无论哪种形式的变化,都同社会形态、社会变革演变相一致,那就是与古代社会相应的是祠堂族长制宗族,与现代化转型期社会相应的是族会议长制,并向会员大会暨理监事会制发展。

没有史料就无从研究历史

《中国社会科学报》:无论断代史还是通史研究,都离不开对史料的重视和发掘。我们注意到您不仅善于利用史料,而且将史料研究上升到了方法论的高度。请您谈谈在这方面的研究情况。

冯尔康:我深知没有史料就无从研究历史,因而长期立意于寻找第一手史料,寻找原始资料。找史料是为了运用,从搜集材料到运用于写作文章、专著,有个不轻松的过程。第一步是确定阅读的史籍。第二步是读书摘抄资料。资料需要原原本本摘录,抄写在卡片上,以便于异日利用。我读书,一般是全面读,不论是哪一方面的内容,认为有价值的就抄录,自然阅读进度慢,长时间不能获得集中在某一方面的资料,写不出文章,不见科研成果,但是我不着急。第三步是审度资料能否写成文章,将卡片资料分类排比,进行初步研究,够用了,拟提纲写作;不够用,不能硬写,应该继续读书、找材料,直到满意为止。

《中国社会科学报》:从确定史籍、搜集材料到撰写论著,这的确是个不轻松的过程。能举一些例子说明您是如何循序渐进、一步一步完成这种艰难过程的吗?

冯尔康:比如我在 1982 年底写《雍正传》,就是先寻觅资料,次写有关专题文章,然后完成全书的写作。关于雍正的主要史籍,官修的实录和"清三通"《清史列传》《清史稿》有关部分,他本人的著述、文集等,有关文集、笔记、方志之类,基本上阅读了。在中国第一历史档案馆查阅档案史料,看了康、雍、乾(前期)历次编纂的宗室玉牒和雍正帝亲自书写的朱谕、康熙遗诏等。在北大图书馆借阅《皇清通志纲要》抄本,在北京图书馆查阅《抚远大将军奏议》,在故宫图书馆索阅清朝帝后画像。为了总体把握雍正及雍正时代历史,有设计地先写《雍正的削除绍兴和常熟丐籍》等文。有了众人都能查阅的图书资料,又读了他人尚未利用的档案史料,写了雍正史局部性论文,在此基础上才写出《雍正传》。

《中国社会科学报》:我们注意到,您在搜集和运用史料方面不仅有一套行之有效的程序,而且在史料学的学科建设方面做了很多工作。您是如何完成这样一种从实践到理论的升华的?

冯尔康:关于史料学专著的写作,我最早其实并没有这方面的计划,只是读书时有意识地记录了有关信息,无意中搜集了史料学资料,及至 20 世纪 80 年代前期给学生讲授"清史史料学"选修课,遂产生了写书的冲动,于是将有关资料卡片按文体分类,对重要图书再从史料学角度进行研读,并写出《清史的谱牒资料及其利用》等文,而后撰成《清史史料学初稿》,后来大量扩充完成《清史史料学》。《清史史料学》之后的《清代人物传记史料研究》,则是有计划地进行写作的,除了便利史界专业人士使用,还为从事文学、谱牒学专业研究的学者和爱好者提供信息。现在人们的阅读开始进入视觉图书时代,为促进史书的图文配合,我撰写了《史学著作的图文配合和构建图像视觉史料学》。我的史料学专著是研究性成果,人们往往当作工具书查用,然而我未曾感到委屈,仍然乐此不疲,因为笃信没有史料便没有史学,为此努力,利己利人,有何不好!

《中国社会科学报》:《清史史料学》《清代人物传记史料研究》可以说是您在史料学研究方面的代表作。与其他学者的同类著作相比,这两本书有什么明显特点呢?

冯尔康:谈到这两本书的特点,我觉得可以总结为四点。第一,是总结自身探寻、利用史料的经验。如《清史史料学》第四章"档案史料"专设一节讲述"档案史料的利用方法",因为档案馆的档案分类方法与图书馆图书分类截然不同,不懂得档案分类法,到档案馆漫无头绪,怎么能找到要阅读的档案?第二,是将不太为人注意的文献给予史料学的应有地位,如对日记、书信、语录等文体的文献,用专章、专节、专目介绍其史料价值。第三,是利用资料进行初步研究,说明某文体的史料意义所在,如"图像绘画的视觉史料"一节用《以〈御制恭和避暑山庄图咏〉为例》一文,介绍图画的史料价值。第四,是把田野调查所得材料融入书中。为研讨近当代家族史,我到过一些省市县乡,在江西萍乡农村访问,得到当地农民藏书家刘炳继先生帮助,获得民国时期和20世纪90年代两次编修的《刘氏家谱》,遂以刘氏谱书为素材,写作"族谱的清人传记史料"中的"平民女子"一目。

撰写有血有肉的历史

《中国社会科学报》:20世纪80年代中期,作为学科的社会史开始复兴,正是在这一热潮的带动下,中国史学有力地回应了当时流行的"史学危机论",焕发出勃勃生机。在您看来,是什么因素促成了社会史的复兴?您是如何顺理成章地由宗族史研究转向社会史研究的?

冯尔康:独立思考是每个人都应有的素养,所以人的成长过程中有"逆反期"。如果有人代你思考了,学术研究哪里谈得上有多少个性?新时期以来,中国学术界普遍出现了鼓励独立思考的风气,不少学者不满意一段时期以来史学研究的僵化、著作的教条化、公式化现象,希望改变这种状况,于是出现了有血有肉、丰富多彩的史学著述。我原本就留意宗族史、农民史、妇女史,在《清史史料学初稿》完成后,全力投入社会史研讨,并为在史学界复兴社会史研究进行持之以恒的努力。

《中国社会科学报》:作为社会史研究的积极倡导者之一,您曾在《历史研究》1987年第1期发表的《开展社会史研究》一文中,提出"随着社会史研究的开展,历史学将进入一个新阶段,将出现繁荣局面"的预言,今天读来仍令人振奋。请给我们介绍一下这方面的情况。

冯尔康:从事社会史研究之初,当然要首先思索"什么是社会史"和"如何着力推动这种研究",我的《开展社会史研究》一文正是试图回答这类问题。20

世纪 30 年代的"社会史大论战",主要讨论社会生产方式、社会形态的历史。我认为在新的时代背景下,社会史研究应该重点关注社会结构史、社会生活史。在《开展社会史研究》中,我提出了"社会史是历史学专史"的定义和社会史研究的方法论。我知道这个定义不可能完全准确,提出来不过是为同好讨论,寻觅社会史研究的着手点。我主持编写的《中国社会史研究概述》亦于1988 年问世,成为许多社会史研究者的案头书。写作是一个方面,另一方面是和同人组织社会史首届研讨会,以后的几届研讨会,我都参与筹备,并出席筹备会议,致力于成立中国社会史学会。

《中国社会科学报》:确定了研究对象、概念和方法论,下一步就是开展具体的社会史研究了吧?您是如何处理"社会生活史"与"社会结构史"两种研究之间的关系的?

冯尔康:20 世纪 80 年代,我的研究重点是中国社会生活史。我于 1985年在南开大学开设全校性的"中国社会史"选修课,重点是放在生活史方面。先写散篇的读书笔记,内容在农民、妇女、婚姻等领域,因为这方面的资料早先有些积累,更是体现我研治社会史的初衷——写大众的有血有肉的历史书。在这方面,我先后完成《古人社会生活琐谈》《清人社会生活》(与常建华合著)、《清人生活漫步》。

八九十年代之际,我的精力主要集中于研讨中国社会结构史。社会结构是社会学的理论,被学界认为是了解中国传统社会发展的奥秘和特点之所在。为此我学习、体会,写出《社会结构理论与中国社会结构史研究》,运用到自己主编的《中国社会结构的演变》一书中,为该书写出绪论,用约 20 万字的篇幅,勾勒出先秦至近代开端的中国社会结构及其变化,指出中国社会结构的特点是:等级制度是社会生活的准则,宗法精神贯穿于古代社会结构中,社会结构的微弱变化与静态型农业社会的缓慢发展。

90 年代末,我将注意力转向社会史教材——《中国社会史概论》的写作。这项工作开始于 1998 年,前后历时 6 年。这部书包含三大部分:一是社会史理论。我没有从惯常的学理角度去思考演绎,却从社会史学界的研究实践中探求社会史是什么样的学问,因为这样比侧重学理的讨论要着于边际。二是社会史史料,将个人搜集史料的经验提供出来。三是讲述中国社会结构与社会生活史。由于教材篇幅的限制,我对全书三个部分字数的分配不尽合理,第三部分不能展开叙述,实乃憾事。书稿交出后,我写作了《乾嘉之际社会下层面貌——以嘉庆朝刑科题本为例》,希望能从一个侧面弥补它的缺陷。

《中国社会科学报》:新世纪以来,您出版了两部关于社会史的论文集(《顾真斋文丛》《中国社会史研究》),这是否可以视为您以往研究成就的一次总结?

冯尔康:这两本书是多年来我关于社会史研究的论文汇编。《顾真斋文丛》选取的是关于清代社会史的文论,涉猎较多的是社会经济史和群体史。社会经济史的论文颇有几篇,且多系80年代中前期述作,比如《清代地主层级结构及经营方式》《清代自耕农与地主对土地的占有》《清代押租制与租佃关系的局部变化》《清代的货币地租与农民的身份地位初探》《试论清中叶皖南富裕棚民的经营方式》《游民与社会结构的演变》等论文。其余部分或涉及女性及家庭史,或涉及官绅、商人、商品经济。这个集子的不少篇章写得较早,是利用研究生、助教时期搜集的史料写成的,例如《17世纪中叶至18世纪中叶江南商品经济中的几个问题》《清代的婚姻制度与妇女的社会地位述论》。自我感觉有些文章就资料上说是扎实的,得益于年轻时搜集材料范围广,虽然当时写不成文章,后来派上了用场。我由此深刻体会到,做学问是实实在在的事,急不得,不能浮躁。

《中国社会史研究》选入的是明代以前的社会史和社会史理论的文章,包含了社会文化史的几篇文论。集子中有一篇《说故事的历史学和历史知识大众文化化》,论述历史学与社会史研究、史学与读者的关系,是我半个世纪治史的经验之谈。历史书不是小说,怎么归结为讲故事?我的意思是历史学的主要功能是陈述历史事实,给读者自我体认的资料,而不是由历史学家去灌输什么哲理。社会史研究更能提供历史细部史实,最容易讲故事。当然了,史书应该讲道理,只是需要寓论于史,是论从史出,是史论结合,而不是以论代史。用史料说话,也即史实说话,是对自身写作方法的一种规范。用史料说话,读者利用我提供的史料,自行判断历史真相、是非,就达到我的写作目的了。

史学要有为社会服务的自觉意识

《中国社会科学报》:从古至今,都存在着一个历史学如何处理与现实的关系、如何为现实服务的问题。您认为在新的社会条件下,历史学应该怎样从理论和实践层面解决好这一问题?

冯尔康：史家都讲究求真、求用，历来如此，要不司马光怎么把他的史书取名《资治通鉴》呢！当然，古代史学是帝王之学，是给帝王总结治理天下黎民百姓的经验教训，无疑，史学具有很强的政治功能。我理解，现代史学功能就是为社会服务为主，理由很简单：传统社会发展变化迟缓，政治经验适合利用，现代社会变化迅速，经验尚未总结出来，即使成功地总结了，社会现实已经变了，经验随着不适用了。不仅如此，上古史官地位高，人们敬畏历史的意识较为强烈，统治者也要对史官畏惧三分，后来史家地位越来越低，越来越不敢如实记录历史真相，史学的政治功能无形中弱化了。

为社会服务，为大众读者服务，提供丰富多彩的、妙趣横生的有益的历史知识，启示人们自觉地从历史事实中汲取智慧，提升文化素养和道德水准，接受他人失败教训，避免误入人生岔路，让生活情趣高尚、生活美满，让人生之路走得好一些、更好一些。求真既是治史准则，又是史学生命之所在。如果虚无历史、篡改历史，史学哪里还有活力，哪有读者买账？唯有求真，在此基础上才可能实现真正的求用。

（访谈记者晁天义、周学军，载《中国社会科学报》2017 年 5 月 25 日）